AF208587

EL DERECHO DE AGUAS Y LA AGENDA 2030 PARA EL DESARROLLO SOSTENIBLE: LOS DESAFÍOS DE LOS RECURSOS HÍDRICOS

Jesús Estacio Ferro

FSC
www.fsc.org
MIXTO
Papel procedente de
fuentes responsables
Paper from
responsible sources
FSC® C105338

© Jesús Estacio Ferro, 2021

Edición e impresión por Books on Demand Gmbh

info@bod.com.es – www.bod.com.es

Impreso en Alemania – Printed in Germany

ISBN: 9788413736945

RESERVADOS TODOS LOS DERECHOS. Ni la totalidad ni parte de este libro puede reproducirse o transmitirse por ningún procedimiento electrónico o mecánico, incluyendo fotocopia, grabación magnética, o cualquier almacenamiento de información y sistema de recuperación sin permiso escrito del autor.

ÍNDICE GENERAL

CAPÍTULO 3: LA COOPERACIÓN SOBRE LOS RECURSOS HÍDRICOS TRANSFRONTERIZOS

GLOSARIO DE SIGLAS Y ACRÓNIMOS

AEDyR	Asociación Española de Desalación y Reutilización
AIH/IAH	Asociación Internacional de Hidrogeólogos / International Association of Hydrogeologists
ANEABE	Asociación Nacional de Empresas de Aguas de Bebida Envasadas (España)
AOD	Ayuda Oficial al Desarrollo
APP/PPP	Asociación Público-Privada / Public-Private Partnership
APPRI	Acuerdo para la Promoción y la Protección Recíproca de Inversiones
AU/UA	African Union / Union Africaine (Unión Africana)
BIT/TBI	Bilateral Investment Treaty / Tratado Bilateral de Inversión
BOE	Boletín Oficial del Estado (España)
CAD	Comité de Ayuda al Desarrollo de la OCDE
CAF	Banco de Desarrollo de América Latina
CARI	Consejo Argentino de Relaciones Internacionales
CARU	Comisión Administradora del Río Uruguay
CDB	Convenio sobre la Diversidad Biológica

11

CDI	Comisión de Derecho Internacional (ONU)
CEPAL	Comisión Económica de las Naciones Unidas para América Latina y el Caribe
CEPE/UNECE	Comisión Económica de las Naciones Unidas para Europa / United Nations Economic Commission for Europe
CESCR	Committee on Economic, Social and Cultural Rights (Comité de Derechos Económicos Sociales y Culturales de la ONU)
CIADI/ICSID	Centro Internacional de Arreglo de Diferencias Relativas a Inversiones / International Centre for Settlement of Investment Disputes
CIC	Comité Intergubernamental Coordinador de los Países del Tratado de la Cuenca del Plata
CICR/ICRC	Comité Internacional de la Cruz Roja / International Committee of the Red Cross
CIDH	Comisión Interamericana de Derechos Humanos
CIE	Commission International de L´Escaut (Comisión Internacional del Escalda)
CILA	Comisión Internacional de Límites y Aguas (México / Estados Unidos)
CMNUCC	Convención Marco de las Naciones Unidas sobre el Cambio Climático
CNUCYD / UNCTAD	Conferencia de las Naciones Unidas sobre Comercio y Desarrollo / United Nations Conference on Trade and Development

CNUDMI / UNCITRAL	Comisión de las Naciones Unidas para el Derecho Mercantil Internacional / United Nations Commission on International Trade Law
COP	Conferencia de las Partes (Convenio sobre la Diversidad Biológica)
COVID-19	Coronavirus Disease 2019 (Enfermedad por Coronavirus de 2019)
CPA	Corte Permanente de Arbitraje
CPC	Central Product Classification (Clasificación Central del Producto)
DIH	Derecho Internacional Humanitario
DIIS	Danish Institute for International Studies (Instituto Danés de Estudios Internacionales)
DOCE	Diario Oficial de las Comunidades Europeas
DOUE	Diario Oficial de la Unión Europea
DUDH	Declaración Universal de los Derechos Humanos
ECOSOC	Consejo Económico y Social de las Naciones Unidas (ONU)
EDAR	Estación Depuradora de Aguas Residuales
EUNSA	Ediciones Universidad de Navarra
FAO	Food and Agriculture Organization of the United Nations (Organización de las Naciones Unidas para la Alimentación y la Agricultura)
FPAN	Foro Político de Alto Nivel (ECOSOC)
GATS	General Agreement on Trade in Services (Acuerdo General sobre el Comercio de Servicios)

13

GATT	General Agreement on Tariffs and Trade (Acuerdo General sobre Aranceles Aduaneros y Comercio)
GIRH/IWRM	Gestión Integrada de los Recursos Hídricos / Integrated Water Resources Management
GLAAS	Global Analysis and Assessment of Sanitation and Drinking-Water (Análisis y Evaluación Mundial del Agua Potable y el Saneamiento de ONU-Agua)
GWP	Global Water Partnership (Asociación Mundial del Agua)
HS/SA	Harmonized System (Sistema Armonizado de la Organización Mundial de Aduanas «OMA»)
IAH/AIH	International Association of Hydrogeologists / Asociación Internacional de Hidrogeólogos
ICC	International Chamber of Commerce (Cámara de Comercio Internacional)
I. C. J.	International Court of Justice (Tribunal Internacional de Justicia)
ICOLD	International Commission on Large Dams (Comisión Internacional de Grandes Presas)
ICRC/CIRC	International Committee of the Red Cross / Comité Internacional de la Cruz Roja
ICSID/CIADI	International Centre for Settlement of Investment Disputes / Centro Internacional de Arreglo de Diferencias Relativas a Inversiones
IDA	International Desalination Association (Asociación Internacional de Desalinización)
IDI	Institut de Droit International (Instituto de Derecho Internacional)
IEEE	Instituto Español de Estudios Estratégicos

IGRAC	International Groundwater Resources Assessment Centre (Centro International de Evaluación de Recursos de Aguas Subterráneas)
IHA	International Hydropower Association (Asociación Internacional de Energía Hidroeléctrica)
IHP/PHI	International Hydrological Programme / Programa Hidrológico Internacional (UNESCO)
IIDH	Instituto Interamericano de Derechos Humanos
IJC	International Joint Commission (Comisión Conjunta Internacional Canadá / Estados Unidos)
ILA	International Law Association (Asociación de Derecho Internacional)
INE	Instituto Nacional de Estadística (España)
IPCC	Intergovernmental Panel on Climate Change (Grupo Intergubernamental de Expertos sobre el Cambio Climático)
ISARM	Internationally Shared Aquifer Resources Management (Gestión de Recursos de Acuíferos Compartidos a nivel Internacional)
IUCN/UICN	International Union for Conservation of Nature / Unión Internacional para la Conservación de la Naturaleza
IWRM/GIRH	Integrated Water Resources Management / Gestión Integrada de los Recursos Hídricos
LCIA	London Court of International Arbitration (Corte de Arbitraje Internacional de Londres)
MAEC	Ministerio de Asuntos Exteriores y de Cooperación (España)
MERCOSUR	Mercado Común del Sur (América del Sur)

MIGA/OMGI	Multilateral Investment Guarantee Agency / Organismo Multilateral de Garantía de Inversiones (Grupo del Banco Mundial)
NAFTA/TLCAN	North American Free Trade Agreement / Tratado de Libre Comercio de América del Norte
NASA	National Aeronautic and Space Administration (Administración Nacional de Aeronáutica y el Espacio)
OAS/OEA	Organization of American States / Organización de los Estados Americanos
OCDE/OECD	Organización para la Cooperación y el Desarrollo Económicos / Organisation for Economic Co-operation and Development
ODM	Objetivo de Desarrollo del Milenio
ODS	Objetivo de Desarrollo Sostenible
OEA/OAS	Organización de los Estados Americanos / Organization of American States
OECD/OCDE	Organisation for Economic Co-operation and Development / Organización para la Cooperación y el Desarrollo Económicos
OMA/WCO	Organización Mundial de Aduanas / World Customs Organization
OMC/WTO	Organización Mundial del Comercio / World Trade Organization
OMGI/MIGA	Organismo Multilateral de Garantía de Inversiones (Grupo del Banco Mundial) / Multilateral Investment Guarantee Agency
OMM/WMO	Organización Meteorológica Mundial / World Meteorological Organization

OMS/WHO	Organización Mundial de la Salud / World Health Organization
OMVS	Organisation pour la Mise en Valeur du Fleuve Senegal (Organización para la Puesta en Valor del Río Senegal)
ONU	Organización de las Naciones Unidas
PCIJ	Permanent Court of International Justice (Tribunal Permanente de Justicia Internacional)
PHI/IHP	Programa Hidrológico Internacional (UNESCO) / International Hydrological Programme
PIB	Producto Interior Bruto
PIDCP	Pacto Internacional de Derechos Civiles y Políticos
PIDESC	Pacto Internacional de Derechos Económicos, Sociales y Culturales
PNA	Plan Nacional de Acción sobre Empresas y Derechos Humanos
PUB	Public Utilities Board (Agencia Nacional del Agua de Singapur)
PNUMA/UNEP	Programa de las Naciones Unidas para el Medio Ambiente / United Nations Environment Programme
PNUD/UNDP	Programa de las Naciones Unidas para el Desarrollo / United Nations Development Programme
PPP/APP	Public-Private Partnership / Asociación Público-Privada
RAE	Real Academia Española
SA/HS	Sistema Armonizado de la Organización Mundial de Aduanas «OMA» / Harmonized System

SACOSAN	South Asian Conference on Sanitation (Conferencia sobre Saneamiento del Asia Meridional)
SADC	Southern African Development Community (Comunidad para el Desarrollo del África Austral)
SICA	Sistema de la Integración Centroamericana
TBI/BIT	Tratado Bilateral de Inversión / Bilateral Investment Treaty
TFDD	Transboundary Freshwater Dispute Database (Base de Datos de Conflictos sobre Aguas Transfronterizas de la Universidad del estado de Oregón)
TIC	Tecnologías de la Información y la Comunicación
TLCAN/NAFTA	Tratado de Libre Comercio de América del Norte / North American Free Trade Agreement
TVA	Tenessee Valley Authority (Autoridad del Valle de Tennessee)
UA/AU	African Union / Union Africaine (Unión Africana)
UICN/IUCN	Unión Internacional para la Conservación de la Naturaleza / International Union for Conservation of Nature
UNCITRAL / CNUDMI	United Nations Commission on International Trade Law / Comisión de las Naciones Unidas para el Derecho Mercantil Internacional
UNCTAD / CNUCYD	United Nations Conference on Trade and Development / Conferencia de las Naciones Unidas sobre Comercio y Desarrollo

UNDP/PNUD	United Nations Development Programme / Programa de las Naciones Unidas para el Desarrollo
UNE	Asociación Española de Normalización
UNECE/CEPE	United Nations Economic Commission for Europe / Comisión Económica para Europa de las Naciones Unidas
UNEP/PNUMA	United Nations Environment Programme / Programa de las Naciones Unidas para el Medio Ambiente
UNESCO	United Nations Educational, Scientific and Cultural Organization (Organización de las Naciones Unidas para la Educación, la Ciencia y la Cultura)
UNFPA	United Nations Population Fund (Fondo de Población de las Naciones Unidas)
UNICEF	United Nations International Children's Emergency Fund (Fondo de las Naciones Unidas para la Infancia)
WCO/OMA	World Customs Organization / Organización Mundial de Aduanas
WEF	World Economic Forum (Foro Económico Mundial)
WHO/OMS	World Health Organization / Organización Mundial de la Salud
WGI	Water Governance Initiative (Iniciativa de Gobernanza del Agua de la OCDE)
WTO/OMC	World Trade Organization / Organización Mundial del Comercio

WWAP	United Nations World Water Assessment Programme (Programa Mundial de Evaluación de los Recursos Hídricos de las Naciones Unidas)
WWC	World Water Council (Consejo Mundial del Agua)

INTRODUCCIÓN

Vista desde el espacio, la Tierra destaca por su color azul, reflejo del agua de sus mares y océanos que cubren tres cuartas partes de su superficie, y no se trata de ninguna casualidad el hecho de que en las investigaciones que se realizan sobre la búsqueda de planetas habitables el principal elemento a analizar sea la posible existencia de agua en cualquiera de sus tres estados (líquido, sólido, gaseoso), al ser el agua un recurso vital para la supervivencia de los seres vivos que no puede ser sustituida por ningún otro elemento. Es decir, la supervivencia de todas las formas de vida conocidas no se concibe sin el acceso al agua.

Pero no toda el agua existente en el planeta es apta para su consumo, toda vez que el agua dulce es la única que puede ser ingerida por las personas bajo la forma de agua potable sin riesgo alguno para la salud. No obstante, el agua dulce en forma sólida presente en el Ártico, en Groenlandia y en la Antártida resulta inaccesible, por lo que no tiene la consideración de recursos hídricos, definidos por el Glosario Hidrológico Internacional como «los recursos disponibles o potencialmente disponibles, en cantidad y calidad suficientes, en un lugar y en un periodo de tiempo apropiados para satisfacer una demanda identificable».[1] De la definición se deduce que el concepto «recursos hídricos» está referido en exclusiva al agua dulce en cualquiera de sus estados físicos aunque, a efectos de su normación, solamente suelen te-

---

[1]   OMM/UNESCO: *Glosario Hidrológico Internacional*, Ginebra, 2012, p. 377.

nerse en cuenta los cuerpos de agua que se encuentran en estado líquido (ríos, lagos, humedales y acuíferos) y, excepcionalmente, sólidos (glaciares).

El agua es fuente de vida, pero en muchas ocasiones también se convierte en el vector de transmisión de enfermedades y de una importante tasa de mortalidad, en especial de la infantil, en los países menos desarrollados.[2] Es decir, no toda el agua dulce[3] disponible resulta apta para el consumo humano, pues únicamente el agua potable es la

---

[2]   Según la Organización Mundial de la Salud (OMS), el agua contaminada y el saneamiento deficiente están relacionados con la transmisión de enfermedades como el cólera, otras diarreas, la disentería, la hepatitis A, la fiebre tifoidea y la poliomielitis. Se calcula que unas 829 000 personas mueren cada año de diarrea como consecuencia de la insalubridad del agua, de un saneamiento insuficiente o de una mala higiene de las manos. *Vid.* OMS: <https://www.who.int/health-topics/water-sanitation-and-hygiene-wash> (última consulta: 26/06/2021).

[3]   El agua es una sustancia cuya molécula está compuesta por dos átomos de hidrógeno y uno de oxígeno (H_2O). Durante el proceso de escorrentía, el agua precipitada y la proveniente de la sublimación del hielo y la nieve acumulan minerales y diferentes clases de sales al entrar en contacto con el suelo. El *agua dulce* es aquella que contiene menos de medio gramo de sales disueltas por litro, en especial cloruro de sodio ($NaCl$). Si supera dicha cantidad pero no llega a los 30 gramos por litro, entonces se trata de *agua salobre*. A su vez, el *agua de mar* o *agua salada* es la que contiene entre 30 y 50 gramos por litro, tratándose de *salmuera* cuando supera esta última cantidad. En función de la mayor o menor cantidad de sales disueltas en el agua dulce, conviene distinguir entre las *aguas duras*, que incluyen cantidades relativamente grandes de sales, principalmente de calcio y magnesio, y las *aguas blandas*, sin dureza significativa. No debe confundirse el *agua dulce* con el *agua potable*, que es el agua apta para el consumo humano, es decir, la empleada o destinada a ser utilizada por las personas para beber, cocinar, elaborar alimentos, proceder a su higiene personal u otros fines similares sin riesgo alguno para la salud y, por tanto, no ha de contener microorganismos o sustancias químicas o radiactivas que puedan constituir una amenaza para la salud de las personas.

única que pueden utilizar las personas para beber, cocinar, elaborar alimentos y efectuar su higiene personal y doméstica sin riesgo alguno para la salud y, por ende, debe tratarse de agua dulce libre de contaminación o, lo que lo mismo, carente de sustancias que puedan ser perjudiciales para la salud humana.

Por otra parte, el agua resulta imprescindible para la agricultura y la ganadería, destinadas a satisfacer otra necesidad vital de los seres humanos: la ingesta de alimentos, motivo por el cual la subsistencia de los grupos humanos era más fácil en aquellos lugares en los que abundaba el agua. Además de ser el agua un recurso natural esencial para la propia subsistencia del ser humano, también lo es para su desarrollo económico, social y cultural. Como toda interrelación entre la naturaleza y la sociedad, ha sido necesaria su regulación jurídica mediante un conjunto variado y complejo de normas que constituyen el denominado Derecho de Aguas, cuya evolución viene motivada por la necesidad de dar una respuesta a las nuevas necesidades que han ido surgiendo a lo largo de los siglos.

Asimismo, la regulación del agua tiene un carácter multinivel, produciéndose tanto a nivel del ordenamiento interno de cada país como en el Derecho internacional en el caso de los cursos de agua transfronterizos, inicialmente por medio del Derecho Fluvial Internacional para garantizar el comercio mediante la libertad de navegación de los cursos de agua transfronterizos a través de una adecuada regulación jurídica internacional. No obstante, han ido apareciendo nuevos usos de los recursos hídricos tales como el abastecimiento de poblaciones, su utilización en la agricultura y la industria, la producción de energía hidroeléctrica, la pesca y acuicultura, el ocio y turismo, la protección de ecosistemas y el mantenimiento de caudales ecológicos, todo ello en un ambiente de creciente contaminación de las aguas que obliga a regular estos nuevos usos y la protección del agua en un contexto de cooperación, lo que ha supuesto la evolución desde el Derecho Fluvial Internacional al Derecho de los Cursos de Agua Internacionales.

A su vez, ha de tenerse presente que los recursos hídricos se comparten entre sus diferentes usos y los usuarios que se ubican en una misma cuenca o acuífero, lo que resulta particularmente relevante cuando estos tienen carácter transfronterizo. La competencia por el suministro de agua dulce produce tensiones sociales y políticas, pues tanto las aguas superficiales como las subterráneas no conocen de fronteras locales ni nacionales. La capacidad para hacer uso de los recursos hídricos por parte de muchos países queda sometida a la explotación que pueda hacerse de ellos aguas arriba; y a la inversa, algunos Estados pueden verse obligados a satisfacer las exigencias de países situados aguas abajo en la medida en que estos precisen una cantidad suficiente para satisfacer sus necesidades. Ahora bien, no puede desconocerse que la disminución de la disponibilidad de agua potable la convierte en un recurso estratégico de importancia fundamental para la seguridad y en un importante factor que está presente en muchos conflictos internacionales contemporáneos que pueden y deben resolverse sobre la base de la cooperación internacional, no existiendo en la actualidad un cuerpo único de normas de carácter internacional que regule su actividad y protección, por lo que necesariamente deben regularse de forma bilateral o multilateral por los Estados que forman parte de un mismo sistema hídrico.

Por otra parte, desde finales del siglo XIX se han incorporado al Derecho de Aguas normas procedentes de diversos sectores del Derecho internacional, con lo que se pone de manifiesto su multidimensionalidad. Así, el Derecho Internacional Humanitario garantiza el suministro de agua potable a las personas y la protección de los recursos hídricos durante los conflictos armados. Además, uno de los avances más significativos en relación con este Derecho de Aguas está asociado al hecho no solo de que constituya una necesidad biológica vital para el ser humano, sino también que se debe considerar esencial para el mantenimiento de su propia dignidad, por lo que la consideración del derecho al acceso al agua potable en el ámbito del Derecho Internacional de los Derechos Humanos hace posible disponer de unas condiciones de vida adecuadas y disfrutar del más alto nivel de salud posible.

Igualmente, el Derecho Internacional del Medio Ambiente contribuye a la protección y gestión eficiente de los recursos hídricos, toda vez que el agua es un componente más del medio ambiente, por lo que las normas medioambientales son aplicables y exigibles a los recursos hídricos tanto a nivel internacional como nacional y local. Asimismo, el agua, además de ser un recurso natural, en ciertas ocasiones posee la consideración de mercancía objeto de compraventa en el mercado internacional, o bien se caracteriza como servicio, como es el caso del abastecimiento de agua potable y el saneamiento, siendo en ambos casos aplicable el Derecho Internacional Económico, como también lo es cuando los recursos hídricos constituyen el objeto de un tratado bilateral de inversión.

Al mismo tiempo, el agua potable es un recurso finito cada vez menos abundante. La situación actual de los recursos hídricos a nivel mundial es de una acusada disminución de su disponibilidad per cápita motivada por el crecimiento demográfico; la sobreexplotación agrícola y ganadera, necesaria para alimentar dicha población; la expansión de la actividad industrial, con un consumo cada vez mayor de recursos hídricos; el calentamiento global, con una significativa disminución de la superficie de los glaciares y masas de hielo; y los efectos negativos atribuidos al cambio climático, traducidos en una mayor variabilidad espacial y temporal de los fenómenos hídricos, con el incremento de catastróficas inundaciones y pertinaces sequías. A todo ello se une la disminución de su calidad a consecuencia de la contaminación y del bajo porcentaje de tratamiento que reciben las aguas residuales.

No obstante lo anterior, existe suficiente agua potable en el planeta para abastecer a todas las personas que lo habitan, pero se encuentra distribuida irregularmente, se despilfarra, un porcentaje cada vez mayor está contaminada, y se gestiona, generalmente, de forma ineficaz e ineficiente, siendo en las regiones áridas, por razones obvias, donde existe una mayor conciencia de protección y utilización racional de los recursos hídricos.[4] La comunidad internacional, para hacer frente a la disminución de la disponibilidad de los recursos hídricos y su creciente contaminación, ha adoptado la gestión integrada de los recursos hídricos como la herramienta más efectiva de adaptación de la demanda al uso del agua, preservando la integridad del medio ambiente y teniendo en cuenta sus valores sociales y culturales.

Además, el desarrollo económico y social depende en buena medida de la gestión sostenible de los recursos naturales, existiendo una creciente preocupación de la comunidad internacional por preservarlos y utilizarlos de manera sostenible, materializado en la aprobación de la *Agenda 2030 para el Desarrollo Sostenible*[5] donde, de manera concreta en lo que respecta al agua dulce, el Objetivo de Desarrollo Sostenible 6 (ODS 6) pretende garantizar la disponibilidad y la gestión sostenible del agua y el saneamiento para todos antes de que finalice el año 2030, y así poder remediar las graves deficiencias existentes en este ámbito. Sirva como ejemplo de dichas deficiencias que, de un total de 7800

---

[4] Sirva como ejemplo el caso de los Emiratos Árabes Unidos, que desde hace más de 3000 años utiliza un sistema tradicional de irrigación denominado «Al Aflaj» vinculado a la construcción, mantenimiento y distribución equitativa del agua. Este sistema se basa en la construcción de conducciones subterráneas que transportan el agua a largas distancias, reduciendo así su evaporación, desde fuentes subterráneas hasta depósitos accesibles para los agricultores. El agua corre desde las altas mesetas hasta las planicies por una pendiente escalonada, contando con una red de canales de superficie que reparten el agua a las fincas agrícolas de las comunidades locales. En diciembre de 2020, «Al Aflaj» ha sido declarado por la Organización de las Naciones Unidas para la Educación, la Ciencia y la Cultura (UNESCO) «Patrimonio Cultural Inmaterial de la Humanidad».

[5] ASAMBLEA GENERAL DE LAS NACIONES UNIDAS: *Resolución 70/1, Transformar nuestro mundo: la Agenda 2030 para el Desarrollo Sostenible*, de 25 de septiembre de 2015.

millones que componían la población mundial a finales de 2020, cerca de 771 millones de personas carecían de acceso a servicios básicos de agua potable, 1700 millones no disponían de acceso a servicios básicos de saneamiento, y 2300 millones no contaban con instalaciones básicas en el hogar para lavarse las manos, aun siendo este el método más efectivo para protegerse contra la pandemia COVID-19.[6] Aunque cada país, en función de su nivel de desarrollo y de sus específicas particularidades políticas, económicas, sociales, culturales, hidrológicas, geográficas, etc., presenta un conjunto de desafíos característicos relacionados con los recursos hídricos, a nivel global buena parte de ellos suelen ser comunes a todos los países.

La estructuración de esta obra en dos Partes diferenciadas toma como punto de partida el análisis del Derecho de Aguas y su internacionalización (Parte I). Para ello, se hace necesario, en primer lugar, analizar someramente el concepto de Derecho de Aguas como disciplina jurídica y su evolución histórica, a lo que se dedica el Capítulo 1. A su vez, se considera imprescindible el conocimiento de la regulación general de los recursos hídricos, y más particularmente el Derecho internacional aplicable a los cursos de agua y acuíferos transfronterizos, con su evolución del Derecho Fluvial Internacional al Derecho de los Cursos de Agua Internacionales, que se configuran ya en nuestros días como marcos de concertación y de cooperación, y que será tratado en el Capítulo 2.

Por otra parte, la obligación de los Estados de cooperar entre sí constituye un principio del Derecho internacional aplicable igualmente a los cursos de agua internacionales: el Capítulo 3 analiza las causas que pueden provocar conflictos internacionales relacionados con los recursos hídricos transfronterizos, así como la cooperación internacional en dicho ámbito y su marco normativo internacional. Asi-

---

[6]   OMS/UNICEF: *Progress on household drinking water, sanitation and hygiene 2000-2020: Five years into the SDGs*, Geneva, 2021, pp. 29, 49, y 69.

mismo, el agua también posee un carácter multidimensional que se traduce en la internacionalización de su régimen regulador, objeto del Capítulo 4, al tratarse no solamente de un recurso natural insustituible para la supervivencia del ser humano sino, igualmente, de un elemento protegido por el Derecho Internacional Humanitario, del derecho humano al agua contemplado en el Derecho Internacional de los Derechos Humanos, de un bien medioambiental que forma parte del Derecho Internacional del Medio Ambiente, y de una mercancía o servicio sometidos al Derecho Internacional Económico.

Por último, la Parte II (Los Desafíos de los Recursos Hídricos) partiendo del examen de la situación actual de los recursos hídricos a nivel mundial y de sus diferentes usos, así como de los avances realizados por los países en la adopción de su gestión integrada, extremos a los que dedica el Capítulo 5, finaliza con la exposición en el Capítulo 6 de los principales desafíos a los que se encuentran sometidos los recursos hídricos, recogidos en las metas que se derivan del ODS 6, y las correspondientes propuestas de medidas que contribuirán a superarlos.

PARTE I: EL DERECHO DE AGUAS

Y SU INTERNACIONALIZACIÓN

CAPÍTULO 1

EL DERECHO DE AGUAS
COMO DISCIPLINA JURÍDICA

I. LOS RECURSOS HÍDRICOS COMO OBJETO DE REGULACIÓN

En los albores de la humanidad, la principal preocupación de nuestros ancestros consistía en asegurar su propia supervivencia, para lo cual debían satisfacer las necesidades consideradas vitales: beber agua, comer, y perpetuar la especie humana, todo ello en un entorno medioambiental que, en muchas ocasiones, no resultaba propicio. Para facilitar su logro, el ser humano formó unidades elementales de convivencia bajo la forma de grupos sociales cazadores-recolectores que habitaban en zonas donde aseguraban su propia supervivencia, es decir, en lugares en los que abundaba el agua y la caza. El agua dulce se utilizaba para satisfacer las necesidades consideradas básicas: tanto para beber como para efectuar una higiene muy elemental, o como fuente nutricional mediante la pesca en ríos y lagos.

El advenimiento de la civilización fue la lógica consecuencia de dos hechos que se produjeron hace aproximadamente 10 000 años: el descubrimiento de que determinados vegetales podían ser cultivados y que ciertos animales herbívoros aceptaban ser domesticados, constituyendo ambos la fuente esencial de producción de alimentos para la subsistencia del ser humano. Ello dio origen al nacimiento de dos comunidades humanas organizadas de manera muy diferente y habitualmente enfrentadas entre sí: la agrícola, sedentaria, y la pastoril, donde la domesticación del caballo y la invención de la rueda, con la consiguiente aparición del carro, hizo del nomadeo su principal característica.

Aquellas sociedades que adoptaron la agricultura como medio de subsistencia no se conformaron con el agua de lluvia como medio de desarrollo de los cultivos, totalmente irregular tanto en su cantidad como en el tiempo en que se producen, por lo que idearon formas elementales que permitieran el riego artificial con agua procedente de ríos y lagos, o bien aprovechando las aguas subterráneas: es así como surgen las acequias, los canales y los pozos, así como, entre otros artilugios, las norias, que permitían elevar el agua hasta la acequia para su transporte a la zona cultivada. Desde entonces, el agua ha estado ligada no solo a la supervivencia del ser humano, sino también a su desarrollo económico y social.

Las comunidades agrícolas, por tanto, requerían del acceso al agua para poder subsistir y desarrollarse. Por esta razón, las más antiguas civilizaciones florecieron en zonas privilegiadas por el agua, es decir, en los valles de los grandes ríos, donde el agua ha ejercido una profunda influencia en todas las actividades humanas, ya sean de carácter tanto religioso como político, cultural, económico y social. Tal fue el caso de las civilizaciones mesopotámica, egipcia, hindú y china, asentadas en las márgenes de los ríos Tigris-Éufrates, Nilo, Indo y Amarillo, respectivamente, consideradas todas ellas civilizaciones fluviales. Sin embargo, este no es el caso de extensas regiones como, por ejemplo, América Latina, donde las superficies cultivables se alimentaban del agua procedente de la lluvia, de pequeños ríos y lagos, y de las aguas subterráneas.

De lo hasta aquí expuesto se deduce la importancia que el agua ha tenido en las actividades humanas desde los orígenes de la humanidad, no solo en lo que respecta a su uso doméstico sino, igualmente, en la agricultura y la pesca, a los que cabe añadir otros usos distintos de los anteriores, y que se han ido manifestando con el devenir de los siglos.

La propia evolución del ser humano, pasando de ser inicialmente cazador-recolector a contemplar la agricultura y otras actividades necesarias para el grupo social, supuso un cambio drástico en las modalidades de trabajo: el poblado o aldea no podía seguir prosperando si todos sus habitantes se dedicaban a una única modalidad de trabajo tales como la caza o la pesca, por lo que se hizo imprescindible la diversificación de funciones y de labores más especializadas, a lo que cabe añadir la necesidad de atender y resolver nuevas necesidades y problemas de carácter político y social que resultaban más patentes conforme el grupo social se iba haciendo más complejo. Ello hizo necesario incrementar las normas que servían para organizar los distintos sectores en los que se expresaban dichas relaciones. Esas normas pretendían organizar el orden público, regular la vida social y resolver los conflictos provocados por aquellas relaciones.

Por otra parte, el agua es un recurso natural vital para el desarrollo económico, social y cultural de los seres humanos. Como toda interrelación entre la naturaleza y la sociedad, ha sido necesaria su regulación jurídica mediante un conjunto variado y complejo de normas que constituyen el denominado Derecho de Aguas. Dicha regulación comenzó con el establecimiento de normas muy simples que debían ser observadas por los integrantes de las comunidades y que, conforme estas fueron progresando, alcanzaron una mayor complejidad. Así, en sus inicios, en las civilizaciones fluviales no solamente fue necesario preparar el suelo para la agricultura y construir acequias, canales, pozos y artilugios destinados a la extracción del agua, sino atender a su limpieza y reparación, distribuir los derechos de agua, reglar la pesca y la navegación y solucionar sus frecuentes disputas, normalmente ocasionadas por los eventuales daños que pudieran resultar de la utilización del agua, lo que se tradujo en la necesidad de crear un sistema tanto administrativo como normativo.

Ya desde las primeras civilizaciones, las diferentes normas reguladoras de la vida cotidiana fueron reunidas en códigos como la manera más efectiva de su conocimiento y cumplimiento por la población, siendo el Código de Hammurabi[7] el primero que contiene algunas normas relativas al agua como, por ejemplo, la Ley 55: «Si alguien abre su caz para regar, y por falta de cuidado, es causante de que se inunde el campo próximo, restituirá el trigo según el rendimiento del vecino», o la Ley 56: «Si una persona ha soltado el agua e inundado el campo próximo, restituirá 10 gur de trigo por 10 gan de superficie».[8]

El agua, en sí misma, es generadora de conflictos, tanto por los perjuicios ocasionados por un exceso de ella que podía provocar inundaciones en los campos contiguos, como ya se contemplaba en las leyes del Código de Hammurabi anteriormente mencionadas, como por no poder atender a todos sus usos y usuarios en caso de escasez, o bien por abuso de su utilización por parte de un determinado usuario, siendo estas disputas habituales en todas las épocas.[9]

---

[7] El Código de Hammurabi, rey de Babilonia (1792 - 1750 a. C.) fue escrito en un bloque de basalto de 2,25 metros de altura y colocado en el templo de Sippar; además, se realizaron copias que fueron expuestas en las principales ciudades. Es la compilación jurídica más conocida de la Antigüedad, compuesta por 282 artículos que, además de normas referentes a los tribunales, contenía disposiciones sobre la familia y el comercio, así como sobre el agua (leyes 53 a 56). Actualmente se encuentra en el Museo del Louvre (París).

[8] FRANCO, G.: «Las leyes de Hammurabi», *Revista de Ciencias Sociales,* Universidad de Puerto Rico, Vol. VI, N.º 3, 1962, p. 340.

[9] Como caso significativo es de reseñar el milenario Tribunal de las Aguas de la Vega de Valencia, más conocido por su denominación abreviada de

Una parte importante de los recursos hídricos tienen la consideración de recurso natural compartido entre dos o más Estados, lo que ha generado en todas las épocas conflictos derivados de su utilización, por lo que su regulación ha ocupado un lugar prioritario en la agenda de Naciones Unidas. De hecho, la primera guerra por el agua tuvo lugar en Mesopotamia hace 4500 años entre las ciudades-Estado de Umma y Lagash, en Sumeria, que culminó con el primer tratado de paz de la historia del que se tiene constancia.[10] En la actualidad se siguen produciendo disputas transfronterizas que, en unos casos de forma directa y en otros indirectamente, están relacionadas con el agua.

Los cursos de agua internacionales fueron los primeros recursos naturales compartidos sometidos a regulación debido ante todo a la doble función que algunos de ellos desempeñaban desde hace siglos: servir de frontera entre dos o más Estados y, en los navegables, facilitar el comercio internacional. No obstante, han ido apareciendo nuevos

---

Tribunal de las Aguas, tribunal consuetudinario con una doble función, judicial y administrativa, encargado de dirimir los conflictos derivados del uso y aprovechamiento del agua de riego entre los agricultores de la vega valenciana. Aunque ya existía un antecedente en época romana, su fundación tal y como funciona en la actualidad se produjo en el año 960 durante la dominación musulmana de la península ibérica. El Tribunal ha sido declarado por la UNESCO «Patrimonio Cultural Inmaterial de la Humanidad» el 30 de septiembre de 2009.

[10] La primera guerra de la historia que aparece documentada, y el primer tratado de paz colofón de esta, tuvo como origen una disputa por el agua entre las ciudades-Estado sumerias de Lagash y Umma, situadas en el sur de Mesopotamia, en la confluencia de los ríos Tigris y Éufrates. Se trataba de una región agrícola extraordinariamente productiva y, por tanto, codiciada por su feracidad, destacando la llanura del Guedenna, fronteriza entre Lagash y Umma. Urlama, rey de Lagash (2450-2400 a. C.) desvió el agua de la región mediante canales, privando de agua a su vecina Umma, provocando la guerra entre ambas. *Vid.* GLEICK, P. H.: «Water, War & Peace in the Middle East», *Environment*, Vol. 36, N.º 3, 1994, p. 11.

usos de los recursos hídricos tales como el abastecimiento de poblaciones concentradas, su utilización en la agricultura y la industria, la producción de energía hidroeléctrica, la pesca y acuicultura, el ocio y turismo, la protección de ecosistemas y el mantenimiento de caudales ecológicos, todo ello en un ambiente de creciente contaminación de las aguas que obliga a regular estos nuevos usos y la protección del agua en un contexto de cooperación.

Por último, el agua dulce posee un carácter multinivel y multidimensional que comprende, por una parte, su regulación tanto en el ordenamiento interno como en el Derecho internacional respecto de los cursos de agua transfronterizos; y, por otra parte, en el marco de las relaciones internacionales requiere asimismo su reglamentación en otros sectores como el humanitario, los derechos humanos, el medio ambiente y el económico, tal y como será desarrollado más adelante.

II.   EL DERECHO DE AGUAS COMO DISCIPLINA JURÍDICA

1.   Contenido del Derecho de Aguas

El agua dulce, o aguas continentales, es un recurso natural finito, insustituible y vital para la supervivencia y el desarrollo económico, social y cultural de los seres humanos que al ser constitutivo de una interrelación entre la naturaleza y la sociedad hace necesaria la regulación jurídica de sus diversos usos y su protección mediante un conjunto variado y complejo de normas que conforman el Derecho de Aguas. Este Derecho se basa en la unidad del ciclo hidrológico,[11] al ser

---

[11]   El agua es un recurso que se renueva a través de su movimiento continuo entre la hidrosfera, la atmósfera, el suelo (agua superficial y subterránea) y los organismos vivos, en lo que se denomina *ciclo hidrológico*. Así, el sol, proporcionando la energía necesaria, evapora una parte del agua contenida en los océanos y otras masas de agua de la superficie (*evaporación*), al igual

el agua un recurso unitario en el que no cabe distinguir entre aguas superficiales y subterráneas, que debe estar disponible no solo en la cantidad necesaria sino también con la calidad adecuada.

El Derecho de Aguas se compone de un conjunto de normas procedentes de diferentes ramas del Derecho con el agua como elemento de unión, dotado de un carácter multinivel y multidimensional. Constituye un régimen especial, autónomo respecto de otros y del Derecho general, al estar conformado por conjuntos agrupados de normas procedentes de diferentes ramas del Derecho que expresan un objeto y fin único, y de principios que regulan todos los aspectos relacionados con los recursos hídricos en particular.

La influencia del agua en las actividades económicas y sociales de cada país, al igual que entre países transfronterizos y en las relaciones internacionales, y la interconexión entre distintas ramas del Derecho cuya diversidad no solo se refiere al contenido de dichas normas sino también a la autoridad nacional o internacional de la que proceden, traen como resultado y características más acusadas del Derecho de Aguas la elevada diversidad de procedencia de sus normas y, consecuentemente, su extraordinaria complejidad.[12] Se trata de un sistema jurídico carente de la pretensión de una autonomía absoluta, donde se

---

que en los seres vivos (*transpiración*), siendo transportada sobre la Tierra en forma de vapor de agua mediante la circulación atmosférica. Una parte del vapor de agua se condensa formando las nubes, precipitando en forma de lluvia, nieve, granizo y niebla sobre la superficie terrestre (*precipitación*). A su vez, una parte del agua precipitada y de la proveniente del deshielo es interceptada por la vegetación, manteniéndola húmeda; y la otra parte escurre en la superficie terrestre y va a parar a las corrientes fluviales de cada cuenca hidrográfica, finalizando en los lagos, mares y océanos, o bien se infiltra en el subsuelo y recarga las aguas subterráneas que, en su movimiento interno, terminan en las corrientes fluviales o en los océanos (*escorrentía*), desde donde se evapora de nuevo.

12   CAPONERA, D. A.: *Principles of Water Law and Administration: National and International*, Balkema, Rotterdam, 1992, p. 55.

puede apreciar de manera continuada la asociación de nuevas normas procedentes de distintos regímenes, como los derechos humanos, el Derecho humanitario, el medio ambiente, etcétera.

El carácter multinivel del Derecho de Aguas se materializa en las dos modalidades existentes del mismo: nacional e internacional. Así, en cada país, los recursos hídricos estrictamente internos están regulados por una diversidad de normas procedentes de las autoridades nacionales que conforman el Derecho de Aguas nacional, mientras que los recursos hídricos transfronterizos lo son por normas de carácter internacional, ya sean bilaterales, multilaterales, regionales o universales, que constituyen el Derecho Internacional de Aguas o Derecho de los Cursos de Agua Internacionales.

Existe, por tanto, un Derecho de Aguas a nivel nacional como disciplina jurídica que se enmarca en un conjunto cada vez más variado de categorías, que integra normas internas de Derecho Público (tanto del Derecho Administrativo como del Constitucional, Penal, Tributario, Medio Ambiente e Internacional), y de Derecho Privado (Civil y Mercantil). Se trata de un Derecho caracterizado por un fuerte dinamismo en su evolución, como lo tiene la misma sociedad a la que sirve.[13] Dicho dinamismo se traduce en la evolución operada a partir de la década de 1990 por el Derecho de Aguas en la mayoría de los países, en los que ha pasado de ser un Derecho básicamente fundamentado en la utilización del agua, a contemplarla como un recurso natural escaso y, por tanto, muy vulnerable, lo que ha llevado a los legisladores a contemplar no solo la utilización del agua en lo que respecta a sus variados usos y aprovechamientos sino, igualmente, a su protección y conservación.

En resumen, el Derecho de Aguas surge como respuesta a la necesidad de equilibrar los diferentes intereses entre usos y usuarios de

---

[13]   EMBID IRUJO, A.: *Diccionario de Derecho de Aguas,* Iustel, Madrid, 2007, p. 20.

los recursos hídricos. Está constituido por aquellas normas que perteneciendo al Derecho Público o al Derecho Privado regulan la creación, modificación, transmisión y extinción de las relaciones jurídicas aplicables a la ordenación y gestión del uso, aprovechamiento, preservación y protección de los recursos hídricos, ya sean aguas superficiales o subterráneas.

Igualmente, en el ámbito de las relaciones internacionales existe un Derecho Internacional de Aguas, o Derecho de los Cursos de Agua Internacionales cuyo objeto es la regulación de las relaciones en materia de aguas entre Estados o entre Estados y organizaciones internacionales. Dichas relaciones comprenden todo lo referente a la ordenación y gestión de los diferentes usos de los cursos de agua transfronterizos, así como de su protección y preservación y de la solución de las controversias que pudieran suscitarse, por lo que el principal objetivo perseguido consiste en evitar conflictos entre los Estados ribereños en lo que respecta a la gestión y distribución del agua.

Por último, el Derecho de Aguas también incluye una serie de normas procedentes de otros sectores del Derecho internacional como consecuencia del carácter multidimensional que posee el agua y que se traduce en la internacionalización de su regulación al tratarse no solamente de un recurso natural insustituible para la supervivencia del ser humano sino, igualmente, de un elemento que forma parte del Derecho Internacional Humanitario contemplado como el derecho de las personas no combatientes en un conflicto a una mínima cantidad diaria de agua para su ingesta e higiene y como elemento integrante del medio ambiente que goza de protección en el transcurso de un conflicto armado. También adquiere la forma de derecho humano, en concreto, como el derecho de acceso al agua potable y el saneamiento, incluido en el Derecho Internacional de los Derechos Humanos. Además, el agua, como bien medioambiental y económico que es, forma parte del Derecho Internacional del Medio Ambiente y del Derecho Internacional Económico, respectivamente.

2.   Evolución del Derecho de Aguas

2.a.   *El agua en la Edad Antigua*

Aunque en las primeras civilizaciones existían costumbres, leyes y códigos reguladores de la vida cotidiana, es el Derecho romano el *Corpus iuris civilis*[14] más antiguo y completo de la Antigüedad que como tradición jurídica ha llegado hasta nuestros días, toda vez que el Derecho civil de la mayor parte de los países de la Europa continental y de sus antiguas colonias en África, América Latina y Asia se basa directamente en el Derecho romano.

No existía una única calificación para los recursos hídricos en el Derecho romano, sino que ello dependía del tipo de masa de agua a considerar (por ejemplo, aguas superficiales o subterráneas, ríos o arroyos) y de una serie de criterios determinantes de su régimen jurídico, como el carácter perenne o no del curso de agua, su navegabilidad o no, etc. De forma genérica, se puede afirmar que el agua corriente (*aqua*

---

[14]   El primer intento de sistematizar totalmente el Derecho romano se debe al emperador Teodosio II, bajo cuyo patrocinio se elaboró el *Codex Theodosianus* que, a su vez, sirvió como referente para la creación de Derecho en los nuevos reinos germánicos que sucedieron al Imperio romano en Occidente. Como el número de disposiciones legales y de casos no contemplados por el *Codex Theodosianus* era elevado, el emperador Justiniano impulsó la recopilación de todas las disposiciones en el *Corpus Iuris Civilis*, que consta de: 1) las *Institutiones* o principios generales de Derecho; 2) el *Digesto* o colección de opiniones jurídicas de jurisconsultos heredadas del pasado para la consulta de jueces y magistrados en la resolución de casos; 3) el *Codex Iustinianus* o recopilación de leyes en vigor desde tiempos republicanos hasta la redacción del Corpus legal de Justiniano; y 4) las *Novellæ*, que recogen las leyes emitidas en Bizancio a partir del emperador Justiniano.

profluens) era considerada como *res communis omnium*,[15] pero también como *res publica*[16] al tratarse, como el mar o el aire, de una «cosa pública», aunque existían, en ocasiones, ciertos derechos de los ribereños sobre la misma. Igualmente, el agua no es objeto de propiedad, aunque se halle en una finca privada, siendo su consumo común, sin perjuicio del *ius prohibendi* del propietario de la finca para impedir la entrada en ella sin su permiso.[17]

Asimismo, existían aguas privadas y aguas públicas. Se consideraban privadas las aguas caídas u originadas en terrenos privados, tales como manantiales naturales y alumbramientos artificiales, pozos, aguas pluviales y aguas acumuladas en las lagunas y estanques situados en los predios, pero se consideraban aguas públicas las que discurrían por los ríos y lagos situados junto a dichos terrenos privados. Los ríos perennes eran siempre ríos públicos,[18] mientras que las aguas subterráneas se consideraban de naturaleza privada al ser accesorias respecto del fundo en el que se encontraban, y sobre ellas cabía una plena y

---

[15] Las *res communis omnium*, o cosas de todos (no pertenecen a nadie y su uso es de todos), son aquellas que se encuentran fuera del comercio y, en principio, está en su naturaleza el uso público o común, pero que admiten la posibilidad de su apropiación y aprovechamiento por las personas. Así, *Digesto*. 1, 8, 2, pr. 1: «Y ciertamente son comunes a todos por derecho natural estas cosas: el aire, el agua corriente, y el mar, y consiguientemente las costas del mar».

[16] Las *res publicae*, o cosas públicas (de dominio público), se caracterizan por ser bienes inembargables, imprescriptibles e inalienables; son bienes de dominio público y, en consecuencia, gozan de un régimen jurídico especial en el que, para su aprovechamiento, se requiere normalmente de unos títulos jurídicos habilitantes especiales (concesión o autorización administrativa).

[17] D'ORS PÉREZ-PEIX, A.: *Derecho Privado Romano*, 10ª edición revisada, EUNSA, Pamplona, 2004, p. 180.

[18] *Digesto*. 43, 12, 1, pr. 3: «Algunos ríos son públicos, y otros no; Cassio define que es río público el que sea perenne; esta opinión de Cassio, que también aprueba Celso, parece que es admisible».

exclusiva disposición por su dueño, que podía explotarlas incluso causando daños a terceros, siempre que no hubiera dolo por su parte.[19]

Al tener la consideración de *res communis*, ningún río podía ser objeto de apropiación, fuera navegable o no, correspondiéndole al poder público velar y garantizar su uso común, permitiéndose a los propietarios de los predios limítrofes obtener algún provecho de su posición, como el de efectuar tomas de agua, pero les estaba prohibido realizar obras que pudieran perjudicar u obstaculizar la navegación.[20] En el caso de las aguas de los ríos navegables, eran consideradas *res publicae*, por lo que no cabían derechos ribereños sobre ellas en tanto que estaban sometidas a una especial protección para su uso común, toda vez que la libertad de navegación suponía en sí misma un derecho de uso universal de los ríos establecido por el Derecho de Gentes o *iuris gentium*.

Los ríos públicos podían ser objeto tanto de uso como de aprovechamiento, entendiendo por uso la utilización de las aguas sin merma de su cantidad, y por aprovechamiento la de su consumo o alteración. Así, se puede decir que se usa de un río cuando es utilizado como un accidente geográfico a través del cual pueden trasladarse las embarcaciones que navegan en el mismo, o bien para pescar; y de aprovechamiento de las aguas de un río cuando estas se utilizan para el riego en la agricultura o para el consumo doméstico y del ganado. Tanto el uso como el aprovechamiento son objeto de la protección interdictal que el Pretor dispensa a los ríos públicos a favor de cualquier persona que se sienta afectada en el libre uso de estos. El uso del río se identifica en

---

[19]   *Digesto*. 39, 3, 1, pr. 12: «…ninguna acción, ni aun la de dolo, se puede ejercitar contra el que cavando en lo suyo desvió la fuente del vecino; y verdaderamente no debe tenerla ésto, si aquel no lo hizo con ánimo de perjudicar al vecino, sino para mejorar su propio campo».

[20]   En *Digesto*. 43, 12, 1 pr. 12, el Pretor no prohíbe todo lo que se hace en un río público o en la orilla, sino todo aquello que puede perjudicar a la navegación o el estacionamiento de naves.

los interdictos con la navegabilidad, la cual comprende tanto el traslado de las naves como su estacionamiento. A su vez, el aprovechamiento del río es también objeto de protección pretoria, aunque de una manera menos notoria que en el caso de la navegabilidad.

Conforme evoluciona el Derecho romano también lo hace la naturaleza jurídica del agua, pasando del libre uso estipulado en el Derecho romano clásico a la necesidad de obtener una previa concesión para su aprovechamiento, tal y como se establece en el Derecho romano postclásico.[21]

En resumen, el Derecho romano establece técnicas de regulación del agua como solución de conflictos, de tal manera que los ciudadanos gozaban de libertad de acceso a los ríos públicos para aprovisionarse en ellos, pudiendo extraer toda el agua que quisieran, siempre y cuando no se causare daños a los derechos de terceros por un aprovechamiento excesivo, pues no existía un reparto o asignación del agua por parte del poder público toda vez que los interdictos se promulgaban para impedir dichos daños y no para establecer sistemas de asignación o de distribución del agua.[22] Las únicas preocupaciones del poder público romano respecto al agua consistían en garantizar la libre navegabilidad de los ríos que gozaran de tal atributo, permitir abrevar el ganado y ejercitar la pesca, y facilitar mediante tomas de agua el riego para la agricultura y el acceso en las ciudades al agua potable, necesitándose en el periodo postclásico la previa obtención de una concesión

---

[21]   El *Código de Justiniano,* en su Libro 11, Título 42 (De los acueductos), establece la necesidad de obtener una previa concesión para el aprovechamiento del agua por los particulares como se desprende, por ejemplo, de una Constitución de los Emperadores Teodosio y Valentiniano: «Si alguno hubiere merecido por divina liberalidad el derecho de agua, deberá exhibir la divina concesión...» (*C.I.* 11, 42, 5).

[22]   VERGARA BLANCO, A.: «Configuración histórica y tendencias actuales del Derecho de Aguas en Hispanoamérica», en EMBID IRUJO, A. (Dir.): *Jornadas del Derecho del Agua,* Ed. Civitas, Madrid, 1998, pp. 237-238.

para su aprovechamiento por los particulares. La libertad de navegación como derecho de uso universal de los ríos navegables establecido por el Derecho de Gentes supone el inicio del reconocimiento del Derecho de Aguas por el Derecho internacional.

Asimismo, a finales de la Edad Antigua aparece el Islam. Aunque el origen de algunos principios generales del régimen de utilización de las aguas procede de la Arabia preislámica, es en la *Sunna* o tradición del Profeta donde se establecen los mismos,[23] toda vez que el *Corán*, primera fuente del Derecho, no contiene ninguna norma al respecto.

Desde el reconocimiento jurídico del derecho de cualquier persona, musulmán o no, a tomar agua de cualquier lugar para saciar su sed y abrevar el ganado, el Islam contempla la propiedad privada del agua, pudiéndose donar, prestar, alquilar o vender, respetando siempre el anteriormente mencionado derecho de beber. A su vez, los ríos caudalosos, los lagos, la nieve y el hielo de las montañas son aguas públicas comunes a todos los musulmanes y quedan fuera del comercio, por lo que no pueden ser objeto de un derecho de propiedad, solo de uso, pero pueden ser adquiridas mediante aislamiento en un recipiente o retenidas y envasadas en un recinto privado. También se adquiere la propiedad del agua pública cuando un individuo la deriva o canaliza hasta su finca, siendo las aguas de propiedad privada aquellas que se encuentran encerradas o nacen dentro de una propiedad privada, como una fuente (natural o artificial), un pozo, un aljibe o una laguna. Asimismo, el agua de lluvia caída en un terreno privado pertenece a su dueño.

---

[23] La *Sunna* (estilo de vida) es una colección de enseñanzas y dichos que relatan la vida de Mahoma. Después del *Corán*, la *Sunna* es la siguiente fuente primaria de revelación de Dios, definiendo ambas la teología de la religión musulmana y su legislación.

2.b. *La ruptura de la uniformidad del régimen jurídico del agua a partir de la Edad Media*

Con la Edad Media aparece un nuevo sistema político que predominó en Europa occidental entre los siglos IX y XV: el feudalismo. Políticamente, se caracterizaba por la descentralización del poder, con su disminución por parte de los reyes y su concentración en manos de los nobles a través de relaciones de lealtad y ayuda militar que ofrecían al rey a cambio de tierras y de privilegios e inmunidades que implicaban delegar a su favor ciertas funciones del Estado. No obstante, en España, contrariamente a lo que sucedió en el resto de Europa, dicha delegación fue mínima al estar mediatizada por el periodo conocido como Reconquista,[24] conservando los reyes sus atribuciones esenciales o regalías (nombramiento de funcionarios, administración de justicia, acuñación de moneda, etc.). Desde el punto de vista jurídico, la descentralización del poder político acaecido en la Edad Media significó la quiebra de la unidad que suponía el Derecho romano, dando paso a su fragmentación con la aparición de Derechos específicos particulares de cada reino.

En el Derecho de Aguas en la época medieval se produce una transición, pasando de considerar al agua corriente (*aqua profluens*) como *res communis omnium* y también como *res publicae*, a una concepción regaliana[25] en la que los reyes la consideran como objeto de su dominio. La

---

[24]   En el año 711 los musulmanes invaden la península ibérica, conquistándola en tan solo nueve años. A partir del año 722 se inicia el proceso histórico denominado Reconquista, que culminaría el 2 de enero de 1492 con la rendición del reino nazarí de Granada, último bastión musulmán que perduraba en España, y que marca el final de la Edad Media.

[25]   El concepto jurídico de «regalía», también llamado *iura regalia* o bienes *in demanio et patrimonio principis*, se corresponde a los modernos conceptos patrimoniales de «bienes nacionales», «dominio público» o «demanio». Las regalías constituían todos los derechos que los reyes se reservaban para sí. *Vid.* VERGARA BLANCO, A.: *Derecho De Aguas. Tomo I*, Editorial jurídica de Chile, Santiago de Chile, 1998, pp. 45-46.

fundamentación del agua como *iura regalia* se basaba en el interés por obtener rentas; es decir, para poder usar el agua debía obtenerse una licencia o concesión, previo pago del correspondiente tributo.[26]

En España, las primeras referencias jurídicas al agua como *iura regalia* aparecen en 1138, en las *Leyes de Alfonso VII de León* promulgadas en las Cortes de Nájera, en concreto, en la Ley XLVIII: «Todas las aguas, é pocos salados que son para facer sol, é todas las rentas dellas, rindan al Rey, salvo las que dio el Rey por privillegio, o las ganó alguno por tiempo en la manera en que devía».[27] Más adelante, esta Ley fue recogida en las *Ordenanzas Reales de Castilla de 1484*[28] y en posteriores codificaciones,[29] manteniéndose en todas ellas la naturaleza jurídica del agua como regalía de la Corona. Es decir, las aguas tienen la consideración de bienes comunes sometidos a la condición de *iura regalia*, toda vez que era necesario disponer de una licencia u otorgamiento real para el aprovechamiento de las aguas en beneficio exclusivo de un particular, permitiéndose en cambio el uso sin restricciones de los ríos públicos para la navegación y la pesca, y para abrevar el ganado. Las aguas subterráneas no se contemplan en la legislación medieval, toda vez que se consideran accesorias del suelo, por lo que el propietario del suelo

---

26   *Ibidem.*, pp. 50-51.

27   Las *Leyes de Alfonso VII* promulgadas en la Cortes de Nájera aparecen posteriormente recogidas en el *Ordenamiento de Alcalá de 1348* como Título XXXII.

28   *Ordenanzas Reales de Castilla*, Libro VI, Título I (De las rentas del Rey), Ley VIII (Que todas las veneras pertenescen al Rey).

29   En la *Nueva Recopilación de Leyes de Castilla,* de 1567, esta Ley se refunde con otra del mismo origen relativa a las minas en su Libro VI, Título XIII, Ley 2 (Que los mineros de oro, y plata, y otros cualesquier metales pertenecen a los Reyes, y lo mismo las aguas, y pozos de sal) e, igualmente, dicha naturaleza jurídica del agua como regalía de la Corona se recoge en la *Novísima Recopilación de las Leyes de España,* de 1805, en concreto, en el Libro IX, Título XVIII, Ley I (Derecho de los Reyes en las minas de oro, plata y otros metales, aguas y pozos de sal; y prohibición de labrarlas sin Real licencia).

lo era a su vez del subsuelo, y los pozos existentes se empleaban únicamente para el uso doméstico.

El descubrimiento de América en 1492 supuso el inicio de la Edad Moderna, caracterizada por la continuidad de la calificación de las aguas como *iura regalia*. Esta situación se mantendrá durante el periodo de las monarquías absolutas o Antiguo Régimen, hasta el comienzo de la Edad Contemporánea.

A su vez, para el Derecho Común, *Common Law* o Derecho anglosajón, propio de Inglaterra y de los países que conformaron las colonias y protectorados ingleses, todo propietario de tierras ribereñas de una masa de agua, ya se tratara de un río, un arroyo o un lago, tenía el derecho de utilizarla (doctrina de los derechos de agua ribereños), traducido en un derecho de propiedad privado derivado de la propiedad de la tierra y complementario de esta. No obstante, como todos los propietarios de tierras ribereñas tenían igual derecho a utilizar el agua que cruzaba sus tierras, estaba prohibido consumirla sin restituirla, debiendo repartirse de manera equitativa entre todos los titulares de derechos.

Por otra parte, el hito que identifica el comienzo de la Edad Contemporánea lo constituye la Revolución francesa de 1789, conflicto social y político que, inspirado en la Ilustración, supuso el fin definitivo del Antiguo Régimen y una de las causas directas de la aparición de los Estados de Derecho de corte liberal. Los ideales en los que se apoya la Ilustración llevaron en el ámbito político al Constitucionalismo y, en el jurídico, a la Codificación, contribuyendo ambos de forma decidida a la configuración de un nuevo orden jurídico: por una parte, el Constitucionalismo confiere carta de naturaleza como Ley Suprema a la norma fundamental del Estado (la Constitución), que introduce límites a la actuación del mismo sobre la sociedad, estableciendo las bases de su organización; y por otra parte, la Codificación reconoce y garantiza los derechos individuales de los ciudadanos frente a la sociedad y al mismo Estado. La Codificación, junto a las Constituciones, conformaron los instrumentos idóneos para forjar la unificación jurídica y política de los nuevos Estados de régimen liberal.

Se manifiesta así un entorno que pretende reemplazar las diferentes recopilaciones de leyes efectuadas anteriormente en los países seguidores del Derecho Civil proveniente del Derecho romano por nuevos códigos en los que se refundiera el Derecho nacional, tal y como ocurrió en Alemania en 1794, Francia en 1804 y Austria en 1811, siendo el referente de todos ellos, por su claridad y sencillez, el *Código Civil* francés, o *Código Napoleón*, de 1804.

En este contexto, las aguas pasan de ser *iura regalia* a bienes de dominio público, entendidos como aquellos bienes destinados al uso público, entre otros, los ríos, torrentes y canales, empleando la Administración Pública la técnica jurídica de la *publicatio* o declaración previa de la publificación de todo el sector, lo que conforma el título de todas las facultades que se arroga la Administración. Por tanto, la *publicatio* lleva aparejada la imposibilidad de apropiación privada de los bienes de dominio público que, en el caso del agua, afecta a los cursos de agua en general.

A finales del siglo XIX se inicia la progresiva reglamentación de la utilización del agua para sus diversos usos en el abastecimiento a las poblaciones, la agricultura, la industria, la generación de electricidad, la pesca y acuicultura, el ocio y turismo y el mantenimiento de caudales ecológicos, todo ello sin perjuicio de continuar con la reglamentación de la navegación fluvial. Desde esta posición inicial, las legislaciones sobre las aguas, en especial en la segunda mitad del siglo XX, han ido evolucionando de una manera muy particularizada en cada país conforme a su situación hidrogeológica, sus necesidades económicas y sociales, y su específica idiosincrasia.

A su vez, en el último tercio del siglo XX, en un entorno de amplio influjo de la corriente neoliberal imperante, se sucedieron procesos de privatización del agua y de los servicios públicos relacionados con la misma. A partir de las experiencias negativas de privatización que se produjeron, la reacción a dicha corriente neoliberal tuvo lugar a comienzos del siglo XXI, no solamente en la legislación de aguas sino en las propias Constituciones de algunos países que prohíben la privatización del agua y de la gestión de los servicios relacionados con ella, recogiendo el principio según el cual la propiedad de los recursos hídricos corresponde a la Nación.[30] Todo ello se produce en un contexto de consideración de los recursos hídricos como bienes finitos escasos afectados negativamente por el progreso tecnológico y el cambio climático, cada vez más contaminados, y sometidos a una toma de conciencia ecológica que trasciende al ámbito jurídico.

La tendencia actual en las legislaciones hídricas lleva a la publificación de las aguas en detrimento de la propiedad privada de las mismas, generalmente, incluyendo en la definición del dominio público hidráulico: *i*) las aguas continentales superficiales y las subterráneas renovables; *ii*) los cauces de corrientes naturales, continuas o discontinuas; *iii*) los lechos de los lagos y lagunas y los de los embalses superficiales en cauces públicos; y *iv*) los acuíferos, a los efectos de los actos de disposición o de afección de los recursos hidráulicos. Además, pueden incluirse en el dominio público hidráulico las aguas procedentes de la desalinización de agua de mar, tal y como ocurre, por ejemplo, en España.[31]

---

[30]   Como ejemplo, así lo contempla el artículo 318 de la *Constitución del Ecuador de 2008* (Registro Oficial N.º 449, del 20 de octubre de 2008).

[31]   Artículo 2 del *Real Decreto Legislativo 1/2001*, de 20 de julio, *texto refundido de la Ley de Aguas* (BOE N.º 176, del 24 de julio de 2001).

CAPÍTULO 2

DEL DERECHO FLUVIAL INTERNACIONAL AL DERECHO DE LOS CURSOS DE AGUA INTERNACIONALES

I. LA UTILIZACIÓN DE LOS CURSOS DE AGUA COMO FRONTERAS FLUVIALES

1. Consideraciones generales

Como se ha señalado anteriormente, el ser humano ha venido utilizando los cursos de agua para satisfacer las necesidades consideradas básicas, es decir, para beber y realizar el aseo personal y doméstico, para abrevar el ganado y efectuar la irrigación en la horticultura, y como fuente nutricional a través de la pesca de subsistencia.[32]

Además de la satisfacción de las necesidades humanas básicas, desde tiempos inmemoriales se ha manifestado el valor geoestratégico del agua al configurarse los cursos de agua como elementos de defensa

---

[32] Dentro de las necesidades humanas consideradas básicas se encuentra la pesca de subsistencia, entendida como aquella que no tiene carácter comercial o deportivo.

del territorio al constituir obstáculos utilizados para delimitar fronteras, donde su principal función, en todas las épocas, ha sido la de proporcionar seguridad a los Estados. Esta característica las convierte, en función de los intereses predominantes entre los Estados colindantes, bien en zonas de separación o de contacto, bien en zonas de conflicto o de cooperación.

Las fronteras pueden ser naturales, basadas en accidentes geográficos tales como montañas, ríos, lagos, desiertos, mares y océanos, estrechos y canales, o bien artificiales, como las que suponen la utilización de elementos técnicos como líneas geométricas y astronómicas, o las construidas por el hombre, como es el caso de la Gran Muralla China, el Muro israelí en Cisjordania, o el ya derruido Muro de Berlín.

Los distintos reinos e imperios de la Antigüedad establecieron sus fronteras sobre la base de elementos geográficos fácilmente identificables y, por lo general, difícilmente modificables, como era el caso, entre otros, de la divisoria de aguas de una cordillera o cadena montañosa, o bien utilizando un río caudaloso como elemento separador, es decir, buscando divisiones naturales entre territorios. Tal fue el caso del Imperio romano, cuyos límites fronterizos en Europa se materializaron a lo largo de los ríos Rin y Danubio, ríos por lo demás navegables que ejercían un carácter fronterizo defensivo, toda vez que servían para contener y mantener fuera del territorio del Imperio a los pueblos denominados «bárbaros». Estos ríos, por tanto, servían como elemento fronterizo, instrumento en aquella época separador, que no de cooperación.

Todo límite fronterizo internacional se establece mediante una norma jurídica, generalmente un tratado, aunque también puede materializarse a través de una resolución aprobada por una organización internacional, o como consecuencia de una sentencia arbitral, o bien por una costumbre regional, como es el caso de la aplicación del principio *uti possidetis iuris* en América Latina.[33] Aunque las fronteras han existido siempre, y desde antiguo se han firmado tratados fronterizos,[34] estos, hasta mediados de la Edad Moderna, definían la frontera de un modo general, sin grandes precisiones, como en el caso de España y Francia, donde el *Tratado de los Pirineos de 1659*[35] únicamente disponía que la

[33] En América Latina, las fronteras entre los distintos Estados se constituyeron inicialmente sobre la base del principio *uti possidetis iuris*, originado en la América hispana con motivo de la emancipación de las colonias españolas. Este principio concede precedencia al título jurídico sobre la posesión efectiva como base de la soberanía, siendo su principal propósito garantizar el respeto de los límites territoriales que existían en el momento en que se logró la independencia cuando estos límites no eran más que las delimitaciones existentes entre diferentes divisiones administrativas (Virreinatos, Capitanías Generales, etc.), sujetas todas ellas a la soberanía española, por lo que la aplicación de este principio tuvo como resultado su transformación en fronteras internacionales. En la actualidad constituye un principio general del Derecho internacional ligado al fenómeno de la descolonización, consagrado por el Tribunal Internacional de Justicia en el *Caso relativo a la controversia fronteriza, (Burkina Faso c. República de Mali), Fallo de 22 de diciembre de 1986*, p. 565. *Cfr.* TRIBUNAL INTERNACIONAL DE JUSTICIA: «Frontier Dispute, Judgment», *I. C. J. Reports 1986*, p. 554.

[34] El trazado de las fronteras estatales se realiza a través de la ejecución sucesiva de dos fases: la *fase de delimitación*, de naturaleza política y jurídica, materializada en un tratado internacional en virtud del cual los Estados implicados fijan de común acuerdo los límites de la extensión espacial del territorio sobre el que ejercen su soberanía; y la *fase de demarcación*, de naturaleza estrictamente técnica, consistente en la ejecución material sobre el terreno (amojonamiento) de la delimitación anteriormente formalizada, y generalmente llevada a cabo por la Comisión de Límites instituida en dicho tratado fronterizo internacional.

[35] El *Tratado de Paz de los Pirineos* se firmó en la isla de los Faisanes el 7 de noviembre de 1659, acordando España y Francia, entre otros aspectos, el intercambio de determinados territorios, en especial los territorios españoles situados al norte de dicha cordillera (arts. 42 y 43 del Tratado público y art. 8 secreto). *Vid.* DE ABREU Y BERTODANO, J. A.: *Colección de Tratados de Paz. Reinado de Felipe IV, Parte VII,* Antonio Marin y Juan de Zuñiga, Madrid, 1751, p. 114.

frontera «seguirá los Montes Pyrineos»,[36] sin establecer una definición precisa de la frontera, ni asentarse en cartografía oficial alguna. Desde el último tercio de la Edad Moderna, los tratados fronterizos suelen contemplar la creación de la correspondiente Comisión de Límites, encargada de efectuar la delimitación de la línea fronteriza en detalle, reflejada en una cartografía precisa.[37]

En algunas ocasiones, los cursos de agua sirven como referencia para el trazado de la frontera al discurrir la misma a una cierta distancia paralela a la orilla de un lago o río, como en el caso de un cierto tramo del río San Juan, en el que la frontera entre Costa Rica y Nicaragua discurre «siguiendo un curso que diste siempre dos millas de la margen derecha del Río San Juan, con sus circunvoluciones, hasta su origen en el lago».[38] No obstante, resulta muy frecuente que sean los ríos, considerados como accidentes geográficos, los que constituyen y definen la mayor parte de las fronteras terrestres entre Estados contiguos.

---

[36]   Artículo 42 del Tratado.

[37]   Siguiendo el anterior ejemplo de España y Francia, a partir de 1851 reanudaron los esfuerzos interrumpidos por la Revolución francesa de 1789 para una delimitación fronteriza precisa, comenzando las negociaciones en 1853 con la creación de la Comisión Mixta de Límites. Durante 15 años, los comisionados de ambos países efectuaron la delimitación de 685 km. de línea fronteriza, de oeste a este, según los denominados *Tratados de límites de Bayona* (1856-1868), con los que queda definitivamente fijada la frontera entre España y Francia. *Vid.* GOBIERNO DE ESPAÑA. MINISTERIO DE ASUNTOS EXTERIORES Y DE COOPERACIÓN (MAEC): *Acuerdos fronterizos con Portugal y Francia. Colección de recopilaciones. Volumen II (1659-2002)*, Madrid, 2006, pp. 621-792.

[38]   Artículo 2 del *Tratado Cañas-Jerez de 1858*, suscrito el 15 de abril de 1858 entre Costa Rica y Nicaragua. Texto del Tratado disponible en la página Web del ARCHIVO NACIONAL DE COSTA RICA: <http://www.archivonacional.go.cr> (última consulta: 16/02/2020).

Por último, la delimitación precisa del límite fronterizo en un río contiguo en su desembocadura es igualmente necesaria para otros fines, como en el caso de los ríos hispano-portugueses Miño y Guadiana, donde el *Tratado por el que se establece la línea de cierre de las desembocaduras de los ríos Miño y Guadiana y se delimitan los tramos internacionales de ambos ríos*,[39] de 2017, considera en su Preámbulo que la seguridad jurídica que surge de unos límites bien definidos, y de la necesidad de establecer una línea que separe las aguas interiores del mar territorial en las desembocaduras de dichos ríos, constituye una base para poder comenzar en un futuro una negociación de delimitación del mar territorial, zona económica exclusiva y ampliación de la plataforma continental más allá de las 200 millas. Es decir, la delimitación precisa del límite fronterizo de los ríos contiguos en su desembocadura es una condición necesaria para poder definir las distintas franjas marítimas sobre las que el Estado ostenta su soberanía y determinadas competencias.

2. Métodos de delimitación fronteriza fluvial

2.a. *Métodos de delimitación de la frontera en los ríos*

Son los tratados de límites fronterizos entre Estados vecinos los que otorgan el carácter de «transfronterizo» a los cursos de agua. Si se trata de ríos que atraviesan sucesivamente dos o más Estados, la determinación de la frontera viene definida por la línea recta que atraviesa el río y que se conecta con los límites exteriores de las fronteras terrestres en cada una de las orillas. En el caso de ríos contiguos, es decir, de ríos donde los Estados ribereños están situados uno en cada orilla, cada tratado de límites concreta el método de delimitación fronteriza elegido de entre las siguientes posibilidades que se especifican a continuación.

---

[39]   El *Tratado por el que se establece la línea de cierre de las desembocaduras de los ríos Miño y Guadiana y se delimitan los tramos internacionales de ambos ríos* fue concluido por España y Portugal en Vila Real el 30 de mayo de 2017 (BOE N.º 189, del 6 de agosto de 2018).

Hasta finales de la Edad Media, lo normal era que cada una de las orillas de un río perteneciera a un Estado, con lo que existía una doble frontera que discurría a lo largo de ambas orillas, siendo considerado el curso de agua como *terra nullius*, es decir, como elemento de separación o zona neutral entre los dos Estados que proporcionaba una cierta seguridad a ambos. En su evolución, posteriormente fueron consideradas las aguas como *res communis* y, finalmente, como condominio. Existen en la actualidad casos residuales como, entre otros, el tramo fronterizo del río Mosela entre Alemania y Luxemburgo que, con arreglo al *Tratado de fronteras de Aquisgrán de 1816* entre los Países Bajos y Prusia,[40] es un condominio, es decir, un territorio sujeto a la soberanía conjunta de Luxemburgo y Alemania.

Otro método igualmente residual consiste en fijar el límite fronterizo en una de las orillas, quedando todo el curso de agua y la otra orilla bajo la soberanía de un solo Estado (*frontera de costa seca*). Como ejemplo, el río San Juan, donde una parte de su margen derecha delimita un tramo de la frontera entre Nicaragua y Costa Rica.[41] Generalmente, implica una manifiesta desigualdad entre ambos Estados que permite al más fuerte apropiarse del curso de agua con escasa o nula

---

[40]   El tramo germano-luxemburgués del río Mosela desde la desembocadura del río Sauer/Sûre hasta Apach es, con arreglo al *Tratado de fronteras de Aachen (Aix-la-Chapelle/Aquisgrán)* entre el Reino de los Países Bajos y el Reino de Prusia, de 26 de junio de 1816, un territorio sujeto a la soberanía conjunta del Gran Ducado de Luxemburgo y de la República Federal de Alemania. *Vid.* NACIONES UNIDAS: *Anuario de la Comisión de Derecho Internacional 1974, Doc. A/CN.4/SER.A/1974/Add.l (Part 2)*, Nueva York, 1976, p. 182.

[41]   El *Tratado Cañas-Jerez de 1858*, dispone en su artículo 2 lo siguiente: «La línea divisoria de las dos Repúblicas, partiendo del mar del Norte, comenzara en la extremidad de Punta de Castilla en la desembocadura del río San Juan de Nicaragua, y continuara marcándose con la margen derecha del expresado río hasta un punto distante del Castillo Viejo tres millas inglesas, medidas de las fortificaciones exteriores de dicho Castillo hasta el indicado punto...».

oposición por parte del otro Estado que, generalmente, queda excluido de su uso y aprovechamiento.[42]

Otro método de delimitación fronteriza fluvial muy utilizado desde finales de la Edad Media hasta nuestros días es el de la línea media equidistante de ambas orillas del curso de agua, siendo habitual su empleo cuando se trata de cursos de agua no navegables. Como ejemplo de utilización de este método lo constituyen los tramos limítrofes de los ríos que sirven de frontera internacional entre España y Portugal, desde la desembocadura del río Miño hasta la confluencia del Caya con el Guadiana, que «pertenecen por la mitad de sus corrientes a ambas naciones».[43] Cuando se trata de cursos de agua navegables, se puede dar el caso de que la línea media deje al canal de navegación por entero en una de las dos mitades, impidiendo la navegación al otro Estado, lo que constituye un importante inconveniente para su utilización en los cursos de agua navegables.

A su vez, a finales del siglo XVIII surge un nuevo método, consistente en fijar el límite fronterizo en la línea media del canal de navegación principal (*thalweg*)[44] en respuesta al inconveniente para la

---

[42]   Como excepción, en el tramo fronterizo del río San Juan entre Costa Rica y Nicaragua, a pesar de poseer Nicaragua el dominio y sumo imperio de sus aguas, se reconoce a Costa Rica la libertad de navegación en dicho tramo según estipula el artículo 6 del *Tratado Cañas-Jerez de 1858*.

[43]   Artículo 1 del *Anejo I al Tratado de límites de Portugal de 1864*, de 4 de noviembre de 1866: *Reglamento relativo a los ríos limítrofes entre ambas naciones* (Gaceta 340, del 6 de diciembre de 1866).

[44]   El *Tratado de amistad, límites y navegación entre España y los Estados Unidos de América*, firmado en San Lorenzo el Real el 27 de octubre de 1795, es el primer tratado de límites conocido en el que se emplea el método de la línea media del canal principal de navegación (*thalweg*). *Vid.* DEL CANTILLO, A.: *Tratados, Convenios y Declaraciones de Paz y de Comercio que han hecho con las potencias extranjeras los monarcas españoles de la casa de Borbón. Desde el año de 1700 hasta el día.* Imprenta de Alegría y Charlain, Madrid, 1843, p. 666.

navegación que puede suponer el método de la línea media, siendo el más frecuentemente utilizado en los ríos navegables como, por ejemplo, en el río Uruguay en su tramo fronterizo entre Argentina y Brasil.[45] El *thalweg* es una palabra de origen alemán equivalente a «vaguada» en español, que indica el canal más profundo del río por donde navegan los barcos de mayor calado.[46] Si existen varios canales de navegación, el *thalweg* será aquel canal que disponga expresamente el correspondiente tratado fronterizo teniendo en cuenta su situación respecto a las orillas, profundidad, anchura, velocidad de la corriente y navegabilidad. Como principal ventaja de este método de delimitación fronteriza, la de permitir a ambos Estados ribereños el acceso a las zonas navegables del curso de agua.[47]

---

[45] El *Tratado definitivo de delimitación fronteriza entre Argentina y Brasil*, firmado en Río de Janeiro el 6 de octubre de 1898, dispone en su artículo 1º: «La línea divisoria entre la República Argentina y el Brasil comienza en el río Uruguay frente de la boca del río Cuareim y sigue por el thalweg de aquel río hasta la boca del río Pepirí-Guazú…». Texto del Tratado disponible en la BIBLIOTECA DIGITAL DE TRATADOS DE LA CANCILLERÍA ARGENTINA: <http://tratados.cancilleria.gob.ar> (última consulta: 16/02/2020).

[46] Para el Tribunal Internacional de Justicia, en el *Asunto relativo a las islas de Kasikili/Sedudu (Botswana/Namibia)*, en su Sentencia del 13 de diciembre de 1999, el *thalweg* queda definido como la línea de las sondas más profundas del río: «…the boundary between the Republic of Botswana and the Republic of Namibia follows the line of deepest soundings in the northern channel of the Chobe River around Kasikili/Sedudu Island». *Vid.* TRIBUNAL INTERNACIONAL DE JUSTICIA: «Kasikili/Sedudu Island (Botswana/Namibia), Judgment», *I. C. J. Reports, 1999*, p. 1.108. De lo anteriormente expuesto, se deduce como acepción más comúnmente utilizada de *thalweg*, la línea media del canal principal utilizado para la navegación.

[47] Como ejemplo, en el *Acuerdo relativo a la demarcación de la frontera entre Colombia y Venezuela de 1928* (Canje de Notas del 17 de diciembre de 1928), el artículo 2 dispone: «…Donde el río se divide en brazos, la vaguada es la del brazo por el cual se navega con mayor facilidad en verano; y si existen dos que ofrezcan iguales condiciones de navegabilidad, se preferirá aquél

Ha de tenerse en cuenta que el método empleado en la delimitación fronteriza fluvial será el que determine el correspondiente tratado de límites con arreglo a las circunstancias particulares del caso concreto, toda vez que no existe ninguna norma consuetudinaria general ni ningún principio general de Derecho internacional que imponga un sistema de delimitación concreto a adoptar en un curso de agua internacional. No obstante, la práctica general, aunque con muchísimas excepciones, suele ser la utilización de la línea media en los cursos de agua no navegables, y el *thalweg* en los navegables, y así lo contempla el *Tratado de Versalles de 1919*,[48] al igual que el Tribunal Internacional de Justicia en el *Asunto relativo a las islas de Kasikili/Sedudu (Botswana/Namibia)*.[49]

2.b. *Métodos de delimitación de la frontera en los lagos*

En lo que respecta a los lagos transfronterizos, los métodos de delimitación fronteriza son similares a los empleados en los ríos, aunque la diversidad de las características geográficas reflejadas en una superficie irregular en la mayoría de ellos y, en su caso, la existencia de islas hace que cada delimitación constituya un caso particular, con la

---

cuyo gasto en volumen de agua sea más considerable». *Vid.* GOBIERNO DE VENEZUELA. MINISTERIO DE RELACIONES EXTERIORES. BIBLIOTECA VIRTUAL DE TRATADOS: <http://mppre.gob.ve/archivos-biblioteca/> (última consulta: 16/02/2020).

[48] Artículo 30 del *Tratado de Versalles de 28 de junio de 1919*. Texto del Tratado disponible en TRIEPEL, H.: *Nouveau Recueil Général des Traités, Continuation du Grand Recueil de G. Fr. de MARTENS*, Troisiéme Série, Tome XI, 2ᵉ. ed, Librairie Theodor Weicher, Leipzig, 1922, pp. 323-677.

[49] Artículo 30 del *Tratado de Versalles de 28 de junio de 1919* (*Vid.* TRIEPEL, H.: *Nouveau Recueil Général des Traités, Continuation du Grand Recueil de G. Fr. de MARTENS*, Troisiéme Série, Tome XI, 2ᵉ. ed, Librairie Theodor Weicher, Leipzig, 1922, pp. 323-677). Párrafo 24 (*Vid.* TRIBUNAL INTERNACIONAL DE JUSTICIA: «Kasikili/Sedudu Island (Botswana/Namibia), Judgment», *I. C. J. Reports, 1999,* p 1062).

lógica inexistencia de reglas consuetudinarias, e influye en la frecuente utilización combinada de varios de los métodos existentes.

En algunos casos, excepcionales, a pesar de existir dos o más Estados ribereños de un mismo lago, el límite fronterizo se fija en una de las orillas (*frontera de costa seca*), con lo que un solo Estado ejerce la soberanía sobre la totalidad del lago. Como ejemplo persistente en la actualidad, el lago de Tiberíades, fronterizo entre Israel y Siria, que pertenece a Israel, incluyendo una franja de 10 metros de anchura en su delimitación con Siria.[50]

En los casos de lagos de reducidas dimensiones, al igual que en aquellos que presentan un estrechamiento de su anchura en la zona por la que ha de discurrir la frontera, lo normal es fijar el límite mediante una línea recta que atraviesa el lago y que se conecta con los límites exteriores de las fronteras terrestres en cada una de las orillas acordadas por ambos Estados. Es, por tanto, similar a la frontera en un río sucesivo. Como ejemplo, el lago de Güija, fronterizo entre El Salvador y Guatemala.[51]

El método más comúnmente utilizado es el de la línea media, aunque su trazado puede resultar complicado en el caso de lagos con superficies muy irregulares, por lo que se puede hablar de dos clases de líneas medias: la *línea media geográfica*, en la que todos sus puntos son equidistantes de los puntos más próximos situadas en ambas orillas; y la *línea media convencional o aproximada*, la más empleada, que consiste en una línea quebrada compuesta por líneas rectas trazadas entre puntos

---

[50] En el artículo 5 del *Acuerdo de Armisticio General de 20 de julio de 1949* firmado entre Israel y Siria se determina la línea de demarcación del armisticio, siendo precisada en el punto 22 del *Anexo I. Vid.* NACIONES UNIDAS: *Treaty Series*, Vol. 42, p. 342.

[51] Artículo 1 del *Tratado de límites territoriales entre El Salvador y Guatemala*, concluido en la ciudad de Guatemala el 9 de abril de 1938. *Vid.* SOCIEDAD DE NACIONES: *Treaty Series*, Vol. 189, p. 275.

equidistantes, tal y como ocurre en la laguna Merín, fronteriza entre Brasil y Uruguay.[52] Son raros los casos en que un lago es delimitado en su totalidad por la línea media, por lo que generalmente se utiliza en combinación con otros métodos.

A su vez, el método del *thalweg* es de utilización poco frecuente, y sólo de manera parcial, como en el caso de la delimitación fronteriza de la laguna Merín, en que el *Tratado de límites Brasil–Uruguay. Modificación de fronteras en la laguna Merín y el río Yaguarón*, de 1909, utiliza el *thalweg* como método de delimitación fronteriza únicamente en un tramo determinado.[53]

Asimismo, en algunas ocasiones, las fronteras lacustres se trazan mediante líneas rectas, bien uniendo dos puntos dados por sus coordenadas (*límites geométricos*), bien siguiendo un paralelo o un meridiano de una determinada latitud o longitud (*límites astronómicos*), o por una combinación de ambos. Estos métodos suelen utilizarse, además, en aquellos casos en que hay más de dos Estados ribereños, como en

---

[52] Artículo 3 del *Tratado de límites Brasil–Uruguay. Modificación de fronteras en la laguna Merín y el río Yaguarón*, de 1909. Texto del Tratado disponible en la página Web del PARLAMENTO DEL URUGUAY: <https://parlamento.gub.uy> (última consulta: 17/02/2020).

[53] El mencionado artículo 3 de la Nota anterior contempla la utilización del método del *thalweg* en un determinado tramo del límite fronterizo de la laguna Merín: «...Desde la altura de la citada Punta Rabotieso, la línea divisoria se inclinará en dirección del Noroeste lo que sea necesario para pasar entre las islas llamadas del Tacuarí, dejando del lado del Brasil la isla más oriental y los dos islotes que a ella están juntos; y de ahí irá a alcanzar, en las proximidades de la isla Parobé, también situada en la margen uruguaya, el canal más hondo, continuando por él hasta enfrentar la punta Muniz, en la margen uruguaya, y la punta de los Latinos, o de Fanfa, en la margen brasileña...». *Idem*.

el caso del lago Victoria, en el que confluyen las fronteras de Uganda, Tanzania y Kenia.[54]

Igualmente, se dan casos en que, a pesar de estar delimitado el límite fronterizo del lago por alguno de los métodos existentes, sus aguas quedan sometidas a la soberanía conjunta de los Estados ribereños (condominio) como sucede, por ejemplo, con el lago Titicaca, donde el *Convenio para el estudio económico preliminar del aprovechamiento de las aguas del lago Titicaca,* de 1957, corrobora en su artículo 1 el condominio indivisible y exclusivo que Bolivia y Perú ejercen sobre sus aguas.[55]

2.c. *Situaciones particulares*

Tanto en los ríos como en los lagos pueden existir islas, en cuyo caso la atribución de su soberanía a uno u otro Estado ribereño vendrá determinada por lo que disponga al respecto el correspondiente tratado de límites.

Si se tiene en cuenta el método de delimitación fronteriza utilizado, en el caso de emplear el *thalweg,* las islas situadas a uno u otro lado de su eje pertenecerán al Estado que ejerce su soberanía sobre dicha parte del curso de agua. Si se emplea la línea media, si las islas quedan a uno u otro lado de la misma, el resultado es el mismo que con el *thalweg,* pero si la línea media pasa por encima de una isla, las soluciones

---

[54]   Así se contempla en el artículo 1 del *Tratado de Heligoland-Zanzíbar*, firmado en Berlín el 1 de julio de 1890. Texto del Tratado disponible en: <http://germanhistorydocs.ghi-dc.org/pdf/eng/606Anglo-German%20Treaty 110.pdf> (última consulta: 17/02/2020).

[55]   El texto del *Convenio para el estudio económico preliminar del aprovechamiento de las aguas del lago Titicaca,* concluido por Bolivia y Perú en La Paz el 19 de febrero de 1957, se encuentra disponible en: <https://www.dipublico.org/trata-dos-y-documentos-internacionales-2/peru-tratados-y-doc-int/bilaterales/1950-1971/> (última consulta: 17/02/2020).

oscilan entre: *i*) no modificar la frontera, repartiendo la soberanía de la isla entre los dos Estados;[56] *ii*) modificar la frontera, de tal manera que esta haga las inflexiones necesarias para bordear la isla por uno de sus costados, con lo que la isla queda bajo la soberanía exclusiva y completa de uno solo de los dos Estados, normalmente aquel a quien corresponde la mayor superficie de la misma;[57] y *iii*) modificar la frontera, de manera que esta bordee la isla por ambos costados, con lo que estaríamos ante la constitución de un condominio,[58] es decir, de un territorio indiviso en que la soberanía es compartida por ambos Estados ribereños.

En el caso de no tener en cuenta el curso de agua, la atribución de la soberanía de las islas queda directamente otorgada en el tratado

---

[56] Es la solución adoptada en el *Acuerdo relativo a la frontera entre el territorio bajo mandato de África del Suroeste y Angola,* firmado entre la Unión Sudafricana y Portugal en Ciudad del Cabo el 22 de junio de 1926. *Vid.* SOCIEDAD DE NACIONES: *Treaty Series,* Vol. 70, p. 310.

[57] Es el caso del *Tratado de límites del río Uruguay de 1961,* cuyo artículo 1 dispone: «A) Desde la línea anteriormente mencionada que pasa por las proximidades de la punta Sudoeste de la isla Brasilera hasta la zona del Ayui (perfil donde se construirá la presa de Salto Grande) el límite seguirá la línea media del cauce actual del río. Esta línea hará las inflexiones necesarias para dejar bajo jurisdicción argentina las siguientes islas e islotes: islote Correntino, isla Correntina…; y bajo jurisdicción uruguaya las siguientes islas e islotes: isla del Padre, isla Zapallo…». *Vid.* NACIONES UNIDAS: *Treaty Series,* Vol. 635, p. 93.

[58] Como ejemplo de condominio, la isla de los Faisanes, situada en la desembocadura del río Bidasoa, fronterizo entre España y Francia, en que el *Tratado de límites de Bayona de 1856,* de 2 de diciembre de 1856 (Gaceta de Madrid 1704, del 4 de septiembre de 1857), dispone en su artículo 9: «Desde *Chapitelaco-arria* la linea de division entre ambas Monarquias bajará por el centro de la corriente principal del rio *Vidasoa,* en baja marea, a entrar con él en la rada de *Higuer,* conservando su actual nacionalidad a las islas, y quedando la *de los Faisanes* comun para las dos naciones». Asimismo, el artículo 27 estipula: «La *Isla de los Faisanes,* conocida tambien como *Isla de la Conferencia,* a la cual tantos recuerdos históricos comunes a ambas naciones se refieren, pertenecerá pro indiviso a la España y a la Francia…».

de límites, con independencia de las características del curso de agua y del método de delimitación fronteriza fluvial empleada. Al aplicar esta circunstancia puede suceder que una determinada isla, situada en la parte del curso de agua sobre el que ejerce su soberanía un Estado ribereño, quede bajo la soberanía del otro Estado ribereño, lo que se conoce con el nombre de *isla enclavada*, como es el caso, por ejemplo, del *Tratado de límites del río Uruguay de 1961,* donde se contemplan dos líneas fronterizas distintas: una para fijar el límite de la soberanía sobre las aguas, y otra diferente para las islas. Así, el Tratado dispone que el límite fronterizo que separa la soberanía de las aguas seguirá el eje del canal principal de navegación, mientras que para determinar la soberanía de las islas se optó por trazar una segunda línea, al oeste de la anterior, coincidente con el canal secundario (canal del Medio), repartiéndose las islas según su ubicación al oeste de esta segunda línea (islas argentinas situadas en aguas argentinas), o bien al este del canal (islas uruguayas enclavadas en aguas argentinas).[59] Otro ejemplo lo constituye la solución adoptada por Argentina y Paraguay en el río Paraná, donde el *Tratado de límites de 1876* estipula que el *thalweg* constituye la frontera entre ambos Estados, y la atribución de la soberanía de las islas se efectuará conforme a la línea media.[60]

También puede darse el caso de que un curso de agua se ramifique en varios brazos, lo que constituye un elemento más a tener en cuenta en el momento de la delimitación fronteriza, siendo la solución más frecuente la que toma como referencia el brazo más importante o principal, aunque no existe un criterio general unánime a la hora de afirmar cuál es, pues existen varias opciones para su posible determi-

---

[59]   Artículo 1 del *Tratado de límites del río Uruguay de 1961*.

[60]   Artículos 1 al 3 del *Tratado de límites entre Argentina y Paraguay*, firmado en Buenos Aires el 3 de febrero de 1876. Texto del Tratado disponible en la BIBLIOTECA DIGITAL DE TRATADOS DE LA CANCILLERÍA ARGENTINA: <http://tratados.cancilleria.gob.ar> (última consulta: 19/02/2020).

nación teniendo en cuenta tanto consideraciones históricas como científicas referidas al uso que hacen los Estados ribereños de tal curso de agua, por lo que pudiera ser el brazo más fácilmente navegable, el de mayor profundidad, el de mayor caudal de agua o el más largo.

En el caso de la frontera entre México y Estados Unidos, el artículo 2 del *Tratado para resolver las diferencias fronterizas pendientes y mantener el río Grande/Bravo y Colorado como la frontera internacional entre México y Estados Unidos*, de 1970, establece como brazo principal el que tenga la mayor anchura promedio en su longitud.[61] Igualmente, la sentencia arbitral de la reina de Inglaterra en la *Controversia fronteriza entre Argentina y Chile de 1966*,[62] cuyo litigio consistía en determinar cuál de los dos brazos de un río formaba la frontera, estimaba que si en el tratado no se especifica el brazo elegido, la frontera debe seguir el brazo principal, cuya determinación es de naturaleza geográfica referida a un momento concreto, y basada en factores de orden histórico y científico.[63]

Por último, uno de los principios en que se basa la delimitación de las fronteras es su intangibilidad, salvo acuerdo entre las Partes, materializada en la descripción precisa y detallada efectuada de todos los tramos fronterizos en el correspondiente tratado de límites. No obstante, en el caso de los cursos de agua puede suceder que sus cauces sufran alteraciones como consecuencia tanto de cambios bruscos e inesperados motivados por fenómenos naturales en forma de seísmos o inundaciones extraordinarias en que la fuerza de la corriente arrebata parte de una margen para llevarla a la orilla opuesta (avulsión), como

---

[61]   Artículo 2 del *Tratado para resolver las diferencias fronterizas pendientes y mantener el río Grande/Bravo y Colorado como la frontera internacional entre los Estados Unidos Mexicanos y los Estados Unidos de América*. firmado en la Ciudad de México el 23 de noviembre de 1970. *Vid.* NACIONES UNIDAS: *Treaty Series*, Vol. 830, p. 56.

[62]   NACIONES UNIDAS: *Reports of International Arbitral Awards. Argentine-Chile frontier case,* 9 December 1966, Vol. XVI, p. 109.

[63]   *Ibidem.,* p. 177.

de cambios lentos e imperceptibles por acumulación de sedimentos en una de las orillas (aluvión), por lo que dicha circunstancia suele ser tenida en cuenta en la redacción de los tratados de límites que afectan a cursos de agua con una importante actividad de aluvión; es decir, cuando un curso de agua constituye el límite entre dos Estados y se produce una alteración en su cauce, el límite fronterizo seguirá el antiguo o el nuevo cauce según cuál haya sido la voluntad de las Partes expresada en la norma jurídica que fija dicho límite.

Ante el dilema planteado de mantener la frontera en su posición geográfica inicial o bien modificarla, la práctica general suele ser la de permanecer inmóvil la frontera si la modificación del río es por avulsión, y seguir el cambio del curso de agua si lo es por aluvión, aunque este criterio no puede considerarse como una regla aplicable con carácter general,[64] es decir, no existen normas consuetudinarias al respecto. Se dispone, por tanto, de tres posibles soluciones: *i)* estipular en el tratado que la frontera no sufrirá cambio alguno aunque el curso de agua altere su trazado;[65] *ii)* modificar el trazado del límite fronterizo de tal manera que este siga el desplazamiento del curso de agua;[66] y *iii)* disponer que, en los casos de modificación brusca (avulsión), el límite internacional no sufra alteraciones, y en los casos de modificación gradual (aluvión), el límite seguirá el desplazamiento del cauce del río.[67] Como

---

[64] SALINAS ALCEGA, S.: «Derecho internacional de aguas», en EMBID IRUJO, A. (Dir.): *Diccionario de Derecho de Aguas*, Iustel, Madrid, 2007, p. 606.

[65] Como ejemplo, el *Tratado de límites territoriales entre El Salvador y Guatemala de 1938*, artículo 2. *Vid.* SOCIEDAD DE NACIONES: *Treaty Series*, Vol. 189, p. 275.

[66] Es el caso de los ríos fronterizos entre Brasil y Guayana Británica, según el párrafo (i) del *Canje de Notas del 27 de octubre y 1 de noviembre de 1932, constitutivo de Acuerdo para la delimitación de los terrenos ribereños en la frontera entre Brasil y la Guayana Británica*, efectuado en Londres. *Vid.* SOCIEDAD DE NACIONES: *Treaty Series*, Vol. 177, p. 128.

[67] Esta fue la solución adoptada por México y Estados Unidos para su límite común en los ríos Grande y Colorado en la *Convención entre los Estados Unidos*

solución particular, se puede añadir aquellos casos en que, ante un curso de agua de carácter variable, si el mismo se desviara paulatina o bruscamente de su cauce demarcado, privando de una determinada superficie de terreno a uno de los Estados, el Estado perjudicado, con conocimiento del otro Estado ribereño, podrá proceder a encauzar el lecho y el curso de agua ya definido en el momento de la demarcación de la frontera, si así lo convinieran ambos Estados.[68]

II.   EL DERECHO FLUVIAL INTERNACIONAL

1.   La navegación fluvial

Además de la utilización de los ríos y lagos para delimitar fronteras, tal y como se acaba de exponer, los cursos de agua navegables constituyen un vector que coadyuva al desarrollo y progreso de las distintas sociedades que se han ido sucediendo con el transcurso de los siglos toda vez que los mismos permiten la comunicación y el comercio, actividades que pueden desarrollarse igualmente tanto por vía terrestre, por carretera o ferrocarril, como marítima, y también aérea a partir del siglo XX. Es de significar que el transporte fluvial facilita a los países sin litoral el acceso al mar con fines de transporte y de co-

---

Mexicanos y los Estados Unidos de América respecto de la línea divisoria entre los dos países en la parte que sigue el lecho del río Grande y del río Colorado (Tratado de la Línea Fija), firmada en Washington el 12 de noviembre de 1884. *Vid.* NACIONES UNIDAS: *Treaty Series,* Vol. 830, p. 58.

[68]   Tal es el caso expresado en el *Acuerdo por Canje de Notas entre el Gobierno de la República Argentina y el Gobierno de la República de Bolivia por el que se establece un régimen especial para el caso en que el límite internacional ya demarcado coincida con un curso de agua variable*, del 11 de septiembre de 1959. Texto del Tratado disponible en la BIBLIOTECA DIGITAL DE TRATADOS DE LA CANCILLERÍA ARGENTINA: <http://tratados.cancilleria.gob.ar> (última consulta: 19/02/2020).

mercio, y con ello el ejercicio de actividades comerciales a nivel mundial, teniendo en cuenta que las exportaciones comerciales son determinantes para la buena marcha de la economía de los países.

Tanto los antiguos reinos e imperios como los actuales Estados se caracterizan por ser interdependientes, al no disponer en sus propios territorios de todos los recursos necesarios para su subsistencia y desarrollo, con lo que se favorecía el comercio internacional a fin de asegurarse la disponibilidad de aquellos recursos de los que carecían.

El comercio internacional se materializa en los medios de transporte empleados. Por descontado, no se cuestionaba la nacionalidad y propiedad de las caravanas terrestres, ni tampoco la de los barcos que surcaban los mares, sobre los que descansa el mayor volumen del tráfico comercial, pues procedían de ciudades y puertos extranjeros y, tras atravesar el mar (*res communis omnium*), arribaban al puerto de destino situado en otro Estado. Otra cosa distinta es el caso de la navegación fluvial en los ríos transfronterizos sucesivos, donde el comercio internacional se ha desarrollado desde la Antigüedad bien pagando los comerciantes extranjeros el correspondiente peaje sobre sus barcos y mercaderías, bien utilizando, previo pago, los barcos pertenecientes al país por el que transcurre dicho tramo fluvial transfronterizo, siendo ese mismo comercio internacional el que ha influido en su evolución a la libertad de navegación fluvial.

La navegación fluvial comporta la existencia de un conjunto de normas que la regulan, dando origen al Derecho Fluvial Internacional, centrado en sus inicios en la necesidad de garantizar la libertad de navegación de los cursos de agua a través de una adecuada regulación jurídica internacional específica para cada curso de agua transfronterizo en función de sus propios antecedentes y realidades de carácter histórico, político y económico.

La libertad de navegación fluvial constituye un régimen que, aparte de consideraciones tanto de carácter estratégico para posibilitar la salida al mar a los Estados carentes de litoral[69] como de constituir una limitación al ejercicio de la soberanía por parte de los Estados ribereños, tiene por objeto prioritario facilitar el comercio internacional mediante la libertad para transportar personas y mercancías en los cursos de agua transfronterizos.[70] Así, en el *Asunto Oscar Chinn*, el Tribunal Permanente de Justicia Internacional estimó que la libertad de navegación comprende la libertad de movimiento de los buques en todo el curso navegable, de acceso a los puertos y utilización de sus almacenes y muelles, de carga y descarga de mercancías, y de transporte de pasajeros y mercancías.[71]

La libre navegación y las operaciones relacionadas con la misma suponen su ejecución en un régimen de igualdad de trato[72] con respecto a los buques nacionales del curso de agua transfronterizo, lo

---

[69]   El derecho de acceso al mar y desde el mar y la libertad de tránsito está contemplado en el artículo 125 de la *Convención de las Naciones Unidas sobre el Derecho del Mar*, aprobada en Montego Bay el 10 de diciembre de 1982. *Vid.* NACIONES UNIDAS: *Treaty Series*, Vol. 1834, pp. 415-416.

[70]   La libertad de navegación es fruto de los intereses comerciales y coloniales de las antiguas Potencias europeas en otros continentes. El Tribunal Internacional de Justicia así lo afirmó en el *Asunto Kasikili/Sedudu Island*. *Vid.* TRIBUNAL INTERNACIONAL DE JUSTICIA: «Kasikili/Sedudu Island (Botswana/Namibia), Judgment», *I. C. J. Reports, 1999*, p. 1.072.

[71]   TRIBUNAL PERMANENTE DE JUSTICIA INTERNACIONAL: «The Oscar Chinn Case, Judgment», PCIJ, *Series A/B*, N.º 63 (1934), p. 83.

[72]   La igualdad de trato es consustancial al principio de libertad de navegación. Supone tanto la prohibición de aplicar un trato diferenciado a los barcos debido a su nacionalidad o bandera, o del país de procedencia o destino de las mercancías, como la prohibición de aplicar tarifas más favorables a otras vías o medios de transporte. En el *Asunto Oscar Chinn*, el Tribunal dictaminó que la única discriminación prohibida es la basada en la nacionalidad, que entrañaría un trato diferenciado para los individuos pertenecientes a diferentes grupos nacionales debido a su nacionalidad. *Ibidem.*, p. 87.

que comporta el pago de derechos de navegación y tasas por los servicios prestados,[73] el libre acceso a los puertos[74] y el sometimiento a las leyes y reglamentos nacionales del correspondiente Estado ribereño, en especial a las normas de policía fluvial. Como resulta lógico, la libertad de navegación fluvial, excepcionalmente, puede ser suspendida por un Estado ribereño en situaciones de conflicto armado o de extrema gravedad que amenacen el orden público.[75] Salvo estipulación en contrario, la libertad de navegación no comprende la navegación de cabotaje, consistente en el tráfico de pasajeros y mercancías entre puertos de un mismo Estado, generalmente reservada a los buques con pabellón del Estado ribereño.

---

[73] Normalmente, la libre navegación fluvial presupone el pago de los servicios prestados al barco que la ejerce, tales como utilización de esclusas, remolque, pilotaje y uso del muelle portuario o de sus instalaciones. Asimismo, el Estado ribereño puede repercutir a los usuarios del curso de agua navegable los gastos originados por el mantenimiento y mejora de las instalaciones o de dragado y señalización.

[74] La libertad de navegación no existiría sin el libre acceso a los puertos. El Tribunal Permanente de Justicia Internacional ha precisado, en su *Opinión Consultiva del 8 de diciembre de 1927 sobre el Asunto de Competencia de la Comisión Europea del Danubio*, que la libertad de navegación abarca el derecho de entrada y salida en los puertos fluviales. *Vid.* TRIBUNAL PERMANENTE DE JUSTICIA INTERNACIONAL: «Jurisdiction of the European Commission of the Danube between Galatz and Braila», PCIJ, *Collection of Advisory Opinions, Series B*, N.º 14 (1927*)*, p. 65.

[75] En el *Laudo Arbitral de 1903 sobre el Asunto Faber (Alemania/Venezuela)*, Venezuela suspendió en 1900, 1901 y 1902 la navegación fluvial en los ríos Zuliá y Catatumbo por motivos de seguridad a causa de las infiltraciones de elementos revolucionarios procedentes de Colombia. Alemania reclamó alegando que el comerciante alemán GEORGE FABER había sido perjudicado por tales medidas. El árbitro HENRY M. DUFFIELD determinó que Venezuela tenía derecho a suspender el tráfico sobre estos ríos, cerrando sus puertos, al tener plena posesión de ellos y estar bajo su soberanía. *Vid.* NACIONES UNIDAS: *Reports of International Arbitral Awards, Faber Case, 1903*, Vol. X, 2006, p. 467.

Los beneficiarios de la libre navegación de un determinado curso de agua serán, normalmente, los Estados ribereños, aunque también pueden serlo otros Estados que sean Parte en un tratado sobre dicho curso de agua, o bien todos los Estados con carácter universal. Desde una aproximación extensiva, supone la libertad de navegación de todos los buques, cualquiera que sea su pabellón. Si se aplica una visión restrictiva, se pueden contemplar entonces tres variantes: la primera reconoce la libre navegación a los buques de todos los Estados ribereños; la segunda supone la libertad de navegación a los buques de los Estados Parte en un tratado; y la tercera, aplicable exclusivamente en América Latina, donde la libertad de navegación no solamente puede articularse mediante un tratado, sino también a través de un acto unilateral del Estado ribereño por el que concede el derecho de libre navegación con carácter universal.[76]

La libertad de navegación fluvial no constituye una práctica que se traduzca en un principio jurídico de carácter universal, ni una costumbre internacional que, como tal, gozaría de carácter vinculante, toda vez que su régimen ha sido distinto según el continente concernido. Así, la libertad de navegación, inicialmente reservada a los buques con pabellón de los Estados ribereños, se fue extendiendo a mediados del siglo XIX en el continente europeo a los barcos pertenecientes a terceros Estados y, con la expansión colonial, a los continentes africano y asiático.

En América Latina, por el contrario, ha sido más restrictiva en beneficio de las embarcaciones de los Estados ribereños, admitiendo la libre navegación de buques de terceros Estados exclusivamente por

---

[76] Como ejemplo de acto unilateral, el *Decreto del Presidente de Uruguay del 10 de octubre de 1853*, declarando la libre navegación fluvial en todos los ríos para el comercio exterior. *Vid*. FAO: *Estudio Legislativo N.º 15: Repertorio Sistemático por Cuenca de Convenios, Declaraciones, Textos Legislativos y Jurisprudencia relativos a los Recursos Hídricos Internacionales*, Roma, 1978, p. 67.

medio de un tratado o bien mediante concesión efectuada unilateralmente por el Estado ribereño, toda vez que se considera que no existe un derecho a la libre navegación derivado de una costumbre internacional de obligado cumplimiento, por lo que esta rige solamente en el caso de que sea concedida. En definitiva, habrá que estar a lo estipulado en el tratado que regula un concreto curso de agua transfronterizo para saber cuál es el régimen de libertad de navegación aplicable.

La jurisprudencia internacional se ha pronunciado en diversas ocasiones sobre la libertad de navegación, como en la *Sentencia de 10 de septiembre de 1929* del Tribunal Permanente de Justicia Internacional sobre el *Asunto relativo a la jurisdicción territorial de la Comisión Internacional del Río Oder*,[77] en que el Tribunal declaraba que la formación del principio de libertad de navegación en los ríos internacionales era consecuencia de la preocupación por asegurar la salida al mar a los buques de los Estados ribereños situados aguas arriba, aunque ello no signifique la existencia de un derecho de paso a favor de los Estados aguas arriba, sino de una cierta comunidad de intereses de los Estados ribereños convertida en la base de una comunidad de Derecho. La característica esencial de dicha comunidad es la perfecta igualdad de todos los Estados ribereños en el uso de todo el curso del río y la exclusión de todo privilegio en favor de un Estado ribereño con respecto a otros, por lo que si la comunidad de Derecho descansa sobre la existencia de una vía navegable que atraviesa o separa varios Estados, resulta evidente que esta comunidad se extiende a todo el recorrido navegable del río, no deteniéndose bajo ninguna circunstancia en la última frontera existente.[78]

---

[77]   TRIBUNAL PERMANENTE DE JUSTICIA INTERNACIONAL: «Case relating to the territorial jurisdiction of the International Commission of the River Oder», PCIJ, *Collection of Judgments, Series A*, N.º 23, 1929.

[78]   *Ibidem.*, p. 27.

2.   Evolución del Derecho Fluvial Internacional

La navegación fluvial lleva aparejada la existencia de un conjunto de normas que la regulan. Así, en el Imperio romano, tal y como se expuso en el Capítulo anterior, el *aqua profluens* o agua corriente era considerada *res communis omnium*, cosa común de todos, y también *res publicae*, al tratarse de una «cosa pública», por lo que ningún río público podía ser objeto de apropiación, estableciéndose su uso a favor de todos los ciudadanos del Imperio para fines de navegación y pesca, lo que comprendía, en el caso de los ríos navegables, la protección de la libertad de su navegación y la prohibición de realizar actividades que de alguna manera pudieran perjudicar u obstaculizar la navegación en el mismo.[79]

La caída del Imperio romano trajo consigo el comienzo de la Edad Media y la consiguiente privatización de las aguas al tener estas la consideración de *iura regalia*, con lo que en los Estados ribereños el rey y los señores feudales cobraban peajes a los comerciantes extranjeros sobre sus barcos y mercaderías por la utilización de los ríos navegables sometidos a su dominio.

Ya en la Edad Moderna fueron las razones económicas que fundamentaban los monopolios comerciales las que ponían trabas a la libre navegación fluvial de barcos de terceros Estados en determinados ríos, como es el caso del *Tratado de Münster de 30 de enero de 1648*, que puso fin a la Guerra de los Ochenta Años entre España y los Países Bajos, en el que se cierra el río Escalda al comercio y se prohíbe navegar

---

[79]   La protección de la libertad de navegación en los ríos públicos y la prohibición de realizar actividades que de alguna forma pudieran entorpecer, perturbar o dificultar la navegación están contempladas en los interdictos de los Títulos 12 al 15 del Libro 43 del *Digesto*.

y traficar en las Indias Occidentales en todos los puertos y plazas poseídas por una y otra parte,[80] extremo igualmente contenido en el *Tratado de amistad entre España y Gran Bretaña de 1670*,[81] aunque también este último contempla la posibilidad de conceder una licencia general o especial, o algunos privilegios, para navegar y comerciar en las Indias Occidentales.[82]

No obstante, la libertad de navegación con fines comerciales se iniciaría con el *Tratado de 1535*, celebrado entre Francia y el Imperio otomano respecto de los puertos otomanos de la cuenca del Danubio.[83] A su vez, fue a comienzos del siglo XVII cuando las necesidades sentidas por los Estados de gozar de una amplia libertad de navegación con fines comerciales fueron recogidas por el holandés HUGO GROCIO quien, en su obra *De Iure Belli ac Pacis* publicada en 1625, proclamó el derecho a la libertad de navegación fluvial, aseverando que no debían cobrarse derechos de tránsito o impuestos a los extranjeros sobre los bienes que atravesaban un Estado con destino a otro y, a partir de entonces, los Estados buscaron propiciar acuerdos que les permitieran la libre navegación fluvial con carácter recíproco.[84] Como

---

[80]   Artículos 14 y 6, respectivamente, del *Tratado de Münster de 30 de enero de 1648. Vid.* DE ABREU Y BERTODANO, J. A.: *Colección de los tratados de paz de España. Reinado de Felipe IV, Parte V,* Antonio Marín, Juan de Zuñiga y la Viuda de Peralta, Madrid, 1750, p. 322.

[81]   El artículo 8 del *Tratado entre España y Gran Bretaña para restablecer la amistad y buena correspondencia en América*, ajustado en Madrid el 18 de julio de 1670, dispone la prohibición de comerciar y navegar en los lugares donde haya fortalezas y almacenes de mercaderías de la otra parte. *Vid.* CALVO, C.: *Colección completa de los Tratados de todos los Estados de la América Latina, desde 1493 hasta nuestros días, Tomo Primero,* Librería de A. Durand, París, 1862, pp. 169-170.

[82]   Artículo 9 del citado Tratado. *Ibidem.*, p. 170.

[83]   FAO: *Estudio Legislativo N.º 15, op. cit.*, p. 1.

[84]   GROCIO, en su obra *De Iure Belli ac Pacis*, en el Libro II, Capítulo 2 (Los derechos generales de las cosas), apartados 12 y 13, proclama la libertad de navegación fluvial. *Vid.* CAMPBELL, A. C.: *GROTIUS, H.: On the Law of*

hito a destacar, la *Paz de Westfalia de 1648*, constituida por los *Tratados de Osnabrück*[85] *y de Münster,*[86] concluidos el 24 de octubre de 1648, en los que se restablece la libertad de comercio y de navegación fluvial en los términos existentes antes del comienzo de las Guerras entre el Sacro Imperio Romano Germánico con Suecia y Francia, respectivamente.

Durante el siglo XVIII se sucedieron los tratados, tanto de paz y amistad como de comercio, que permitían la libre navegación fluvial entre los Estados Parte, existiendo a finales de dicho siglo una conciencia internacional a favor de la libertad de navegación fluvial, como la proclama expresada el 18 de marzo de 1792 por el entonces Secretario de Estado norteamericano THOMAS JEFFERSON: «El juicio de la Humanidad condena la pretensión de un Estado río abajo de cerrar el río a la navegación del ribereño río arriba»,[87] que cristalizará con la Revolución francesa (1789-1799), donde el *Decreto del Consejo Ejecutivo Provisional de 16 de noviembre de 1792*, además de declarar abierta la navegación de los ríos Escalda y Mosa,[38] establece como principio la igualdad

---

     War and Peace, translated from the original Latin De Iure Belli ac Pacis, Batoche Books, Kitchener, 2001, pp. 80-83.

[85] El *Tratado de Osnabrück de 24 de octubre de 1648* firmado entre el emperador Fernando III y la reina Cristina de Suecia, y en el que también fue incluido el rey Felipe IV de España, contempla en su artículo 9 el restablecimiento de la libertad de comercio y de navegación existente antes de la Guerra entre ambas Potencias. *Vid.* DE ABREU Y BERTODANO, J. A.: *Colección de los tratados de paz de España. Reinado de Felipe IV, Parte V, op. cit.*, pp. 550-551.

[86] Artículo 89 del *Tratado de Münster de 24 de octubre de 1648*, firmado entre el emperador Fernando III y el rey Luis XIV de Francia, por el que se pone fin a la Guerra de los Treinta Años entre ambas Potencias. *Ibidem.*, p. 453.

[87] Citada en PARDO SEGOVIA, F.: «Algunas aproximaciones al tema de la navegación fluvial internacional», *Revista Agenda Internacional*, Pontificia Universidad Católica del Perú, Vol. 5, N.º 11, 1998, p. 169.

[88] *Ibidem.*, p. 170.

de derechos de navegación para los Estados ribereños de un mismo curso de agua transfronterizo:

> El curso de los ríos es de propiedad común e inalienable de todos los países bañados por sus aguas. Una nación no podría sin injusticia pretender tener el derecho de ocupar exclusivamente el curso de un río e impedir que los pueblos vecinos, que se encuentran en la parte alta de su curso, gocen de sus mismas ventajas. Un tal derecho no es otra cosa que el residuo de una servidumbre feudal o, al menos, un monopolio odioso que no ha podido ser constituido más que por la fuerza consentida por la impotencia.[89]

Este principio de libertad de navegación fue extendido por Francia al Rin y otros ríos europeos, por ejemplo, en la *Convención sobre concesión de derechos (octroi) de navegación del Rin de 1804,*[90] el primer tratado europeo dedicado íntegramente a reglamentar un río transfronterizo, como también fue el *Tratado de Paz de París de 1814* el primero que aseguró la libertad de navegación e igualdad de trato en el Rin, no solo a embarcaciones de los Estados ribereños, sino también a las de cualquier pabellón.[91]

---

[89] Citado por ABELLÁN HONRUBIA, V. en la obra de DÍEZ DE VELASCO VALLEJO, M.: *Instituciones de Derecho Internacional Público*, Ed. Tecnos, 18ª ed., Madrid, 2013, p. 585.

[90] La *Convención sobre concesión de derechos (octroi) de la navegación del Rin entre Francia y Alemania*, concluida en París el 15 de agosto de 1804, reglamentó la utilización y unificó los diferentes derechos de peaje existentes sobre el Rin, y se crea por primera vez una administración general centralizada del derecho de navegación con competencias sobre policía fluvial y otras. *Vid.* DE MARTENS, G. F.: *Recueil des principaux Traités d'Alliance, de Paix, de Tréve, de Neutralité, de commerce, de limites, conclus par les Puissances de l'Europe depuis 1761 jusqu'à présent*, Tome VIII, Librairie de Dieterich, Gottingue, 1835, pp. 261-307.

[91] Artículo 5 del *Tratado de Paz de París*, firmado el 30 de mayo de 1814 entre Francia y las Potencias aliadas. *Vid.* DEL CANTILLO, A.: *Tratados, Convenios y Declaraciones de Paz y de Comercio, op. cit.*, pp. 734-741.

Lo hasta ahora expuesto constituye los antecedentes del Derecho Fluvial Internacional, pues verdaderamente su nacimiento[92] tiene lugar en el *Acta Final del Congreso de Viena de 1815*, donde quedó garantizada la libertad de navegación fluvial, se definieron los ríos internacionales y los rasgos generales de su regulación jurídica, y se institucionalizó el sistema de comisiones fluviales.[93] Así, en su artículo 108 establece: «Las Potencias cuyos Estados se hallan separados o atravesados por un mismo río navegable, se obligan a arreglar de común acuerdo todo lo relativo a la navegación de tal río. Nombrarán al efecto comisarios…»; y en el artículo 109: «La navegación por todo el curso de los ríos indicados en el precedente artículo desde el punto en que cada uno empiece a ser navegable hasta su embocadura, será enteramente libre, y no se podrá estorbar a nadie en lo relativo al tráfico…».

Por tanto, es en este Congreso donde se consagró la libertad de navegación de los ríos internacionales a favor de las embarcaciones de todos los Estados ribereños, a todo lo largo del curso del río, desde el punto en el que se convierte en navegable hasta su desembocadura.

---

[92]   En su Sentencia de 10 de septiembre de 1929 sobre el *Asunto relativo a la Jurisdicción Territorial de la Comisión Internacional del Oder*, el Tribunal Permanente de Justicia Internacional, a la hora de interpretar el artículo 331 del *Tratado de Versalles de 1919*, hace referencia al Derecho Fluvial Internacional y lo define como el derecho establecido por el *Acta del Congreso de Viena del 9 de junio de 1815* y aplicado o desarrollado por las Convenciones ulteriores. La idea fundamental que se encuentra en la base de este Derecho Fluvial Internacional es la libertad de navegación. *Vid.* TRIBUNAL PERMANENTE DE JUSTICIA INTERNACIONAL: «Case relating to the territorial jurisdiction of the International Commission of the River Oder», PCIJ, *Collection of Judgments, Series A*, N.º 23, 1929, p. 27.

[93]   El *Acta Final del Congreso de Viena del 9 de junio de 1815* trata, en sus artículos 108 al 117, aspectos relacionados con la navegación de los ríos internacionales. Asimismo, contiene Reglamentos para la libre navegación de los ríos: Reglamento relativo a la libre navegación del Rin (arts. 1 al 32), y el relativo a la libre navegación del Neckar, Mein, Mosela, Meuse y Escalda (arts. 1 al 7). *Vid.* DEL CANTILLO, A.: *Tratados, Convenios y Declaraciones de Paz y de Comercio*, op. cit., pp. 745-783.

Además, se estableció la regulación jurídica de los ríos Rin, Neckar, Mein, Mosela, Mosa y Escalda a través de Reglamentos unidos al *Acta*. Asimismo, se creó la Comisión Central para la Navegación del Rin, encargada de velar por el cumplimiento del Reglamento para la libre navegación del río en cuestión y de formar una Autoridad encargada de la comunicación entre los Estados ribereños en asuntos relacionados con la navegación.[94]

En este marco se definió el «río internacional» como «aquel que en su curso navegable separa o atraviesa diferentes Estados», y el principio aplicable era el de la libre navegación comercial. Prácticamente, el objeto de la regulación comprendía exclusivamente las aguas superficiales del río, con un concepto jurídico-político semejante a la noción de frontera en la que el río se utiliza como un mero medio de comunicación, siendo la navegación la única actividad reglamentada en lo que respecta a su uso y aprovechamiento.[95]

La libertad de navegación y demás disposiciones contenidas en el *Acta Final del Congreso de Viena de 1815* fueron extendiéndose por toda Europa, al igual que en el continente africano como consecuencia de la expansión colonial, constituyendo la base para delimitar los regímenes convencionales de determinados cursos de agua europeos y africanos.[96]

---

[94] En el *Acta Final del Congreso de Viena*, el *Reglamento relativo a la navegación del Rin*, dispone en su artículo 10 la creación de la Comisión Central para la Navegación del Rin, considerada como la organización de cooperación internacional más antigua del mundo.

[95] JUSTE RUIZ, J.; CASTILLO DAUDI, M. y BOU FRANCH, V.: *Lecciones de Derecho Internacional Público*. Ed. Tirant lo Blanch, 2ª ed, Valencia, 2011. p. 301.

[96] Como ejemplos, los ríos Elba (*Actas de Dresde de 1821 y 1844, Tratado de Londres de 1841, Tratado de Hamburgo de 1863, Tratado de Dresde de 1922*), Mosa (*Tratados de Londres de 1831 y 1841, y de La Haya de 1863*), Escalda (*Tratados de Londres de 1831 y 1851*), Danubio (*Tratado de Adrianópolis de 1829, Convención de San Petersburgo de 1840, Tratado de París de 1856, de Galatz en 1870 y 1881, de Londres en 1871, de Berlín en 1878, de Bucarest en 1918, de*

Igualmente, sirvió de referencia a los estudios realizados por los Institutos científicos, como es el caso del Institut de Droit International (IDI) que, en la Sesión celebrada en París en 1934, aprobó un *Reglamento para la navegación de los ríos internacionales*.[97]

Posteriormente, tras la finalización de la Primera Guerra Mundial, la libre navegación y transporte en los ríos europeos internacionales y la igualdad de trato, restringida durante el conflicto bélico, quedó definitivamente garantizada en el *Tratado de Paz de Versalles de 1919*[98]

París en 1921, de Sofía en 1963,, y Rin (*Convención de Maguncia de 1831, Acta General de Mannheim de 1868*). En el continente africano, entre otros, el Congo (*Acta General de Berlín de 1885, Convención de Saint Germain en Laye de 1919*), y Níger (*Acta General de Berlín de 1885, Convención de Niamey de 1963*). Fuente: FAO: *Estudio Legislativo N.º 15, op. cit.*

[97] El Institut de Droit International (IDI), fundado en Gante el 8 de septiembre de 1873 por once juristas de reconocido prestigio, se configura como una asociación exclusivamente científica y sin carácter oficial que tiene como principal propósito promover el progreso del Derecho internacional a través de distintos cauces, entre otros, formulando principios generales y colaborando en la codificación del Derecho internacional. En la Sesión celebrada en París el 18 de octubre de 1934 aprobó una Resolución titulada *Règlement pour la navigation des fleuves internationaux*, como continuación de la Resolución adoptada en Heidelberg el 9 de septiembre de 1887 bajo el título *Projet de règlement international de navigation fluviale*, en la línea de las disposiciones contenidas en el *Acta Final del Congreso de Viena de 1815. Vid.* página Web del IDI: <http://justitiaetpace.org/> (última consulta: 19/02/2020).

[98] El *Tratado de Paz de Versalles*, concluido el 28 de junio de 1919, establece en su artículo 327 la libertad de navegación e igualdad de trato de los buques de las Potencias Aliadas y Asociadas en territorio alemán, aunque el artículo 356 efectúa una matización respecto al Rin al disponer que los buques de todas las naciones tendrán los mismos derechos y privilegios que los que se conceden a los buques pertenecientes a la navegación en el Rin. *Vid.* TRIEPEL, H.: *Nouveau Recueil Général des Traités, Continuation du Grand Recueil de G. Fr. de MARTENS, op. cit.*, pp. 606-608 y 621-622.

que, además, declaró internacionales los ríos Elba, Oder, Niemen y Danubio,[99] colocándose cada uno de ellos bajo la administración de una Comisión internacional.[100] El Tratado consideraba como «río internacional» a «toda vía navegable que proporciona acceso natural al mar a más de un Estado, y a los canales laterales y otras vías acuáticas artificiales que se construyan para mejorar las vías navegables de la red o para conectar dos tramos naturales de un mismo río».[101] Asimismo, se efectuó la previsión de elaboración de una Convención general por las Potencias Aliadas y Asociadas bajo los auspicios de la Sociedad de Naciones aplicable a las vías navegables a las que dicha Convención reconozca su carácter internacional.[102]

En 1921, con la intención de codificar internacionalmente la libertad de navegación y establecer comisiones conjuntas para la gestión de los ríos internacionales, convocada por la Sociedad de Naciones, se celebró en Barcelona la *I Conferencia Internacional de Comunicaciones y Tránsito*, a la que asistieron 42 Estados. En la misma se aprobó, entre otros,[103] un *Estatuto sobre el régimen de las vías navegables de interés internacio-*

---

[99] Artículo 331 del Tratado. En dichos ríos internacionalizados, el artículo 332 dispone la igualdad de trato para los ciudadanos, la propiedad y los buques de todas las Potencias Aliadas y Asociadas. *Ibidem.*, p. 610.

[100] Artículos 340 (Elba), 341 (Oder), y 342 (Niemen). En lo que respecta al Danubio, el artículo 346 estipula que la Comisión Europea del Danubio reasumirá las facultades que poseía antes de la guerra. La creación de las comisiones no supuso que los ríos se situaran fuera del ámbito de la soberanía territorial de los Estados ribereños, sino que en dichas aguas las personas, buques mercantes y bienes de cualquier Estado serían tratados en condiciones de igualdad. *Ibidem.*, pp. 615-617.

[101] Artículo 331 del Tratado. *Ibidem.*, p. 610.

[102] Artículo 338 del Tratado. *Ibidem.*, pp. 613-614.

[103] En la *Conferencia Internacional de Comunicaciones y Tránsito* se suscribieron varios instrumentos internacionales que han pasado a ser parte integrante del Derecho Fluvial Internacional: *Convención y Estatuto sobre libertad de tránsito; Convención y Estatuto sobre el régimen de las vías navegables de interés internacional;*

nal donde se produce una evolución desde el concepto de «ríos internacionales» establecido en el *Congreso de Viena de 1815* y ampliado posteriormente en el *Tratado de Versalles de 1919*, a «vías navegables de interés internacional», incluyendo en dicha definición no solo las vías acuáticas navegables que, en su curso hacia el mar, atraviesan o separan varios Estados, sino también «toda parte naturalmente navegable de otra vía acuática que una un río internacional con el mar y las vías de aguas naturales o artificiales que se sometan a un régimen de internacionalización».[104]

El Estatuto contempla la libertad de navegación exclusivamente para los buques pertenecientes a los Estados Parte, excepto el cabotaje y los buques de guerra, y la igualdad de trato.[105] Este intento de codificación tuvo poco éxito, toda vez que únicamente 20 Estados ratificaron los acuerdos firmados en Barcelona, en buena parte debido a que no se combinaron las diferentes aproximaciones al principio de libertad de navegación que habían emergido en los distintos continentes en un documento de carácter universal.[106]

Tras la *Conferencia de Barcelona de 1921*, la interpretación liberal del principio de libertad de navegación y su significado de apertura de las vías navegables europeas a todas las naciones no tuvo una continuidad que quedara materializada en acuerdos posteriores. El advenimiento de regímenes autoritarios en Europa en la década de 1930, con la denuncia unilateral efectuada por el Gobierno nacionalsocialista alemán en 1936 del régimen internacional de los ríos que atravesaban su

---

Protocolo Adicional al Convenio sobre el régimen de las vías navegables de interés internacional, y *Declaración relativa al reconocimiento del derecho del pabellón a los Estados desprovistos de litoral marítimo*, todos ellos suscritos en Barcelona el 20 de abril de 1921. *Vid.* SOCIEDAD DE NACIONES: *Treaty Series,* Vol. VII, p. 11.

[104] Artículo 1 del Estatuto. *Ibidem.*, p. 51.

[105] Artículos 3 y 4 del Estatuto. *Ibidem.*, pp. 52-53.

[106] RUIZ-FABRI, H.: «Règles coutumières générales et droit international fluvial», *Annuaire Français de Droit International*, Vol. XXXVI, 1990, p. 832.

territorio, y el posterior inicio de la Guerra Fría tras la finalización de la Segunda Guerra Mundial, supuso el debilitamiento de dicho principio.

Así, la *Convención de 1948 relativa al régimen de navegación en el Danubio*,[107] restringió la libertad de navegación en el mismo para favorecer a los buques con pabellón de los Estados ribereños danubianos de Europa del Este, especialmente en lo referido al cabotaje y al uso de puertos y demás facilidades, lo que fue contestado por los Estados ribereños del Rin adoptando idénticas medidas restrictivas para los barcos de los Estados de Europa del Este.[108] El final de la Guerra Fría trajo consigo la finalización de estas restricciones, reconociéndose en Europa el derecho a la libertad de navegación a los barcos de todos los Estados ribereños.

El proceso de descolonización impulsado por la Organización de las Naciones Unidas (ONU) tras la finalización de la Segunda Guerra Mundial se tradujo en la independencia de diversos países, principalmente africanos y asiáticos, donde el régimen de navegación de sus ríos es muy diferente al de los cursos de agua transfronterizos europeos, siendo habitual en los tratados que los regulan que la libre navegación e igualdad de trato quede limitada a los buques mercantes con pabellón de los Estados Parte que, en muchos casos, no comprende a todos los Estados ribereños. Así, en el continente africano, la *Convención*

---

[107] *Convención relativa al régimen de navegación en el Danubio*, firmada en Belgrado el 18 de agosto de 1948 por la Unión Soviética, Bulgaria, Hungría, Rumanía, Ucrania, Checoslovaquia y Yugoslavia. *Vid.* NACIONES UNIDAS: *Treaty Series*, Vol. 33, p. 181.

[108] La *Convención para la navegación del Rin de 1868*, en su revisión del 20 de noviembre de 1963 y posterior adición de 7 protocolos, adoptó medidas restrictivas para los buques de Europa del Este. El texto revisado de la Convención y sus Protocolos se encuentra disponible en la página Web de la COMISIÓN CENTRAL PARA LA NAVEGACIÓN DEL RIN: <http://www.ccr-zkr.org/files/conventions/convrev_e.pdf> (última consulta: 28/02/2020).

de 1972 relativa al Estatuto del río Senegal contempla la libre navegación exclusivamente a los Estados ribereños del tramo navegable (Mali, Mauritania y Senegal);[109] y en el continente asiático, el *Acuerdo de 1995 sobre la cooperación para el desarrollo sostenible de la cuenca del río Mekong*[110] lo aplica exclusivamente a Laos, Tailandia, Camboya y Vietnam, sin que sean Estados Parte en el mismo China y Birmania (Myanmar), a su vez Estados ribereños de dicho río.

Dos son las conclusiones que se pueden extraer de las regulaciones anteriormente mencionadas. La primera de ellas, la deducción de que el Derecho Fluvial Internacional consagra el principio de libertad de navegación de los cursos de agua transfronterizos basada en el principio de la cooperación. La segunda conclusión se traduce en la no existencia de un tratado general que regule la navegación fluvial a nivel mundial, toda vez que cada curso de agua transfronterizo es único al poseer unas particulares características hidrogeológicas, geográficas, políticas, sociales y culturales, diferentes de un curso de agua a otro, que han llevado a su regulación específica a través de un tratado bilateral o multilateral concreto. No obstante, ha de precisarse que no todos los cursos de agua transfronterizos se encuentran regulados por un tratado específico, ni todos los Estados ribereños de un determinado curso de agua transfronterizo son Parte en los tratados multilaterales que afectan al mismo.

---

[109]   Artículo 6 de la *Convención relativa al Estatuto del río Senegal*, firmada en Nouakchott el 11 de marzo de 1972. *Vid.* FAO/FAOLEX: <http://www.fao.org/faolex/results/details/es/c/LEX-FAOC016004> (última consulta: 28/02/2020).

[110]   Artículo 9 del *Acuerdo sobre la cooperación para el desarrollo sostenible de la cuenca del río Mekong*, concluido en Chiang Rai (Tailandia), el 5 de abril de 1995. *Vid.* NACIONES UNIDAS: *Treaty Series,* Vol. 2069, p. 3.

III.   EL DERECHO DE LOS CURSOS DE AGUA INTERNACIONALES

La utilización inicial de los ríos internacionales como elemento delimitador de tramos fronterizos entre Estados y facilitador del comercio internacional mediante el transporte de mercancías y personas dio paso a nuevos usos, diferentes entre sí, que gozan en la actualidad de una atención preferente respecto a los anteriores, y que necesitaron de su específica regulación jurídica, lo que produjo una diversificación normativa que supuso la evolución del Derecho Fluvial Internacional al Derecho de los Cursos de Agua Internacionales, tal y como se examinará a continuación.

Dicha evolución se ha traducido, igualmente, en el objeto de la regulación, que ha pasado de contemplar exclusivamente el río internacional a incluir en el concepto de «cursos de agua internacionales», además de los ríos y lagos internacionales, a los afluentes y las aguas subterráneas conectadas con las superficiales, extendiéndose en ciertas ocasiones a la cuenca hidrográfica considerada en su conjunto.

La diversificación normativa anteriormente apuntada se agrava con el caso de los acuíferos o sistemas de acuíferos transfronterizos, que será analizada más adelante en este mismo Capítulo, y cuya regulación, todavía escasa, es totalmente independiente de los cursos de agua transfronterizos de superficie, lo que supone una incoherencia fruto de la variedad de normas existentes sobre los recursos hídricos.

1.   Los usos con fines distintos de la navegación fluvial

1.a.   *Consideraciones generales*

El origen del Derecho Fluvial Internacional se fundamenta en la necesidad de asegurar la libertad de navegación en los cursos de agua transfronterizos como presupuesto imprescindible para incrementar el comercio y facilitar la salida al mar a los Estados carentes de litoral para la conquista de nuevos mercados, lo que se realiza mediante la adecuada reglamentación jurídica internacional. No obstante, el desarrollo económico y los avances tecnológicos que se inician con la Revolución Industrial y las mayores necesidades motivadas por el crecimiento demográfico y el aumento de la concentración urbana pusieron de manifiesto la existencia de usos del agua distintos de la navegación fluvial, tales como la pesca, el abastecimiento de poblaciones, su utilización en la agricultura y la ganadería, la producción de energía hidroeléctrica y demás usos industriales, y su utilización para fines recreativos y sociales, a los que cabe añadir en los últimos tiempos otros de carácter medioambiental.

Ello supuso la transformación de los cursos de agua de un mero medio de comunicación a un vector de progreso y desarrollo de las naciones donde la delimitación transfronteriza y la navegación ya no eran las únicas actividades que se podían desarrollar en ellos, sino que la toma en consideración de los afluentes y las aguas subterráneas y los usos consuntivos del agua (consumo de agua para el uso doméstico, agrícola e industrial), influyeron en la evolución del concepto de río internacional a los más amplios de curso de agua internacional y cuenca hidrográfica internacional, como se analizará posteriormente en este mismo Capítulo, y en la regulación de los derechos de los Estados respecto a los mismos.

Estos nuevos usos del agua han sido, y serán, fuente de conflictos de intereses entre Estados ribereños. Así, por ejemplo, si un Estado ribereño situado aguas arriba contamina las aguas o detrae un volumen importante del caudal del río para atender sus necesidades de abastecimiento de poblaciones o para el riego en la agricultura, podría causar un importante perjuicio a los Estados ribereños que se encuentren aguas abajo. Asimismo, si un Estado ribereño situado aguas abajo construye una presa en el río para obtener energía hidroeléctrica, ello podría traducirse en un impedimento para el Estado aguas arriba de ejercer el comercio internacional mediante la navegación fluvial en toda la extensión navegable del mismo, a la vez que limitaría el caudal que fluiría por el río una vez rebasada la presa, perjudicando a un tercer Estado situado aguas abajo. La única manera de evitar o de solucionar estas posibles controversias pasa por acordar un tratado entre los Estados ribereños donde se contemplen todos los usos posibles del curso de agua transfronterizo y las consiguientes prohibiciones o limitaciones, articulando las necesarias medidas de cooperación que faciliten un uso y aprovechamiento racional y sostenible del mismo.

La aparición de estos nuevos usos del agua ha llevado a la transformación del Derecho Fluvial Internacional, centrado en la regulación de los cursos de agua como vías de navegación, en el Derecho de los Cursos de Agua Internacionales, cuyo objeto es la gestión del agua en el contexto de la cuenca hidrográfica internacional, lo que significa la regulación de los usos diferentes de la navegación con la finalidad de evitar y, en su caso, resolver las posibles controversias que pudieran producirse entre los Estados ribereños. Por tanto, se entiende por Derecho de los Cursos de Agua Internacionales el conjunto de normas de carácter internacional que establecen los principios, los derechos y obligaciones, y las medidas de cooperación entre los Estados en orden al uso, protección y conservación de dichas aguas.

El primer uso distinto de la navegación y de la delimitación transfronteriza regulado fue el correspondiente a la pesca. A lo largo de los siglos, los ríos y lagos han sido utilizados como proveedores de alimentos, primero mediante la pesca de subsistencia, desarrollada por las poblaciones ribereñas sin ningún tipo de trabas, a la que se añadió posteriormente una actividad de contenido económico a través de la venta mercantil del pescado capturado. En el caso de no revestir dicho carácter de subsistencia, la actividad pesquera desarrollada en los cursos de agua transfronterizos ha sido objeto de tratados específicos[111] debido a las características particulares de cada uno de ellos.

Los primeros tratados se concluyeron en el siglo XIX, contemplándose en los mismos tanto los derechos de pesca atribuidos a los Estados Parte como las normas aplicables a la preservación de la fauna ictiológica y las reglas de cooperación necesarias, mientras que en los celebrados en el siglo XX se añadieron aspectos relacionados con la protección de los cursos de agua, en especial definiendo medidas relacionadas con la prevención, control y disminución de la contaminación. Por tanto, al igual que ocurre con la navegación fluvial, no existe un régimen internacional específico aplicable a la pesca en los cursos de agua internacionales.

Las normas que suelen incluir los tratados de pesca son, en esencia, reglas dirigidas a garantizar la sostenibilidad de la pesca, es decir, a no causar daños que perjudiquen la conservación y preservación de la fauna ictiológica que puedan comprometer su disponibilidad futura. Por ello, resulta normal que los tratados incluyan disposiciones tales como las relacionadas con la prohibición de utilización de explosivos o de sustancias tóxicas, con el tamaño y calibre de las redes y aparejos, el tipo de anzuelos y métodos de pesca, la dimensión mínima de los peces y cupo máximo autorizado de pesca, y los periodos de veda y zonas no hábiles para la pesca, ya sea con carácter indefinido o temporal.

---

[111] Aunque el primer tratado específico sobre la pesca en cursos de agua transfronterizos del que se tiene constancia corresponde a la *Convención respecto a las pesquerías, límites y restauración de esclavos entre Gran Bretaña (Canadá) y Estados Unidos* concluida en Londres el 20 de octubre de 1818, es a partir del último tercio del siglo XIX cuando se generaliza la firma de tratados de pesca. *Vid.* NACIONES UNIDAS: *Anuario de la Comisión de Derecho Internacional 1974*, Vol. II, 2ª Parte, p. 37.

Asimismo, de nada serviría todo lo anterior si no se garantiza una mínima cantidad y calidad del agua para poder desarrollar la actividad pesquera, aunque estos aspectos están igualmente contemplados en la práctica totalidad de los tratados sobre cursos de agua transfronterizos, en especial los concluidos a partir de la segunda mitad del siglo XX. La cooperación en estos tratados se suele materializar mediante la constitución de comisiones internacionales y a través del intercambio de información, en especial sobre el volumen de capturas realizadas por cada Estado.[112]

Por otra parte, a mediados del siglo XIX se inician los tratados que versan sobre el control del caudal de agua,[113] constituyendo un caso muy conocido por su posterior controversia el *Tratado para regular el régimen de tomas de agua del Mosa,* firmado entre Bélgica y los Países Bajos en La Haya el 12 de mayo de 1863[114] con la finalidad de regular de manera permanente el régimen de tomas de agua del Mosa para la alimentación de los canales de navegación y de riego.

---

[112] Por ejemplo, el *Estatuto del río Uruguay,* concluido entre Argentina y Uruguay en Salto el 26 de febrero de 1975, a través de la Comisión Administradora del Río Uruguay (CARU), contempla la regulación de las actividades de pesca en el río en relación con la conservación y preservación de los recursos vivos (artículo 37), los volúmenes máximos de captura por especies cuando la intensidad de la pesca lo haga necesario (artículo 38), y el intercambio de información sobre esfuerzo de pesca y captura por especie (artículo 39). *Vid.* NACIONES UNIDAS: *Treaty Series,* Vol. 1295, p. 331.

[113] El primer tratado específico sobre el control del volumen de agua fue la *Convención concerniente a la regulación del volumen de agua del lago Constanza en las inmediaciones de Constanza,* concluida el 31 de agosto de 1857 entre Baden, Baviera, Austria, Suiza y Wurtemberg, acordando las Partes compartir los costes originados por la construcción de represas para gestionar el nivel del agua del lago Constanza. *Vid.* FAO: *Estudio Legislativo N.º 15, op. cit.,* p. 72.

[114] *Ibidem.,* p. 81.

A su vez, el proceso de industrialización provocó que en la última década del siglo XIX se percibiera el enorme potencial hidroeléctrico que contenían los cursos de agua, dando así comienzo a la firma de tratados para la construcción de plantas hidroeléctricas en los cursos de agua transfronterizos, comenzando por el *Acuerdo concerniente a la planta hidroeléctrica de Rheinfelden*, concluido el 1 de enero de 1890 entre el Gran Ducado de Baden y Suiza,[115] al que seguirían un buen número de tratados en todos los continentes. Coincidentes con estos tratados, se han concluido un ingente número de ellos, en especial los que tratan sobre la utilización del agua para el abastecimiento de poblaciones, para la agricultura y la industria, control de la cantidad de agua, infraestructuras hidráulicas, control de la calidad del agua, protección contra la contaminación y de cooperación.[116]

1.b. ***Regulación jurídica de los usos con fines distintos de la navegación***

En los inicios del siglo XX se planteó la cuestión de determinar la importancia que debería darse a los usos distintos de la navegación, así como su regulación jurídica. Ello fue objeto de una resolución del IDI, adoptada en la Sesión celebrada en Madrid el 20 de abril de 1911, sobre la *Regulación internacional de la utilización de los cursos de agua internacionales fuera del ejercicio del derecho de navegación*,[117] en cuya Exposición de

---

[115] La planta hidroeléctrica entró en funcionamiento en 1898, siendo derruida, dada su antigüedad, en 2010. *Ibidem.*, p. 153.

[116] La Universidad del estado de Oregón posee una Base de Datos muy amplia sobre tratados de cursos de agua transfronterizos disponible en su página Web: <http://www.transboundarywaters.orst.edu/> (última consulta: 02/03/2020).

[117] IDI: *Réglementation internationale de l'usage des cours d'eau internationaux en dehors de l'exercice du droit de navigation, Session de Madrid - 1911*. Disponible en: <http://www.justitiaetpace.org/idiF/resolutionsF/1911_mad_01_fr.pdf> (última consulta: 02/03/2020).

Motivos[118] se reconoce que los Estados ribereños de un mismo río, ya sean contiguos o sucesivos, están sujetos a una interdependencia física permanente que excluye la idea de una total autonomía de cada uno de ellos sobre el tramo fluvial sujeto a su soberanía. Esta idea de interdependencia y subsiguiente limitación de su soberanía se refleja en las reglas aprobadas, que giran en torno a la prohibición de causar perjuicios graves a los demás Estados ribereños en la utilización de un río internacional, aclarando, no obstante, que ninguna actividad podrá oponerse a la navegación, y a recomendar la constitución de comisiones comunes permanentes entre los Estados ribereños.

En un intento de conseguir un primer tratado multilateral sobre los usos distintos de la navegación, la Sociedad de Naciones convocó en Ginebra la *II Conferencia General de Comunicaciones y Tránsito,* aprobándose el 9 de diciembre de 1923 la *Convención relativa al aprovechamiento de las fuerzas hidráulicas que interesan a más de un Estado y Protocolo de firma.*[119] Dado que esta Convención únicamente obtuvo 11 ratificaciones o adhesiones, no ha tenido ninguna aplicación práctica, por lo que los Estados han seguido regulando este uso a través de acuerdos bilaterales.[120]

Ante el fracaso de los tratados multilaterales aprobados bajo los auspicios de la Sociedad de Naciones y la variedad surgida de los posibles usos de los cursos de agua transfronterizos, fueron los Institutos científicos quienes intentaron llenar esta laguna legal formulando reglas y principios generales sobre la materia. Así, el IDI, en la Sesión

---

[118]   IDI: *Annuaire de l'Institut de Droit International,* Vol. 24, Pedone, Paris, 1911, p. 365.

[119]   SOCIEDAD DE NACIONES: *Treaty Series,* Vol. 36, p. 75.

[120]   QUEROL. M.: «Estudio sobre los convenios y acuerdos de cooperación entre los países de América Latina y el Caribe, en relación con sistemas hídricos y cuerpos de agua transfronterizos», CEPAL, *Serie Recursos Naturales e Infraestructura,* N.º 64, Santiago de Chile, 2003, p. 13.

celebrada en Salzburgo el 11 de septiembre de 1961, aprobó la Resolución *Utilización de las aguas internacionales no marítimas (excluida la navegación)*, donde se toma en consideración la importancia de las cuencas hidrográficas internacionales y se recomienda crear organismos comunes, se establece como principio fundamental el no causar un perjuicio ilegítimo a otro Estado ribereño, y se considera la equidad como la base para resolver las controversias que puedan surgir entre los Estados sobre los derechos de uso de las aguas transfronterizas.[121]

Posteriormente, en la Sesión celebrada en Atenas el 12 de septiembre de 1979, aprobó la Resolución *La contaminación de los ríos y los lagos y el Derecho internacional*, donde se establecen para los Estados las obligaciones de prevención y eliminación de la contaminación mediante la adopción de las oportunas medidas tanto internas como en el marco de la cooperación internacional, a la vez que se afirma la responsabilidad de los Estados por la infracción de las citadas obligaciones.[122]

En cuanto a la International Law Association (ILA),[123] ha efectuado una importante contribución al desarrollo del Derecho de los recursos hídricos internacionales, comenzando por la *Conferencia de Dubrovnik de 1956,* donde se aprobó una declaración de principios como base para el posterior estudio de la elaboración de normas de Derecho internacional relativas a los ríos internacionales. A continuación, en la *Conferencia de Nueva York de 1958* se estudió el enfoque de los usos de

---

[121] Texto de la Resolución disponible en la página Web del IDI: <http://www.justitiaetpace.org> (última consulta: 02/03/2020).
[122] Texto de la Resolución disponible en la página Web del IDI: <http://www.justitiaetpace.org> (última consulta: 02/03/2020).
[123] La International Law Association (ILA), fundada en Bruselas en 1873, tiene como objetivos el estudio, aclaración y desarrollo del Derecho internacional, tanto Público como Privado, y la promoción del entendimiento internacional y el respeto al Derecho internacional. La ILA es una organización no gubernamental que goza de estatuto consultivo con varias agencias especializadas pertenecientes a la ONU. Página Web de la ILA: <http://www.ila-hq.org/> (última consulta: 02/03/2020).

91

las aguas transfronterizas desde la perspectiva de que un sistema de ríos y lagos de una cuenca hidrográfica internacional debe tratarse como un todo integrado, y del derecho de todo Estado ribereño a una participación razonable y equitativa de los usos provechosos de la cuenca hidrográfica sobre la base del mutuo respeto de los derechos que correspondan a cada uno de ellos.

Los estudios prosiguieron en sucesivas Conferencias, hasta llegar a la *Conferencia de Helsinki de 1966*, donde se adoptan las *Reglas de Helsinki sobre el uso de las aguas de los ríos internacionales*,[124] que recogen la evolución del concepto de «río internacional» a una concepción más amplia como es la «cuenca hidrográfica internacional»[125] y se codifican varios principios sobre los usos de las aguas, como el de utilización y participación equitativa y razonable, sin que ningún uso tenga preferencia sobre los demás; la prevención y disminución de la contaminación evitando causar graves daños e indemnizando quien contamine; la cooperación entre Estados ribereños; la obligación de notificar la realización de obras de infraestructura; la libre navegación y reserva del cabotaje a los buques del Estado ribereño; y el arreglo pacífico de controversias.

La ILA ha continuado con el estudio de aspectos concretos de la reglamentación de los usos de los cursos de agua internacionales, a

---

[124]   Texto de las *Reglas de Helsinki sobre el uso de las aguas de los ríos internacionales* disponible en: <http://webworld.unesco.org/water/ wwap/pccp/cd/pdf /educational_tools/course_modules/reference_documents/internationalregionconventions/helsinkirules.pdf> (última consulta: 02/03/2020).

[125]   Las *Reglas de Helsinki de 1966* disponen en su artículo 2: «Una cuenca hidrográfica internacional es la zona geográfica que se extiende por el territorio de dos o más Estados determinada por la línea divisoria de un sistema hidrográfico de aguas superficiales y freáticas que fluyen hacia una salida común».

la vez que ha complementado las *Reglas de Helsinki* en 1986 con las *Reglas de Seúl sobre aguas subterráneas internacionales*.[126] Igualmente, en 2004 aprobó las *Reglas de Berlín sobre los recursos hídricos*,[127] donde se incluye un Capítulo específico sobre los acuíferos transfronterizos, que actualiza y reemplaza a las *Reglas de Helsinki,* aunque su contenido ha sido objeto de importantes discrepancias en el seno de la propia ILA.

Además de la *Convención relativa a los humedales de importancia internacional especialmente como hábitat de aves acuáticas,* conocida como *Convención Ramsar*,[128] la única Convención general de aplicación universal existente es la *Convención sobre el derecho de los usos de los cursos de agua internacionales para fines distintos de la navegación,* aprobada en sesión plenaria de la Asamblea General de las Naciones Unidas el 21 de mayo de 1997, a la que posteriormente se le dedicará una mayor atención.

Asimismo, existe un cierto número de Convenciones multilaterales adoptadas por algunas de las respectivas Comisiones Económicas de las Naciones Unidas (África, América Latina y el Caribe, Asia y el Pacífico, Asia occidental, Europa). No obstante, el cuerpo normativo más desarrollado corresponde a Europa, toda vez que los países que conforman la Unión Europea se han visto obligados a unificar sus respectivas legislaciones internas sobre recursos hídricos mediante la transposición a su ordenamiento interno de la *Directiva 2000/60/CE*[129]

---

126   Texto de las *Reglas de Seúl de 1986* disponible en: <http://www.internationalwaterlaw.org/documents/intldocs/seoul_rules.html> (última consulta: 02/03/2020).

127   Texto de las *Reglas de Berlín de 2004* disponible en: <http://www.ila-hq.org/en/committees/index.cfm/cid/32> (última consulta: 02/03/2020).

128   La *Convención relativa a los humedales de importancia internacional, especialmente como hábitat de aves acuáticas*, fue concluida en Ramsar (Irán) el 2 de febrero de 1971. *Vid.* NACIONES UNIDAS: *Treaty Series*, Vol. 996, p. 245.

129   *Directiva 2000/60/CE* del Parlamento Europeo y del Consejo, de 23 de octubre de 2000, *por la que se establece un marco comunitario de actuación en el ámbito de la política de aguas* (DOCE 327/L, de 22 de diciembre de 2000). El

(*Directiva Marco del Agua*), por la que se establece un marco comunitario de actuación en el ámbito de la política de aguas. Igualmente, en el seno de la Comisión Económica de las Naciones Unidas para Europa (CEPE)[130] cabe destacar, entre otros tratados, la *Convención sobre la protección y utilización de cursos de agua transfronterizos y lagos internacionales*, aprobada en Helsinki el 17 de marzo de 1992,[131] siendo posteriormente enmendados los artículos 25 y 26 a fin de que todos los Estados Miembros de la ONU puedan adherirse a dicha Convención.[132]

En lo que respecta a las Convenciones particulares, existe una gran variedad, pudiendo tratarse de acuerdos multilaterales relativos tanto al desarrollo general como específico o de asistencia técnica y financiera para proyectos en una cuenca hidrográfica o curso de agua transfronterizo, o bien de tratados de cooperación internacional sobre esta materia. No obstante, la mayoría de los tratados actualmente vigentes sobre la materia son de carácter bilateral, existiendo una amplia diversidad de los mismos que comprenden uno o varios de los siguientes aspectos: estudio de sus posibles usos y desarrollo; asistencia técnica y financiera; utilización de uno o más usos específicos (navegación, pesca, abastecimiento de poblaciones, riego, energía hidroeléctrica,

---

objetivo fundamental de esta Directiva lo constituye el establecimiento de un marco para la protección de los recursos hídricos disponibles que garantice el suministro suficiente de agua en buen estado y la reducción significativa de la contaminación de las aguas subterráneas, determinando como unidad de gestión y planificación del agua la demarcación hidrográfica.

[130] La CEPE se compone de 56 miembros, entre los que se encuentran Estados de Europa junto a Canadá, Estados Unidos, Israel y Turquía.

[131] NACIONES UNIDAS: *Treaty Series,* Vol. 1936, Nueva York, 2001, p. 269.

[132] En la Reunión de las Partes en el Convenio celebrada el 28 de noviembre de 2003, se adoptó la *Decisión III/1* que modifica los artículos 25 y 26 del Convenio (*Vid.* NACIONES UNIDAS. ECONOMIC AND SOCIAL COUNCIL: *Doc. ECE/MP.WAT/14*, 12 January 2004). Hasta finales de 2021 se han adherido cuatro países ajenos a la CEPE: Chad, Ghana, Guinea-Bissau y Senegal.

etc.); control del caudal de las aguas; control de la calidad de las aguas (prevención, reducción y control de la contaminación) y de la protección del medio ambiente; construcción de infraestructuras; control de efectos perjudiciales del agua (salinización, erosión, inundación, sequías); creación de comisiones conjuntas (intercambio de datos e información); y gestión integrada de los recursos hídricos.

De lo anteriormente expuesto se puede colegir que no existe en la actualidad un cuerpo único de normas de carácter internacional que regule los diferentes usos y aprovechamientos de los recursos hídricos transfronterizos, por lo que necesariamente deben regularse de forma multilateral o bilateral por los Estados que forman parte de un mismo sistema hídrico sobre la base del principio de la cooperación internacional. Por tanto, la diversificación normativa de los diferentes usos de los recursos hídricos constituye la principal característica del Derecho de los Cursos de Agua Internacionales.

2. La codificación del Derecho de los Cursos de Agua Internacionales

Tras el fracaso de la Sociedad de Naciones, la cuestión de la codificación y desarrollo progresivo de las normas de uso y aprovechamiento de los cursos de agua internacionales fue propuesta por Bolivia en 1959, aprobándose por la Asamblea General de las Naciones Unidas la *Resolución 1401* (XIV), en la que se consideraba conveniente iniciar estudios preliminares sobre los problemas jurídicos relativos al aprovechamiento y uso de los ríos internacionales con miras a determinar si la materia se presta a codificación.[133]

Posteriormente, en una *Nota Verbal* de fecha 24 de abril de 1970, el Gobierno de Finlandia solicitó la inclusión en el programa del XXV periodo de sesiones de la Asamblea General de un tema titulado

---

[133] La *Resolución 1401* (XIV) fue aprobada el 21 de noviembre de 1959.

«Desarrollo progresivo y codificación de las normas de derecho internacional sobre los cursos de agua internacionales».[134] El 18 de septiembre de 1970, la Asamblea General incluyó este tema en el programa de dicho periodo de sesiones y lo remitió a la Sexta Comisión, que acordó que la Comisión de Derecho Internacional (CDI), al examinar el tema, tomara en cuenta los estudios intergubernamentales y no gubernamentales sobre la materia, en particular aquellos de fecha reciente como las *Reglas de Salzburgo de 1961 sobre la utilización de las aguas internacionales no marítimas (para fines distintos de la navegación)* del IDI y las *Reglas de Helsinki de 1966 sobre el uso de las aguas de los ríos internacionales* de la ILA.

El 8 de diciembre de 1970, la Asamblea General aprobó la *Resolución 2669* (XXV), *Desarrollo progresivo y codificación de las normas de derecho internacional sobre los cursos de agua internacionales.* La labor desarrollada por la CDI en este tema tuvo como resultado la aprobación el 24 de junio de 1994 del Proyecto de 33 artículos sobre *El Derecho de los cursos de agua internacionales para fines distintos de la navegación,* así como de una *Resolución sobre las aguas subterráneas transfronterizas* referida a las aguas subterráneas confinadas no conectadas con un curso de agua.[135] Finalmente, dicho Proyecto fue elevado a la Asamblea General, donde el 21 de mayo de 1997 aprobó en sesión plenaria la *Resolución 51/229, Convención sobre el derecho de los usos de los cursos de agua internacionales para fines distintos de la navegación,*[136] conocida también como *Convención de Nueva York de 1997.*

La Convención supone la materialización por la CDI de la idea de redactar un acuerdo-marco que se basara en la existencia de una comunidad de intereses y en una interdependencia entre los Estados del curso de agua que, por su propia naturaleza, se traduce en la participación en el uso y los beneficios de las aguas de un curso de agua internacional. Se compone de 37 artículos repartidos en siete Partes: introducción; principios generales; medidas proyectadas; protección,

---

[134]   *Ibidem.*, p. 292.
[135]   *Ibidem.*, pp. 94 y 144, respectivamente.
[136]   NACIONES UNIDAS: *Treaty Series*, Vol. 2999.

preservación y gestión; condiciones perjudiciales y situaciones de emergencia; disposiciones diversas; y cláusulas finales. A ello cabe añadir un Apéndice sobre el procedimiento de arbitraje a seguir.

Su ámbito de aplicación corresponde a los usos de los cursos de agua internacionales y de sus aguas para fines distintos de la navegación y a las medidas de protección, preservación y de ordenación relacionadas con los mismos, por lo que la navegación queda excluida, excepto en el caso de que otros usos la afecten o resulten afectados por la misma (art.1). En lo referente a las relaciones entre las diferentes clases de usos, la Convención determina que, salvo acuerdo o costumbre en contrario, ningún uso tendrá prioridad sobre los demás, respetando siempre la satisfacción de las necesidades humanas vitales (art. 10).

Se trata de una Convención-marco en el sentido de que constituye un conjunto de artículos cuyos principios y reglas sean tenidos en cuenta a la hora de concertar los Estados nuevos tratados multilaterales o bilaterales relativos a cuencas hidrográficas y cursos de agua transfronterizos, aplicando o adaptando dichas disposiciones a las características particulares de los mismos (art. 3).

Las Convenciones-marco tienen como principal objeto la de enunciar principios generales. En este caso concreto, la Convención recoge principios ya preexistentes o en formación, a los que habría hecho cristalizar como Derecho consuetudinario, específicamente, los incluidos en la Parte titulada «Principios generales»: la utilización y participación equitativa y razonable, la obligación de no causar daños sensibles, la obligación general de cooperar, que se concreta en obligaciones más específicas como la relativa al intercambio de datos e información, y la igualdad de relación entre los diferentes usos. Dichos principios generales constituyen el primer pilar fundamental sobre el que se sustenta la Convención, por lo que serán analizados en detalle en el siguiente epígrafe. No obstante, no deben olvidarse otros principios como el desarrollo sostenible,[137] y la prevención/precaución,[138] a los que cabe añadir, entre otros, el principio «quien contamina, paga»,[139] todos ellos pertenecientes al Derecho Internacional del Medio Ambiente, aplicables igualmente a los cursos de agua internacionales.

---

[137] El término «desarrollo sostenible» suele considerarse más un concepto político y socioeconómico que un principio jurídico (FRENCH, D.: «Sustainable development», in FITZMAURICE, M.; ONG, D. M. and MERKOURIS, P. (Eds.): *Research Handbook on International Environmental Law*, Edward Elgar Publishing, Cheltenham, 2010, p. 51), por lo que el principio de sostenibilidad pudiera ser considerado como un principio jurídico sometido a connotaciones políticas, con lo que existen opiniones divergentes sobre su determinación jurídica.

[138] Los Estados tienen la obligación de asegurar que las actividades que se lleven a cabo dentro de su jurisdicción o bajo su control no perjudiquen al medio de otros Estados o de zonas situadas fuera de toda jurisdicción nacional. Estas obligaciones atañen tanto al principio de prevención como al de precaución. La diferencia entre ambos principios estriba en el hecho que frente a una acción u omisión que pueda ocasionar un daño al medio ambiente, en el caso del principio de prevención existe la certeza científica de que dicha acción va a ocasionar un efecto perjudicial. En cambio, en el caso del principio de precaución no existe esta certeza científica, pues solo ante la imposibilidad de conocer con anterioridad el efecto perjudicial es cuando se aplica el principio de precaución (cuando haya peligro de daño grave o irreversible, la falta de certeza científica absoluta no deberá utilizarse como razón para postergar la adopción de medidas eficaces para impedir la degradación del medio ambiente). El principio de prevención supone que el riesgo puede ser conocido anticipadamente y, por tanto, pueden adoptarse medidas para neutralizarlo, mientras que el de precaución comporta que el riesgo de daño ambiental no puede ser conocido anticipadamente al desconocerse materialmente los efectos a medio y largo plazo de una acción.

[139] Se trata de un principio con predominio del aspecto económico, que se traduce en que todo aquel que cause daños medioambientales es responsable de los mismos, por lo que debe tomar las medidas preventivas o reparadoras necesarias y sufragar todos los costes relacionados. De una forma indirecta, está incluido en el apartado 2 del artículo 7 de la *Convención de Nueva York de 1997*.

El segundo pilar está delimitado por la integración del principio de protección del medio ambiente, en su faceta de obligación de protección del ecosistema sobre el que se asienta un curso de agua transfronterizo, con la obligación de prevención, control y reducción de la contaminación. Así, la Convención determina que los Estados, individual o conjuntamente, protegerán y preservarán los ecosistemas de los cursos de agua internacionales, y adoptarán medidas de prevención, reducción y control de la contaminación en los casos en que esta pueda causar daños sensibles a otros Estados ribereños o a su medio ambiente, o bien a la salud o la seguridad humanas, a la utilización de las aguas con cualquier fin útil o a los recursos vivos del curso de agua (arts. 20 y 21.2).

Estas medidas pueden consistir en el establecimiento conjunto de objetivos y criterios sobre la calidad del agua, de técnicas y prácticas para luchar contra la contaminación, y la confección de una lista de sustancias cuya introducción en las aguas de un curso de agua internacional haya de ser prohibida, limitada, investigada o vigilada (art. 21.3). Igualmente, se prohíbe la introducción de especies nuevas o extrañas que puedan perjudicar el ecosistema del curso de agua, así como la de adoptar todas las medidas con respecto a un curso de agua internacional que sean necesarias para proteger y preservar el medio marino, incluidos los estuarios (arts. 22 y 23).

El tercer pilar se basa en la gestión integrada en lo referente a la ordenación del curso de agua transfronterizo, que podrá incluir la creación de un órgano mixto de gestión, la regulación de su caudal y el mantenimiento y protección de instalaciones y obras (arts. 24 al 26).

En la Convención, ante las objeciones presentadas por algunos países al considerar que se restringe su soberanía, no se utiliza el concepto de «cuenca hidrográfica» adoptado en las *Reglas de Helsinki de 1966*, siendo sustituido por «curso de agua», definido como «un sistema de aguas de superficie y subterráneas que, en virtud de su relación física, constituyen un conjunto unitario y normalmente fluyen a una desembocadura común» (art. 2.a); asimismo, define como «curso de agua internacional» a «todo curso de agua alguna de cuyas partes se encuentren en Estados distintos» (art. 2.b). Se produce, por tanto, una evolución del concepto de «río internacional», relacionado con la navegación y limitado al cauce que separa o atraviesa dos o más Estados, al de «curso de agua internacional», que delimita una mayor variedad de usos (domésticos, agrícolas, industriales, sociales y recreativos) y supone un concepto mucho más amplio que el anterior al incluir los afluentes y las aguas subterráneas conectadas con las de superficie.

3. Principios generales aplicables a los recursos hídricos codificados por la *Convención de Nueva York de 1977*

La *Convención de Nueva York de 1997*, en la Parte II, define y codifica exclusivamente como principios generales la utilización y participación equitativa y razonable, la obligación de no causar daños sensibles, la obligación general de cooperar y el intercambio regular de datos e información, y la relación igualitaria entre usos, que serán analizados a continuación. No obstante, en la Parte IV también contempla otros principios generales propios del Derecho Internacional del Medio Ambiente, como son la protección y preservación de los ecosistemas de los cursos de agua internacionales, y la prevención, reducción y control de la contaminación, aunque, al no estar incluidos en la Parte II, no les otorga la consideración de principios generales.

3.a. *Utilización y participación equitativa y razonable*

El principio de la utilización y participación equitativa y razonable de los cursos de agua es unánimemente reconocido como principio rector del Derecho de los Cursos de Agua Internacionales, y así lo considera la Convención al configurarlo en el artículo 5 por delante de los demás principios.

El primer párrafo de dicho artículo expresa el derecho del Estado a utilizar el curso de agua internacional de modo equitativo y razonable compatible con su sostenibilidad, haciéndolo con el propósito de lograr una utilización óptima y sostenible y de un disfrute máximo compatibles con la protección adecuada del curso de agua, y la obligación de no privar a otro Estado ribereño de su legítimo derecho a la utilización equitativa, acorde con el concepto de la soberanía territorial limitada.

A su vez, el segundo párrafo contempla, como principio complementario, la participación equitativa y razonable de los Estados ribereños en el uso y protección del curso de agua, cuya esencia descansa en la cooperación entre Estados ribereños traducida en un conjunto de medidas y actividades dirigidas a lograr una utilización óptima del curso de agua transfronterizo compatible con su adecuada protección. Es decir, dicha participación incluye tanto el derecho de utilizar el curso de agua como la obligación de cooperar en su protección y aprovechamiento, teniendo presente que los beneficios a obtener solamente podrán ser optimizados si la participación se efectúa a través de acciones coordinadas de cooperación establecidas entre todos los Estados ribereños.

La utilización equitativa y razonable ha sido reconocida por la jurisprudencia internacional en el *Asunto Gabcíkovo-Nagymaros*,[140] donde el Tribunal Internacional de Justicia la califica de derecho básico.[141] Asimismo, al referirse el Tribunal a los derechos y obligaciones de las Partes, dictaminó que el régimen de utilización conjunta de los recursos

---

[140] TRIBUNAL INTERNACIONAL DE JUSTICIA: «Gabcíkovo-Nagyma-ros Project (Hungary/Slovakia), Judgment», *I. C. J. Reports 1997*.
[141] *Ibidem.*, párrs. 78 y 85.

hídricos compartidos llevaba aparejada la participación equitativa y razonable efectuada conforme a lo establecido en el artículo 5.2 de la Convención.[142]

Según este principio, los Estados gozan de un derecho de igualdad de acceso a los beneficios que puedan derivarse del aprovechamiento de los cursos de agua transfronterizos, ya sean contiguos o sucesivos, al tratarse de recursos compartidos que pertenecen a los Estados ribereños en un régimen de igualdad de derechos. Ello no significa, sin embargo, que el derecho de participación tenga que ser idéntico para cada Estado ribereño, pues equidad no es sinónimo de igualdad, sino de justicia distributiva, lo que viene a significar que todos los Estados ribereños pueden participar de los beneficios en una proporción razonable para satisfacer sus necesidades, y no a partes iguales; es decir, equidad significa equilibrio de los diferentes usos entre los Estados ribereños en caso de conflicto.

Para concretar qué constituye un uso razonable, ello no significa el uso más eficiente disponible, ni tampoco la utilización de la tecnología más avanzada. La razonabilidad difiere de conceptos como el del mejor uso posible o el que sea beneficioso, abarcando la concepción contemporánea de la racionalidad y la toma en consideración de diversos factores, entre otros, el grado de desarrollo de un Estado.[143] No obstante, a pesar de haber sido calificado como razonable por un Estado un determinado uso de un curso de agua transfronterizo, podría no ser equitativo si se contempla desde la perspectiva más amplia de todo el curso de agua y de las diferentes necesidades e intereses de otros

---

[142] *Ibidem.*, párr. 147.
[143] RIEU-CLARKE, A.; MOYNIHAN, R. and MAGSIG, B-O.: *UN. Watercourses Convention. Users's Guide*, Centre for Water Law, Policy and Science, University of Dundee, Great Britain, 2012, p. 108.

Estados ribereños; es decir, los usos razonables están sometidos a una distribución equitativa de los mismos.[144]

El proceso de determinación del régimen equitativo y razonable para la utilización de los cursos de agua transfronterizos deberá asegurar que se tienen en cuenta todos los factores relevantes. Estos factores son el resultado del desarrollo histórico de dicho principio, y así han sido recogidos en la Convención, cuyo artículo 6 dispone que, para determinar qué constituye una utilización equitativa y razonable, se examinarán conjuntamente todos los factores pertinentes, para lo que incluye una lista de factores, no exhaustiva, y se llegará a una conclusión sobre la base del conjunto de esos factores.[145] El peso que se asigne a cada factor dependerá de su importancia en comparación con la de otros factores relevantes.

Son muchos los tratados bilaterales y multilaterales sobre recursos hídricos que contemplan el principio de la utilización y participación equitativa y razonable. Sirva como ejemplo el *Tratado de 1944 relativo al aprovechamiento de las aguas de los ríos Colorado y Tijuana y del río Bravo (Grande) desde Fort Quitman, Texas, hasta el Golfo de México*,[146] donde

---

144   *Idem.*
145   Los factores contemplados en el artículo 6 son: a) Los factores geográficos, hidrográficos, hidrológicos, climáticos, ecológicos y otros factores naturales; b) Las necesidades económicas y sociales de los Estados del curso de agua de que se trate; c) La población que depende del curso de agua en cada Estado del curso de agua; d) Los efectos que el uso o los usos del curso de agua en uno de los Estados del curso de agua produzcan en otros Estados del curso de agua; e) Los usos actuales y potenciales del curso de agua; f) La conservación, la protección, el aprovechamiento y la economía en la utilización de los recursos hídricos del curso de agua y el costo de las medidas adoptadas al efecto; y g) La existencia de alternativas, de valor comparable, respecto del uso particular actual o previsto.
146   *Tratado relativo al aprovechamiento de las aguas de los ríos Colorado y Tijuana y del río Bravo (Grande) desde Fort Quitman, Texas, hasta el Golfo de México*, firmado por México y Estados Unidos en Washington el 3 de febrero de 1944 y

se fija el porcentaje del caudal de los ríos Bravo y Colorado asignado a cada Estado,[147] y atribuye a la Comisión Internacional de Límites y Aguas el estudio, investigación y sometimiento a ambos Gobiernos de recomendaciones para la distribución equitativa entre los dos países de las aguas del sistema del río Tijuana.[148]

Por último, no se puede obviar que los cursos de agua son recursos naturales que forman parte del medio ambiente, por lo que los Estados, para considerar como equitativa y razonable la utilización de un curso de agua transfronterizo, habrán de tener presente tanto los intereses propios y de los demás Estados ribereños como la protección medioambiental, tal y como lo contempla el Tribunal Internacional de Justicia en el *Asunto relativo a las plantas de celulosa en el río Uruguay*.[149]

3.b. *Obligación de no causar daños sensibles*

La obligación de no causar daños sensibles se basa en el aforismo romano *sic utere tuo ut alienum non laedas* (usa lo tuyo sin perjudicar lo ajeno), y constituye el lógico corolario del principio de utilización y participación equitativa y razonable, considerándolos complementarios, pues son muchos los tratados que añaden a dicho principio la prevención «siempre que no se cause un daño sensible», tal y como se recoge, por ejemplo, en el apartado 4 del *Acta de Santiago de 1971 sobre cuencas hidrológicas*.[150]

Protocolo de 14 de noviembre de 1944. *Vid*. NACIONES UNIDAS: *Treaty Series*, Vol. 3, p. 313.

[147] Artículos 4 y 5 del Tratado, respectivamente.

[148] Artículo 16 del Tratado.

[149] TRIBUNAL INTERNACIONAL DE JUSTICIA: «Pulp Mills on the River Uruguay (Argentina v. Uruguay), Judgment», *I.C.J. Reports 2010*, párr. 177.

[150] Apartado 4: «Las Partes se reconocen mutuamente el derecho de utilizar, dentro de sus respectivos territorios, las aguas de sus lagos comunes y ríos

Entre los primeros instrumentos internacionales que contemplan este principio destaca la *Declaración de Montevideo de 1933*, cuyo artículo 2 dispone que «los Estados tienen el derecho exclusivo de aprovechar, para fines industriales o agrícolas, la margen que se encuentra bajo su jurisdicción, de las aguas de los ríos internacionales. Ese derecho, sin embargo, está condicionado en su ejercicio por la necesidad de no perjudicar el igual derecho que corresponde al Estado vecino en la margen de su jurisdicción».[151]

Como principio goza de un amplio reconocimiento, recogido no solo en el artículo 7 de la Convención y en los tratados sobre recursos hídricos transfronterizos modernos, sino también en el Derecho Internacional del Medio Ambiente.[152] Igualmente, ha sido recepcionado por la jurisprudencia internacional, disponiendo el Tribunal Internacional de Justicia que la obligación de no causar un daño sensible

---

internacionales de curso sucesivo, en razón de sus necesidades y siempre que no cause perjuicio sensible a la otra». El *Acta de Santiago sobre cuencas hidrológicas* fue firmada por Argentina y Chile en Santiago el 26 de junio de 1971. Texto del Acta disponible en la BIBLIOTECA DIGITAL DE TRATADOS DE LA CANCILLERÍA ARGENTINA: <http://tratados. cancilleria.gob.ar> (última consulta: 10/03/2020).

[151] BIBLIOTECA DIGITAL DANIEL COSÍO VILLEGAS: *Conferencias Internacionales Americanas. 1889-1936*, p. 405. Disponible en: <https://biblioteca.colmex.mx> (última consulta: 10/03/2020).

[152] La obligación de no causar daños al medio ambiente se encuentra recogida en diversos instrumentos internacionales, entre otros: 1) Principio 21 de la *Declaración sobre el Medio Humano*, aprobada en la *Conferencia Internacional sobre el Medio Humano de Estocolmo de 1972* (NACIONES UNIDAS: *Doc. A/CONF.48/14 en 2 y Corr.1*, 1972); 2) Principio 2 de la *Declaración de Río sobre el Medio Ambiente y el Desarrollo de 1992* (NACIONES UNIDAS: *Doc. A/CONF.151/26, Vol. I*, 12 de agosto de 1992, Anexo I); y 3) Artículo 3 del *Convenio sobre la diversidad biológica*, del 5 de junio de 1992 (NACIONES UNIDAS: *Treaty Series*, Vol. 1760, p. 229).

al medio ambiente de otro Estado forma parte del *corpus* del Derecho internacional relativo al medio ambiente.[153]

La obligación de no causar daños sensibles se traduce en una obligación de diligencia debida entendida como la conducta derivada de la buena vecindad y del principio de la buena fe, donde los Estados no pueden efectuar, ni permitir, la realización de actividades dentro de su territorio o en espacios de interés internacional sin considerar los derechos de otros Estados o la protección del medio ambiente. Para la Convención, los Estados tienen el deber de adoptar todas las medidas necesarias para impedir que se causen daños sensibles, es decir, se da un deber de diligencia debida (art. 7.1) entendida como una obligación de comportamiento, no de resultado, pues no tiene por objeto garantizar que no se producirá un daño sensible al utilizar un curso de agua transfronterizo.

Dicha obligación implica que únicamente puede considerarse que un Estado ribereño del curso de agua cuyo uso causa un daño sensible ha incumplido su obligación de ejercer la diligencia debida cuando, de manera intencionada o negligente, ha causado el hecho que había que evitar o, de igual manera, no ha impedido que otros en su territorio causen ese hecho o no haya hecho lo necesario para disminuir los efectos.[154] Si a pesar de observar la diligencia debida se causan daños sensibles, el Estado cuyo uso los cause deberá, a falta de acuerdo con respecto a ese uso, adoptar todas las medidas apropiadas para eliminar o mitigar esos daños y, cuando proceda, examinar la cuestión de la indemnización (art. 7.2).

---

153   TRIBUNAL INTERNACIONAL DE JUSTICIA: «Legality of the Threat or Use of Nuclear Weapons, Advisory Opinion», *I. C. J. Reports 1996*, párr. 29, pp. 241-242.

154   *Ibidem.*, p. 110.

3.c. *Obligación general de cooperar y el intercambio regular de datos e información*

Los principios de la utilización y participación equitativa y razonable y de la obligación de no causar daños sensibles se complementan con la obligación general de cooperar, que constituye la piedra angular del Derecho internacional moderno.[155] Ciertamente, no se entendería la firma de ningún tratado sobre usos de los cursos de agua transfronterizos si no se basara en la cooperación entre las Partes,[156] en el entendimiento de que cuanto mayor sea el beneficio que se espera obtener, mayor será el grado de cooperación.

En la Convención, el artículo 8 establece la obligación general de cooperar sobre la base de los principios de igualdad soberana, la integridad territorial, el provecho mutuo y la buena fe a fin de lograr una utilización óptima y una protección adecuada de los cursos de agua internacionales, lo que incluye la posibilidad de establecer comisiones

---

[155] WOUTERS, P.: «Derecho Internacional: facilitando la cooperación transfronteriza del agua», GWP, *TEC. BACKGROUND PAPERS*, N.º 17, Estocolmo, 2013, p. 16.

[156] La obligación de los Estados de cooperar entre sí constituye un principio del Derecho internacional. La *Carta de las Naciones Unidas* impone la cooperación como el tercero de sus propósitos en el artículo 1: «Realizar la cooperación internacional en la solución de problemas internacionales de carácter económico, social, cultural o humanitario…», además de dedicar el Capítulo IX a la cooperación internacional económica y social. Asimismo, aparece recogida en diversas resoluciones de la Asamblea General de las Naciones Unidas, entre otras, la *Resolución 2625* (XXV): *Declaración sobre los principios de Derecho internacional referentes a las relaciones de amistad y a la cooperación entre los Estados de conformidad con la Carta de las Naciones Unidas*, del 24 de octubre de 1970, y en la *Carta de Derechos y Deberes Económicos de los Estados*, aprobada por *Resolución 3281* (XXIX) de la Asamblea General de las Naciones Unidas el 12 de diciembre de 1974. También está contemplada en otros instrumentos de carácter político, así como en innumerables tratados internacionales medioambientales.

o mecanismos conjuntos para facilitar la cooperación. A ello cabe añadir la utilización de los procedimientos indirectos de cooperación contemplados en el artículo 30 en el caso de que existan graves obstáculos para entablar contactos directos entre Estados ribereños consistentes en el intercambio de datos e información, la notificación, la comunicación, las consultas y las negociaciones por cualquier procedimiento indirecto que hayan aceptado.

Además de constituir específicamente un principio básico, la cooperación también forma parte de los otros dos principios establecidos en la Convención. Así, en lo referente al principio de utilización equitativa y razonable, el mismo incluye tanto el derecho de utilizar el curso de agua como la obligación de cooperar en su protección y aprovechamiento (art. 5.2), así como de forma implícita al exigir que se tengan en cuenta los intereses de los Estados ribereños concernidos (art. 5.1), celebrando cuando sea necesario consultas con un espíritu de cooperación (art. 6.2).

A su vez, en el principio de prohibición de causar daños sensibles no hay una referencia directa a la obligación de cooperar, excepto en el caso de que se hayan producido daños y los Estados tengan que entablar consultas para eliminarlos o mitigarlos o, cuando proceda, examinar la cuestión de su indemnización (art. 7.2). No obstante, la obligación de cooperar sí aparece de manera explícita cuando se trata de las medidas proyectadas sobre el estado de un curso de agua internacional al estipular el intercambio de información sobre las mismas (art. 11), la necesidad de notificar las que puedan causar un efecto perjudicial (art. 12), y las consultas y negociaciones sobre sus posibles efectos adversos (art. 17).

La obligación general de cooperar ha sido ampliamente reconocida por la jurisprudencia internacional como, por ejemplo, en el *Asunto Gabćíkovo-Nagymaros*, donde el Tribunal Internacional de Justicia afirmó que la utilización conjunta de los recursos hídricos compartidos se efectuará conforme al artículo 5.2 de la *Convención de Nueva York de 1997*, es decir, con la obligación de cooperar en su protección y aprovechamiento;[157] además, en su Fallo, el Tribunal dictaminó que Hungría y Eslovaquia debían eliminar lo más rápidamente posible las consecuencias de los actos ilegales que habían cometido, lo que podrían lograr retomando su cooperación para la utilización de las aguas compartidas del Danubio, siempre y cuando el programa multidimensional del uso, aprovechamiento y protección del curso de agua se realice de manera equitativa y razonable.[158]

Al no ser posible efectuar el uso y aprovechamiento de las aguas transfronterizas de una manera óptima si no se cuenta con una información veraz, precisa y actualizada sobre el estado del curso de agua que se desea regular, la Convención ha optado por formalizar jurídicamente el principio de intercambio regular de datos e información como una concreción de la obligación que tienen los Estados del curso de agua de cooperar entre sí.

Este principio complementario, contenido en el artículo 9, implica la obligación de los Estados ribereños de intercambiar periódicamente los datos y la información sobre el estado del curso de agua, en particular los de carácter hidrológico, meteorológico, hidrogeológico y ecológico, los relativos a la calidad del agua y las previsiones correspondientes. Cuando se soliciten datos o información que no esté fácilmente disponible, se hará todo lo posible por atender dicha petición, si bien se puede exigir que el solicitante pague los costes ocasionados. Asimismo, será obligación de los Estados hacer lo posible por reunir y procesar los datos y la información de manera que se facilite su utilización por los Estados ribereños a los que sean comunicados, aunque

---

[157]   TRIBUNAL INTERNACIONAL DE JUSTICIA: «Gabcíkovo-Nagymaros Project (Hungary/Slovakia), Judgment», *I. C. J. Reports 1997*, párr. 147, p. 80.
[158]   *Ibidem.*, párr. 150, p. 80.

ninguno de estos Estados está obligado a proporcionar datos o información que sean vitales para su defensa o seguridad nacionales (art. 31); no obstante, se cooperará de buena fe para proporcionar toda la información que sea posible según las circunstancias (art. 31).

Como ejemplo de tratado internacional que contiene disposiciones sobre el intercambio regular de datos e información, el *Convenio sobre cooperación para la protección y el aprovechamiento sostenible de las aguas de las cuencas hidrográficas hispano-portuguesas* (*Convenio de Albufeira*), concluido por España y Portugal en Albufeira el 30 de noviembre de 1998.[159]

El intercambio de estos datos y demás información asociada se puede canalizar a través de mecanismos conjuntos o cualquier otra vía que los Estados ribereños estimen oportuna, siendo la técnica más comúnmente empleada el recurso a las comisiones internacionales encargadas de la administración de los cursos de agua transfronterizos.[160] Como ejemplo, el *Convenio de Albufeira* anteriormente citado contempla en la Parte II el intercambio de información sobre la materia entre ambos países a través de la Comisión de Ríos Internacionales.

3.d. *Relación igualitaria entre los usos*

El último principio formulado por la *Convención de Nueva York de 1997* hace referencia al principio de igualdad entre todos los usos, estableciendo en el primer párrafo del artículo 10 que «salvo acuerdo o costumbre en contrario, ningún uso de un curso de agua internacional tiene en sí prioridad sobre otros usos». No obstante, en caso de conflicto entre varios usos, dicho artículo estipula en el segundo párrafo

---

[159] *Convenio sobre cooperación para la protección y el aprovechamiento sostenible de las aguas de las cuencas hidrográficas hispano-portuguesas*, hecho *ad referendum* en Albufeira el 30 de noviembre de 1998. *Vid.* NACIONES UNIDAS: *Treaty Series*, Vol. 2099, p. 275.

[160] Artículo 8.2. de la Convención.

que «se resolverá sobre la base de los artículos 5 a 7, teniendo especialmente en cuenta la satisfacción de las necesidades humanas vitales».

Normalmente, los tratados, o bien la costumbre, suelen asignar prioridad a un uso determinado, por lo que el primer párrafo del artículo 10 está concebido como una norma de carácter supletorio, a lo que cabe añadir que su alcance no se limita a los tratados específicos de los cursos de agua transfronterizos, pues ciertos usos como la navegación suelen ser objeto de otros tipos de tratados, como los de amistad, comercio y navegación.

La afirmación de que «ningún uso tiene en sí prioridad sobre otros usos» significa que no hay nada en la naturaleza de un determinado uso que haga suponer *a priori* una prelación respecto a otros usos, de modo que los Estados ribereños pueden asignar libremente la prioridad a un uso específico respecto de un concreto curso de agua transfronterizo. Ello resulta igualmente válido respecto de la navegación que, de conformidad con el segundo párrafo del artículo 1, no está comprendida en el ámbito de aplicación de esta Convención, «salvo en la medida en que otros usos afecten a la navegación o resulten afectados por ésta».

Como conclusión obtenida en relación con los principios generales aplicables a los cursos de agua internacionales de la utilización y participación equitativa y razonable, la obligación de no causar daños sensibles, la obligación general de cooperar y el intercambio regular de datos e información, y la relación igualitaria entre los usos salvo acuerdo o costumbre en contrario, su codificación por la *Convención de Nueva York de 1997* los convierte en exigibles en las relaciones interestatales sobre otros usos distintos de la navegación dimanantes de los cursos de agua transfronterizos, con independencia de que figuren expresamente o no en el correspondiente tratado.

111

4. Régimen jurídico de las cuencas hidrográficas transfronterizas

El concepto de «río internacional» se relaciona con el deseo de asegurar la navegación en aquellos ríos cuyas aguas discurren por el territorio de dos o más Estados, o son fronterizas entre ellos. Como ya se ha expuesto anteriormente, la primera definición se produjo en el *Acta Final del Congreso de Viena de 1815,* al considerar como tal aquel que en su curso navegable separa o atraviesa diferentes Estados,[161] ampliándose dicho concepto en el *Tratado de Paz de Versalles de 1919*[162] y, posteriormente, en el *Estatuto sobre el régimen de las vías navegables de interés internacional de 1921,* evolucionando al concepto de «vías navegables de interés internacional».[163]

La aparición de usos de los ríos internacionales para fines distintos de la navegación provocó la evolución del concepto de «río internacional» al de «curso de agua internacional» motivado por su más que evidente importancia económica y social, ocasionando que los Estados ribereños quedasen sujetos a una interdependencia física permanente, siendo además tenidos en cuenta tanto los afluentes como las aguas subterráneas asociadas compartidas por dos o más Estados. Surge así la toma en consideración de los ríos internacionales, sus afluentes, las aguas subterráneas y el territorio por el que todos ellos discurren como una unidad indivisible que afecta a todos los Estados ribereños, haciéndolos interdependientes en relación con la misma.

Esta nueva unidad hídrica ha sido concebida de dos formas distintas: por una parte, la ILA, en las *Reglas de Helsinki de 1966* recoge la evolución del concepto de «río internacional» a una concepción más amplia como es la «cuenca hidrográfica internacional», definiéndola en

---

[161]   Artículo 108 del Acta Final.
[162]   Artículo 331 del Tratado.
[163]   Artículo 1 del Estatuto.

su artículo 2 de la siguiente manera: «Una cuenca hidrográfica internacional es la zona geográfica que se extiende por el territorio de dos o más Estados determinada por la línea divisoria de un sistema hidrográfico de aguas superficiales y freáticas que fluyen hacia una salida común»; y por otra parte, la *Convención de Nueva York de 1997* define en su artículo 2 como «curso de agua» a «un sistema de aguas de superficie y subterráneas que, en virtud de su relación física, constituyen un conjunto unitario y normalmente fluyen a una desembocadura común», y por «curso de agua internacional», «aquel curso de agua algunas de cuyas partes se encuentran en Estados distintos».

La diferencia fundamental entre estos dos conceptos estriba en el hecho de que la cuenca hidrográfica internacional es un concepto integrador que se define como una zona geográfica, siendo más amplio que el de curso de agua internacional, mucho más limitado, puesto que únicamente incluye al sistema de aguas conformado por las aguas superficiales y las subterráneas que son tributarias de estas, y no al territorio por el que discurren.

A pesar de que la *Convención de Nueva York de 1997* se basa en las *Reglas de Helsinki de 1966*, la razón de que adoptara el concepto de curso de agua internacional en lugar de cuenca hidrográfica internacional se debe a las reticencias expresadas sobre todo por los Estados ribereños situados aguas arriba, reacios a ceder la más mínima porción de soberanía sobre sus recursos hídricos, que no han querido verse obligados por una Convención que regule el alcance del concepto, siendo este el principal motivo por el que, existiendo 286 cuencas hidrográficas internacionales, hasta finales de 2021 únicamente 38 Estados han ratificado esta Convención.

Posiblemente, el primer instrumento jurídico internacional que define una cuenca hidrográfica lo constituye el *Convenio entre Noruega y*

113

Suecia sobre ciertas cuestiones relativas al régimen jurídico de las aguas,[164] de 1929, cuyo artículo 2 la determina como el conjunto de un territorio en el cual las aguas tienen una salida común hacia el mar. Asimismo, la *Directiva 2000/60/CE* (*Directiva Marco del Agua*), al concretar la cuenca hidrográfica lo hace como «da superficie de terreno cuya escorrentía superficial fluye en su totalidad a través de una serie de corrientes, ríos y, eventualmente, lagos hacia el mar por una única desembocadura, estuario o delta».[165]

De dichas definiciones se desprende que una cuenca hidrográfica es una unidad geográfica e hidrológica conformada por un río principal, sus afluentes y las aguas subterráneas asociadas, y por todos los territorios comprendidos entre la divisoria de aguas que da lugar al nacimiento de dicho río y su desembocadura, generalmente en el mar, aunque también puede hacerlo en un lago o en un acuífero. Incluye, por tanto, el río principal, sus afluentes y aguas subterráneas asociadas, todos los territorios por los que discurren los mismos, así como su zona marítimo-costera cuando el río desemboca en el mar.

5. Especial consideración del régimen jurídico de los acuíferos transfronterizos

5.a. *Los acuíferos transfronterizos*

El agua que proporcionan los ríos y lagos supone un recurso crítico cada vez más escaso y contaminado, por lo que los acuíferos han adquirido una elevada importancia motivada por el hecho de que las aguas subterráneas constituyen el 96 % del volumen total de agua dulce líquida disponible en todo el planeta, siendo prácticamente la única

---

[164]   *Convenio entre Noruega y Suecia sobre ciertas cuestiones relativas al régimen jurídico de las aguas*, firmado en Estocolmo el 11 de mayo de 1929. *Vid.* SOCIEDAD DE NACIONES: *Treaty Series*, Vol. CXX, p. 277.
[165]   Artículo 2.3. de la Directiva.

fuente de agua disponible en muchas regiones áridas y semiáridas. Asimismo, el desarrollo de técnicas más eficientes para la extracción del agua del subsuelo ha permitido su uso generalizado para el abastecimiento de poblaciones, donde al menos el 50 % procede de acuíferos, satisfaciendo las necesidades hídricas de 2500 millones de personas en el mundo, y en la agricultura, proporcionando el 43 % de toda el agua utilizada para el riego.[166]

De las distintas definiciones existentes del término «acuífero», destaca la contenida en la *Resolución 63/124 de la Asamblea General de las Naciones Unidas, El derecho de los acuíferos transfronterizos*[167] en su artículo 2, al definirlo como «formación geológica permeable portadora de agua, situada sobre una capa menos permeable, y el agua contenida en la zona saturada de la formación». Los acuíferos, por tanto, son formaciones geológicas que almacenan agua subterránea, normalmente agua dulce, aunque existen acuíferos de agua salada y, en algunos de agua dulce, el agua salada también se encuentra presente en las capas inferiores de los mismos debido a su mayor densidad. Comprenden tanto el continente (la formación geológica) como el contenido (las aguas subterráneas).

El agua subterránea se origina a partir del deshielo de los glaciares y zonas cubiertas por la nieve, de la lluvia o desde los ríos y lagos, donde una parte se infiltra directamente a través del suelo por las grietas y poros de las rocas (*zona de alimentación o de recarga*), descendiendo por las sucesivas capas permeables hasta alcanzar finalmente una capa impermeable donde se acumula y rellena el acuífero, circulando a favor de la pendiente (*zona de circulación*) hasta encontrar un nivel de salida a

---

[166] WWAP (World Water Assessment Programme): *The United Nations World Water Development Report 2015: Water for a Sustainable World*, UNESCO, Paris, 2015, p. 13.

[167] La *Resolución A/RES/63/124. El derecho de los acuíferos transfronterizos*, fue aprobada por la Asamblea General en sesión plenaria el 11 de diciembre de 2008 sobre la base del *Informe de la Sexta Comisión (A/63/439)*.

la superficie (*zona de descarga*) en puntos concretos que se convierten en manantiales o fuentes, o de forma difusa en los lechos de los ríos, cuyo caudal es mantenido por las aguas subterráneas, en especial en época de estiaje, o bien van a parar a otro acuífero o al mar. Los puntos de descarga también pueden ser artificiales, como los pozos construidos para el uso doméstico o el agropecuario.

Este mecanismo es el que siguen los acuíferos renovables, que pueden encontrarse a diferentes niveles de profundidad, desde los situados a pocos metros de profundidad y abiertos al medio ambiente de la superficie (*acuíferos libres o no confinados*), hasta los parcialmente conectados con la superficie (*acuíferos confinados*). Asimismo, existen acuíferos no renovables, totalmente desconectados de la superficie al estar situados a varios kilómetros de profundidad (*acuíferos fósiles*), carentes de zonas de recarga y de descarga, que son los más frágiles al no ir acompañada la extracción de agua por medios artificiales que se efectúe en los mismos de su correspondiente renovación, por lo que son más proclives a su sobreexplotación y contaminación, difícilmente reversibles.[168]

En condiciones normales, la calidad de las aguas subterráneas permite su consumo directo por parte de los seres humanos, siendo susceptibles igualmente de ser explotadas en cantidades económicamente apreciables para usos agropecuarios e industriales. Además, es de destacar el papel relevante que los acuíferos desempeñan como reguladores de los ecosistemas al mantener estable el caudal de agua que discurre por los cursos de agua superficiales, alimentar los humedales y amortiguar las inundaciones absorbiendo el exceso de agua de las lluvias intensas e, igualmente, constituyen una reserva estratégica de agua en épocas de sequía. Por todo ello, los acuíferos gozan de la consideración de recurso vital que tiene una importante incidencia en el desarro-

---

[168] ECKSTEIN, G. and ECKSTEIN, Y.: «A Hydrogeological Approach to Transboundary Ground Water Resources and International Law», *American University International Law Review*, Vol. 19 (2), 2003, pp. 201-258.

llo sostenible, aunque sin olvidar su gran fragilidad que los hace difícilmente recuperables cuando se han agotado por sobreexplotación o han sido gravemente contaminados.

Al igual que sucede con los recursos hídricos de la superficie, también existen acuíferos que se extienden por el subsuelo de dos o más Estados y que, en ocasiones, están interconectados, formando sistemas de acuíferos transfronterizos. En la actualidad se encuentran catalogados 366 acuíferos transfronterizos, siendo el más importante el Sistema Acuífero de Piedra Arenisca de Nubia, de aguas fósiles y, por tanto, no renovables; a su vez, el Sistema Acuífero Guaraní, con un volumen aproximado de 35 000 km³, es el más destacado de los acuíferos renovables.[169]

5.b.   *Régimen jurídico de los acuíferos transfronterizos*

La regulación jurídica de los cursos de agua transfronterizos es una necesidad que pretende conseguir la utilización y participación equitativa y razonable de los mismos por parte de los Estados ribereños en un contexto de cooperación internacional que evite causar daños sensibles a los demás Estados, así como solucionar las posibles controversias que pudieran surgir. En el caso de los acuíferos transfronterizos ello ocurre con mayor motivo, toda vez que, del total del agua dulce existente, el 0,3 % corresponde a los cursos de agua de la superficie, y el 30,1 % a las aguas subterráneas; es decir, los acuíferos suponen cien veces el volumen del agua situada en la superficie.[170]

---

[169]   OMM/UNESCO. IGRAC (International Groundwater Resources Assessment Centre): <https://www.un-igrac.org/transboundary-aquifers-world-map> (última consulta: 11/03/2020).

[170]   GLEICK, P. H.: «Water resources», in SCHNEIDER, S. H. (Ed.): *Encyclopedia of Climate and Weather*, Vol. 2, Oxford University Press, New York, 1996, pp. 817-823.

Esta necesidad de evolución del Derecho internacional para regular las aguas subterráneas transfronterizas viene mediatizada por el mayor conocimiento técnico existente sobre los acuíferos[171] y por las propias especificidades de estos al ser más vulnerables que las aguas de superficie, en especial en lo referente a la calidad de sus aguas, cuya degradación por contaminación es más difícil de revertir que en el caso de los cursos de agua de la superficie.

Desde mediados del siglo XX se han realizado varios intentos de regulación de esta materia. No obstante, en ellos se pone de manifiesto que la pretensión de regular las aguas subterráneas aparece vinculando estrictamente los cursos de agua transfronterizos con las aguas subterráneas, tal y como se aprecia en la *Convención de Nueva York de 1997* donde, al definir en el artículo 2 el término «curso de agua», incluye en dicho concepto tanto los sistemas de aguas de superficie como las subterráneas que, en virtud de su relación física, constituyen un conjunto unitario y normalmente fluyen a una desembocadura común. De todas maneras, aun siendo notable el avance positivador que ello cons-

---

[171] La UNESCO, en cooperación con, entre otros organismos, la Organización de las Naciones Unidas para la Alimentación y la Agricultura (FAO) y la Asociación Internacional de Hidrogeólogos / International Association of Hydrogeologists (AIH/IAH), ha desarrollado un programa específico sobre los acuíferos transfronterizos: La iniciativa de Gestión de Recursos de Acuíferos Compartidos a Nivel Internacional (ISARM, por sus siglas en inglés), cuyo objetivo es mejorar la comprensión de las cuestiones científicas, socioeconómicas, legales, institucionales y medioambientales relacionadas con la gestión de los acuíferos. Asimismo, cuenta con el Programa Hidrológico Internacional (PHI) que realiza igualmente estudios sobre las aguas subterráneas. Además, el Centro International de Evaluación de Recursos de Aguas Subterráneas (IGRAC, por sus siglas en inglés) promueve y facilita el intercambio a nivel internacional de información y experiencias sobre las aguas subterráneas.

118

tituye al dotar al concepto de cuenca hidrográfica de un carácter unitario, ello no impide que se genera un vacío regulador al no contemplar las peculiaridades específicas de los acuíferos transfronterizos.[172]

El único instrumento de carácter universal elaborado sobre los acuíferos transfronterizos es la *Resolución 63/124* de la Asamblea General de las Naciones Unidas sobre *el Derecho de los acuíferos transfronterizos* que contiene el *Proyecto de artículos sobre el derecho de los acuíferos transfronterizos de 2008*, cuyo Preámbulo recuerda la *Resolución 1803* (XVII) de la Asamblea General de las Naciones Unidas relativa a la soberanía permanente sobre los recursos naturales.[173] El primero de los principios rectores que contiene el Proyecto es el de la soberanía de cada Estado sobre la porción del acuífero transfronterizo situado en su territorio. Así, el artículo 3 estipula: «Cada Estado del acuífero tiene soberanía sobre la parte de un acuífero o sistema acuífero transfronterizo situada en su territorio. El Estado del acuífero ejercerá su soberanía de acuerdo con el derecho internacional y los presentes artículos». No obstante, en los siguientes artículos se recogen los demás principios generales en términos muy similares a los efectuados en la *Convención de Nueva York de 1997*, como la utilización equitativa y razonable, la obligación de no causar un daño sensible, la obligación general de cooperar, y la protección y preservación de ecosistemas, por lo que la soberanía sobre los acuíferos transfronterizos debe ser entendida como una soberanía limitada por la observancia de dichos principios.

La *Resolución 63/124* supone un régimen singularizado para los acuíferos transfronterizos. No obstante, la relevancia real de esta Reso-

---

[172] RODRÍGUEZ BARRIGÓN, J. M.: «El acuífero guaraní: una regulación fundada sobre el principio de soberanía estatal», en MORA ALISEDA, J. (Dir.): *Gestión de recursos hídricos en España e Iberoamérica*, Aranzadi, Cizur Menor (Navarra), 2015, p. 487.

[173] ASAMBLEA GENERAL DE LAS NACIONES UNIDAS: *Resolución 1803* (XVII), del 14 de diciembre de 1962.

lución debe ser comprendida en un contexto de reconocimiento creciente de la importancia que tiene para todos los Estados y para la propia humanidad garantizar el mantenimiento y la adecuada gestión de un recurso fundamental como es el agua dulce.[174]

Ante la ausencia de un marco internacional que regulase las aguas subterráneas transfronterizas, su gestión se ha efectuado desde comienzos del siglo XX conjuntamente con las aguas de superficie en el contexto de varios de los tratados bilaterales y multilaterales celebrados sobre cursos de agua transfronterizos, otorgándoles un tratamiento dispar que va desde aquellos que contienen algún precepto de carácter generalista,[175] hasta los que las regulan de manera específica e incluyen prescripciones sobre la distribución de las aguas o relacionadas con su calidad.[176]

En lo que respecta a los instrumentos específicos existentes sobre la gestión y protección de acuíferos transfronterizos, su número es

---

[174] RODRÍGUEZ BARRIGÓN, J. M.: «El acuífero guaraní: una regulación fundada sobre el principio de soberanía estatal», *op. cit.,* p. 488.

[175] Sirva como ejemplo el *Estatuto del río Uruguay,* firmado en Salto el 26 de febrero de 1975, donde su artículo 35 contempla las aguas subterráneas de una manera generalista: «Las Partes se obligan a adoptar las medidas necesarias a fin de que el manejo del suelo y de los bosques, la utilización de las aguas subterráneas y la de los afluentes del Río, no causen una alteración que perjudique sensiblemente el régimen del mismo o la calidad de sus aguas». *Vid.* NACIONES UNIDAS: *Treaty Series,* Vol. 1295, p. 335.

[176] Como ejemplo de regulación específica de las aguas subterráneas en un tratado, el *Acta N.º 242 de la Comisión Internacional de Límites y Aguas entre México y los Estados Unidos: Solución permanente y definitiva del problema internacional de la salinidad del río Colorado,* de 30 de agosto de 1973, cuya Resolución N.º 5 dispone: «…cada país limitará el bombeo de las aguas subterráneas en su propio territorio, dentro de los 8 kilómetros (5 millas) de la línea divisoria entre Sonora y Arizona y cerca de San Luis, a 197 358 000 metros cúbicos (160 000 acres-pies) anuales». *Vid.* CILA. SECCIÓN MEXICANA: <http://www.cila.gob.mx/ACTAS/242.pdf> (última consulta: 14/03/2020).

muy bajo en relación a los acuíferos catalogados actualmente, con la particularidad de tratarse tanto de acuerdos internacionales como realizados por entidades infraestatales o locales, o bien de «arreglos» más prácticos y flexibles que los tratados internacionales como, por ejemplo, los Memorandos de Entendimiento, concertados conforme a lo dispuesto en el artículo 9 del *Proyecto de artículos del derecho de los acuíferos transfronterizos*.[177]

En este contexto, de los instrumentos firmados, los acuerdos referidos al *Sistema Acuífero de Piedra Arenisca de Nubia*, compartido por Chad, Egipto, Libia y Sudán, al *Sistema Acuífero del Noroeste del Sahara*, que ocupa parte del territorio de Argelia, Libia y Túnez, así como el *Memorando de Entendimiento* concluido entre la provincia canadiense de Columbia Británica y el estado de Washington (Estados Unidos) sobre el Acuífero Abbotsford-Sumas, y la *Convención sobre el acuífero de piedra caliza del carbonífero*, transfronterizo entre Bélgica y Francia, se limitan al establecimiento de procedimientos básicos de consulta e intercambio de información.[178] Los otros cuatro, que tienen un contenido más amplio, son los siguientes: el *Convenio sobre la protección, utilización y recarga del*

---

[177]   Artículo 9 (Acuerdos y arreglos bilaterales y regionales) del *Proyecto de artículos del derecho de los acuíferos transfronterizos*.

[178]   Para el Sistema Acuífero de Piedra Arenisca de Nubia, los Coordinadores Nacionales representantes de Chad, Egipto, Libia y Sudán firmaron en Trípoli, el 5 de octubre del 2000, dos *Acuerdos sobre el seguimiento e intercambio de información sobre las aguas subterráneas del Sistema Acuífero*. Asimismo, los representantes de Argelia, Libia y Túnez reunidos en la sede de la FAO en Roma el 19 y 20 de diciembre de 2002, acordaron un *Acta constitutiva de Acuerdo para el establecimiento de un Mecanismo de Consulta sobre el Sistema Acuífero del Noroeste del Sáhara*, firmada por Argelia el 6 de enero de 2003, por Túnez el 15 de febrero de 2003, y por Libia el 23 de febrero de 2003 (*Vid.* BURCHI, S. and MECHLEM, K.: «Groundwater in international law. Compilation of treaties and other legal instruments», in FAO: *Legislative Study 86*, Rome, 2005, pp. 4-8). El *Memorando de Entendimiento relacionado con la remisión de solicitudes de derechos de agua*, relativo al Acuífero Abbotsford-Sumas, se firmó el 12 de abril de 1996 entre la provincia canadiense de Columbia Británica y el estado de Washington (*Vid.* FAO/FAOLEX:

Acuífero Franco-Suizo Ginebrino (Cantón de Ginebra-Suiza y el Departamento de la Alta Saboya-Francia), de 6 de septiembre de 1977, renovado el 18 de diciembre de 2007;[179] el *Acuerdo sobre el Acuífero Guaraní*, firmado el 2 de agosto de 2010 entre Argentina, Brasil, Uruguay y Paraguay;[180] el *Memorando de Entendimiento para el establecimiento de un mecanismo de consulta para la gestión integrada de los recursos hídricos de los Sistemas Acuíferos de Iullemeden y Taoudeni/Tanezrouft*, concertado por Argelia, Benín, Burkina Faso, Mali, Níger y Nigeria el 28 de marzo de 2014;[181] y el *Acuerdo para la gestión y utilización de las aguas subterráneas en el Acuífero Al-Saq/Al-Disi*, concluido por Arabia Saudí y Jordania el 30 de abril de 2015.[182]

LEX-FAOC045451: <http://www.fao.org/faolex/results/details/en/c/LEX-FAOC045451/>; última consulta: 14/03/2020). La *Convención de puesta a disposición e intercambio de datos sobre la gestión de las aguas subterráneas de piedra caliza del carbonífero* fue suscrito en Bergen (Países Bajos) por Francia y las regiones belgas de Valonia y Flandes el 14 de diciembre de 2017 (texto del Acuerdo disponible en la página Web de la COMISIÓN INTERNACIONAL DEL ESCALDA: <https://www.isc-cie.org/>; última consulta: 14/03/2020).

[179] Traducción no oficial al inglés del Convenio disponible en: <http://www.internationalwaterlaw.org/documents/europe.html#Franco-SwissGeneveseAquifer> (última consulta: 14/03/2020).

[180] El *Acuerdo sobre el Acuífero Guaraní* fue suscrito en el seno del Mercado Común del Sur (Mercosur) por Argentina, Brasil, Paraguay y Uruguay en San Juan (Argentina), el 2 de agosto de 2010. *Vid.* URUGUAY. CÁMARA DE SENADORES: <https://legislativo.parlamento.gub.uy/temporales/S2012030486-008942933.pdf> (última consulta: 14/03/2020).

[181] El *Memorando de Entendimiento* contempla su entrada en vigor 30 días después de su ratificación por al menos dos tercios de los Estados miembros del mecanismo de consulta. *Vid.* FAO/FAOLEX: LEX-FAOC135180: <http://www.fao.org/faolex/results/details/en/c/LEX-FAOC135180/> (última consulta: 14/03/2020).

[182] Traducción no oficial al inglés del Acuerdo disponible en: <http://internationalwaterlaw.org/documents/regionaldocs/Disi_Aquifer_Agreement-English2015.pdf> (última consulta: 14/03/2020).

6. La soberanía de los Estados ribereños sobre los recursos hídricos transfronterizos

Anteriormente, el Derecho de los Cursos de Agua Internacionales ha sido definido como el conjunto de normas de carácter internacional que establecen los principios, los derechos y obligaciones, y las medidas de cooperación entre los Estados en orden al uso, protección y conservación de dichas aguas. La primera cuestión que esta regulación plantea es la referida a la soberanía de los Estados ribereños sobre el tramo del curso de agua transfronterizo que discurre por su territorio.

El concepto de soberanía ha pasado a representar, desde la Paz de Westfalia de 1648, la identidad jurídica de un Estado dentro del Derecho internacional. Este concepto aporta orden, estabilidad y previsibilidad a las relaciones internacionales, pues los Estados soberanos se consideran iguales, sea cual sea su tamaño, población, grado de desarrollo y riqueza comparativa, convirtiéndolo el artículo 2.1 de la *Carta de las Naciones Unidas*[183] en el principio de la igualdad soberana de los Estados que, posteriormente, sería incluido como uno de los principios codificados en la *Resolución 2625 (XXV)* de la Asamblea General de las Naciones Unidas, *Declaración sobre los principios de derecho internacional referentes a las relaciones de amistad y a la cooperación entre los Estados de conformidad con la Carta de las Naciones Unidas.*[184]

---

[183]   La *Carta de las Naciones Unidas* se firmó el 26 de junio de 1945 en San Francisco, al terminar la *Conferencia de las Naciones Unidas sobre Organización Internacional*, y entró en vigor el 24 de octubre del mismo año.

[184]   La *Resolución 2625 (XXV)* de la Asamblea General de las Naciones Unidas, *Declaración sobre los principios de derecho internacional referentes a las relaciones de amistad y a la cooperación entre los Estados de conformidad con la Carta de las Naciones Unidas*, aprobada el 24 de octubre de 1970, proclama como principio codificado el principio de igualdad soberana en los siguientes términos: «Todos los Estados gozan de igualdad soberana. Tienen iguales derechos

La soberanía se traduce en la capacidad autónoma y la competencia de la que está dotado un Estado para tomar decisiones políticas, tanto en lo referente a sus relaciones internacionales como dentro de su territorio en lo que respecta a la población y los recursos que se encuentran en el mismo, entre los que figuran los recursos hídricos transfronterizos. Es decir, todo Estado soberano se encuentra capacitado por el Derecho internacional para ejercer una jurisdicción plena, exclusiva y excluyente, sobre su territorio y la población, con el deber de los demás Estados de no intervención en los asuntos internos de cualquier otro Estado.

Cuando se trata de cursos de agua transfronterizos, al ser un recurso natural compartido, la soberanía sobre estos aparece recogida en diversos instrumentos de carácter político, como en la *Resolución 1803* (XVII) de la Asamblea General de las Naciones Unidas relativa a la soberanía permanente sobre los recursos naturales, donde se declara el derecho de todo Estado a disponer libremente de sus riquezas y recursos naturales.[185] No obstante, el ejercicio de la soberanía respecto al uso, aprovechamiento y libre disposición de sus recursos naturales no es absoluto, como cabría deducir del artículo 2.1 de la *Carta de Derechos y Deberes Económicos de los Estados*: «Todo Estado tiene y ejerce libremente soberanía plena y permanente, incluso posesión, uso y disposi-

---

[185] e iguales deberes y son por igual miembros de la comunidad internacional, pese a las diferencias de orden económico, social, político o de otra índole».
La *Resolución 1803* (XVII) de la Asamblea General de las Naciones Unidas, de 14 de diciembre de 1962, dispone en su Preámbulo, en el párrafo 3: «Teniendo presente los dispuesto en la Res. 1515 (XV) de 15 de diciembre de 1960, en la que ha recomendado que se respete el derecho soberano de todo Estado a disponer de su riqueza y de sus recursos naturales». Asimismo, el siguiente párrafo establece: «Considerando que cualquier medida a este respecto debe basarse en el reconocimiento del derecho inalienable de todo Estado a disponer libremente de sus riquezas y recursos naturales en conformidad con sus intereses nacionales y en el respeto a la independencia política de los Estados».

ción, sobre toda su riqueza, recursos naturales y actividades económicas»,[186] pues dicho instrumento la limita al disponer en el artículo siguiente que «en la explotación de los recursos naturales compartidos entre dos o más países, cada Estado debe cooperar sobre la base de un sistema de información y consulta previa, con el objeto de obtener una óptima utilización de los mismos que no cause daños a los legítimos intereses de los otros».

De lo anterior se deduce que la soberanía sobre los recursos naturales compartidos, entre los que se encuentran los cursos de agua transfronterizos, no es absoluta, pues se encuentra limitada por el sometimiento a tres principios básicos que los regulan: su distribución equitativa, la prohibición de causar daños significativos, y la obligación general de cooperar.

La aplicabilidad del concepto de soberanía a los usos de los cursos de agua transfronterizos comporta ciertas especificidades en razón tanto de las propias características físicas del agua como del tipo de uso y, sobre todo, de la situación geográfica del Estado ribereño en relación con dichas aguas. Así, sería completamente inútil que un Estado situado aguas abajo prohibiera aquellos usos que supongan una pérdida significativa del caudal de agua si los Estados situados aguas arriba los permiten; ni tampoco serían eficaces las medidas preventivas que adopte dicho Estado para evitar la contaminación de un curso de agua contiguo si el Estado ribereño de la otra orilla vierte productos contaminantes al mismo.

Cada Estado ribereño es soberano sobre el tramo del curso de agua transfronterizo que discurre por su territorio, y tiene derecho a beneficiarse de los posibles usos de que sea susceptible dicho tramo en el interior de su territorio siempre que no cause un daño significativo a

---

[186]   La *Carta de Derechos y Deberes Económicos de los Estados* fue aprobada el 12 de diciembre de 1974 por *Resolución 3281* (XXIX) de la Asamblea General de las Naciones Unidas.

otro Estado ribereño, aunque reconociendo que los mismos derechos y deberes también les corresponden a los demás Estados ribereños sobre la base del principio de igualdad soberana. Ello significa que el uso y aprovechamiento de los cursos de agua transfronterizos lleva implícita la obligación de cooperar debido a la interdependencia existente entre los Estados ribereños o, al menos, la necesidad de establecer límites al ejercicio de su soberanía sobre las aguas que discurren por su territorio.

La *Convención de Nueva York de 1997* no contiene ninguna referencia sobre la soberanía del Estado sobre el tramo del curso de agua transfronterizo que discurre por su territorio. Como referencia indirecta cabe citar la obligación general de cooperación expresada en el artículo 8.1: «Los Estados del curso de agua cooperarán sobre la base de los principios de la igualdad soberana, la integridad territorial, el provecho mutuo y la buena fe a fin de lograr una utilización óptima y una protección adecuada de un curso de agua internacional».

La explotación de los cursos de agua transfronterizos para fines distintos de la navegación se ha venido regulando por lo general mediante acuerdos bilaterales o multilaterales entre los Estados ribereños de cada curso de agua o cuenca hidrográfica internacional. En el contexto de la igualdad de derechos entre Estados que rige el Derecho internacional, los derechos y obligaciones de los Estados ribereños respecto a los usos del curso de agua transfronterizo dependen en gran medida de la concreta tesis a la que se acojan respecto a las atribuciones soberanas estatales sobre los recursos hídricos transfronterizos en su territorio; es decir, desde un punto de vista estrictamente jurídico, el problema que se plantea consiste en determinar si un Estado puede, de forma arbitraria, utilizar las aguas de un curso de agua transfronterizo o manejar otros recursos naturales que influyan sobre dichos recursos hídricos; o si, por el contrario, existen ciertas restricciones en beneficio de los demás Estados ribereños.

La tesis de la soberanía territorial absoluta, que favorece a los Estados situados aguas arriba en detrimento de los que se encuentran aguas abajo, postula que el Estado, en el ejercicio completo de su soberanía, puede actuar con total libertad, sin ningún tipo de restricciones, sobre los tramos de los cursos de agua transfronterizos situados en su territorio, quedando exento de responsabilidad frente a los demás Estados ribereños por cualquier daño causado como resultado de su actividad.[187] Tanto la doctrina como la práctica internacional ha rechazado esta tesis y, por tanto, no forma parte del Derecho internacional general.[188] Otro tanto ha ocurrido con la tesis de la integridad territorial absoluta, diametralmente opuesta a la anterior, al sostener que todo Estado ribereño situado aguas abajo tiene derecho a un caudal permanente, por lo que ningún otro Estado ribereño aguas arriba debe utilizar los recursos hídricos transfronterizos de tal modo que afecte al cauce por el que discurren, a su cantidad o calidad, en el territorio de otro Estado ribereño aguas abajo.[189]

---

[187] Está basada en la denominada «doctrina Harmon», expuesta por el Fiscal General de los Estados Unidos JUDSON HARMON en su *Dictamen del 12 de diciembre de 1895* con motivo del litigio surgido con México por los perjuicios sufridos por los agricultores mexicanos por la detracción de agua para el riego efectuada por Estados Unidos en el río Grande, con la consiguiente disminución del nivel de sus aguas. En su Dictamen, que no se basaba en el Derecho de los Cursos de Agua Internacionales sino en los principios generales de soberanía establecidos en el Derecho internacional, sostenía que el principio fundamental del Derecho internacional es la soberanía absoluta de cada nación dentro de su propio territorio. *Vid.* BARBERIS, J.: *Los recursos naturales compartidos entre Estados y el Derecho internacional*, Tecnos, Madrid, 1979, p. 16, notas 1 y 2.

[188] BIRNIE, P. and BOYLE, A. E.: *International Law and the Environment,* Clarendon Press, Oxford, 1992, p. 218.

[189] Esta tesis, formulada por MAX HUBER, se basa en dos fundamentos: primero, que el Estado no tiene derecho a explotar el agua en cantidad superior a la ya utilizada por él mismo; y segundo, que el derecho de explotación hidráulica solamente pertenece al Estado situado aguas abajo si el Estado aguas arriba no ha explotado el agua mientras discurre por su territorio,

Dado lo extremo de las dos anteriores teorías de la soberanía territorial y la integridad territorial absolutas que impiden conciliar los diferentes intereses de los Estados aguas arriba y aguas abajo, se hizo necesario encontrar una solución satisfactoria para todas las Partes que tuviera en consideración la importancia que para el desarrollo económico, social y humano tienen ciertos usos del agua, como su utilización para el abastecimiento de poblaciones y en la agricultura y la industria, entre otros, buscando un equilibrio entre los derechos y los deberes de los Estados ribereños. Surge así la teoría de la soberanía territorial limitada, entendida como el derecho de todo Estado ribereño a utilizar un curso de agua transfronterizo, aunque sometido a ciertas restricciones en beneficio de los demás Estados ribereños.

Es así como los Estados ribereños contemplan sus relaciones jurídicas basadas en la buena vecindad y la necesaria cooperación a fin de optimizar el aprovechamiento de los cursos de agua transfronterizos, por lo que han considerado el curso de agua como una propiedad común de todos ellos en el que cada Estado tiene derecho en su territorio a la utilización y participación equitativa y razonable del mismo, siempre que no cause un daño significativo a otro Estado ribereño.

La cooperación transfronteriza, por tanto, es la razón del surgimiento de una comunidad de intereses entre los Estados ribereños entendida en el sentido de que todos los Estados ribereños comparten el curso de agua transfronterizo sobre el que todos ellos tienen intereses que, normalmente, poseen la capacidad de afectar a los demás, y donde el término «comunidad» comporta la existencia de ciertas obligaciones que rigen las relaciones entre los Estados ribereños, como las anterior-

---

incluso aunque el río atraviese el Estado aguas arriba en una extensión superior a la del Estado aguas abajo y recoja allí una red completa de afluentes. *Vid.* SAUSER-HALL, G.: «L´utilisation industrielle des fleuves internationaux», *Collected Courses of the Hague Academy of International Law*, Vol. 83, 1953, p. 543.

mente mencionadas de la utilización y participación equitativa y razonable, el no causar daños sensibles y el deber de cooperar, que refuerzan la existencia de una comunidad entre ellos.[190]

La existencia de la comunidad de intereses entre los Estados ribereños de un mismo curso de agua transfronterizo ha sido reconocida por la jurisprudencia en la Sentencia del Tribunal Permanente de Justicia Internacional en el *Caso sobre la competencia territorial de la Comisión Internacional del río Oder*, donde afirma la existencia de una cierta comunidad de intereses entre los Estados ribereños que se convierte en la base de una comunidad de Derecho cuyos rasgos esenciales son la perfecta igualdad de todos los Estados ribereños en el uso de todo el recorrido del río y la exclusión de todo privilegio a favor de un ribereño cualquiera en relación con los otros.[191]

El concepto de comunidad de intereses establecido en esta Sentencia fue aludido posteriormente por el Tribunal Internacional de Justicia en el *Asunto sobre el Proyecto Gabcíkovo-Nagymaros (Hungría/Eslovaquia)*, añadiendo que el Derecho internacional contemporáneo ha reforzado este principio, haciéndolo extensivo a los usos distintos de la navegación, siendo este concepto de soberanía el que contempla la *Convención de Nueva York de 1997*.[192] Igualmente, en el *Asunto de las plantas de celulosa del Río Uruguay (Argentina c. Uruguay)*, el Tribunal, en su Sentencia del 20 de abril de 2010, hace mención a la comunidad de intereses y

[190] McCAFFREY, S.: *The Law of International Watercourses: non-navigational uses, second edition,* Oxford University Press, Oxford, 2007, p. 166.
[191] TRIBUNAL PERMANENTE DE JUSTICIA INTERNACIONAL: «Case relating to the territorial jurisdiction of the International Commission of the River Oder», PCIJ, *Collection of Judgments, Series A,* N.° 23, 1929, p. 27.
[192] TRIBUNAL INTERNACIONAL DE JUSTICIA: «Gabcíkovo-Nagymaros Project (Hungary/Slovakia), Judgment», *I. C. J. Reports 1997*, p. 56.

derechos existentes en la gestión del río Uruguay y la protección de su medio ambiente.[193]

En resumen, la soberanía de los Estados ribereños se encuentra limitada por principios del Derecho internacional aplicables a los cursos de agua transfronterizos. Así, los principios codificados por la *Convención de Nueva York de 1997* de la utilización y participación equitativa y razonable, la prohibición de causar daños sensibles a otros Estados ribereños y la obligación general de cooperar sobre la base de la buena fe, constituyen límites infranqueables al ejercicio de la soberanía por parte de los Estados ribereños de un curso de agua transfronterizo sobre el que han constituido una comunidad de intereses y derechos en relación con su gestión.

A su vez, los avances tecnológicos que han posibilitado un conocimiento más preciso del régimen hidrológico de los cursos de agua, la necesidad de gestionar de forma integrada todos sus usos, y la influencia del Derecho Internacional del Medio Ambiente que, entre otros, consagra principios como el desarrollo sostenible[194] entendido como un adecuado equilibrio entre el derecho al desarrollo y la protección del medio ambiente, han llevado a la comunidad internacional a

---

[193]   En el párrafo 281 de la Sentencia del 20 de abril de 2010, el Tribunal afirma que Argentina y Uruguay, al actuar conjuntamente a través de la CARU (Comisión Administradora del Río Uruguay), han establecido una comunidad de intereses en la gestión del río Uruguay. *Vid.* TRIBUNAL INTERNACIONAL DE JUSTICIA: «Pulp Mills on the River Uruguay (Argentina v. Uruguay), Judgment», *I.C.J. Reports 2010*, pp. 105-106.

[194]   El concepto de desarrollo sostenible alcanzó relevancia internacional tras el informe de 1987 de la Comisión Mundial sobre el Medio Ambiente y el Desarrollo de las Naciones Unidas, conocido como *Informe Brundtland*, titulado «Nuestro futuro común». En este documento, el desarrollo sostenible se definió como «aquel que satisface las necesidades del presente sin poner en peligro la capacidad de las generaciones futuras para satisfacer sus propias necesidades». *Vid.* NACIONES UNIDAS: *Doc. A/42/427*, p. 23.

proponer la unidad de la cuenca hidrográfica como un concepto que supera a la teoría de la soberanía territorial limitada basada en una comunidad de intereses entre los Estados ribereños.

La teoría de la unidad de la cuenca hidrográfica contempla al curso de agua como elemento integrante de una cuenca, la cual constituye una unidad natural que debe ser gestionada de manera integral sin tener en cuenta las fronteras políticas de los Estados. La unidad de la cuenca constituye una comunidad de intereses no solamente entre los Estados ribereños, sino también con la comunidad internacional, interesada en la protección y preservación de todas las cuencas hidrográficas internacionales.

Por último, los acuíferos transfronterizos comportan un caso específico entre los recursos hídricos, toda vez que los mismos están constituidos por una formación geológica y el agua subterránea contenida en la misma. Respecto a la formación geológica, es decir, al subsuelo en el que se encuentra contenido el acuífero transfronterizo, no existe la más mínima duda de que cada uno de los Estados ejerce la total soberanía sobre la porción del subsuelo situado en su territorio. En lo referente a las aguas subterráneas, el tema es más complejo al ser muy reticentes los Estados en ceder la más mínima porción de soberanía sobre las mismas, provocando una extraordinaria prevención el hecho de que, siendo el agua dulce un recurso finito cada vez más escaso y contaminado, los grandes acuíferos transfronterizos puedan ser internacionalizados, declarándolos «Patrimonio Común de la Humanidad» y sometiéndolos al control de una Autoridad Internacional, como ha ocurrido con los fondos marinos y sus recursos situados fuera de los límites de la jurisdicción nacional en la *Convención de las Naciones Unidas sobre el Derecho del Mar de 1982*.[195]

---

[195] La *Convención de las Naciones Unidas sobre el Derecho del Mar*, aprobada en Montego Bay el 10 de diciembre de 1982, estipula en el artículo 136 como patrimonio común de la humanidad la Zona (fondos marinos y oceánicos

y su subsuelo fuera de los límites de la jurisdicción nacional: art. 1.1) y sus recursos, estableciendo el artículo 156 la Autoridad Internacional de los Fondos Marinos como organización por conducto de la cual los Estados Parte organizan y controlan las actividades en la Zona. *Vid.* NACIONES UNIDAS: *Treaty Series,* Vol. 1834, pp. 418 y 428, respectivamente.

CAPÍTULO 3

LA COOPERACIÓN SOBRE LOS RECURSOS HÍDRICOS TRANSFRONTERIZOS

I. LA COOPERACIÓN EN MATERIA DE RECURSOS HÍDRICOS TRANSFRONTERIZOS

1. Generalidades

La cantidad de agua disponible per cápita se encuentra en disminución como consecuencia, entre otros, del crecimiento demográfico, de la sobreexplotación agrícola y ganadera, de los efectos negativos atribuidos al cambio climático, y del aumento de su contaminación. Además, la realidad geopolítica incide y complica aún más esta situación toda vez que los ríos, lagos, humedales y acuíferos fluyen sin respetar las fronteras nacionales, de tal manera que un total de 153 países son ribereños de las 286 cuencas fluviales y 366 acuíferos transfronterizos existentes.[196] A su vez, la existencia de zonas caracterizadas por la escasez de agua, o bien sometidas a estrés hídrico, hace que la rivalidad por el agua provoque graves tensiones entre los distintos tipos de usos

---

[196] UNESCO/ONU-AGUA: *Progress on Transboundary Water Cooperation Global status of SDG indicator 6.5.2 and acceleration needs*, UNESCO, Paris, 2021, p.1; y OMM/UNESCO. IGRAC: <https://www.un-igrac.org/transboundary-aquifers-world-map> (última consulta: 11/03/2020).

y usuarios que, en algunos casos, devienen en conflictos, más frecuentes entre comunidades y usuarios del interior de un país que entre Estados.

A pesar de las voces críticas que ante la situación actual de los recursos hídricos y su previsto agravamiento sugieren futuros conflictos por el agua,[197] la historia nos demuestra todos los días que el agua, dado su carácter de recurso vital para la supervivencia de la humanidad, posee un carácter disuasorio, al igual que las armas nucleares, que frena el inicio de conflictos armados por su causa. Por ello, la respuesta más frecuente para solucionar los problemas surgidos en la gestión de los recursos hídricos transfronterizos no ha sido el conflicto, sino que el agua ha actuado como catalizador de la cooperación,[198] pues siempre

---

[197] Sirvan como ejemplos: *i*) en el año 1995, ISMAIL SERAGELDIN, vicepresidente del Banco Mundial, señaló: «Muchas de las guerras de este siglo fueron por el petróleo, pero las luchas armadas de la siguiente centuria serán por el agua» (PEÑA RAMOS, J. A. y BARBEITO CUADRI, A. J.: «El agua dulce en la agenda de seguridad internacional de comienzos del siglo XX», INSTITUTO ESPAÑOL DE ESTUDIOS ESTRATÉGICOS (IEEE), *Documento de Opinión*, N.º 67, 2013, p. 3); y *ii*) en el año 2000, KOFI ANNAN, a la sazón Secretario General de Naciones Unidas, declaró que «da fiera competencia por el agua dulce, bien se podría convertir en una fuente de conflictos y guerras en el futuro» (MUNK RAVNBORG, H. (Ed.): «Water and Conflict. Conflict Prevention and Mitigation in Water Resources Management», DIIS (Danish Institute for International Studies), *Report 2004:2*, Copenhagen, 2004, p. 5).

[198] Oriente Medio es la región con mayor escasez de agua del mundo, siendo el déficit hídrico especialmente elevado en la cuenca del río Jordán y los acuíferos adyacentes de Cisjordania, donde confluyen las demandas de agua israelíes, palestinas y jordanas. La cantidad de agua asignada a los israelíes asentados en Cisjordania es muy superior a la que reciben los palestinos. A pesar del temor a una ola de violencia relacionada con los recursos hídricos, Israel ha mantenido una cooperación elemental con Jordania y con los palestinos, incluso tras el inicio de la segunda *intifada* en septiembre del 2000. La colaboración entre Israel y Jordania sobre temas hídricos, auspiciada por Naciones Unidas, data de comienzos de la década de 1950, a

serán superiores los beneficios a obtener con la misma que se traduce en la garantía de disponibilidad de una mínima calidad y de la cantidad suficiente de agua para todos los usos y usuarios.

Las cuencas transfronterizas establecen vínculos entre las poblaciones de los Estados ribereños y son la base de los ingresos y los medios de vida de cientos de millones de personas de todo el mundo que comparten tanto ríos y lagos como humedales y acuíferos. No solamente crean vínculos de interdependencia hidrológica, social y económica entre las sociedades sino que, igualmente, son factores esenciales para el desarrollo económico y la reducción de la pobreza. Aunque pueden dar lugar a tensiones y conflictos, también presentan infinidad de oportunidades para la cooperación, la promoción de la paz y la seguridad, y el crecimiento económico a nivel regional.[199]

Las situaciones de agotamiento o contaminación de los recursos hídricos y de su ineficaz e ineficiente gestión en determinadas zonas suponen un obstáculo para el desarrollo sostenible y ponen de manifiesto la necesidad de articular una estrecha cooperación entre los usua-

---

pesar de que ambos países estuvieran formalmente en guerra. Dicha relación contribuyó a generar un clima de confianza y a establecer una serie de reglas y normas conjuntas, formalizadas posteriormente en el *Acuerdo de Paz de 1994* entre Israel y Jordania. El acuerdo estipulaba la creación de una Comisión Conjunta de Aguas para la coordinación y resolución de problemas, que ha facilitado la resolución de desavenencias respecto a la asignación del agua. *Vid.* WOLF, A. T.; KRAMER, A.; CARIUS, A. y DABELKO, G. D.: «Gestionando conflictos por el agua y cooperación», en RENNER, M.; FRENCH, H. y ASSADOURIAN, E. (Dirs.): *La Situación del Mundo 2005: Redefiniendo la seguridad mundial. Informe Anual del Worldwatch Institute sobre el progreso hacia una sociedad sostenible*, Centro de Investigación para la Paz, Icaria, Barcelona, 2005, p. 164.

[199] ASAMBLEA GENERAL DE LAS NACIONES UNIDAS: *Doc. A/64/692, El agua, la paz y la seguridad: la cooperación en la gestión de las aguas transfronterizas*, de 4 de marzo de 2010, párr. 11.

rios del agua respecto a los principales usos, como son el abastecimiento doméstico de agua, la agricultura, la industria, la energía hidroeléctrica y la navegación.

La mejor manera de resolver las tensiones provocadas por la
rivalidad de los diferentes usos y los conflictos de intereses que generan
es a través de una cooperación realista basada en el establecimiento de
marcos jurídicos e institucionales adecuados; la gestión integrada de los
recursos hídricos basada en la unidad de la cuenca hidrográfica; el intercambio de información, vigilancia y evaluación conjunta de los sistemas hídricos; la planificación y financiación conjunta de los costes; y
la participación en los beneficios obtenidos.[200]

Debido precisamente a su carácter de recurso vital, el agua
suele unir más que indisponer a los pueblos y las sociedades, lo que
constituye un poderoso incentivo para la cooperación que propicia la
conciliación de posturas entre los interesados, incluso las más divergentes. Entre los años 1948 y 2008 se han producido un total de 769
enfrentamientos conflictivos entre países relacionados con el agua
frente a los 1726 casos en los que primó la cooperación.[201] Resulta evidente, por tanto, que evitar los conflictos suele ser una motivación política más que suficiente para acometer el inicio de la cooperación en
materia de recursos hídricos transfronterizos, toda vez que los Estados
ribereños son conscientes de su deber de salvaguardar intereses comunes superiores, como es el caso del abastecimiento de agua.

---

[200] *Ibidem.*, párr. 12.
[201] Los datos han sido extraídos de la Base de Datos de conflictos de los recursos hídricos de la Universidad del estado de Oregón (TRANSBOUN-
DARY FRESHWATER DISPUTE DATABASE): <https://www.trans
boundarywaters.orst.edu/database/index.html> (última consulta: 12/06/
2020).

Los beneficios de la cooperación resultan evidentes pues, generalmente, se disminuyen los costes; se obtiene una mejor gestión medioambiental de los ecosistemas en toda la cuenca; el establecimiento de sistemas de alerta temprana en caso de catástrofes permite la adopción de medidas oportunas aguas abajo y salvar vidas humanas en caso de inundaciones; y, muy importante, contribuye a disminuir las tensiones entre los Estados ribereños.

Por último, es de reseñar la constitución del Panel Mundial de Alto Nivel sobre el Agua y la Paz, creado durante la reunión ministerial celebrada en Ginebra el 16 de noviembre de 2015 por los 15 Estados miembros de Naciones Unidas patrocinadores del proyecto, entre los que se incluye España, para analizar la relación existente entre el agua y la paz en función de las experiencias acaecidas en el pasado y las actuales, formulando recomendaciones sobre el agua como instrumento de paz.

2. Grados de cooperación

La obligación de cooperar deriva de la unidad de la cuenca hidrográfica y de la subsiguiente comunidad de intereses generada en torno a ella, en la inteligencia de que únicamente la cooperación mutua puede mantener su integridad medioambiental y lograr un desarrollo sostenible. Se trata, en consecuencia, de una obligación general que no especifica instituciones, ni hasta qué grado se debe cooperar, por lo que los distintos tratados sobre recursos hídricos transfronterizos recogen diferentes modalidades de cooperación en este ámbito, con independencia de una mayor o menor observancia por los Estados Parte de las obligaciones contenidas en los mismos.

En algunas cuencas, compartir información sobre la misma puede ser suficiente, inicialmente, para promover una mejor gestión. En otros casos, lo idóneo sería efectuar intervenciones conjuntas relativas al almacenamiento de agua, la mitigación de sequías e inundaciones, y la regulación del caudal medioambiental con el propósito de generar beneficios lo suficientemente significativos. Por tanto, se pueden considerar varias opciones o grados de cooperación que, de menos a más, van desde las intervenciones unilaterales, pasando por la coordinación y la colaboración, hasta las intervenciones conjuntas.[202] La cooperación tiene costes reales económicos, de tiempo y de recursos humanos, por lo que si los costes de un nivel concreto de cooperación son mayores que los beneficios que se espera obtener entonces carecen de justificación dichas actividades de cooperación.

La intervención unilateral en una cuenca significa que no se producen acciones de cooperación, ni incluso de proporcionar información acerca de la gestión y el desarrollo planificado del curso de agua compartido. Este comportamiento, propio de situaciones de coexistencia entre Estados ribereños de una cuenca carente de tratado, además de no proporcionar los beneficios que se obtendrían de la cooperación, lleva a situaciones en las que el desarrollo y los planes de inversión de los países ribereños pueden incluso colisionar entre sí. Los planes unilaterales se diseñan desde la hipótesis de que otros países ribereños no harán nuevas inversiones, trasvases de caudales de agua o modificaciones en su calidad, con lo que la falta de coordinación de los cambios introducidos por los países ribereños puede conducir a una disminución importante del caudal de agua o bien afectar significativamente a su calidad, el medio ambiente y la salud de las personas. En ocasiones se dan igualmente casos de intervenciones unilaterales entre Estados Parte de un tratado, ocasionando el consiguiente conflicto.[203]

---

[202] SADOFF, C.; GREIBER, T.; SMITH, M. y BERGKAMP, G. (Eds.): *Compartir. Gestionando el agua entre fronteras*, IUCN, Gland, Suiza, 2008, p. 27.

[203] Como ejemplo, la controversia entre Argentina y Uruguay, Estados Parte del *Estatuto del río Uruguay*, donde Uruguay autorizó la construcción de dos plantas de celulosa en dicho río sin comunicarlo previamente a la Comisión Administradora del Río Uruguay.

La coordinación puede lograrse mediante el intercambio de información hidrográfica de una cuenca. En la mayoría de las cuencas, las instituciones que gestionan los recursos hídricos únicamente poseen información sobre el tramo del curso de agua situado dentro de su territorio. El intercambio de datos hidrológicos de toda la cuenca genera múltiples beneficios como, entre otros, la mejora del pronóstico de caudales y su regulación de tal manera que permitan atender tanto las situaciones de normalidad como de riesgo motivadas por inundaciones y sequías. El intercambio de información acerca de planes de desarrollo y gestión del curso de agua sirve a los planificadores y gestores de cuencas de los distintos Estados ribereños para desechar proyectos conflictivos y efectuar una gestión más eficiente del agua. Cuanto mayor sea el volumen entrante y saliente de información, mayor será el grado de confianza mutua y, por ende, de una mayor disposición a cooperar en el futuro.[204] No obstante, la Organización Meteorológica Mundial (OMM) y la UNESCO están apoyando una serie de políticas esenciales para el intercambio libre y sin restricciones de información hidrográfica en las cuencas.[205]

---

[204] SADOFF, C.; GREIBER, T.; SMITH, M. y BERGKAMP, G. (Eds.): *Compartir. Gestionando el agua entre fronteras, op. cit.*, p. 27.

[205] El intercambio de información, entre otros aspectos, sobre la contaminación causada por accidentes tecnológicos o humanos, los proyectos de infraestructura que puedan afectar a los Estados ribereños situados aguas abajo, las operaciones de centrales hidroeléctricas, navegación y regadío, y de fenómenos extremos como las inundaciones y sequías, resulta imprescindible para fomentar la confianza entre los Estados ribereños, adquiriendo así una visión común. En esta línea, la OMM (*Resolución 25 relativa al intercambio de datos y productos hidrográficos*, aprobada en el XIII Congreso de la OMM) y la UNESCO (*Resolución XII-4 relativa al diálogo y el intercambio de datos hidrográficos*, aprobada por el Programa Hidrológico Internacional de la UNESCO) están apoyando una serie de políticas esenciales para el intercambio «libre y sin restricciones» de información hidrográfica. *Vid.* ASAMBLEA GENERAL DE LAS NACIONES UNIDAS: *Doc. A/64/692, El agua, la paz y la seguridad: la cooperación en la gestión de las aguas transfronterizas, op. cit.*, párr. 38.

La colaboración consiste en la adaptación de los planes nacionales de tal manera que faciliten el aumento de los beneficios o contribuyan a disminuir los costes en otro Estado ribereño. Dicha colaboración puede conseguirse bien mediante las correspondientes adaptaciones de planes ya existentes, bien a través de carteras de proyectos nacionales en cuya elaboración se han tenido en cuenta los resultados de las consultas con los Estados ribereños concernidos desde una perspectiva integral de la cuenca. La inmensa mayoría de los tratados sobre recursos hídricos pueden catalogarse de tratados de colaboración.

La acción conjunta supone el nivel más elevado y deseado de cooperación. Se materializa cuando los países ribereños actúan como socios en los proyectos de diseño, financiación o inversión y ejecución del desarrollo de un recurso hídrico transfronterizo. Normalmente, requiere de un elevado grado de capacidad y de existencia de instituciones sólidas, pudiendo incluir la participación del sector privado. Los ejemplos más característicos los constituyen la construcción de plantas hidroeléctricas binacionales a través del correspondiente tratado, como en el caso de Itaipú (Brasil/Paraguay) y Yacyretá (Argentina/Paraguay).[206]

---

[206] *Tratado para el aprovechamiento hidroeléctrico de los recursos hidráulicos del río Paraná, pertenecientes en condominio a los dos países, desde e inclusive el Salto Grande de Sete Quedas o Salto del Guairá hasta la boca del río Yguazú (Tratado de Itaipú)*, concluido en Brasilia el 26 de abril de 1973 (NACIONES UNIDAS: *Treaty Series*, Vol. 923, p. 57); y *Tratado de Yacyretá*, suscrito por Argentina y Paraguay en Asunción el 3 de diciembre de 1973 (NACIONES UNIDAS: *Treaty Series*, Vol. 1380, p. 73).

II. LOS CONFLICTOS INTERNACIONALES POR LOS RECURSOS HÍDRICOS TRANSFRONTERIZOS

1. Concepto de conflicto

La noción de «conflicto», por su complejidad, dista mucho de ser pacífica, toda vez que se da una gran variedad de fenómenos sociales que puedan ser catalogados como conflictos, por lo que no existe una única definición, sino tantas como autores tratan el tema. De lo que no cabe ninguna duda es que todo conflicto es una constante en la existencia humana y, por tanto, resulta inherente a las relaciones humanas. De todas las definiciones existentes es de mencionar la contenida en la Enciclopedia de Paz y Conflictos, concretándolo como «aquellas situaciones de disputa o divergencia en la que existe una contraposición de intereses, necesidades, sentimientos, objetivos, conductas, percepciones, valores y/o afectos entre individuos o grupos que definen sus metas como mutuamente incompatibles. El conflicto es algo consustancial e ineludible en la naturaleza humana, y puede existir o no una expresión violenta de las incompatibilidades sociales que genera».[207]

Las situaciones de disputa pueden darse tanto entre personas como entre grupos sociales, incluidos los Estados en los conflictos internacionales, siendo su intensidad conflictiva proporcional a la acción que la provoca, lo que admite un amplio espectro de posibles situaciones que van desde una discusión verbal motivada por pequeñas diferencias de opinión, a un litigio, a una protesta violenta, y, exclusivamente entre Estados o fracciones de un mismo Estado o grupos organizados, a situaciones de tensión y hostilidad que constituyan una amenaza para la paz y seguridad internacionales e, incluso, desembocar en un conflicto armado. No obstante, aunque los conflictos armados son

---

[207] LÓPEZ MARTÍNEZ, M. (Dir.): *Enciclopedia de Paz y Conflictos*, Vol. I, Instituto de la Paz y los Conflictos, Editorial Universidad de Granada, Granada, 2004, p. 149.

un recurso proscrito por el Derecho internacional, excepto en los casos de legítima defensa, de acciones coercitivas o de medidas autorizadas por Naciones Unidas, estos constituyen una realidad evidente.[208]

En el caso concreto de las aguas compartidas, los conflictos por los recursos hídricos transfronterizos pueden ser definidos como aquellas acciones hostiles verbales o físicas, tanto pacíficas como violentas, de carácter político, económico o militar, que tienen lugar entre las Partes interesadas sobre un recurso hídrico compartido entre dos o más Estados cuando se percibe la existencia de intereses contrapuestos en lo que respecta a su mutuo aprovechamiento y protección.

Estos conflictos admiten una variada tipología. El Pacific Institute califica el agua en tres posibles categorías: *i) como detonante*: el agua es el desencadenante o la causa del conflicto fruto de la existencia de una disputa sobre el control del agua, o bien su escasez o el acceso a la misma es la causa que provoca la violencia; *ii) como arma*: el agua se utiliza como herramienta o arma en un conflicto violento, por ejemplo, cortando su acceso a una determinada población o región, o bien contaminando o envenenando una concreta fuente de recursos hídricos; y *iii) como víctima*: los recursos hídricos son víctimas intencionales o incidentales de objetivos de violencia, por ejemplo, la destrucción violenta de presas y conducciones de agua.[209]

---

[208]   El conflicto armado, generalmente consecuencia de una crisis provocada por una disputa no resuelta por medios pacíficos, da lugar a la confrontación física entre colectividades organizadas, no necesariamente reconocidas por el Derecho internacional, caracterizada por el empleo de medios de combate con la finalidad de imponer la voluntad de uno de los contendientes sobre la del otro.

[209]   PACIFIC INSTITUTE: *The World's Water*. <http://www.worldwater.org/conflict/> (última consulta: 12/06/2020).

Los conflictos sobre el agua se han manifestado desde la Antigüedad. Dichas disputas no solo se producen entre Estados en el ámbito del Derecho de los Cursos de Agua Internacionales sino, igualmente, en otros sectores del ordenamiento jurídico internacional, como las suscitadas en el Derecho Internacional Humanitario entre individuos y Estados, o entre Estados; las contempladas en el Derecho Internacional de los Derechos Humanos entre individuos y los Estados; y las producidas tanto en el Derecho Internacional Económico respecto a la aplicación del correspondiente Tratado de Libre Comercio como en el Derecho Internacional de las Inversiones entre inversores y Estados.

2.   La seguridad hídrica

Toda sociedad necesita y demanda un entorno estable que permita su progreso, proporcionando a cada ciudadano unas expectativas razonables de bienestar, libres de interferencias y peligros. A este anhelo se le denomina seguridad, considerada como el estado deseado por una sociedad que le permita desarrollarse y progresar libre de amenazas. Una vez concretada la seguridad deseable, se hace necesario analizar las amenazas y riesgos que la ponen o puedan ponerla en peligro, siendo las amenazas aquellos fenómenos, situaciones o entes agresivos que puedan afectar con alta probabilidad a la seguridad de la nación, mientras que los riesgos son situaciones de inestabilidad cuya incidencia sobre la seguridad no se considera probable a corto plazo, aunque puedan llegar posteriormente a desarrollarse como amenazas.

La seguridad, tanto nacional como internacional, es multidimensional, y comprende diversos ámbitos, siendo uno de ellos el correspondiente a la seguridad hídrica, de la que existen múltiples definiciones,[210] y que pueden resumirse en la capacidad de una determinada

---

[210]   Como ejemplo, según ONU-Agua, la seguridad hídrica consiste en «da capacidad de la población de salvaguardar el acceso sostenible a cantidades adecuadas y de calidad aceptable de agua para sostener los medios de vida,

población para acceder de manera sostenible a los recursos hídricos en todos sus usos y usuarios manteniendo en unos niveles aceptables los principales riesgos asociados al agua: escasez a corto y largo plazo (incluye las sequías), inadecuada calidad (contaminación), exceso (incluye las inundaciones), deterioro de la resiliencia (capacidad de recuperación de los ecosistemas de agua dulce frente a perturbaciones originadas por actividades tanto naturales como humanas), y subsidencia (hundimiento progresivo de la superficie del terreno motivado tanto por actividades geológicas naturales como, en especial, a consecuencia de las acciones de desecación de terrenos y de sobreexplotación de acuíferos).[211] Así, la seguridad hídrica es un fiel reflejo del grado de éxito alcanzado por una determinada población en lo que respecta a la gestión del agua y, por tanto, constituye el objetivo final de la gestión y la gobernanza del agua.

---

el bienestar humano y el desarrollo socioeconómico; para garantizar la protección contra la contaminación del agua y los desastres relacionados con el agua; y para preservar los ecosistemas en un clima de paz y estabilidad política». *Vid.* ONU-AGUA: *Water Security & The Global Water Agenda. A UN-Water Analytical Brief*, United Nations University, Hamilton, Ontario, 2013, p.1.

[211] La sobreexplotación de los acuíferos, con la extracción de cantidades de agua superiores a las que pueden recargar de forma natural, amenaza con hundir el terreno sobre el que se asienta el 19 % de la población mundial, según afirma un comunicado de la Agencia EFE del 31 de diciembre de 2020 en relación con el informe elaborado por un equipo internacional de investigadores publicado a finales de diciembre de 2020 en la revista *Science*. Dicho informe contiene el primer mapa mundial de estos hundimientos, en el que se identifican como los países más expuestos a este fenómeno China, Egipto, Estados Unidos, India, Italia, México, Myanmar y Países Bajos. Es de reseñar por su gravedad el caso de Yakarta, la capital de Indonesia, con un hundimiento de 28 cm al año. Mapa mundial de la subsidencia disponible en la página Web del INSTITUTO GEOLÓGICO Y MINERO DE ESPAÑA: <https://info.igme.es/visor/?Configuracion= globalsubsidence&idioma=en> (última consulta: 12/06/2020).

De lo anterior se deduce que se poseerá un grado aceptable de seguridad hídrica si concurren de manera conjunta las siguientes condiciones: *i*) la disponibilidad de agua en cantidad y calidad suficiente para el abastecimiento doméstico, para la producción de bienes y servicios y la protección de los ecosistemas; *ii*) la capacidad institucional y financiera necesaria que permitan el acceso y el aprovechamiento de los recursos hídricos de manera sostenible en el marco de una gobernanza del agua eficaz y eficiente; y *iii*) un nivel aceptable para la población, el medio ambiente y la economía, de los riesgos que afectan directamente a los recursos hídricos.[212]

La seguridad hídrica, considerada dentro del nexo agua/alimentos/energía, contempla que el acceso al agua presupone competencia por un recurso escaso que puede conducir a conflictos y, por ende, también se asocia con la paz. En el caso de las cuencas hidrográficas transfronterizas, la seguridad hídrica resulta más compleja toda vez que el número de amenazas aumenta al verse involucrados intereses contrapuestos conflictivos tanto a escala nacional como internacional. De esta manera, cuanto más elevado sea el grado de seguridad hídrica, mayor será la estabilidad política en los países ribereños y, por tanto, más fácil será materializar acciones de cooperación entre ellos, dificultando así la existencia de conflictos por el agua. Por el contrario, aumenta la probabilidad de los conflictos por el agua entre los usuarios en la medida en que su seguridad hídrica se vea amenazada.

Por último, resulta importante remarcar dos aspectos esenciales para alcanzar la seguridad hídrica: el primero de ellos consiste en la necesidad de efectuar una adecuada inversión en infraestructura, tanto para el almacenaje y transporte del agua como para el tratamiento y reutilización de las aguas residuales; y el segundo aspecto estriba en la exigencia de dotarse de una adecuada institucionalidad en la forma de

---

[212] PEÑA, H.: «Desafíos de la seguridad hídrica en América Latina y el Caribe», CEPAL, *Serie Recursos Naturales e Infraestructura*, N.º 178, Santiago, 2016, p. 12.

tratados sobre recursos hídricos y de organizaciones de cuencas hidrográficas para conseguir una gobernanza del agua eficaz y eficiente que, además, incluya la información y las herramientas necesarias para prevenir y combatir los impactos negativos ocasionados por las variaciones hídricas atribuidas al cambio climático.

3. Las posibles «guerras por el agua» en el futuro

El agua es un recurso calificado de «vital», toda vez que el ser humano, para lograr su supervivencia, tiene necesariamente que ingerir agua y, a diferencia de otros elementos igualmente vitales, ni se encuentra distribuido uniformemente en todo el planeta como es el caso del aire, del que ningún ser humano puede ser privado total o parcialmente, ni admite sustitutivos, como ocurre con los alimentos donde, por ejemplo, el trigo puede sustituirse por, entre otros, el maíz o la quinoa, y la carne de vacuno por, entre otras, la del cordero, el pollo o el cerdo.

El ser humano, por tanto, necesita ingerir una cierta cantidad de agua que, además, presente una mínima calidad que no afecte negativamente a su salud. Igualmente, el agua es necesaria para la higiene personal y doméstica, para obtener alimentos procedentes de la agricultura, la ganadería, la pesca y la acuicultura, para el desarrollo socioeconómico mediante su empleo en la industria y la minería, en la generación de energía hidroeléctrica, la navegación, las actividades recreativas y la protección de los ecosistemas. Todo ello en un contexto de una creciente escasez de agua, cada vez más contaminada.

La historia de la humanidad está jalonada de conflictos por los recursos que aseguran su subsistencia. A pesar de los avances conseguidos por las sucesivas civilizaciones que nos han precedido, el instinto de supervivencia de los seres humanos permanece inalterable, y la necesidad de proveerse de manera segura de los medios que la garanticen perdurará en el transcurso de los tiempos. Las disputas por los recursos básicos han existido siempre, tanto a nivel local como nacional e internacional, y seguirán existiendo en cuanto se advierta su escasez.

En el caso del agua, al ser determinante para la subsistencia del ser humano y su desarrollo, además de su carácter sagrado para ciertas etnias, ello disuade en el plano internacional de agravar las disputas por la disponibilidad de recursos hídricos hasta el extremo de provocar un conflicto armado, con lo que se convierte en elemento preventivo de conflictos. Ello es debido a dicho carácter del agua, que implica que no deba perderse este líquido vital en un conflicto armado, imponiéndose la lógica: si dos Estados inmersos en una disputa, a pesar de ello cooperan en el ámbito de los recursos hídricos compartidos que se encuentren sometidos a tensiones hidrológicas, ambos salvaguardarán lo más esencial de su abastecimiento de agua.

Como ya se ha expuesto anteriormente en el Capítulo 1, la única guerra por el agua que se ha producido en la historia tuvo lugar hace 4500 años entre las ciudades-Estado de Umma y Lagash, en Sumeria, siendo habitual que las disputas internacionales por el agua se resuelvan de forma pacífica, incluso entre Estados que en ese momento se encuentren inmersos en un conflicto armado por otros motivos. Tal ha sido el caso, por ejemplo, de Israel y Jordania respecto a la gestión de las aguas del río Jordán, a pesar de encontrarse en guerra desde la creación del Estado de Israel en 1948 hasta el *Acuerdo de Paz de 1994*;[213] o el intercambio de información y datos correspondientes al río Mekong durante el transcurso de la guerra de Vietnam por el Comité del

---

[213]   El 26 de octubre de 1994 se firmó en el valle de Arava, fronterizo entre Israel y Jordania, el *Acuerdo de Paz entre el Estado de Israel y el Reino Hachemita de Jordania*. Dicho Acuerdo dedica el artículo 6 al agua, estableciendo los términos de cooperación sobre las aguas de los ríos Jordán y Yarmouk, así como de las aguas subterráneas de Arava, además, dedica el Anexo II a los aspectos cuantitativo y cualitativo de dichas aguas. *Vid.* NACIONES UNIDAS: *Treaty Series*, Vol. 2042, p. 351

Mekong, constituido como agencia intergubernamental en 1957 por Camboya, Laos, Tailandia y Vietnam.[214] En esa misma línea, a pesar de los tres enfrentamientos bélicos surgidos entre la India y Pakistán tras su independencia de Inglaterra en 1947, las dos disputas por el agua, acaecidas en 1965 y 1971, han sido resueltas aplicando los mecanismos de resolución de conflictos contenidos en el *Tratado sobre las aguas del Indo*, de 1960.[215]

Tras la caída del Muro de Berlín y la finalización de la Guerra Fría, la eliminación de las confrontaciones ideológicas en los conflictos ha concitado un mayor interés tanto en la agenda política como en el debate académico sobre el papel que ciertos recursos naturales, entre los que se incluye el agua, desempeñarán en la agenda de la seguridad internacional del siglo XXI.[216] Igualmente, el *Informe del Grupo de Alto Nivel de Naciones Unidas sobre las amenazas, desafíos y el cambio* contempla la competencia por el acceso a los recursos básicos como una de las principales fuentes de conflicto en los próximos años.[217] Asimismo, según el *Informe de riesgos globales 2020* del Foro Económico Mundial (WEF, por sus siglas en inglés), el agua es considerada en quinto lugar

---

[214] WOLF, A. T.: «Shared Waters: Conflict and Cooperation», *Annual Review of Environment and Resources*, N.º 32, 2007, p. 261.

[215] El *Tratado sobre las aguas del Indo* fue concluido en Karachi por la India, Pakistán y el Banco Internacional de Reconstrucción y Desarrollo el 26 de octubre de 1960. *Vid.* NACIONES UNIDAS: *Treaty Series*, Vol. 419, p. 125.

[216] Así lo manifiestan autores como KLARE: «Hasta una época bien reciente los conflictos internacionales se regían por consideraciones políticas e ideológicas; en cambio las guerras del futuro se harán, principalmente, por la posesión y el control de unos bienes económicamente vitales, y más particularmente por los recursos que precisan las modernas sociedades industriales para funcionar». *Vid.* KLARE, M. T.: *Guerras por los recursos: El futuro escenario del conflicto global*, Ediciones Urano, Barcelona, 2003, p. 261.

[217] ASAMBLEA GENERAL DE LAS NACIONES UNIDAS: *Doc. A/59/565, Un mundo más seguro: la responsabilidad que compartimos. Informe del Grupo de Alto Nivel sobre las amenazas, los desafíos y el cambio*, de 2 de diciembre de 2004, párr. 52.

como uno de los principales riesgos globales a los que se enfrenta la humanidad.[218]

Los expertos, de forma abrumadoramente mayoritaria, coinciden al afirmar que se ha producido un número relativamente escaso de conflictos violentos por el agua y ninguna «guerra por el agua», aunque reconocen la probabilidad de futuros conflictos relacionados con el agua, como en el caso de HOMER-DIXON, para quien las «guerras por el agua» entre los Estados ribereños solo son probables cuando concurran estas cuatro circunstancias: *i*) el Estado aguas abajo debe ser altamente dependiente del de la cuenca aguas arriba para su bienestar nacional; *ii*) el Estado aguas arriba debe tener la capacidad de poder restringir el caudal del río; *iii*) debe existir una historia de antagonismo entre los dos Estados; y *iv*) lo más importante: el Estado aguas abajo debe ser militarmente más fuerte que el Estado aguas arriba.[219]

Como conclusión, los recursos hídricos transfronterizos han generado disputas entre los Estados ribereños en todos los tiempos, en especial cuando disminuye el grado de seguridad hídrica de un país. Ello es evidente, aunque por sí solos existen ínfimas posibilidades de que en el futuro sean el principal elemento desencadenante de ninguna «guerra por el agua» dado el carácter de elemento vital que tiene el agua para la propia supervivencia y desarrollo del ser humano, lo que la convierte en un elemento disuasorio para entablar un conflicto armado por su sola causa, es decir, se convierte en un elemento de prevención de

---

[218] En el Informe, la crisis hídrica, entendida como una disminución significativa en la cantidad y calidad del agua dulce disponible de la que resultan efectos nocivos para la salud humana o la actividad económica, ocupa el puesto número 8 de riesgos en términos de probabilidad, y el quinto lugar de los riesgos en términos de impacto. *Vid.* WORLD ECONOMIC FORUM: *Global Risks 2020, 15th Edition,* Geneva, 2020, pp. 12 y 87, respectivamente.

[219] HOMER-DIXON, T. F.: «The Myth of Global Water Wars», *Toronto Globe and Mail,* November 9, 1995. Disponible en: <https://homerdixon.com/the-myth-of-global-water-wars/> (última consulta: 12/06/2020).

conflictos. Sin embargo, ello no impide el inicio de un conflicto armado cuando un Estado considere que resulta amenazada gravemente su seguridad hídrica al disminuir de manera drástica el flujo hídrico transfronterizo ocasionado intencionadamente por un Estado ribereño situado aguas arriba, de tal manera que no sea posible la satisfacción de esta necesidad vital por una parte importante de la población.

4. Causas que provocan conflictos internacionales por los recursos hídricos

Toda vez que el agua, a diferencia de los demás recursos naturales, no es un recurso estático, sino que fluye no reconociendo fronteras entre Estados, el uso aguas arriba de un río o de un acuífero afectará a su utilización aguas abajo, pues dentro de una misma cuenca hidrográfica están interrelacionadas las aguas superficiales y las subterráneas, su cantidad, calidad y disponibilidad temporal; es decir, los Estados ribereños son interdependientes en lo que se refiere a los recursos hídricos transfronterizos.

La gestión de los recursos hídricos comporta la satisfacción de múltiples necesidades en un contexto de armonización de diferentes intereses como el abastecimiento doméstico, la agricultura, la industria, la vivienda, las empresas hidroeléctricas, las actividades de ocio y el mantenimiento de los ecosistemas, que rivalizan entre sí, por lo que alcanzar una solución aceptable para todos ellos suele ser inversamente proporcional al número de interesados, de ahí que la gestión del agua lo sea de la gestión de la prevención, contención y resolución de conflictos por su causa. Si, además, se añaden las fronteras internacionales, la posibilidad de alcanzar un acuerdo se torna aún más compleja. Si no se vislumbra una solución aceptable para todos los interesados, la situación puede conducir a enfrentamientos e, incluso, desembocar en un conflicto armado. Normalmente, el agua no constituye la única causa de un enfrentamiento, pero puede incrementar las tensiones existentes entre Estados ribereños.

Las causas de las disputas por los recursos hídricos son muy diversas. En unos casos el agua es un elemento más bien indirecto de la controversia, tal y como ocurre con las suscitadas sobre límites fronterizos sustentados en cursos de agua transfronterizos, o las relacionadas con los derechos de navegación. De una manera más directa, donde los recursos hídricos constituyen el objeto esencial de la disputa, las causas que las provocan están relacionadas con la cantidad, la calidad, y la disponibilidad temporal.

Estos conflictos discurren en un marco que, además, está influenciado por otros factores como la situación de un Estado aguas arriba o bien aguas abajo respecto a otro Estado ribereño; las relaciones de poder relativas entre ambos; las relaciones vecinales, que pueden ser de una mayor o menor cooperación, o bien de una manifiesta hostilidad; la existencia de intereses económicos contrapuestos; la disponibilidad de otras fuentes alternativas de abastecimiento de agua; la capacidad de adaptación a la escasez de agua; el grado de importancia económica, social y medioambiental que cada Estado ribereño le concede al agua; el número de tratados hídricos concluidos; y, uno de los más importantes: la existencia o no de marcos institucionales y legales para una gestión efectiva de los recursos hídricos compartidos. Aunque estos factores pueden desempeñar un cierto papel de manera individual, la convergencia simultánea de varios de ellos contribuye al aumento de las posibilidades de que se desencadene una disputa.

La primera y principal causa de controversias por el agua está relacionada con la cantidad, pues la razón de la rivalidad entre usuarios es la competencia por un suministro limitado que incide en la asignación a determinados usos y usuarios, lo que constituye una fuente de conflictos.

En unos casos, los conflictos por la distribución del agua acontecen en situaciones de escasez relativa, como ocurre en las cuencas del Nilo, Éufrates y Ganges, donde las cabeceras de las cuencas cuentan con un importante caudal de agua que, debido a la construcción de presas, embalses e infraestructuras de regadío, se ve reducido de manera importante al llegar a las partes bajas de las cuencas, de tal manera que los Estados aguas abajo no pueden satisfacer sus necesidades hídricas en su totalidad, tal y como ha ocurrido, por ejemplo, con la construcción de la Gran Presa del Renacimiento en Etiopía, el proyecto de Anatolia Suroriental (construcción de 22 presas y 19 centrales hidroeléctricas), y la construcción de la presa de Farakka en la India. Estos conflictos de distribución pueden materializarse en acciones violentas y amenazas militares como las producidas, por ejemplo, entre Siria e Irak en el Éufrates, agravándose cuando los Estados aguas abajo carecen de la necesaria capacidad para impedir las acciones perjudiciales de los Estados aguas arriba.[220]

En otras ocasiones, las disputas por la distribución del agua tienen lugar en situaciones de escasez absoluta que se producen cuando no hay agua suficiente para satisfacer todas las necesidades consideradas razonables de los Estados ribereños. Estos conflictos son más probables en regiones semiáridas, agravándose en aquellos casos en que los Estados ribereños poseen distintos niveles de desarrollo que se traducen en distintos niveles de utilización de los recursos hídricos como, por ejemplo, en el caso de la cuenca del río Jordán, que tan solo cubre la mitad de las necesidades hídricas de la población, agravado al confluir, además, con conflictos de carácter político y de seguridad entre Israel y Jordania.

En relación con la calidad de las aguas, su contaminación por sustancias empleadas en la agricultura y la industria, incluyendo la minería, así como de las aguas residuales no sometidas a tratamiento, o por un nivel excesivo de nutrientes o de sólidos en suspensión, o de sales causado por la sobreexplotación de aguas subterráneas, o por un escaso flujo del agua hacia los estuarios, puede suponer riesgos muy

---

[220] HAFTENDORN, H.: «Water and International Conflict», *Third World Quarterly*, Vol. 21 (1), 2000, p. 56.

graves para la salud humana y los ecosistemas. Ello suele provocar tensiones de bajo impacto entre el Estado contaminador y los Estados perjudicados por la misma, generalmente materializadas en acciones hostiles de carácter verbal, es decir, de carácter político, de escasa entidad.

Asimismo, la cantidad y la calidad del agua están interrelacionadas, toda vez que una disminución importante del caudal de agua supone a la larga una mayor concentración de la contaminación; y lo mismo ocurre al contrario: un aumento excesivo del caudal, como es el caso de las inundaciones, puede provocar un incremento de la contaminación ocasionado por la incorporación a los cursos de agua de sustancias contaminantes procedentes de explotaciones agropecuarias, de la industria y del desbordamiento de las aguas residuales no tratadas que, en circunstancias normales, no se incorporan a dichos cursos de agua.

El agua disponible en un momento determinado también puede ser generadora de conflictos. Las presas y la infraestructura hidráulica facilitan la gestión de la variabilidad del agua al proporcionar agua en tiempos de sequía, o bien mitigando los efectos de las inundaciones; en contrapartida, suelen producir cambios significativos en la función hidrológica de la cuenca donde se construyen que pueden traducirse en disputas hídricas transfronterizas. Lo mismo se puede decir del mantenimiento de los ecosistemas acuáticos, dependientes de las inundaciones estacionales, habitualmente afectados por las infraestructuras hidráulicas construidas para embalsar agua, desviarla para el regadío o trasvasarla a otra cuenca deficitaria.

Así, la regulación de los embalses puede resultar controvertida, por ejemplo, cuando los usuarios aguas arriba vierten agua para la producción de energía hidroeléctrica en las épocas de mayor pluviosidad y, en cambio, restringen la producción en periodos de estiaje, perjudicando de esta manera a los agricultores aguas abajo, que necesitan el agua para el riego, en especial en dichos periodos. Como ejemplo, el régimen de caudales mínimos en cada cuenca hidrográfica que deben llegar al país situado aguas abajo establecido en el *Convenio de Albufeira de 1998*, que define el marco de cooperación hídrica entre España y Portugal, eran anuales en todas las cuencas excepto la del río Guadiana, lo que permitía que España cumpliese los mínimos exigidos utilizando el caudal que discurría en los meses de mayor pluviosidad, con el consiguiente perjuicio a los intereses de Portugal; por ello, dicho régimen fue modificado el año 2008 mediante el *Protocolo de revisión del Convenio*,[221] con lo que los caudales mínimos exigidos pasan a ser trimestrales y, en algunos casos, semanales, aunque el mínimo anual negociado en 1998 permanece inalterable.

Igualmente, la construcción de grandes presas por un Estado ribereño aguas arriba sin conocimiento o sin el consentimiento de los Estados aguas abajo suele constituir una de las causas más importantes para el incremento de las tensiones en una cuenca. Tal es el caso, por ejemplo, de la construcción de la presa binacional de Itaipú (Brasil/Paraguay), que provocó un conflicto con Argentina al considerar este país que afectaba negativamente al medio ambiente y perjudicaba su proyecto de construcción de una presa binacional (Argentina/Paraguay) aguas abajo de Itaipú, en la zona de Corpus Christi, finalmente resuelto con la firma en 1979 de un acuerdo tripartito (Argentina/Brasil/Paraguay) sobre ambas presas.

A su vez, otro de los factores que incide particularmente sobre los conflictos hídricos lo constituye las relaciones entre los Estados ribereños, que siempre son asimétricas debido a su situación aguas arriba/aguas abajo. Así, los Estados aguas arriba tienen garantizado

---

[221]   *Protocolo de Revisión del Convenio sobre cooperación para la protección y el aprovechamiento sostenible de las aguas de las cuencas hidrográficas hispano-portuguesas y el Protocolo Adicional, suscrito en Albufeira el 30 de noviembre de 1998*, firmado el 4 de abril de 2008. *Vid.* NACIONES UNIDAS: *Treaty Series*, Vol. 2651, p. 206.

siempre el acceso a sus recursos hídricos, y cualquier acción que efectúen sobre ellos causará un impacto negativo, mayor o menor, sobre los Estados situados aguas abajo. La única acción a favor de estos últimos Estados, en el caso de tratarse de cursos de agua navegables, consiste en la posibilidad de controlar la navegación internacional en su tramo fronterizo, lo que puede afectar negativamente al comercio internacional de los Estados aguas arriba.

Esta asimetría de los Estados aguas arriba/aguas abajo debe contemplarse en el contexto de las relaciones de poder entre los mismos, determinantes sobre el grado de control que cada Estado posee sobre los recursos hídricos compartidos, que se caracterizan por pertenecer a una de estas tres clases: cooperación, conflicto o *hidrohegemonía*, considerada esta última como la supremacía que un Estado ribereño ejerce sobre los demás Estados ribereños en relación con los recursos hídricos de las cuencas hidrográficas compartidas entre ambos.[222]

Con la finalidad de comprender las conexiones existentes entre los recursos hídricos, la seguridad internacional y los conflictos, el Pacific Institute ha elaborado una Base de Datos con la cronología de 926 conflictos relacionados con el agua caracterizados por el empleo de la violencia con resultados de lesiones o muertes, o bien con amenazas de violencia, entre las que se incluyen las amenazas verbales, las maniobras militares y las demostraciones de fuerza.[223] Según dicha Base de Datos, durante el siglo XX se produjeron un total de 177 conflictos, actuando el agua en 65 de ellos como arma, en 48 como detonante, y en 83 como víctima, incrementándose su número en las dos décadas transcurridas del siglo XXI, donde hasta finales de 2019 se han registrado un total de

---

222   ZEITOUN, M. and WARNER, J.: «Hydro-hegemony – a framework for analysis of transboundary water conflicts», *Water Policy*, N.º 8, 2006, p. 435.
223   PACIFIC INSTITUTE: *The World´s Water*. <http://www.worldwater.org /conflict/> (última consulta: 12/06/2020).

686 conflictos (71 como arma, 251 como detonante, y 406 como víctima).[224]

Asimismo, el Departamento de Geociencias de la Universidad del estado de Oregón ha confeccionado una Base de Datos, *The Transboundary Freshwater Dispute Database* (TFDD), sobre todas las interacciones registradas entre dos o más países relacionadas con el agua, tanto conflictivas como de cooperación, acaecidas con posterioridad a la finalización de la Segunda Guerra Mundial y agrupadas en dos periodos: 1948-1999 y 2000-2008.[225]

Conforme a dicha Base de Datos, entre 1948 y 1999 se produjeron 1831 eventos, de los que 507 fueron conflictivos, revistiendo especial gravedad 28 de ellos al implicar acciones militares (22 entre Israel y los Estados vecinos), 1228 se caracterizaron como de cooperación, y los 96 restantes fueron neutrales o no significativos. La última actualización de la Base de Datos abarca el periodo 2000-2008, con 790 nuevos episodios registrados, de los cuales 262 han sido calificados de conflictivos, 498 como de cooperación, y los 30 restantes como neutrales o no significativos. De los datos aportados por dicha Base de Datos se pueden extraer las siguientes conclusiones:

1) Los episodios de cooperación superan ampliamente a los de carácter conflictivo, de lo que se deduce que, en la mayoría de las ocasiones, el agua constituye un catalizador de la cooperación.

---

[224] Las diferentes categorías suman más que el número total debido a la inclusión simultánea de algunos conflictos en categorías diferentes.

[225] OREGON STATE UNIVERSITY. PROGRAM IN WATER CONFLICT MANAGEMENT AND TRANSFORMATION: *The Transboundary Freshwater Dispute Database* (TFDD): <http://www.transboundarywaters.orst.edu/database/DatabaseIntro.html> (última consulta: 12/06/2020).

2) No existe ninguna evidencia que permita afirmar que la escasez de agua sea un factor que incremente la probabilidad de producirse un conflicto.

3) Los eventos de una mayor conflictividad están relacionados con la cantidad de agua y la infraestructura hídrica (trasvases a cuencas interiores deficitarias y construcción de presas) cuando dichos aspectos concurren de manera conjunta, en especial si se trata de acciones unilaterales efectuadas por el Estado situado aguas arriba sin el conocimiento o el consentimiento de los Estados ribereños aguas abajo.

4) Un cambio físico drástico, como es el caso de la división y consiguiente internacionalización de una cuenca hidrográfica a consecuencia de la escisión o desmembramiento de un país o federación de países suele llevar aparejado un importante riesgo de conflicto. Ello ha ocurrido, por ejemplo, con los países formados tras independizarse de Gran Bretaña una vez finalizada la Segunda Guerra Mundial, entre otros, los asentados en las cuencas de los ríos Tigris-Éufrates, Nilo, Jordán, Indo y Ganges.

5) El mayor riesgo de que se produzca un conflicto por lo recursos hídricos se da en aquellas cuencas transfronterizas que carecen de un tratado específico sobre la misma, o bien no han constituido una organización de cuenca o comisión fluvial internacional. Asimismo, en determinados casos, el contexto histórico de disputas en otros ámbitos no resueltas entre dos países supone un elemento potenciador del inicio de un conflicto hídrico. De ello se deduce que la existencia de la institucionalidad internacional acordada bajo la forma de tratados sobre recursos hídricos transfronterizos, de organizaciones de cuencas fluviales transfronterizas o comisiones fluviales internaciona-

les, reduce de manera significativa el riesgo de conflictos al contribuir de una manera efectiva a la creación de un marco general de cooperación en esa cuenca transfronteriza.

5. Los medios de resolución pacífica de conflictos sobre recursos hídricos transfronterizos

5.a. *Considemciones generales*

El arreglo pacífico de los conflictos internacionales tiene su primera expresión normativa en la *Convención para el arreglo pacífico de las controversias internacionales*,[226] aprobada en la *I Conferencia de Paz de La Haya de 1899* y revisada en la *II Conferencia de Paz de La Haya de 1907*. Posteriormente, en el seno de la Sociedad de Naciones, se adoptó en Ginebra el 26 de septiembre de 1928 el *Acta General para el arreglo pacífico de las controversias internacionales*,[227] cuyo texto, tras la desaparición de dicha Organización internacional, fue revisado por la Asamblea General de las Naciones Unidas en 1949.[228]

La resolución pacífica de los conflictos es imperativa, y así lo dispone la *Carta de las Naciones Unidas* en el artículo 2 (Principios): «Los Miembros de la Organización arreglarán sus controversias internacionales por medios pacíficos de tal manera que no se pongan en peligro ni la paz y la seguridad internacionales ni la justicia», corroborándolo

---

[226] Texto de la Convención disponible en la página Web de la CORTE PERMANENTE DE ARBITRAJE: <https://pca-cpa.org/es/home/> (última consulta: 12/06/2020).

[227] SOCIEDAD DE NACIONES: *Treaty Series*, Vol. 93, p. 343.

[228] ASAMBLEA GENERAL DE LAS NACIONES UNIDAS: *Resolución 268 (III), Estudio sobre los métodos para fomentar la cooperación internacional en materia política*, del 28 de abril de 1949.

en el artículo 33.[229] Asimismo, la Asamblea General de las Naciones Unidas ha aprobado, entre otras, la *Resolución 37/10 Declaración de Manila sobre el arreglo pacífico de controversias internacionales*,[230] donde establece que las controversias internacionales se arreglarán exclusivamente por medios pacíficos, de manera pronta y equitativa, basadas en los principios de la igualdad soberana de los Estados, la buena fe, la cooperación y la libre elección de los medios. Igualmente, en 1991 publicó el *Manual sobre el arreglo pacífico de controversias entre Estados*.[231]

Resulta innegable que surjan controversias en la gestión de los recursos hídricos transfronterizos dado su carácter finito y escaso que debe satisfacer diversos usos y usuarios. Cuando se presenta una disputa, lo normal será que se intente solucionar, si existe un marco de institucionalidad específica en esa concreta cuenca transfronteriza, conforme a las disposiciones establecidas en el correspondiente tratado, organización de cuenca o comisión de cuenca transfronteriza. Así, por ejemplo, el *Convenio de Albufeira de 1998*, que regula la cooperación en las cuencas hidrográficas hispano-portuguesas, dispone en su artículo 26 que las disputas en dicho ámbito se intentarán solucionar mediante

---

229 El artículo 33 de la Carta establece lo siguiente: «1. Las partes en una controversia cuya continuación sea susceptible de poner en peligro el mantenimiento de la paz y la seguridad internacionales tratarán de buscarle solución, ante todo, mediante la negociación, la investigación, la mediación, la conciliación, el arbitraje, el arreglo judicial, el recurso a organismos o acuerdos regionales u otros medios pacíficos de su elección. 2. El Consejo de Seguridad, si lo estimare necesario, instará a las partes a que arreglen sus controversias por dichos medios».

230 ASAMBLEA GENERAL DE LAS NACIONES UNIDAS: *Resolución 37/10 (XXXVII) Declaración de Manila sobre el arreglo pacífico de controversias internacionales*, de 15 de noviembre de 1982.

231 NACIONES UNIDAS. OFICINA DE ASUNTOS JURÍDICOS. DIVISIÓN DE CODIFICACIÓN: *Manual sobre el arreglo pacífico de controversias entre Estados, Informe del Comité Especial de la Carta de las Naciones Unidas y del fortalecimiento del papel de la Organización*, Asamblea General, *Doc. A/46/33.*

la negociación o por cualquier otro medio diplomático de solución de controversias, recurriéndose preferentemente a una comisión de investigación en el caso de tratarse de cuestiones predominantemente técnicas; y si transcurrido un año no se hubiera encontrado una solución, se someterá a un tribunal arbitral. Es decir, los tratados sirven para prevenir o, en su defecto, resolver los conflictos que puedan surgir en su ámbito.

Cuando una cuenca transfronteriza no dispone de tratado, organización de cuenca o comisión administradora de la cuenca, las Partes intentarán resolver la disputa por medios pacíficos utilizando alguno de los métodos señalados por el Derecho internacional. Así, del contenido del artículo 33 de la *Carta de las Naciones Unidas* y del mismo artículo de la *Convención sobre el derecho de los usos de los cursos de agua internacionales para fines distintos de la navegación* (*Convención de Nueva York de 1997*) al igual que de la *Declaración de Manila sobre el arreglo pacífico de controversias internacionales*, se deducen los siguientes métodos de resolución de controversias: *i) métodos diplomáticos o políticos*: la negociación, los buenos oficios, la mediación, la investigación de los hechos y la conciliación; y *ii) métodos jurisdiccionales*: el arbitraje y la jurisdicción internacional.

5.b. *Métodos diplomáticos o políticos*

La negociación es el primer mecanismo al que suelen recurrir los Estados para resolver una disputa, pudiendo realizarse de manera bilateral, cuando se efectúa de forma reservada, confidencial o secreta mediante el diálogo entre los Estados negociadores, de escaso éxito si estos presentan una elevada desigualdad en materia de poder; y también multilateral, cuando tiene lugar en el seno de una conferencia diplomática o de un órgano de una Organización internacional, y que reviste, en principio, la forma de debate público. Normalmente, las negociaciones suelen estar precedidas de reuniones de expertos o de consultas entre las Partes en conflicto por contacto directo entre ambas, donde

160

manifiestan su posición sobre el asunto específico que les enfrenta, intercambiando puntos de vista e información relevante para intentar llegar a un acuerdo equitativo. Las negociaciones se producen a lo largo de todas las etapas de un conflicto.

Ante un conflicto transfronterizo, lo normal será que las Partes entablen negociaciones a fin de resolver la disputa. De una manera más precisa, el Tribunal Internacional de Justicia, en los *Casos de la plataforma continental del mar del Norte (Alemania/Dinamarca y Alemania/Países Bajos)*,[232] considera una obligación de las Partes emprender negociaciones con miras a llegar a un acuerdo, comportándose de tal manera que las negociaciones sean significativas, lo que no sucederá cuando cualquiera de la Partes insista en su propia posición sin contemplar ninguna modificación al efecto.[233] No obstante, la obligación de negociar no implica que exista la obligación de alcanzar un acuerdo.[234]

La Asamblea General de las Naciones Unidas en su *Resolución 53/101 Principios y directrices para las negociaciones internacionales*,[235] tras considerar que las negociaciones internacionales constituyen un medio flexible y eficaz de lograr el arreglo pacífico de las controversias entre Estados, reafirma la importancia que para las negociaciones tienen, además de los principios de Derecho internacional del deber de cooperar y la obligación de arreglar las controversias por medios pacíficos,

---

[232] TRIBUNAL INTERNACIONAL DE JUSTICIA: «North Sea Continental Shelf, Judgment», *I. C. J. Reports 1969*, p. 3.

[233] *Ibidem.*, párr. 85, p. 47.

[234] TRIBUNAL INTERNACIONAL DE JUSTICIA: «Obligation to negotiate access to the Pacific ocean (Bolivia *v.* Chile). Judgment, 1 October 2018», *I. C. J. Reports 2018*, párr. 87, p. 32.

[235] ASAMBLEA GENERAL DE LAS NACIONES UNIDAS: *Resolución 53/101* (LXIII) *Principios y directrices para las negociaciones internacionales*, de 8 de diciembre de 1998.

los principios de igualdad soberana, de no intervención, de buena fe, y de la abstención de la amenaza o del uso de la fuerza.

Un ejemplo de negociaciones sobre recursos hídricos lo constituye el anuncio efectuado en 1973 de la construcción de las presas hidroeléctricas binacionales de Itaipú (Brasil/Paraguay) y Yacyretá (Argentina/Paraguay), dándose a conocer ese mismo año el proyecto de construcción de otra represa binacional (Argentina/Paraguay) en la zona de Corpus, entre Itaipú y Yacyretá. La cercanía entre Itaipú y Corpus constituía un problema técnico que podría perjudicar el rendimiento de ambas, por lo que se hizo necesario entablar negociaciones tanto bilaterales como trilaterales entre los países interesados, finalizando satisfactoriamente las mismas con la firma en 1979 del *Acuerdo sobre las plantas hidroeléctricas de Corpus e Itaipú*.[236]

Los buenos oficios, a su vez, consisten en la intervención de manera espontánea, o bien a solicitud de una o ambas Partes, de un tercer Estado u Organización internacional, o de una persona de reconocido prestigio internacional, ajenos a la controversia, cuya función consiste en aproximar a las Partes en conflicto para llegar a un arreglo definitivo, persuadiéndoles para que inicien las negociaciones, reanuden unas negociaciones anteriormente interrumpidas, o bien intenten utilizar otro método para solucionar la disputa. Quienes ejercen sus buenos oficios no formulan ninguna solución a la controversia, únicamente pretenden que las Partes se sienten a negociar o acuerden una modalidad de resolución de la disputa. Como ejemplo, en 1951 el presidente del Banco Mundial ofreció los buenos oficios de la entidad a la India y Pakistán, independizados en 1947, en su disputa sobre las aguas

---

[236] Canje de Notas efectuadas por Argentina, Brasil y Paraguay en Ciudad Presidente Stroessner el 19 de octubre de 1979. *Vid.* NACIONES UNIDAS: *Treaty Series*, Vol. 2216, p. 177.

del río Indo.[237] Asimismo, cabe citar los buenos oficios ejercidos por el Secretario General de las Naciones Unidas desde 1990 en relación con la controversia territorial suscitada entre Venezuela y Guyana sobre la cuenca del río Esequibo.[238]

La mediación, por su parte, es un proceso por el que un tercero imparcial asiste de forma voluntaria a las Partes, con su consentimiento, a prevenir, gestionar o resolver un conflicto ayudándoles a alcanzar acuerdos mutuamente aceptables.[239] Se trata de un proceso voluntario que requiere el consentimiento de las Partes en conflicto para ser eficaz, toda vez que sin él es poco probable que negocien de buena fe o se comprometan con el proceso de mediación. El mediador, por tanto, partiendo de las posiciones iniciales de las Partes, propone las bases de la negociación e interviene en ella sugiriendo y reconciliando las posiciones, presentando una propuesta de solución de la controversia sobre la que aquellas deberán pronunciarse y, a partir de la misma, tratar de lograr un acuerdo.

---

[237] VINOGRADOV, S.; WOUTERS, P. and JONES, P.: «Transforming Potential Conflict into Cooperation Potential: The Role of International Water Law», UNESCO. IHP-VI, *Technical Documents in Hydrology, PCCP Series,* N.º 2, Paris, 2001, p. 28.

[238] Al analizar el Secretario General de las Naciones Unidas a comienzos de 2018 que no se han producido progresos significativos, ha escogido al Tribunal Internacional de Justicia como el medio a ser utilizado para solucionar la controversia. No obstante, el Secretario General ha dejado abierta la puerta a una gestión de buenos oficios de Naciones Unidas como proceso complementario al que eventualmente se desarrolle en el Tribunal Internacional de Justicia. *Vid.* NACIONES UNIDAS: <https://www.un. org/sg/en/content/sg/statement/2018-01-30/statement-attributable-spokesman-secretary-general-border> (última consulta: 12/06/2020).

[239] NACIONES UNIDAS: *Doc. A/66/811,* de 25 de junio de 2012, *Informe del Secretario General. Fortalecimiento de la función de mediación en el arreglo pacífico de controversias, la prevención de conflictos y su solución, Anexo I: Directrices de las Naciones Unidas para una mediación eficaz,* punto 8.

En ocasiones, los buenos oficios van unidos a la mediación, de tal manera que el mediador actúa en primer lugar ejerciendo sus buenos oficios para la solución de una disputa, y si tiene éxito y consigue que las Partes se sienten a negociar, continúa, a solicitud de estas, en la búsqueda de una solución concreta a la controversia actuando como mediador. Es el caso del ejemplo citado anteriormente de controversia entre Venezuela y Guayana, donde el 15 de diciembre de 2016 el Secretario General de Naciones Unidas comunicó a las Partes un marco para la resolución de la disputa fronteriza basado en sus conclusiones sobre lo que constituirían los próximos pasos más adecuados. En particular, llegó a la conclusión de que el proceso de buenos oficios, que se había realizado desde 1990, continuaría por un último año, hasta finales de 2017, con un mandato de mediación reforzado que, finalmente, no alcanzó un resultado positivo.[240]

Otro ejemplo de mediación lo constituye el Banco Mundial en la disputa sobre las aguas del río Indo donde, en sus comienzos, participó ofreciendo sus buenos oficios a la India y Pakistán, actuando posteriormente como mediador durante un periodo de diez años en los que efectuó propuestas realistas adaptadas a las circunstancias específicas del caso y demostró la capacidad precisa para obtener concesiones de ambas Partes que se materializaron en la firma del *Tratado sobre las aguas del río Indo*, en el que el Banco Mundial aparece, además, como signatario del mismo.[241]

La investigación de los hechos surge como método de arreglo de controversias en la *I Conferencia de la Paz de La Haya de 1899*, donde

---

[240]   *Vid.* NACIONES UNIDAS: <https://www.un.org/sg/en/content/sg/statement/2018-01-30/statement-attributable-spokesman-secretary-general-border> (última consulta: 12/06/2020).

[241]   SALMAN, M. A.: «International Water Disputes: A New Breed of Claims, Claimants, and Settlement Institutions», *Water International*, Vol. 31 (1), 2006, p. 2.

se aprobó la *Convención para el arreglo pacífico de las controversias internaciona-les*, revisada posteriormente en la *II Conferencia de la Paz de La Haya de 1907.*[242] La finalidad de este método consiste en establecer una comisión de investigación para esclarecer los puntos de hecho que separan a las Partes en una disputa internacional mediante un examen completo, objetivo, imparcial y oportuno de los hechos que han dado origen a dicha disputa.[243] Se trata de un procedimiento facultativo, toda vez que las comisiones de investigación se constituyen por medio de un acuerdo específico, integradas por personal designado por las Partes y por expertos independientes e imparciales, que elaboran un informe técnico, no vinculante, empleado para facilitar la negociación entre las Partes, de ahí que, en muchas ocasiones, este método vaya unido al de la conciliación, como es el caso del *Pacto de Bogotá*, aplicable a los países americanos, donde se constituye una única comisión que es, a la vez, de investigación y de conciliación.[244]

---

[242] El artículo 9 de la Convención precisa el concepto de comisión de investigación de la siguiente manera: «En las controversias de orden internacional, que no comprometan el honor ni intereses vitales y que surjan de una divergencia de apreciación sobre los hechos, las Potencias contratantes consideran útil y deseable que las Partes, que no hayan podido llegar a un acuerdo por la vía diplomática, tanto como las circunstancias lo permitan, instituyan una Comisión internacional de investigación, para facilitar la solución de estas controversias, dilucidando los hechos mediante una investigación imparcial y meticulosa». Texto de la Convención disponible en la página Web de la CORTE PERMANENTE DE ARBITRAJE: <https://pca-cpa.org/es/home/> (última consulta: 12/06/2020).

[243] La *Declaración sobre la determinación de los hechos por las Naciones Unidas en la esfera del mantenimiento de la paz y seguridad internacionales* (ASAMBLEA GENERAL DE LAS NACIONES UNIDAS: *Resolución 46/59*, de 9 de diciembre de 1991), establece en el punto 3 que «la determinación de los hechos deberá ser completa, objetiva, imparcial y oportuna».

[244] El *Tratado Americano de soluciones pacíficas* (*Pacto de Bogotá*), suscrito en Bogotá el 30 de abril de 1948 en el seno de la *IX Conferencia Panamericana*, dedica el Capítulo Tercero al procedimiento de investigación y conciliación, disponiendo su artículo 15 lo siguiente: «El procedimiento de investigación y

Como ejemplo de este método, en el litigio del *Proyecto Gabcíkovo-Nagymaros*, Hungría y Eslovaquia acordaron el 26 de agosto de 1993 crear un grupo tripartito compuesto por un experto de cada Parte y tres expertos independientes nombrados por la Comisión de la Comunidad Europea con la finalidad de recopilar datos fiables e indiscutibles sobre los efectos más importantes del proyecto de la Variante «C», propuesto por Eslovaquia, sobre el caudal del río y las medidas correctoras ya emprendidas, así como para efectuar recomendaciones sobre las medidas apropiadas.[245]

En lo que respecta a la conciliación, las Partes en conflicto solicitan a un tercero imparcial que les ayude a resolver la disputa examinando los hechos que la han motivado para, a continuación, sugerir los términos de un acuerdo que resulte aceptable para dichas Partes. Así, la conciliación suele combinar elementos de la investigación y de la mediación, aunque dotado de una mayor formalidad al realizarse, normalmente, por una comisión compuesta tanto por personal designado por la Partes como de personas independientes pertenecientes a otros Estados. La comisión de conciliación, actuando de manera independiente e imparcial, tras analizar objetivamente los hechos y el Derecho aplicable, se esforzará por que las Partes lleguen a un arreglo amistoso de la controversia, y si no lo consigue, podrá elaborar y presentar a las Partes las pertinentes recomendaciones para su consideración.[246]

---

conciliación consiste en someter la controversia a una comisión de investigación y conciliación que será constituida con arreglo a las disposiciones establecidas en los subsecuentes artículos del presente Tratado, y que funcionará dentro de las limitaciones en él señaladas». *Vid.* NACIONES UNIDAS: *Treaty Series*, Vol. 30, p. 60.

[245] TRIBUNAL INTERNACIONAL DE JUSTICIA: «Gabcíkovo-Nagymaros Project (Hungary/Slovakia), Judgment», *I. C. J. Reports 1997*, párr. 25, p. 27.

[246] ASAMBLEA GENERAL DE LAS NACIONES UNIDAS: *Resolución 50/50, Normas Modelo de las Naciones Unidas para la conciliación de controversias entre Estados*, de 11 de diciembre de 1995, art. 7.

5.c.   *Métodos jurisdiccionales*

Si una controversia internacional no se ha podido resolver empleando medios diplomáticos o políticos, las Partes tienen entonces la obligación de acudir a métodos jurisdiccionales para su arreglo; es decir, deberán someter la disputa bien al arbitraje, bien ante un tribunal de justicia. En ambos casos se trata de que, previo acuerdo entre las Partes, un tercero imparcial dicta e impone, con carácter obligatorio, la solución de la controversia.

El arbitraje, a menos que exista un tratado bilateral o multilateral que obligue a ello,[247] requiere el consentimiento previo de las Partes materializado en un acuerdo firmado entre ambas donde se determinará, entre otros aspectos, la composición del tribunal arbitral, las cuestiones sobre las que tienen que decidir, y el procedimiento a seguir. Durante el siglo XIX y comienzos del siglo XX, era habitual recurrir al arbitraje de ciertos Jefes de Estado relevantes, optándose posteriormente por el arbitraje sometido a un tribunal arbitral.[248]

---

[247] Es el caso del *Tratado sobre Aguas Fronterizas*, firmado por Estados Unidos y Canadá en Washington el 11 de enero de 1909 (texto del Tratado disponible en la página Web de la COMISIÓN CONJUNTA INTERNACIONAL (IJC): <http://www.ijc.org/en_/BWT>; última consulta: 16/06/2020), y del *Convenio sobre la protección del Rin*, aprobado mediante Decisión del Consejo del 7 de noviembre de 2000 (DOCE N.º 289, del 11 de noviembre de 2000).

[248] Los casos sobre recursos hídricos más significativos sometidos al arbitraje se corresponden con los siguientes: *Asunto del Delta del Río Helmand* (Sentencias Arbitrales de 19 de agosto de 1872 y 10 de abril de 1905; Sentencia de 19 de agosto de 1872; Sentencia de 10 de abril de 1905); *Asunto Relativo al Río San Juan* (Sentencia de 22 de marzo de 1888 dictada por el presidente de los Estados Unidos de América, GROVER CLEVELAND); *Asunto Relativo al Río Kouchk* (Sentencia de 22 de agosto-3 de septiembre de 1893 dictada por una Comisión Anglo-Rusa); *Asunto Faber* (Sentencia dictada por el árbitro HENRY M. DUFFIELD, designado por una Comisión

En las últimas décadas existe una tendencia creciente a utilizar los servicios de la Corte Permanente de Arbitraje (CPA), constituida por la *Convención para la resolución pacífica de controversias internacionales*, concluida en 1899 durante la *I Conferencia de Paz de La Haya*. No es un tribunal al efecto, pues se trata de un mecanismo cuyo principal objetivo es la prestación de servicios administrativos en arbitrajes internacionales que surjan entre un Estado con otros Estados, organizaciones intergubernamentales y entidades tanto estatales como privadas. Las funciones de la CPA no se limitan exclusivamente al arbitraje, toda vez que también incluyen proporcionar apoyo a otras formas de solución pacífica de controversias internacionales como la mediación, la conciliación y las comisiones de investigación.

El *Reglamento de arbitraje de la Corte Permanente de Arbitraje de 2012*[249] es el conjunto de reglas procedimentales que las Partes pueden

---

Mixta de Reclamaciones Germano-Venezolana en 1903); *Asunto Tacna-Arica* (Sentencia de 4 de marzo de 1925, dictada por el presidente CALVIN COOLIDGE); *Asunto de la Fundición Trail Smelter* (Sentencias del 16 de abril de 1938 y 11 de marzo de 1941 dictadas por un Tribunal Arbitral); *Asunto del Río Zarumilla* (Sentencia Arbitral dictada por la Cancillería de Brasil, de 14 de julio de 1945); *Asunto del Lago Lanoux* (Sentencia de 16 de noviembre de 1957 dictada por un Tribunal Arbitral); *Asunto Gut Dam* (Decisiones dictadas por el Tribunal de Reclamaciones sobre el Lago Ontario Decisión de 15 de enero de 1968, 12 de febrero de 1968 y 27 de septiembre de 1968). *Vid.* CAPONERA, D. A.: «El régimen jurídico de los recursos hídricos internacionales», en FAO: *Estudio Legislativo N.º 23*, Roma, 1981, pp. 273-296.

[249] Este Reglamento es una consolidación de cuatro conjuntos de reglas procedimentales previas de la Corte Permanente de Arbitraje, aunque no los reemplaza: *i) Reglamento facultativo para el arbitraje de controversias entre dos Estados* (1992); *ii) Reglamento facultativo para el arbitraje de controversias entre dos Partes de las cuales solo una es un Estado* (1993); *iii) Reglamento facultativo de arbitraje entre Organizaciones internacionales y Estados* (1996); y *iv) Reglamento facultativo de arbitraje entre Organizaciones internacionales y Partes privadas* (1996). El texto de todos estos Reglamentos se encuentra disponible en la página

utilizar para el arbitraje de controversias, al que cabe añadir el *Reglamento facultativo de la Corte Permanente de Arbitraje para el arbitraje de controversias relativas a recursos naturales y/o al medio ambiente* (*Reglamento Ambiental*),[250] adoptado en 2001, que prevé el establecimiento de una lista especializada de árbitros con experiencia en esta materia, y también de una lista de expertos científicos y técnicos que podrán ser nombrados testigos expertos, pudiendo las Partes en una controversia elegir árbitros, conciliadores y peritos de estos grupos. Asimismo, existe un *Reglamento facultativo de la Corte Permanente de Arbitraje para la conciliación de controversias relativas al medio ambiente y/o recursos naturales*, adoptado en 2002.[251]

La última opción disponible para las Partes en una disputa sobre recursos hídricos transfronterizos consiste en someterla a un órgano judicial internacional de carácter permanente, es decir, a un tribunal internacional de justicia. Este método, a diferencia de otros medios de solución de controversias, se caracteriza por su permanencia y por carecer las Partes de discrecionalidad en lo que respecta a la composición del tribunal, sus reglas y procedimientos.

El primer tribunal de carácter internacional, aunque de actuación restringida al istmo centroamericano, fue la Corte de Justicia Centroamericana,[252] siendo el primer órgano jurisdiccional de carácter uni-

---

Web de la CORTE PERMAMENTE DE ARBITRAJE: <https://pca-cpa.org/es/home/> (última consulta: 16/06/2020).

[250] Texto disponible en la página Web de la CORTE PERMAMENTE DE ARBITRAJE: <https://pca-cpa.org/es/home/> (última consulta: 16/06/2020).

[251] *Idem.*

[252] La Corte de Justicia Centroamericana fue creada en los *Tratados de paz y amistad de Washington* mediante la aprobación de la *Convención para el establecimiento de una Corte de Justicia Centroamericana*, suscrita en Washington el 20 de diciembre de 1907 por Costa Rica, El Salvador, Guatemala, Honduras y Nicaragua. *Vid.* CORTE CENTROAMERICANA DE JUSTICIA: <http://portal.ccj.org.ni/ccj/> (última consulta: 16/06/2020).

versal el Tribunal Permanente de Justicia Internacional, creado en virtud del mandato contenido en el artículo 14 del *Pacto de la Sociedad de Naciones*,[253] reuniéndose por primera vez en enero de 1922 y dictando su última Sentencia en 1939. De su labor resumida en 32 sentencias y 27 dictámenes elaborados, en lo que respecta a los recursos hídricos, efectuó un dictamen en el *Asunto Competencia de la Comisión Europea del Danubio*, y tres sentencias sobre los siguientes asuntos: *Competencia territorial de la Comisión Internacional del río Oder, Oscar Chinn*, y *Aguas del Mosa*.[254]

El principal órgano judicial de Naciones Unidas es el Tribunal Internacional de Justicia, establecido en junio de 1945 por la *Carta de las Naciones Unidas*, reemplazando en sus funciones al Tribunal Permanente de Justicia Internacional. Los Estados, en exclusiva, son los únicos sujetos de Derecho internacional que pueden ser Partes en una disputa sustanciada ante este Tribunal, pudiendo acceder al mismo a través de tres vías diferentes: *i)* mediante convenio especial entre las Partes para dilucidar la disputa en este Tribunal, como fue el *Asunto Gabcíkovo-Nagymaros*, donde Hungría y Eslovaquia tuvieron que firmar un acuerdo específico para someter la disputa no resuelta ante el Tribunal Internacional de Justicia; *ii)* cuando los Estados implicados en la disputa son todos ellos Partes en un tratado internacional que obligue, cuando han fracasado los métodos diplomáticos o políticos de resolución de disputas, a acudir de manera específica a este Tribunal, como es el caso del *Estatuto del río Uruguay de 1975*; y *iii)* cuando los Estados

---

253   TRIBUNAL INTERNACIONAL DE JUSTICIA: *El Tribunal Permanente de Justicia Internacional 1922-2012*, 6ª edición, 2014, p. 17.

254   TRIBUNAL PERMANENTE DE JUSTICIA INTERNACIONAL: «Jurisdiction of the European Commission of the Danube between Galatz and Braila», *Collection of Advisory Opinions, Series B* N.º 14, December 8th 1927; «Case relating to the territorial jurisdiction of the International Commission of the River Oder», *Collection of Judgments Series A* N.º 23; «The Oscar Chinn Case», *Judgments, Orders and Advisory Opinions, Series A/B* N.º 63; «The diversion of water from the Meuse, Judgment of June 28th 1937», *Judgments, Orders and Advisory Opinions, Series A/B* N.º 70.

comprometidos en una disputa, a través de una declaración unilateral aceptan la jurisdicción obligatoria de este Tribunal, conforme estipula el artículo 36 del *Estatuto del Tribunal Internacional de Justicia*.

Los casos más conocidos sometidos al Tribunal Internacional de Justicia relacionados con los recursos hídricos directamente, o bien con su utilización como límites fronterizos, son los siguientes: *Controversia sobre fronteras terrestres, insulares y marítimas* (El Salvador/Honduras, con intervención de Nicaragua), en 1992; *Proyecto Gabcíkovo-Nagymaros* (Hungría/Eslovaquia), en 1997; *Isla Kasikili/Sedudu* (Botswana/Namibia), en 1999; *Frontera terrestre y marítima entre Camerún y Nigeria*, en 2002; *Disputa fronteriza* (Benín/Níger), en 2005, *Derechos de navegación en el río San Juan* (Costa Rica/Nicaragua), en 2009; *Plantas de celulosa en el río Uruguay* (Argentina/Uruguay), en 2010; *Ciertas actividades llevadas a cabo por Nicaragua en la región fronteriza* (Costa Rica/Nicaragua), y *Construcción de una carretera por Costa Rica a lo largo del río San Juan* (Nicaragua/Costa Rica), en 2015, y *Frontera terrestre en la parte Norte de Isla Portillos* (Costa Rica/Nicaragua), en 2018.[255]

III. MARCO NORMATIVO INTERNACIONAL DE LA COOPERACIÓN SOBRE LOS RECURSOS HÍDRICOS TRANSFRONTERIZOS

La regulación de los cursos de agua transfronterizos ha experimentado una profunda evolución, pasando del Derecho Fluvial Internacional que consagra la libertad de navegación en los ríos internacionales, al Derecho de los Cursos de Agua Internacionales, cuyo objeto es la gestión integral del agua en el contexto de la cuenca hidrográfica

---

[255]   *Vid.* TRIBUNAL INTERNACIONAL DE JUSTICIA: <https://www.icj-cij.org/> (última consulta: 12/06/2020).

internacional, lo que significa la regulación, sobre la base de la cooperación, de otros usos diferentes de la navegación.

Un total de 153 países comparten 286 cuencas transfronterizas, existiendo una prolongada tradición de cooperación en lo que se refiere a la gestión y aprovechamiento de los recursos hídricos compartidos, como así lo acreditan los más de 600 tratados sobre cursos de agua transfronterizos concluidos desde 1820 hasta nuestros días.[256] Dicha tradición se ha visto acrecentada en las últimas décadas como consecuencia de un mayor conocimiento hidrológico de las diferentes regiones, en especial de África y América Latina, a pesar de que todavía subsisten cuencas y extensas áreas sobre las que no existen datos contrastados que dificultan la obtención de una información precisa sobre ellas. No obstante, más de la mitad de las cuencas transfronterizas existentes en el mundo carecen de un tratado específico sobre los cursos de agua compartidos.

La promoción de la cooperación en materia de aguas transfronterizas se realiza tanto a través de tratados internacionales como de otros instrumentos oficiales (arreglos) que, para ser considerados operativos, deben: *i*) contar con un organismo o mecanismo conjunto; *ii*) efectuar reuniones periódicas entre los Estados ribereños, como mínimo, con carácter anual; *iii*) definir objetivos conjuntos o bien establecer un plan de gestión conjunta o coordinada del agua; y *iv*) intercambiar datos e información, como mínimo, con carácter anual.[257] Así, al

---

[256]   OREGON STATE UNIVERSITY: *International Freshwater Treaties Database*: <http://gis.nacse.org/tfdd/treaties.php> (última consulta: 12/06/2020).

[257]   CEPE/UNESCO: *Avances en la cooperación en materia de aguas transfronterizas 2018. Valores de referencia mundiales para el indicador 6.5.2 de los ODS.*, UNESCO, Ginebra, 2018, p. 18.

menos una treintena de tratados internacionales vigentes en la actualidad no se encuentran operativos al no reunir todos los requisitos.[258]

La variedad de tratados hídricos transfronterizos es muy amplia, siendo de destacar el hecho de que, desde mediados del siglo pasado, los acuerdos concluidos lo han sido mayoritariamente en el marco de la cuenca hidrográfica, toda vez que la única manera de obtener una cooperación completa es a través de la gestión conjunta de la cuenca en toda su integridad, tal y como ocurre, por ejemplo, con el *Convenio sobre la cooperación para la protección y el uso sostenible del Danubio*,[259] adoptado en 1994 por todos los países danubianos. No obstante, también se han concluido tratados sobre una determinada subcuenca como es el caso, por ejemplo, del *Acuerdo Marco sobre la cuenca del río Sava*, subcuenca a su vez de la cuenca del río Danubio,[260] al igual que sobre una determinada parte de una cuenca, es decir, de una concreta porción del río como es el caso, por ejemplo, del *Acuerdo del Estatuto de la Comisión Binacional Administradora de la cuenca inferior del río Pilcomayo.*[261]

---

[258] Tal es el caso, por ejemplo, del *Acuerdo entre Namibia y Sudáfrica por el que crea una Comisión Hídrica Permanente*, firmado en Noordoewer el 14 de septiembre de 1992, que no se encuentra operativo al no haber definido objetivos conjuntos ni planes de ordenación conjuntos o coordinados. Texto del Acuerdo disponible en FAO/FAOLEX: <http://www.fao.org/fao lex/results/details/es/c/LEX-FAOC015912> (última consulta: 12/06/ 2020).

[259] El *Convenio sobre la cooperación para la protección y el uso sostenible del Danubio* (DOCE N.º 342, del 12 de diciembre de 1997) fue concluido por los países danubianos en Sofía el 29 de junio de 1994.

[260] El *Acuerdo Marco sobre la cuenca del río Sava* fue concluido por Bosnia y Herzegovina, Croacia, Eslovenia y Serbia en Kranjska Gora (Eslovenia), el 3 de diciembre de 2002. *Vid.* NACIONES UNIDAS: *Treaty Series,* Vol. 2366, p. 479.

[261] El río Pilcomayo es un río de montaña que nace en Bolivia, discurriendo posteriormente por territorio de Paraguay y Argentina, sirviendo de frontera entre estos países en parte de su curso. El *Acuerdo por Canje de Notas por el que se adopta el Estatuto de la Comisión Binacional Administradora de la*

Dentro de las experiencias convencionales desarrolladas en materia de aguas transfronterizas cabe efectuar una primera distinción entre aquellos tratados donde la regulación de las aguas representa un papel ciertamente marginal o secundario, y aquellos donde los recursos hídricos constituyen el objeto específico de los mismos. Así, los tratados de límites de ciertos países contemplan algún tramo de un curso de agua como elemento delimitador de la frontera; es decir, los recursos hídricos son contemplados como meros accidentes geográficos, sin tener en cuenta ningún otro aspecto relacionado con los diferentes usos de sus aguas. Determinados tratados de límites, además, contienen normas sobre un concreto uso del curso de agua transfronterizo al incluir derechos de navegación como es el caso, por ejemplo, del *Tratado de límites de 1858 entre Costa Rica y Nicaragua (Tratado Cañas-Jerez)*, donde se estipula el derecho de navegación perpetuo en el tramo fronterizo del río San Juan a los ribereños costarricenses.

En un estadio intermedio cabe incluir aquellos tratados instrumentales donde se establecen Comisiones de Límites que, además de contemplar como principal cometido la ejecución de actividades relacionadas con la delimitación fronteriza, también realizan acciones de cooperación relacionadas con el intercambio de datos hidrológicos y la propuesta o elaboración de proyectos de uso y aprovechamiento equitativo de las aguas transfronterizas, como es el caso de la Comisión de Límites y Aguas de México con Estados Unidos,[262] cuyas Actas, que

---

cuenca inferior del río Pilcomayo fue suscrito por Argentina y Paraguay en Buenos Aires el 5 de agosto de 1994 (*Vid.* BIBLIOTECA DIGITAL DE TRATADOS DE LA CANCILLERÍA ARGENTINA: <http://tratados.cancilleria.gob.ar>; última consulta: 13/06/2020), disponiendo que la Comisión Binacional es responsable de la gestión integral de la cuenca inferior del río, en el tramo comprendido entre Paraguay y Argentina.

[262] La Comisión Internacional de Límites y Aguas (CILA) entre México y Estados Unidos fue establecida por el *Tratado de la distribución de las aguas internacionales de los ríos Colorado, Tijuana y Bravo, desde Fort Quitman, Texas, hasta el Golfo de México*, suscrito en Washington el 3 de febrero de 1944 (*Tratado de Aguas de 1944*), sucediendo a la Comisión Internacional de Límites

tienen la consideración de auténticos tratados internacionales, además de solucionar problemas que puedan surgir sobre la delimitación fronteriza, versan sobre aspectos relacionados con la cantidad y calidad de las aguas, la infraestructura hídrica y el control de avenidas, entre otros.[263]

A su vez, son muy numerosos los tratados cuyo objeto lo constituye la regulación específica de los distintos usos de los recursos hídricos, los de las últimas décadas basados en la gestión integral de los mismos que, en bastantes ocasiones, también incluyen normas referidas a la protección medioambiental o el desarrollo e integración regional. En algunos casos, los tratados se refieren en exclusiva a un solo uso. Así, existen tratados concretos de navegación como, por ejemplo, *Tratado de comercio y navegación de 1998 entre Ecuador y Perú*,[264] al igual que acuerdos de transporte fluvial, entre otros, el *Acuerdo sobre transporte fluvial transversal fronterizo*, concluido en 1997 por Argentina y Brasil.[265] En el sector de la pesca también se han celebrado tratados específicos, como el *Acuerdo sobre pesca artesanal*, celebrado en 1994 entre Ecuador y Colombia,[266] que versa sobre el desarrollo conjunto de la actividad pesquera marítima y fluvial y la acuicultura artesanal, particularmente en la

---

creada en el *Tratado de 1 de marzo de 1889*. Textos disponibles en la página Web de la CILA: <https://cila.sre.gob.mx/cilanorte/> (última consulta: 13/06/2020).

[263] Desde su creación hasta mediados de 2021, la CILA ha aprobado un total de 326 Actas.

[264] El *Tratado de comercio y navegación* fue suscrito por Ecuador y Perú en Brasilia el 26 de octubre de 1998. *Vid.* GOBIERNO DE PERÚ. MINISTERIO DE RELACIONES EXTERIORES. TRATADOS: <http://www.rree. gob.pe/SitePages/tratados.aspx> (última consulta: 13/06/2020).

[265] El *Acuerdo sobre transporte fluvial transversal fronterizo de pasajeros, vehículos y cargas,* fue suscrito por Argentina y Brasil en Río de Janeiro el 27 de abril de 1997. *Vid.* NACIONES UNIDAS: *Treaty Series,* Vol. 2205, p. 97.

[266] El *Acuerdo sobre pesca artesanal* fue suscrito en Popayán el 13 de mayo de 1994 por Colombia y Ecuador. *Vid.* GOBIERNO DE COLOMBIA. MINISTERIO DE RELACIONES EXTERIORES. BIBLIOTECA

Zona de Integración Fronteriza de ambos países. Lo mismo ocurre con la ejecución de obras de infraestructura complejas, en especial de plantas de generación de energía hidroeléctrica, como el concerniente al aprovechamiento hidroeléctrico del río Paraná a través del *Tratado de Itaipú*, suscrito en 1973 por Brasil y Paraguay.

La mayoría de los tratados, en cambio, consideran varios usos de manera simultánea, como el *Tratado de Yacyretá*, suscrito en 1973 por Argentina y Paraguay, donde se establece un conjunto de normas sobre la ejecución de obras para el aprovechamiento hidroeléctrico del río Paraná mediante la construcción de una planta de generación hidroeléctrica en las inmediaciones de la isla de Yacyretá, para la mejora de las condiciones de navegabilidad, y para la atenuación de los efectos adversos de las inundaciones producidas por crecidas extraordinarias. Sin embargo, es a partir de la década de 1990 cuando se generaliza la conclusión de acuerdos que no contemplan un uso sectorial de los recursos hídricos sino la gestión integrada de varios de los diferentes usos de las aguas relacionados con el abastecimiento doméstico del agua, la agricultura y la industria, la producción de energía hidroeléctrica, el ocio y la protección medioambiental. Así, el *Acuerdo de cooperación para el aprovechamiento de los recursos naturales y el desarrollo de la cuenca del río Cuareim*,[267] concluido en 1991 por Brasil y Uruguay, tiene como propósitos, entre otros: la utilización racional y equitativa del agua con fines domésticos, urbanos, agropecuarios e industriales; la regularización de los caudales

---

VIRTUAL DE TRATADOS: <http://apw.cancilleria.gov.co/Tratados> (última consulta: 13/06/2020).

[267] El *Acuerdo de cooperación para el aprovechamiento de los recursos naturales y el desarrollo de la cuenca del río Cuareim* fue suscrito por Brasil y Paraguay en Artigas el 11 de marzo de 1991. *Vid.* NACIONES UNIDAS: *Treaty Series,* Vol. 1693, p. 3.

y el control de las inundaciones; el establecimiento de sistemas de irrigación y drenaje para fines agropecuarios; la producción de energía hídrica; y la recuperación y conservación del medio ambiente.[268]

Igualmente, es de resaltar la celebración de tratados de cooperación sobre los recursos hídricos que versan de manera específica sobre la protección y conservación de los recursos hídricos, como en el caso del *Convenio de cooperación para prevenir y luchar contra incidentes de contaminación del medio acuático producidos por hidrocarburos y otras sustancias perjudiciales*,[269] celebrado en 1987 por Argentina y Uruguay, que regula aspectos varios sobre la prevención, consulta e información, y la intervención sobre incidentes de contaminación en los tramos fronterizos del río Uruguay y del estuario del Río de la Plata. No obstante, aunque la protección y preservación del medio ambiente está incluida en un buen número de tratados, las principales disputas en las últimas décadas sobre recursos hídricos resueltas por el Tribunal Internacional de Justicia han versado sobre daños medioambientales en determinados cursos de agua, poniendo así de manifiesto la insuficiencia al respecto de las medidas contempladas en los diversos tratados sobre los recursos hídricos transfronterizos.

Asimismo, deben mencionarse los tratados que establecen mecanismos específicos de gestión. Los tratados sobre recursos hídricos transfronterizos son todos ellos instrumentos de cooperación entre dos o más Estados ribereños, por lo que resultaría lógico que establecieran órganos específicos de gestión de dicha cooperación. Dado que cada

---

[268] Artículo 2 del Acuerdo.

[269] El *Convenio de cooperación para prevenir y luchar contra incidentes de contaminación del medio acuático producidos por hidrocarburos y otras sustancias perjudiciales* fue concluido por Argentina y Uruguay en Buenos Aires el 16 de septiembre de 1987. Texto del Tratado disponible en la BIBLIOTECA DIGITAL DE TRATADOS DE LA CANCILLERÍA ARGENTINA: <http://tratados.cancilleria.gob.ar> (última consulta: 13/06/2020).

cuenca o curso de agua transfronterizo reviste unas características particulares, en las que se deben incluir como elementos de gran importancia las especificidades propias de cada uno de los Estados ribereños y de las interrelaciones entre ambos, ello implica que en ciertos casos consideren que no es necesario instaurar ningún organismo, limitándose a establecer en el tratado los derechos y obligaciones, administrados en cada Estado ribereño por sus propias instituciones nacionales.

En otros casos, los Estados ribereños, además de establecer en el tratado los derechos y obligaciones de las Partes, acuerdan crear algún tipo de estructura orgánica de carácter permanente que gestione y administre todos los aspectos sobre los recursos hídricos objeto de regulación, sin que exista un modelo único de dicho organismo, toda vez que este debe adecuarse a las especificidades propias del tratado, siendo un aspecto importante a tener en cuenta el número de Estados ribereños que lo suscriben, por lo que será habitual que existan grandes diferencias entre los tratados concluidos por los Estados de las cuencas transfronterizas bilaterales y las multilaterales, más complejas.

Cuando se trata de cuencas bilaterales, puede suceder que se establezca un marco de gestión conjunta realizado por los correspondientes organismos nacionales de cada uno de los Estados ribereños. Es el caso, por ejemplo, de la Comisión de Límites y Aguas entre México y Estados Unidos, organismo internacional de carácter binacional constituida por una Sección mexicana y otra estadounidense, establecida en el *Tratado de Aguas de 1944*,[270] encargada de la vigilancia y aplicación de los tratados sobre límites y aguas entre ambos países en las cuencas transfronterizas (Tijuana, Colorado y Bravo/Grande), así

---

[270] El *Tratado sobre la distribución de las aguas internacionales en los ríos Colorado, Tijuana y Bravo, desde Fort Quitman, Texas, hasta el Golfo de México* (*Tratado de Aguas de 1944*), fue concluido por México y Estados Unidos en Washington el 14 de noviembre de 1944. Texto del Tratado disponible en la página Web de la CILA: <https://cila.sre.gob.mx/cilanorte/>(última consulta: 13/06/2020).

como de regular y ejercer los derechos y obligaciones asumidos bajo dichos tratados, dando solución a las diferencias que puedan surgir como consecuencia de tales aplicaciones. No obstante, suele ser habitual la creación de organismos binacionales de gestión de cuencas, como es el caso, por ejemplo, de la Comisión Binacional para la Gestión Integrada de los Recursos Hídricos de las Cuencas Transfronterizas entre Perú y Ecuador, adoptada mediante *Acuerdo* suscrito en Trujillo el 20 de octubre de 2017.[271]

La lógica lleva a considerar que se deben redoblar los esfuerzos para promover la cooperación, en especial en las principales cuencas transfronterizas que carecen de tratados y arreglos operativos. Resulta muy preocupante la situación de los acuíferos transfronterizos, toda vez que el escaso número de acuerdos concluidos sobre los mismos puede calificarse de insignificante en relación con los de las cuencas fluviales y lacustres transfronterizas.

Como conclusiones sobre los componentes normativos internacionales de cooperación en materia de recursos hídricos es de significar, en primer lugar, la extensa experiencia existente en dicho ámbito, como así lo atestiguan los centenares de tratados internacionales que regulan la gestión y aprovechamiento de los recursos hídricos. Por otra parte, la regulación de las aguas compartidas ha manifestado su evolución, aunque de manera incompleta, hacia la gestión integrada de los recursos hídricos en el ámbito de la cuenca hidrográfica transfronteriza, aunque, dada la extensión de algunas de ellas y sus particulares circunstancias físicas, en ocasiones se ha optado por concluir acuerdos de gestión integrada sobre una determinada subcuenca o curso de agua. Dicha gestión integrada comprende los diversos usos del agua y, en las últimas décadas, aspectos de protección y preservación de los cursos de agua, así como de desarrollo e integración regional. No obstante,

---

[271]   Texto del Acuerdo disponible en FAO/FAOLEX: <http://www.fao.org/faolex/results/details/en/c/LEX-FAOC199805/> (última consulta: 13/06/2020).

por razones de efectividad, la navegación sigue siendo objeto de tratados específicos sobre el curso de agua transfronterizo, y no sobre la correspondiente cuenca hidrográfica.

Asimismo, siendo necesario que los tratados, para ser operativos, contemplen la constitución de organismos específicos permanentes de gestión, y dadas las particulares características de los cursos de agua y cuencas hidrográficas transfronterizas y de sus Estados ribereños, así como de sus específicas necesidades y del contenido del concreto tratado, no existe un patrón común en lo que respecta a la composición y cometidos de dichos organismos de gestión.

CAPÍTULO 4

LAS MÚLTIPLES DIMENSIONES DEL AGUA Y SU REGULACIÓN EN EL DERECHO INTERNACIONAL

I. LA TUTELA DEL AGUA EN EL DERECHO INTERNACIONAL HUMANITARIO

Las necesidades humanas básicas relacionadas con el agua han sido objeto de amparo en caso de conflicto armado, primero, mediante normas consuetudinarias, y posteriormente, a través del Derecho Internacional Humanitario (DIH), protegiendo así la vida de las personas no combatientes en un conflicto, tales como prisioneros de guerra, náufragos, heridos y personal civil directa o indirectamente afectado por el mismo en lo concerniente al suministro de agua potable tanto para su ingesta como para la higiene personal.

Igualmente, el DIH protege los recursos hídricos durante los conflictos armados de dos formas diferentes: la primera, prohibiendo determinados métodos de combate que inciden en su salubridad o en la calidad y cantidad del agua; y la segunda, como integrantes de los bienes de carácter civil que, como tales, son especialmente protegidos por el DIH.

1. Contenido del Derecho Internacional Humanitario

El Derecho Internacional Humanitario comprende un cuerpo de normas internacionales de origen tanto convencional como consuetudinario específicamente destinado a ser aplicado en los conflictos armados, internacionales o no, que limita por razones humanitarias el derecho de las Partes en conflicto a elegir libremente los métodos y los medios utilizados en la guerra, y que protege a las personas y los bienes afectados, o que puedan verse afectados por el conflicto.[272]

También conocido como Derecho de los Conflictos Armados o Derecho de la Guerra, *ius in bello*, el DIH tuvo como instrumento pionero en la materia, y con una indudable influencia en el posterior movimiento codificador, el código aprobado por el presidente LINCOLN en 1863, en plena Guerra Civil de los Estados Unidos, denominado *Instrucciones para la conducción de los ejércitos de los Estados Unidos en campaña,* conocido como *Código Lieber,* en honor al jurista alemán FRANCIS LIEBER encargado de su elaboración.[273]

En sus inicios, el DIH se componía de dos ramas distintas: el Derecho de Ginebra, conjunto normativo destinado a proteger a las personas cuando se han convertido en víctimas, es decir, heridos, náufragos, prisioneros de guerra o personal civil en poder del adversario; y el Derecho de La Haya, conjunto de disposiciones que pretenden proteger a los combatientes y no combatientes, restringiendo los métodos y los medios de combate.

El Derecho de Ginebra, o Derecho Humanitario Bélico, iniciado con el *Convenio de Ginebra de 1864*, al que siguieron los *Convenios de*

---

[272] SWINARSKI, C.: *Introducción al Derecho Internacional Humanitario*, CICR-IIDH, San José-Costa Rica, 1984. p. 11.

[273] SALMÓN, E.: *Introducción al Derecho Internacional Humanitario*, Pontificia Universidad Católica del Perú-CICR, Lima, 2004, p. 61.

Ginebra de 1906 y *1929*,[274] lo integran en la actualidad, básicamente, los cuatro *Convenios de Ginebra de 1949*.[275] A su vez, el Derecho de La Haya supuso la codificación del Derecho de la Guerra, iniciado con la *Declaración de San Petersburgo de 1868*,[276] y está constituido por los Convenios adoptados en las *Conferencias de Paz de La Haya*[277] celebradas en 1899 y

---

[274] *Convenio de Ginebra para el mejoramiento de la suerte que corren los militares heridos en los ejércitos en campaña*, de 22 de agosto de 1864; *Convenio de Ginebra para el mejoramiento de la suerte de los militares heridos, enfermos o náufragos en las fuerzas armadas en el mar*, de 6 de julio de 1906; y *Convenio de Ginebra relativo al trato de los prisioneros de guerra*, de 27 de julio de 1929. Textos disponibles en la página Web del COMITÉ INTERNACIONAL DE LA CRUZ ROJA (CICR): <https://ihl-databases.icrc.org/applic/ihl/ihl-search.nsf/content.xsp> (última consulta: 14/04/2020).

[275] *I Convenio de Ginebra para aliviar la suerte que corren los heridos y enfermos de las Fuerzas Armadas en campaña* (último texto vigente sobre el mismo tema después de los Convenios de 1864, 1906 y 1929); *II Convenio de Ginebra para aliviar la suerte que corren los heridos, los enfermos y los náufragos de las Fuerzas Armadas en el mar* (último texto vigente sobre el mismo tema después del Convenio de 1906); *III Convenio de Ginebra relativo al trato debido a los prisioneros de guerra* (sustituye al anterior Convenio de 1929); y *IV Convenio de Ginebra relativo a la protección debida a las personas civiles en tiempo de guerra*, aprobados el 12 de agosto de 1949 por la *Conferencia Diplomática para elaborar Convenios Internacionales destinados a proteger a las víctimas de la guerra*. *Vid*. NACIONES UNIDAS: *Treaty Series*, Vol. 75, pp. 31, 85, 135 y 287, respectivamente.

[276] *Declaración de San Petersburgo con el objeto de prohibir el uso de determinados proyectiles en tiempos de guerra*, de 11 de diciembre de 1868. Texto disponible en la página Web del COMITÉ INTERNA-CIONAL DE LA CRUZ ROJA (CICR): <https://www.icrc.org/spa/resources/documents/treaty/treaty-declaration-1864-st-petersburg.htm> (última consulta: 14/04/2020).

[277] En la *I Conferencia de Paz de La Haya*, celebrada del 18 de mayo al 29 de julio de 1899, se aprobaron tres Convenciones (I. *Convención para el arreglo pacífico de las controversias internacionales*; II. *Convención concerniente a las leyes y usos de la guerra terrestre*; III. *Convención para la aplicación a la guerra marítima, de los principios de la Convención de Ginebra del 22 de agosto de 1864*). En la *II Conferencia de Paz de La Haya*, celebrada del 15 de junio al 18 de octubre de 1907, se revisaron las tres Convenciones de la *I Conferencia*, aprobándose otras diez. Posteriormente, el 14 de mayo de 1954 se aprobó en La Haya la *Convención para la protección de los bienes culturales en caso de conflicto armado*. *Vid*.

1907, donde se aprobaron cuatro Declaraciones y trece Convenios, la mayoría de los cuales regulan la conducta de los beligerantes durante las hostilidades.

No obstante, ambos conjuntos normativos convergen con la adopción el 8 de junio de 1977 de los dos *Protocolos relativos a la protección de las víctimas de los conflictos armados, Adicionales a los Convenios de Ginebra de 1949*,[278] poniendo de manifiesto que, para proteger con mayor eficacia a las víctimas, tanto personas (heridos, enfermos, náufragos, prisioneros de guerra, personal civil y población civil) como bienes de carácter civil (bienes culturales y lugares de culto, bienes indispensables para la supervivencia de la población civil, obras e instalaciones que contienen fuerzas peligrosas, y el medio ambiente natural), se hace necesario limitar el uso de la fuerza, estableciendo reglas sobre la conducción de las hostilidades.

Además de las normas de origen convencional, las normas de carácter consuetudinario están igualmente contempladas por el DIH. Estas normas consuetudinarias reflejan la práctica de los Estados, siendo aplicables en cualquier conflicto armado, y vinculantes para todas las Partes.

SÁNCHEZ, V. M. (Dir.): *Derecho internacional público*, 2ª ed., Huygens Editorial, Barcelona, 2010, p. 52.

[278] *Protocolo Adicional I relativo a la protección de las víctimas de los conflictos armados internacionales* y *Protocolo Adicional II relativo a la protección de las víctimas de los conflictos armados sin carácter internacional*, adoptados en Ginebra el 8 de junio de 1977. *Vid.* NACIONES UNIDAS: *Treaty Series*, Vol. 1125, pp. 3 y 609, respectivamente.

El carácter consuetudinario del DIH se manifiesta en sus orígenes mismos a través de la denominada *Cláusula Martens*,[279] que evidenciaba lo siguiente:

> En espera de que un Código más completo de las leyes de la guerra pueda ser dictado, las Altas Partes Contratantes juzgan oportuno hacer constar que, en los casos no comprendidos en las disposiciones reglamentarias adoptadas por ellas, los pueblos y los beligerantes permanecen bajo la salvaguardia y el régimen de los principios del Derecho de Gentes, tales como resultan de los usos establecidos entre las naciones civilizadas, de las leyes de humanidad y de las exigencias de la conciencia pública.

La finalidad de esta cláusula consistía en proteger jurídicamente aquellas situaciones que pudieran surgir en el curso de las hostilidades y no estuvieran contempladas por las normas convencionales. Así, la *Cláusula Martens* constata la codificación por los Estados de normas consuetudinarias preexistentes fundamentadas en principios generales que mantienen su vigencia fuera del contexto convencional, por lo que las normas de DIH tienen la consideración de normas consuetudinarias y, por tanto, deben ser observadas por todos los Estados sobre la base de su universalidad.

---

[279] La *Cláusula Martens* debe su nombre a una declaración leída por el profesor VON MARTENS, delegado de Rusia en la *Conferencia de la Paz de La Haya de 1899*, formando parte del Derecho de los Conflictos Armados desde que apareciera, por primera vez, en el Preámbulo del *II Convenio de La Haya de 1899 relativo a las leyes y costumbres de la guerra terrestre*. MARTENS añadió la declaración después de que los delegados de la Conferencia de Paz no lograran ponerse de acuerdo sobre la cuestión del estatuto de las personas civiles que portaban armas contra una fuerza ocupante: Los Estados más potentes militarmente sostenían que debían ser consideradas como francotiradores y que eran punibles con la ejecución, mientras que los Estados más pequeños afirmaban que debían ser considerados como combatientes legítimos.

En el año 2005, el Comité Internacional de la Cruz Roja (CICR) finalizó un estudio encomendado por la comunidad internacional en la *XXVI Conferencia Internacional de la Cruz Roja y de la Media Luna Roja* celebrada en Ginebra en 1995, estableciéndose 161 normas consuetudinarias de DIH aplicables en los conflictos armados, tanto internacionales como de carácter no internacional.[280]

2. El agua como elemento indispensable para la vida de las personas protegidas por el Derecho Internacional Humanitario

El agua potable resulta indispensable para la supervivencia del ser humano, empleándose igualmente para efectuar las tareas de higiene personal y doméstica. El desarrollo de los conflictos armados puede ocasionar restricciones en el acceso al agua potable y, generalmente, lleva aparejado un elevado riesgo de enfermedades y epidemias ocasionadas por las frecuentemente deplorables condiciones higiénico-sanitarias a que se ven sometidos, más que los combatientes, el personal fuera de combate y la población civil involucrada en las zonas de operaciones. Ello hace que el acceso al agua potable, además de constituir un recurso irremplazable, vital para la supervivencia del ser humano, se considere igualmente fundamental para prevenir y combatir enfermedades y epidemias. Así, el DIH se ocupa tanto de garantizar el acceso al agua potable a las personas protegidas por el mismo como de que se

---

[280] La primera parte del estudio ofrece un análisis exhaustivo de las normas consuetudinarias de DIH que se han identificado como aplicables en los conflictos armados internacionales y no internacionales (HENCKAERTS, J. M. y DOSWALD-BECK, L.: *El derecho internacional humanitario consuetudinario, Volumen I: Normas*, Traducción de SERRANO GARCÍA, M., Cambridge University Press, Cambridge, 2005). La segunda parte consta de un resumen de la práctica de los Estados con relación a los principales aspectos del DIH. La Base de Datos del estudio se encuentra disponible en la página Web del COMITÉ INTERNACIONAL DE LA CRUZ ROJA (CICR) en: <http://www.icrc.org/customary-ihl/eng/docs/home> (última consulta: 16/04/2020).

tomen las necesarias medidas de higiene relacionadas con la limpieza y salubridad de los campamentos de internamiento y de alojamiento de desplazados, así como para prevenir epidemias.[281]

Naturalmente, sin el recurso al agua no es concebible el socorro y la asistencia sanitaria a los heridos, enfermos y náufragos protegidos por el *I y II Convenios de Ginebra de 1949*. Conforme al artículo 12 de ambos Convenios, estas personas protegidas deberán ser tratadas y asistidas con humanidad, lo que se traduce en el suministro de agua necesario para prestar dicha asistencia, prohibiéndose estrictamente dejarlas deliberadamente sin atención médica o sin asistencia.

Sobre los prisioneros de guerra, el *III Convenio de Ginebra de 1949 relativo al trato debido a los prisioneros de guerra* especifica que la Potencia en cuyo poder se encuentren prisioneros de guerra tiene la obligación de suministrarles agua potable en caso de evacuación, durante su traslado y en relación con las condiciones de alojamiento, así como para el aseo corporal y el lavado de la ropa.[282]

En cuanto a la población civil, el *IV Convenio de Ginebra de 1949 relativo a la protección debida a las personas civiles en tiempo de guerra* impone a la Potencia en cuyo poder se encuentren los internados, es decir, las personas protegidas que sean objeto de medidas de residencia forzosa o internamiento, la obligación de suministrarles agua potable en el lugar de internamiento y durante su traslado, al igual que para el aseo corporal y el lavado de ropa.[283]

Asimismo, el *Protocolo II Adicional a los Convenios de Ginebra de 1949 relativo a las víctimas de los conflictos armados sin carácter internacional* impone a las Partes la obligación de proporcionar agua potable y de

---

[281] Artículo 29 del *III Convenio de Ginebra de 1949*.
[282] Artículos 20, 46, 26 y 29, respectivamente, del *III Convenio de Ginebra de 1949*.
[283] Artículos 89, 127 y 85, respectivamente, del *IV Convenio de Ginebra de 1949*.

garantías de salubridad e higiene a las personas privadas de libertad por motivos relacionados con el conflicto armado, ya estén internadas o detenidas, en igualdad de condiciones que la población local.[284]

En lo que respecta a las normas de Derecho consuetudinarias, la *Norma 118* establece que «se proporcionará a las personas privadas de libertad alimentos, agua y ropa suficientes, así como un alojamiento y la asistencia médica convenientes».[285] Dicha Norma procede del *Reglamento relativo a las leyes y costumbres de la guerra terrestre*, anexo al *IV Convenio de La Haya relativo a las leyes y costumbres de la guerra terrestre*, de 18 de octubre de 1907, cuyo artículo 7, respecto a las personas privadas de libertad, dispone que «el Gobierno en cuyo poder se encuentren los prisioneros de guerra se encarga de su sostenimiento. A falta de acuerdo especial entre los beligerantes los prisioneros de guerra serán tratados en cuanto a alimentación, alojamiento y vestuario, en el mismo pie que las tropas del Gobierno que los haya capturado».

3.   La protección de los recursos hídricos

3.a.   *Consideraciones generales*

En el ámbito del Derecho de los Cursos de Agua Internacionales, la *Convención de Nueva York de 1997* contempla expresamente la protección de los cursos de agua internacionales e instalaciones en

---

[284] Artículo 5.1.b) del *Protocolo Adicional II de 1977*.

[285] La regla según la cual debe proporcionarse a los prisioneros de guerra alimentos y ropa suficientes es una antigua norma de Derecho internacional consuetudinario que se reconoció ya en el *Código de Lieber de 1863* (art. 76), la *Declaración de Bruselas de 1874* (art. 27) y el *Manual de Oxford de 1880* (art. 69). Se codificó en el *Reglamento de La Haya* y actualmente se aborda con mayor detalle en el *III Convenio de Ginebra*. En virtud del *IV Convenio de Ginebra*, esta norma es también aplicable a las personas civiles privadas de libertad en relación con un conflicto armado internacional. *Vid.* HENCKAERTS, J. M. y DOSWALD-BECK, L.: *El derecho internacional humanitario consuetudinario, Volumen I: Normas, op. cit.,* pp. 485-486.

tiempo de conflicto armado. En concreto, el artículo 29 dispone que «los cursos de agua internacionales y las instalaciones, construcciones y otras obras conexas gozarán de la protección que les confieren los principios y normas de derecho internacional aplicables en caso de conflicto armado internacional o no internacional y no serán utilizados en violación de esos principios y normas».

El DIH no protege de forma autónoma en los conflictos armados los recursos hídricos, ya sean de carácter público o privado, sino que lo efectúa de manera indirecta al considerarlos como parte integrante de los bienes de carácter civil, entendiendo como tales todos los bienes que no son objetivos militares.[286] Asimismo, prohíbe ciertos métodos y medios de combate que puedan ocasionar sufrimientos humanos a gran escala o que afecten de manera importante a los recursos hídricos.

Acorde con este planteamiento, se analizará la protección de los recursos hídricos en los conflictos armados desde dos perspectivas diferentes: la primera, la prohibición de determinados métodos de combate; y la segunda, su protección como integrantes de los bienes de carácter civil desde una triple óptica en razón de su consideración como elemento que forma parte de obras e instalaciones que contienen fuerzas peligrosas, como bien indispensable para la supervivencia de la población civil, y como componente del medio ambiente natural.

---

[286]   El primer apartado del artículo 52 del *Protocolo Adicional I de 1977* define los bienes de carácter civil de la siguiente manera: «1. Los bienes de carácter civil no serán objeto de ataques ni de represalias. Son bienes de carácter civil todos los bienes que no son objetivos militares en el sentido del párrafo 2».

3.b.   *Prohibición de ciertos métodos de combate*

La prohibición del empleo de veneno o de armas envenenadas incluye el envenenamiento del agua que vaya a ser utilizada por el adversario, lo que se extiende a cualquier tipo de depósitos, pozos y otras redes de abastecimiento de agua.[287] Se trata de una antigua norma de Derecho internacional consuetudinario que figura en el artículo 23.a del *Reglamento relativo a las leyes y costumbres de la guerra terrestre*. Asimismo, el *Estatuto de Roma de la Corte Penal Internacional* califica el empleo de veneno o armas envenenadas como crimen de guerra en los conflictos internacionales.[288] A su vez, el DIH consuetudinario dispone en su *Norma 72* que «queda prohibido el empleo de veneno o de armas envenenadas».[289] Esta prohibición existe de manera autónoma, independientemente de la prohibición de uso de las armas biológicas (*Norma 73*) y de las armas químicas (*Norma 74*).[290]

Asimismo, en la *Conferencia de Revisión del Estatuto de Roma de la Corte Penal Internacional* celebrada en Kampala, Uganda, del 31 de mayo al 11 de junio de 2010, se aprobó la enmienda del artículo 8 del Estatuto y de los *Elementos de los Crímenes* en virtud de las cuales el empleo de veneno o armas envenenadas se consideran igualmente crímenes de guerra de la competencia de la Corte cuando se cometan en conflictos armados que no sean de índole internacional.[291]

---

[287]   HENCKAERTS, J. M. y DOSWALD-BECK, L.: *El derecho internacional humanitario consuetudinario, Volumen I: Normas, op. cit.*, p. 284.

[288]   Artículo 8.2.b.xvii del *Estatuto de Roma de la Corte Penal Internacional*, de 17 de julio de 1998. *Doc. A/CONF.183/9*.

[289]   HENCKAERTS, J. M. y DOSWALD-BECK, L.: *El derecho internacional humanitario consuetudinario, Volumen I: Normas, op. cit.*, p. 281.

[290]   *Ibidem.*, pp. 287 y 291, respectivamente.

[291]   CORTE PENAL INTERNACIONAL: *Conferencia de Revisión del Estatuto de Roma de la Corte Penal Internacional, Resolución RC/Res.5: Enmiendas al artículo 8 del Estatuto de Roma, Anexo I,* aprobada por consenso en la 12ª sesión plenaria el 10 de junio de 2010, *Doc. RC/9/11*, La Haya, 2010.

Por otra parte, el *Reglamento de las leyes y costumbres de la guerra terrestre*, o *Reglamento de La Haya de 1907*, prohíbe en su artículo 23.g destruir o tomar propiedades enemigas, a menos que tales destrucciones o expropiaciones sean exigidas imperiosamente por las necesidades de la guerra, y establece el principio de inmunidad de los bienes civiles del adversario, entre los que se encuentran los recursos hídricos, ya sean de propiedad pública o privada.[292] Dicha prohibición ha sido reafirmada en el *IV Convenio de Ginebra de 1949* en sus artículos 53 y 147, en el artículo 8.2.b del *Estatuto de Roma de la Corte Penal Internacional*, y en las *Normas 50* y *51* del DIH consuetudinario.

3.c. *La protección de los recursos hídricos como integrantes de los bienes de carácter civil*

1) PROTECCIÓN DE LAS OBRAS E INSTALACIONES QUE CONTIENEN FUERZAS PELIGROSAS

Durante la Segunda Guerra Mundial, en la noche del 16 al 17 de mayo de 1943, las presas de Möhne y Eder, situadas en la cuenca del Ruhr, Alemania, fueron destruidas por los Aliados durante los bombardeos de la *Operación Chastise*, causando 1341 víctimas mortales, de las que cerca de un millar eran combatientes aliados internados en un campo de prisioneros situado aguas abajo de la presa de Möhne.[293] En agosto de 1975, en la que se considera la mayor catástrofe natural mundial, el tifón Nina ocasionó la rotura de las dos grandes presas de Shimantan y Banqiao en la provincia de Henan, China, provocando que otras 60 medianas y pequeñas presas cedieran en pocas horas y que las

---

[292] BOUTRUCHE, T.: «El estatuto del agua en el derecho internacional humanitario», *Revista Internacional de la Cruz Roja*, N.°, 2000, pp. 887-915; y ZAMMALI, A.: «Protección del agua en periodo de conflicto armado», *Revista Internacional de la Cruz Roja*, N.° 131, 1995, p. 603.

[293] Información sobre la *Operación Chastise* y sus consecuencias se encuentra disponible en: <http://www.nationalarchives.gov.uk/dambusters/legacy.htm> (última consulta: 18/04/2020).

aguas, a una velocidad de 50 km/h, destruyeran numerosos poblados causando 85 000 muertes y otras 45 000 por enfermedades y hambrunas posteriores.[294] Igualmente, se han producido catástrofes relacionadas con centrales nucleares, entre otras, las de Chernóbil y Fukushima Daiichi.[295]

Estas catástrofes nos indican que, por su potencial elevada peligrosidad, las presas, los diques y las centrales nucleares construidas para la generación de energía eléctrica necesitan de una especial protección que impida los ataques a las mismas durante el desarrollo de un conflicto armado.[296]

---

[294] FERRADAS, P.: *La memoria es también porvenir. Historia mundial de los desastres*, Soluciones prácticas, Lima, 2015, p. 272.

[295] El accidente más grave de entre los ocurridos en una central nuclear corresponde a la de Chernóbil, donde el 26 de abril de 1986 se produjo la explosión de un reactor que afectó a cerca de siete millones de personas en Bielorrusia, Ucrania y Rusia, alcanzando la radiación a otros trece países de Europa y causando de forma diferida miles de fallecimientos en los años siguientes, a lo que cabe añadir el importante impacto negativo en la salud, la economía y el medio ambiente. A su vez, la catástrofe más reciente corresponde al accidente de la central nuclear de Fukushima Daiichi, acaecido el 11 de marzo de 2011, a consecuencia del terremoto de nueve grados de magnitud producido cerca de la costa noroeste de Japón que causó daños al tendido del suministro eléctrico exterior de la central, y el posterior tsunami que provocó una destrucción sustancial de la infraestructura operativa y de seguridad del emplazamiento, ocasionando un reducido número de muertes y la emisión accidental de sustancias radiactivas al medio ambiente.

[296] Como ejemplo, desde el siglo XVI hasta el siglo XX, en los Países Bajos, en especial en las zonas situadas en las desembocaduras de los ríos Mosa y Escalda, se han realizado inundaciones de manera artificial rompiendo los diques existentes (*polders*), utilizando así el agua como instrumento bélico, tanto con carácter ofensivo como defensivo. *Vid.* KRAKER, A. M. J.: «Flooding in river mouths: human caused or natural events? Five centuries of flooding events in the SW Netherlands, 1500–2000», *Hydrology and Earth System Sciences*, Vol. 19, 2015, pp. 2673-2684.

Los *Protocolos Adicionales I y II de 1977* establecen la prohibición de atacar obras o instalaciones que contengan fuerzas peligrosas, es decir, presas, diques y centrales nucleares de energía eléctrica, aunque sean objetivos militares, cuando tales ataques puedan producir la liberación de aquellas fuerzas y causar, en consecuencia, pérdidas importantes en la población civil.[297] Igualmente, el *Estatuto de Roma de la Corte Penal Internacional* considera como crimen de guerra en los conflictos armados internacionales «dirigir intencionalmente ataques contra bienes civiles, es decir, bienes que no son objetivos militares».[298]

A su vez, el *Protocolo Adicional I de 1977* añade en su artículo 56 que tampoco podrán ser objeto de ataque dichas obras e instalaciones, aun cuando existan objetivos militares ubicados en las mismas, si tales ataques pueden producir la liberación de aquellas fuerzas y causar, en consecuencia, pérdidas importantes en la población civil. No obstante, dicho artículo también establece que, en el caso concreto de las presas y diques, solamente cesará la protección «si se utilizan para funciones distintas de aquellas a que normalmente están destinados y en apoyo regular, importante y directo de operaciones militares, y si tales ataques son el único medio factible de poner fin a tal apoyo». Igualmente, las referidas obras e instalaciones no podrán ser objeto de represalias.[299] En lo que respecta a la población civil, los contendientes, respetando los principios de precaución y de proporcionalidad, deberán adoptar las medidas necesarias para garantizar su protección, y se esforzarán por no ubicar objetivos militares en la proximidad de dichas obras e instalaciones.[300] Asimismo, el DIH consuetudinario contempla la protección de esas obras e instalaciones en las *Normas 7 y 42*.[301]

---

[297]   Artículos 56 y 15 de los *Protocolos Adicionales I y II de 1977*, respectivamente.
[298]   Artículo 8.2.b.ii del *Estatuto de Roma*.
[299]   Artículo 56.4 del *Protocolo Adicional I de 1977*.
[300]   Artículos 56.3 y 56.5, respectivamente, del *Protocolo Adicional I de 1977*.
[301]   La *Norma 7* está codificada en los artículos 48 y 52.2 del *Protocolo Adicional I de 1977*.

2) PROTECCIÓN DE LOS BIENES INDISPENSABLES PARA LA SUPERVIVENCIA DE LA POBLACIÓN CIVIL

Son bienes de carácter civil aquellos que no son objetivos militares, por lo que no serán objeto de ataque ni represalias.[302] Por bienes indispensables para la supervivencia de la población civil se entienden aquellos que debido a su valor de subsistencia tienen un interés vital para la población. El DIH cita de una manera no exhaustiva, como ejemplos, los artículos alimenticios y las zonas agrícolas que los producen, las cosechas, el ganado, las instalaciones y reservas de agua potable y las obras de riego.[303]

El artículo 54 del *Protocolo Adicional I*, aplicable en los conflictos armados internacionales, establece el principio de la prohibición de hacer padecer hambre a la población civil como método de guerra, por lo que prohíbe atacar, destruir, sustraer o inutilizar dichos bienes,[304] ni ser objeto de represalias,[305] con la intención deliberada de privar de esos bienes, por su valor como medios para asegurar la subsistencia, a la población civil o al adversario, sea cual fuere el motivo, ya sea para hacer padecer hambre a las personas civiles, para provocar su desplazamiento, o con cualquier otro propósito.[306] Entre dichos bienes se encuentran las instalaciones y reservas de agua potable y las obras de

---

[302]   Artículo 52.1 del *Protocolo Adicional I de 1977*.

[303]   Artículos 54.2 y 14 de los *Protocolos Adicionales I y II de 1977*, respectivamente.

[304]   Los verbos «atacar, destruir, sustraer o inutilizar» se han empleado acumulativamente para prever todas las eventualidades, por lo que debe considerarse incluida la contaminación de reservas de agua por agentes químicos.

[305]   Artículo 54.4 del *Protocolo Adicional I de 1977*.

[306]   De una manera más matizada, el *IV Convenio de Ginebra de 1949,* en su artículo 23, ya establecía el libre paso de todo envío de víveres indispensables para las categorías más vulnerables de la población civil, como los niños menores de 15 años y las mujeres encintas y parturientas.

riego, con lo que nos encontramos ante la norma de DIH que protege de forma más directa y explícita el agua en los conflictos armados.[307]

Idéntica protección ofrece el artículo 14 del *Protocolo Adicional II* en el caso de los conflictos armados sin carácter internacional; sin embargo, la misma cesa cuando dichos bienes sean utilizados exclusivamente como medio de subsistencia de las fuerzas armadas o en apoyo directo de una operación militar, aunque, incluso bajo esas circunstancias, los combatientes no pueden conducir las operaciones de combate de forma que priven de agua potable a la población civil.

En el caso de conflictos de carácter internacional, el *Protocolo Adicional I* contempla dos excepciones a la prohibición general. Conforme a la primera excepción, es posible atacar los bienes indispensables para la supervivencia de la población civil si estos se convierten en objetivo militar, como en el caso de los bienes utilizados únicamente como medio de subsistencia para los combatientes o bien en apoyo directo a una acción militar, a condición de que en ningún caso se tomen contra tales bienes medidas cuyo resultado previsible sea dejar tan desprovista de víveres o de agua a la población civil que se vea reducida a padecer hambre u obligada a desplazarse.[308] La segunda excepción hace referencia a la práctica o política de «tierra quemada», aplicada tradicionalmente en el territorio nacional ante una invasión extranjera, siempre que lo exija una necesidad militar imperiosa.[309]

El *Estatuto de Roma de la Corte Penal Internacional*, en el artículo 8.2.b.xxv, tipifica como crimen de guerra «hacer padecer intencionalmente hambre a la población civil como método de hacer la guerra, privándola de los objetos indispensables para su supervivencia, incluido el hecho de obstaculizar intencionalmente los suministros de socorro

---

[307]   TIGNINO, M.: «Water, international peace, and security», *Revista Internacional de la Cruz Roja*, N.º 879, 2010, pp. 658-660.
[308]   Artículo 54.3 del *Protocolo Adicional I de 1977*.
[309]   Artículo 54.5 del *Protocolo Adicional I de 1977*.

de conformidad con los *Convenios de Ginebra de 1949*». En lo que se refiere al DIH consuetudinario, la *Norma 53* establece la prohibición de hacer padecer hambre a la población civil como método de guerra. Como complementarias, la *Norma 54* prohíbe atacar, destruir, sustraer o inutilizar los bienes indispensables para la supervivencia de la población civil, mientras que la *Norma 55* dispone que se facilite el acceso de ayuda humanitaria destinada a las personas civiles necesitadas.

3) PROTECCIÓN DEL MEDIO AMBIENTE NATURAL

La protección del medio ambiente ha estado presente en los conflictos armados desde la Antigüedad, donde se buscaba garantizar el acceso de las personas a los recursos naturales para su supervivencia, como es el caso del agua potable, aunque el riesgo de una destrucción considerable del medio ambiente era bastante limitado. No obstante, el progreso de las civilizaciones trajo consigo el desarrollo de medios de combate cada vez más letales y, por ende, más perjudiciales para el medio ambiente, como fue el caso de la Primera Guerra Mundial, donde el empleo profuso de armas químicas llevó, tras su finalización, a la firma del *Protocolo de Ginebra de 1925 relativo a la prohibición del empleo en la guerra de gases asfixiantes, tóxicos o similares y de medios bacteriológicos.*[310]

Tras la finalización de la Segunda Guerra Mundial, al igual que ocurrió con la *Carta de las Naciones Unidas*, los cuatro *Convenios de Ginebra de 1949* no hacen alusión alguna al medio ambiente y su protección, toda vez que en aquella época no existía una cultura de protección medioambiental. Los medios y métodos de combate empleados durante la guerra de Vietnam, donde la utilización de productos incendiarios

---

[310]   El *Protocolo de Ginebra de 1925* prohíbe el empleo en la guerra de armas biológicas y químicas. Dicho Protocolo se redactó y firmó en la *Conferencia para la supervisión del comercio internacional de armas y municiones*, celebrada en Ginebra del 4 de mayo al 17 de junio de 1925 bajo los auspicios de la Sociedad de Naciones, entrando en vigor el 8 de febrero de 1928. *Vid.* SOCIEDAD DE NACIONES: *Treaty Series*, Vol. 94, p. 65.

como el napalm y defoliantes como el agente naranja causaron centenares de miles de muertes, malformaciones en los fetos y graves problemas de salud en las personas, así como un inmenso daño ecológico, aceleró a comienzos de la década de 1970 la toma de conciencia acerca de la necesidad de proteger el medio ambiente desde la consideración de que, en general, el medio ambiente es un bien de carácter civil y, por ello, no puede ser objeto de ataques, a menos que haya sido convertido en un objetivo militar.

El primer tratado aprobado cuyo único objetivo era proteger el medio ambiente fue la *Convención sobre la prohibición de utilizar técnicas de modificación ambiental con fines militares u otros fines hostiles*,[311] de 1976, al que seguiría en 1977 otro tratado que contiene normas específicas de protección del medio ambiente en caso de conflicto armado: el *Protocolo Adicional I a los Convenios de Ginebra de 1949 (Protocolo Adicional I de 1977)*.

Los posteriores conflictos armados en la antigua Yugoslavia, Kosovo, Irak y el Líbano han supuesto una creciente toma de conciencia acerca de la necesidad de proteger el medio ambiente, pues «la guerra es, por definición, enemiga del desarrollo sostenible. En consecuencia, los Estados deberán respetar las disposiciones de derecho internacional que protegen al medio ambiente en épocas de conflicto armado, y cooperar en su ulterior desarrollo, según sea necesario».[312] La profunda preocupación de la comunidad internacional por la degradación del medio ambiente en los conflictos armados llevó a la Asamblea General de las Naciones Unidas a declarar el 6 de noviembre de cada año

---

[311] La *Convención sobre la prohibición de utilizar técnicas de modificación ambiental con fines militares u otros fines hostiles* fue adoptada por la Asamblea General de las Naciones Unidas el 10 de diciembre de 1976 y abierta a la firma en Ginebra el 18 de mayo de 1977. *Vid.* NACIONES UNIDAS: *Treaty Series*, Vol. 1108, p. 151.

[312] Principio 24 de la *Declaración de Río*, aprobada en la *Conferencia de las Naciones Unidas sobre el Medio Ambiente y el Desarrollo de 1992*.

Día Internacional para la prevención de la explotación del medio ambiente en la guerra y los conflictos armados.[313]

La *Convención sobre la prohibición de utilizar técnicas de modificación ambiental con fines militares u otros fines hostiles* proscribe utilizar técnicas de modificación ambiental con fines militares u otros fines hostiles que tengan efectos vastos, duraderos o graves como medios para producir destrucciones, daños o perjuicios a otro Estado,[314] ya sea en tiempo de paz o de guerra, entendiendo por dichas técnicas «las que tienen por objeto alterar mediante la manipulación deliberada de los procesos naturales, la dinámica, la composición o estructura de la Tierra, incluida su biótica, su litosfera, su hidrosfera y su atmósfera, o del espacio ultraterrestre».[315] Es decir, la Convención prohíbe la manipulación de los procesos naturales que puedan comprometer durante un periodo prolongado y permanente la supervivencia de la población civil mediante el desencadenamiento de fenómenos tales como terremotos, maremotos, huracanes, lluvias o nevadas intensas, pertinaces sequías, etcétera.

En el caso del *Protocolo Adicional I de 1977*, el artículo 35.3 prohíbe el empleo de métodos o medios de hacer la guerra que hayan sido concebidos para causar, o de los que quepa prever que causen daños al medio ambiente natural caracterizados por ser, de manera acumulativa, extensos, duraderos y graves, expresándose en parecidos términos el artículo 55, aunque en referencia a la protección de la salud o la supervivencia de la población civil, añadiendo la prohibición de atacar al medio ambiente natural como represalia. Sin embargo, el *Protocolo Adicional II de 1977 relativo a la protección de las víctimas de los conflictos armados sin carácter internacional* no hace mención alguna al medio ambiente.

---

[313]   *Resolución 56/4* de la Asamblea General de las Naciones Unidas, aprobada el 5 de noviembre de 2001.
[314]   Artículo 1.1 de la Convención.
[315]   Artículo 2 de la Convención.

La diferencia entre el *Protocolo Adicional I de 1977* y la *Convención de 1976* estriba en que en el primero se prohíbe el empleo de métodos y medios de combate que causen al medio ambiente natural daños extensos, duraderos y graves de manera acumulativa, es decir, se proscribe la denominada «guerra ecológica», mientras que en la segunda lo que se impugna es la manipulación de procesos naturales que puedan provocar fenómenos como terremotos, maremotos, huracanes, nevadas, tormentas intensas o sequías de larga duración, lo que se conoce como «guerra geofísica», donde es suficiente con que concurra en los daños una sola de las condiciones de duración, gravedad o extensión.[316]

Asimismo, la *Convención sobre prohibiciones o restricciones del empleo de ciertas armas convencionales que puedan considerarse excesivamente nocivas o de efectos indiscriminados*,[317] de 1980, recuerda en el cuarto párrafo del Preámbulo la prohibición del empleo de métodos o medios de hacer la guerra que hayan sido concebidos para causar, o de los que quepa prever que causen daños extensos, duraderos y graves al medio ambiente natural. Igualmente, en su *Protocolo III sobre prohibiciones o restricciones del empleo de armas incendiarias*, el artículo 2.4 establece la prohibición de atacar con armas incendiarias los bosques u otros tipos de cubierta vegetal, salvo cuando esos elementos naturales se utilicen para cubrir, ocultar o camuflar a combatientes u otros objetivos militares, o sean en sí mismos objetivos militares.

El cuarto tratado que contiene una disposición directamente aplicable para la protección del medio ambiente durante los conflictos armados es el *Estatuto de Roma de la Corte Penal Internacional*, cuyo artículo 8.2.b.iv tipifica como crimen de guerra el hecho de lanzar un ataque

---

[316] BOUVIER, A.: «La protección del medio ambiente en período de conflicto armado», *Revista Internacional de la Cruz Roja*, N.º 108, 1991, p. 616.

[317] La *Convención sobre prohibiciones o restricciones del empleo de ciertas armas convencionales que puedan considerarse excesivamente nocivas o de efectos indiscriminados*, fue concluida en Ginebra el 10 de octubre de 1980. *Vid.* NACIONES UNIDAS: *Treaty Series*, Vol. 1342, p. 137.

intencionalmente, a sabiendas de que causará pérdidas de vidas, lesiones a civiles o daños a objetos de carácter civil, o daños extensos, duraderos y graves al medio ambiente natural que sean manifiestamente excesivos en relación con la ventaja militar general concreta y directa de conjunto que se prevea.

Además de los anteriores, existen otros tratados que contienen referencias a la protección del medio ambiente en relación con ciertas armas, entre los que cabe destacar los correspondientes a las armas biológicas y químicas, cuyo desarrollo, producción, almacenamiento y utilización están prohibidos, obligando a observar una serie de salvaguardias ambientales durante los procesos de destrucción de las mismas, cumpliendo normas similares en el caso de otros tipos de armas prohibidas como las minas antipersonal y las municiones en racimo.[318] Es de significar que el 7 de julio de 2017 se aprobó el *Tratado sobre la prohibición de las armas nucleares*, en vigor desde el 22 de enero de 2021, aunque su aplicación práctica será más bien escasa al no haber participado en la

---

[318] Contienen referencias a la protección del medio ambiente los siguientes tratados: Artículo 2 de la *Convención sobre la prohibición del desarrollo, la producción y el almacenamiento de armas bacteriológicas (biológicas) y toxínicas y sobre su destrucción*, abierta a la firma en Londres, Moscú y Washington el 10 de abril de 1972 (NACIONES UNIDAS: *Treaty Series*, Vol. 1015, p. 163); artículo 2.4 del *Protocolo III sobre prohibiciones o restricciones del empleo de armas incendiarias* de la *Convención sobre prohibiciones o restricciones del empleo de ciertas armas convencionales que puedan considerarse excesivamente nocivas o de efectos indiscriminados*, abierta a la firma en Londres, Moscú y Washington el 10 de abril de 1972 (NACIONES UNIDAS: *Treaty Series*, Vol. 1342, p. 137); artículos 4.10 y 7.3 de la *Convención sobre la prohibición del desarrollo, la producción, el almacenamiento y el empleo de armas químicas y sobre su destrucción*, abierta a la firma en París el 13 de enero de 1993 (NACIONES UNIDAS: *Treaty Series*, Vol. 1975, p. 3); artículo 5.4.c de la *Convención sobre la prohibición del empleo, almacenamiento, producción y transferencia de minas antipersonal y sobre su destrucción*, adoptada en Oslo el 18 de septiembre de 1997 (NACIONES UNIDAS: *Treaty Series*, Vol. 2056, p. 211); y artículos 3.2 y 4.6.h de la *Convención sobre municiones en racimo*, aprobada en Dublín el 30 de mayo de 2008 (NACIONES UNIDAS: *Treaty Series*, Vol. 2688, p. 39).

votación las Potencias nucleares.[319] A su vez, el DIH consuetudinario, como no podía ser de otra manera, se ha preocupado de la protección del medio ambiente natural en las *Normas 43 a 45*.

En lo que respecta a la jurisprudencia internacional, la aplicación del DIH convencional para la protección del medio ambiente durante los conflictos armados ha sido objeto de atención por parte del Tribunal Internacional de Justicia. Así, en la *Opinión Consultiva sobre la legalidad de la amenaza o el empleo de armas nucleares*, el Tribunal afirmó que «los Estados deben tener en cuenta las consideraciones ambientales cuando determinan qué es necesario y proporcional para lograr objetivos militares legítimos. El respeto del medio ambiente es uno de los elementos que se han de sopesar para saber si una acción es conforme a los principios de necesidad y proporcionalidad».[320] Igualmente, el Tribunal estimó que el Derecho internacional vigente en materia de protección y salvaguardia del medio ambiente «sí señala importantes factores ambientales que se deben tener debidamente en cuenta para observar los principios y normas del derecho aplicable en las situaciones de conflicto armado».[321]

A modo de síntesis de la relación del agua con el DIH se puede colegir que, el agua, como elemento esencial para satisfacer las necesidades humanas básicas, ha sido objeto de una atención prioritaria por parte del Derecho Internacional Humanitario, arbitrando así la protección de la vida de las personas no combatientes en un conflicto, tales

---

[319] ASAMBLEA GENERAL DE LAS NACIONES UNIDAS: *Doc. A/ CONF.229/2017/8, Tratado sobre la Prohibición de las Armas Nucleares*, de 7 de julio de 2017. Aunque no esté prohibido en la actualidad el empleo de las armas nucleares, sí existen restricciones materializadas en diversos instrumentos jurídicos internacionales.

[320] ASAMBLEA GENERAL DE LAS NACIONES UNIDAS: *Doc. A/51/ 218, Opinión consultiva de la Corte Internacional de Justicia de 8 de julio de 1996 sobre la legalidad de la amenaza o el empleo de las armas nucleares*, de 19 de julio de 1996, párr. 30.

[321] *Ibidem.*, párr. 33.

como los prisioneros de guerra, náufragos, heridos y personal civil directa o indirectamente afectado por el mismo, en lo concerniente al suministro de agua potable tanto para su ingesta como para la higiene personal.

Igualmente, el DIH ofrece la adecuada protección de los recursos hídricos durante los conflictos armados de dos formas diferentes: la primera, prohibiendo determinados métodos de combate que inciden en su salubridad o en la calidad y cantidad del agua; y la segunda, arbitrando normas para preservar los recursos hídricos como integrantes del medio ambiente natural, en especial, las obras e instalaciones hidráulicas tales como las presas, diques y centrales hidroeléctricas, así como las reservas de agua y obras de riego, al igual que prohibiendo el empleo de métodos y medios de combate que causen daños extensos, duraderos y graves.

II. EL AGUA Y EL DERECHO INTERNACIONAL DE LOS DERECHOS HUMANOS

El agua constituye un elemento esencial e insustituible para la supervivencia y el desarrollo humano. A pesar de ello, millones de personas carecen de la posibilidad de acceso a fuentes de agua potable e instalaciones de saneamiento, en especial los grupos de población más vulnerables y marginales.[322] Esta situación ha calado en la comunidad internacional, donde amplios sectores de la misma y los órganos del

---

[322] Personas que viven en la pobreza; población rural residente en lugares remotos y de difícil acceso; pueblos indígenas y grupos étnicos; ancianos, enfermos y personas con discapacidad; niños; hogares monoparentales, en especial los regidos por mujeres; habitantes de barrios marginales; familias numerosas con muchos dependientes; refugiados y desplazados; y personas afectadas por desastres, en especial las ubicadas lejos de los centros de población.

sistema de las Naciones Unidas responsables de la promoción y protección de los derechos humanos han enfocado la falta de acceso al agua potable y el saneamiento desde el punto de vista de los derechos humanos, con lo que se ha ido fraguando de manera progresiva la idea del reconocimiento del derecho humano al agua, efectuándose en un contexto en el que se enfatiza la necesidad de que se trate de un derecho realmente efectivo, a diferencia de la mayor parte de los demás derechos económicos, sociales y culturales que, simplemente, se reconocen, pero que carecen de una implementación efectiva.

El movimiento para el reconocimiento del derecho humano al agua, cuyos hitos fundamentales lo constituyen la *Observación General N.º 15, El derecho al agua,* del Comité de Derechos Económicos Sociales y Culturales de las Naciones Unidas, la *Resolución 64/292, El derecho humano al agua y el saneamiento,* aprobada por la Asamblea General de las Naciones Unidas en 2010, y la *Resolución 15/9, Los derechos humanos y el acceso al agua potable y el saneamiento* adoptada en 2010 por el Consejo de Derechos Humanos, así como su contenido normativo, se analizan a continuación.

1. El reconocimiento del acceso al agua como derecho humano

1.a. *Reconocimiento del derecho al agua en el Derecho internacional*

Conforme ha ido evolucionando la sociedad, igualmente lo ha hecho el Derecho internacional contemporáneo que, a partir de la segunda mitad del siglo XX, ha sufrido un proceso de «humanización» traducido en un conjunto de normas dedicadas a la protección internacional del individuo que de modo convencional se agrupan bajo la categoría genérica de Derecho Internacional de los Derechos Humanos.[323]

La conformación de un régimen específico de los derechos humanos que tiene por objeto establecer límites al trato que los Estados deben dispensar a sus nacionales es un fenómeno surgido tras la Segunda Guerra Mundial como reacción a las barbaries cometidas por las Potencias fascistas, en especial sobre determinadas etnias como los judíos y gitanos. No obstante, aunque los derechos humanos comenzaron a delimitarse con anterioridad y, sobre todo, a partir de la *Declaración de los Derechos del Hombre y del Ciudadano de 1789*,[324] es en la *Carta de las Naciones Unidas*[325] donde se fijó por primera vez el objetivo de la comunidad internacional de «reafirmar la fe en los derechos fundamentales del hombre, en la dignidad y el valor de la persona humana, en la igualdad de derechos de hombres y mujeres y de las naciones grandes y pequeñas».[326] A partir de este instrumento, el régimen internacional de los derechos humanos y, en concreto, el de aquellos derechos sobre los que existía un amplio consenso, se fue conformando sobre la base de

---

[323] ESCOBAR HERNÁNDEZ, C.: «La protección internacional de los derechos humanos», en DÍEZ DE VELASCO VALLEJO, M.: *Instituciones de Derecho Internacional Público, op. cit.*, p. 663.

[324] La *Declaración de los Derechos del Hombre y del Ciudadano de 1789*, aprobada por la Asamblea Nacional constituyente el 26 de agosto de 1789, en los inicios de la Revolución francesa tras la toma de La Bastilla, pasó a formar parte del Preámbulo de la primera Constitución francesa de 1791. Texto disponible en: <http://www.conseil-constitutionnel.fr/conseil-constitutionnel /root/bank_mm/espagnol/es_ddhc.pdf> (última consulta: 21/04/2020).

[325] La *Carta de las Naciones Unidas*, por las que se creaba la Organización de las Naciones Unidas, fue firmada en San Francisco el 26 de junio de 1945, entrando en vigor, conforme al artículo 110, el 24 de octubre de 1945. Texto de la Carta disponible en: <http://www.un.org/es/charter-united-nations/index.html> (última consulta: 21/04/2020).

[326] Párrafo segundo del Preámbulo de la Carta.

diversos tratados y declaraciones, tanto de carácter universal como regional.

De todos los derechos humanos, el derecho a la vida está situado en la cúspide de la pirámide que contiene todos ellos, pues sin la existencia del ser humano, es decir, sin su vida, no es posible contemplar los restantes derechos que le son inherentes. Se trata de un derecho humano fundamental esencial para el ejercicio de los demás derechos humanos y que comprende tanto el derecho de todo ser humano de no ser privado arbitrariamente de la vida como la obligación de los Estados de adoptar todas las medidas apropiadas para proteger y preservar dicho derecho. Ello incluye el derecho a que no se le impida el acceso a las condiciones que le garanticen una existencia digna, lo que ocurre cuando se priva a una persona de la satisfacción de sus necesidades biológicas vitales, es decir, negándole los medios de subsistencia apropiados y de un estándar de vida decente, incluyendo el acceso al agua necesaria para cubrir sus necesidades básicas.[327]

En lo que respecta al agua, no solo es esencial para satisfacer una necesidad biológica vital del ser humano como la de su ingesta, sino que también es igualmente necesaria para su higiene personal y doméstica relacionada directamente con su salud, al igual que resulta indispensable para su desarrollo económico, social y cultural que hacen posible su bienestar y el mantenimiento de la propia dignidad, lo que también incluye la conservación de un medio ambiente sostenible. Es decir, el ser humano depende del agua como condición previa para la realización de otros derechos humanos como el derecho a la vida, a la alimentación, a la salud, a un nivel de vida adecuado, a la vivienda, a la educación, al trabajo y la protección contra tratos o penas crueles, inhumanos o degradantes, además de ser un elemento esencial para lograr la igualdad de género, erradicar la discriminación y proteger a los

---

[327]   SALINAS ALCEGA, S.: «El derecho al agua como derecho humano. Contenido normativo y obligaciones de los Estados», en EMBID IRUJO, A.: *El derecho al agua*, Aranzadi, Cizur Menor, Navarra, 2006, p. 98.

grupos humanos más vulnerables como las personas carentes de recursos en las zonas rurales y urbanas, los niños, las mujeres, las personas con discapacidad, los refugiados y desplazados, y los pueblos indígenas.

El reconocimiento del derecho humano al agua arranca en 1948 con la *Declaración Universal de los Derechos Humanos* (DUDH),[328] que define los derechos que deben atribuirse a todo ser humano por el mero hecho de serlo. Cierto es que su artículo 3 proclama el derecho a la vida, con carácter general, cuyo disfrute está condicionado en lo más básico con el acceso al agua potable, y que el artículo 22 contempla el derecho a la satisfacción de los derechos económicos, sociales y culturales indispensables a su dignidad y al libre desarrollo de su personalidad, aunque debe prestarse una mayor atención al artículo 25, donde proclama el derecho a un nivel de vida adecuado: «Toda persona tiene derecho a un nivel de vida adecuado que le asegure, así como a su familia, la salud y el bienestar, y en especial la alimentación, el vestido, la vivienda, la asistencia médica y los servicios sociales necesarios…». Los redactores de la DUDH, al emplear en el artículo 25 las palabras «en especial» no hacen sino colegir que la referencia efectuada a «la alimentación, el vestido, la vivienda…» no era exhaustiva, sino simplemente indicativa de algunos de los elementos integrantes de un nivel de vida adecuado, por lo que no consideraron necesario incluir de forma explícita el agua en su listado de derechos al resultar obvio que esta resulta imprescindible tanto para la propia supervivencia del ser humano como para la obtención de un nivel de vida adecuado.

El mencionado artículo 25 de la DUDH se desdobla en el *Pacto Internacional de Derechos Económicos, Sociales y Culturales de 1966* (PIDESC)[329] en el derecho de toda persona a un nivel de vida adecuado

---

[328] ASAMBLEA GENERAL DE LAS NACIONES UNIDAS: *Resolución 217 A* (III), adoptada el 10 de diciembre de 1948.
[329] El *Pacto Internacional de Derechos Económicos, Sociales y Culturales* fue adoptado por la Asamblea General de las Naciones Unidas el 16 de diciembre de

para sí y su familia (artículo 11), y el derecho al disfrute del más alto nivel posible de salud física y mental (artículo 12). A su vez, el *Pacto Internacional de Derechos Civiles y Políticos de 1966* (PIDCP)[330] protege en su artículo 6 el derecho a la vida como derecho inherente a la persona humana, por lo que, implícitamente, está protegiendo el derecho humano al agua; asimismo, el artículo 7 prohíbe las torturas y las penas o tratos crueles, inhumanos o degradantes, como sería el caso de privar temporalmente del agua a cualquier persona. Igualmente, el artículo 1, común a ambos *Pactos,* dispone en su párrafo 2 que «en ningún caso podrá privarse a un pueblo de sus propios medios de subsistencia», lo que incluye la protección de los recursos hídricos.

Aunque desde el punto de vista formal la DUDH no es un instrumento jurídicamente vinculante, desde una perspectiva material, tras su aprobación en 1948 hasta la adopción de los *Pactos Internacionales de Derechos Humanos* en 1966, ha sido el único instrumento universal que establecía estándares sobre derechos humanos, además de utilizarse frecuentemente como referente de los derechos humanos tanto en las resoluciones aprobadas por la Asamblea General de las Naciones Unidas[331] como en la jurisprudencia del Tribunal Internacional de Justicia.[332]

1966 mediante la *Resolución 2200 A* (XXI), entrando en vigor el 3 de enero de 1976. *Vid.* NACIONES UNIDAS: *Treaty Series*, Vol. 993, p. 3.

[330] El *Pacto Internacional de Derechos Civiles y Políticos* fue adoptado por la Asamblea General de las Naciones Unidas el 16 de diciembre de 1966 mediante la *Resolución 2200 A* (XXI), entrando en vigor el 23 de marzo de 1976. *Vid.* NACIONES UNIDAS: *Treaty Series*, Vol. 999, p. 171.

[331] Es el caso, por ejemplo, de la *Resolución 41/117, Indivisibilidad e interdependencia de los derechos económicos, sociales, culturales, civiles y políticos,* de 4 de diciembre de 1986, donde se reafirma en el segundo párrafo del Preámbulo la *Declaración Universal de Derechos Humanos.*

[332] Como ejemplo, la Sentencia del Tribunal Internacional de Justicia de 24 de mayo de 1980 en el *Asunto sobre el personal diplomático y consular de Estados Unidos en Teherán,* donde en el párrafo 91 afirma: «...Wrongfully to deprive

Asimismo, se menciona explícitamente en un buen número de Convenciones internacionales[333] y de Constituciones estatales y legislación interna,[334] por lo que se ha convertido en un instrumento de valor normativo, afirmándolo así el Tribunal Internacional de Justicia en su *Opinión Consultiva sobre la legalidad de la amenaza o el empleo de armas nucleares*.[335]

El Derecho Internacional Humanitario ha reconocido explícitamente el derecho al agua en los *Convenios de Ginebra de 1949*, así como en los *Protocolos Adicionales I y II de 1977*, tal y como ha sido analizado

---

human beings of their freedom and to subject them to physical constraint in conditions of hardship is in itself manifestly incompatible with the principles of the Charter of the United Nations, as well as with the fundamental principles enunciated in the Universal Declaration of Human Rights …». *Vid.* TRIBUNAL INTERNA-CIONAL DE JUSTICIA: «United States Diplomatic and Consular Staff in Tehran, Judgment», *1. C. J. Reports 1980,* párr. 91, p. 42.

[333] Ente otras, la *Convención sobre los derechos del niño,* de 20 de noviembre de 1989, hace referencia en el párrafo tercero de su Preámbulo a la *Declaración Universal de Derechos Humanos* (NACIONES UNIDAS: *Treaty Series,* Vol. 1577, p. 3), así como la *Convención sobre los derechos de las personas con discapacidad,* de 13 de diciembre de 2006, en el párrafo b) de su Preámbulo (NACIONES UNIDAS: *Treaty Series,* Vol. 2515, p. 3).

[334] Sirva como ejemplo la *Constitución Española de 1978,* cuyo artículo 10.2 dispone: «Las normas relativas a los derechos fundamentales y a las libertades que la Constitución reconoce se interpretarán de conformidad con la Declaración Universal de Derechos Humanos y los tratados y acuerdos internacionales sobre las mismas materias ratificados por España» (BOE N.º 311 del 29 de diciembre de 1978). Asimismo, conforme al principio de legalidad establecido en el artículo 9.1 de la Constitución, la legislación interna no puede oponerse a lo establecido en la Constitución, por lo que toda normativa aprobada referida a los derechos humanos debe ser acorde a lo estipulado en la *Declaración Universal de los Derechos Humanos.*

[335] TRIBUNAL INTERNACIONAL DE JUSTICIA: «Legality of the Threat or Use of Nuclear Weapons, Advisory Opinion», *1. C. J. Reports 1996,* párr. 70, pp. 254-255.

anteriormente en este mismo Capítulo. De una manera también explícita, el derecho al agua ha sido reconocido en un buen número de Conferencias internacionales e instrumentos de contenido estrictamente político, carentes de valor jurídico, aunque crean obligaciones de carácter ético.

Igualmente, el derecho al agua subyace tanto de forma implícita como explícita en diversos tratados de derechos humanos de ámbito universal, en especial en los relacionados con la protección de ciertos colectivos especialmente vulnerables. Así, la *Convención sobre la eliminación de todas las formas de discriminación contra la mujer*, de 1979, insta en el artículo 14.2 a los Estados Parte a adoptar todas las medidas apropiadas para eliminar la discriminación contra la mujer en las zonas rurales y, en particular, a gozar de condiciones de vida adecuadas en distintas esferas, entre otras, la del abastecimiento de agua.[336] A su vez, la *Convención sobre los derechos del niño*, de 1989, reconoce en el artículo 24 la conexión existente entre el derecho al disfrute del más alto nivel posible de salud y el suministro de agua potable.[337] Para finalizar, la *Convención sobre los derechos de las personas con discapacidad*, de 2006, dispone en su artículo 28 que los Estados Parte reconocerán el derecho de las personas con discapacidad a gozar de un nivel de vida adecuado y protección social adoptando, entre otras medidas, asegurar en condiciones de igualdad el acceso de dichas personas a servicios de agua potable.[338]

A todo lo anterior cabe añadir la *Convención sobre el derecho de los usos de los cursos de agua internacionales para fines distintos de la navegación*, que

---

[336] *Convención sobre la eliminación de todas las formas de discriminación contra la mujer*, adoptada por la Asamblea General de las Naciones Unidas el 18 de diciembre de 1979. *Vid.* NACIONES UNIDAS: *Treaty Series*, Vol. 1249, p. 13.

[337] La *Convención sobre los derechos del niño* fue adoptada por la Asamblea General de las Naciones Unidas el 20 de noviembre de 1989. *Vid.* NACIONES UNIDAS: *Treaty Series*, Vol. 1577, p. 3.

[338] La *Convención sobre los derechos de las personas con discapacidad* fue adoptada por la Asamblea General de las Naciones Unidas el 13 de diciembre de 2006. *Vid.* NACIONES UNIDAS: *Treaty Series*, Vol. 2515, p. 3.

contempla en el artículo 10 como prioritario sobre otros usos la satisfacción de las necesidades humanas vitales, con lo que, indirectamente, está considerando el acceso al agua potable como un derecho.

Ya se ha puesto de manifiesto anteriormente que tanto el PIDCP como el PIDESC no mencionan en todo el texto la palabra «agua». La primera aproximación al derecho humano al agua efectuada por el Comité de Derechos Económicos Sociales y Culturales de las Naciones Unidas (CESCR), tuvo su origen, de forma indirecta, en la *Observación General N.° 4, El derecho a una vivienda adecuada (párrafo 1 del artículo 11 del Pacto)*,[339] de 1991. Posteriormente, la *Observación General N.° 6, Los derechos económicos, sociales y culturales de las personas mayores*,[340] en el párrafo 32, referido al artículo 11 del PIDESC (derecho a un nivel de vida adecuado) establece que «las personas de edad deberán tener acceso a alimentación, agua, vivienda, vestuario y atención de salud adecuados, mediante la provisión de ingresos, el apoyo de sus familias y de la comunidad y su propia autosuficiencia».

---

[339] El párrafo 8.b dispone lo siguiente: «Una vivienda adecuada debe contener ciertos servicios indispensables para la salud, la seguridad, la comodidad y la nutrición. Todos los beneficiarios del derecho a una vivienda adecuada deberían tener acceso permanente a recursos naturales y comunes, a agua potable, a energía para la cocina, la calefacción y el alumbrado, a instalaciones sanitarias y de aseo, de almacenamiento de alimentos, de eliminación de desechos, de drenaje y a servicios de emergencia». *Vid.* NACIONES UNIDAS. COMITÉ DE DERECHOS ECONÓMICOS, SOCIALES Y CULTURALES: *Doc. E/1992/23: Observación General N.° 4, El derecho a una vivienda adecuada (párrafo 1 del artículo 11 del Pacto)*, de 13 de diciembre de 1991.

[340] NACIONES UNIDAS. COMITÉ DE DERECHOS ECONÓMICOS, SOCIALES Y CULTURALES: *Doc. E/1996/22: Observación General N.° 6, Los derechos económicos, sociales y culturales de las personas mayores*, de 8 de diciembre de 1995.

Asimismo, la *Observación General N.º 13, El derecho a la educación (artículo 13 del Pacto)*,[341] alude en el párrafo 6.a a la necesidad de que los edificios dedicados a la docencia cuenten con «…instalaciones sanitarias para ambos sexos, agua potable…». A su vez, en la *Observación General N.º 14, El derecho al disfrute del más alto nivel posible de salud (artículo 12 del Pacto)*,[342] el CESCR reconoció en el párrafo 43.c como una de las obligaciones básicas de los Estados derivadas del derecho a la salud, «garantizar el acceso a un hogar, una vivienda y unas condiciones sanitarias básicos, así como a un suministro adecuado de agua limpia potable», además de citar con diferentes significados el acceso al agua potable una decena de veces más a lo largo de dicha *Observación General*.[343]

No obstante, el principal instrumento que concreta el derecho humano al agua es la *Observación General N.º 15, El derecho al agua*,[344] donde el CESCR lo definió como «el derecho de todos a disponer de agua suficiente, salubre, aceptable, accesible y asequible para el uso personal y doméstico». Sobre la base de dicha *Observación General N.º 15*, el 28 de julio de 2010 la Asamblea General de las Naciones Unidas aprobó por amplia mayoría la *Resolución 64/292, El derecho humano al agua y el saneamiento*, en la que se reconoce por primera vez que «el derecho al agua potable y el saneamiento es un derecho humano esencial

---

[341] NACIONES UNIDAS. COMITÉ DE DERECHOS ECONÓMICOS, SOCIALES Y CULTURALES: *Doc. E/C.12/1999/10: Observación General N.º 13, El derecho a la educación (artículo 13 del Pacto)*, de 8 de diciembre de 1999.

[342] NACIONES UNIDAS. COMITÉ DE DERECHOS ECONÓMICOS, SOCIALES Y CULTURALES: *Doc. E/C.12/2000/4: Observación General N.º 14, El derecho al disfrute del más alto nivel posible de salud (artículo 12)*, de 11 de mayo de 2000.

[343] *Vid.* párrafos 4, 11, 12.a., 12.b ii., 12.d., 15, 36, 40, 43.c., y 65.

[344] NACIONES UNIDAS. COMITÉ DE DERECHOS ECONÓMICOS, SOCIALES Y CULTURALES: *Doc. E/C.12/2002/11: Observación General N.º 15, El derecho al agua*, de 20 de enero de 2003.

para el pleno disfrute de la vida y de todos los derechos humanos»,[345] a la vez que exhorta a los Estados y las organizaciones internacionales a que «proporcionen recursos financieros y propicien el aumento de la capacidad y la transferencia de tecnología por medio de la asistencia y la cooperación internacionales, en particular a los países en desarrollo, a fin de intensificar los esfuerzos por proporcionar a toda la población un acceso económico al agua potable y el saneamiento».[346]

No termina aquí el reconocimiento del derecho al agua como derecho humano. El 30 de septiembre de 2010, el Consejo de Derechos Humanos, en la *Resolución 15/9, Los derechos humanos y el acceso al agua potable y el saneamiento*, afirma que «el derecho humano al agua potable y el saneamiento se deriva del derecho a un nivel de vida adecuado y está indisolublemente asociado al derecho al más alto nivel posible de salud física y mental, así como al derecho a la vida y la dignidad humana».[347]

A su vez, en 2013, la Asamblea General de las Naciones Unidas aprobó la *Resolución 68/157, El derecho humano al agua potable y el saneamiento*,[348] que sintetiza las tres principales definiciones conceptuales que se han emitido a nivel de Naciones Unidas sobre el derecho humano al agua y el saneamiento (*Observación General N.º 15, Resolución 64/292, Resolución 15/9*) donde, tras recordar que «el derecho humano al agua potable y el saneamiento se deriva del derecho a un nivel de vida adecuado y está indisolublemente asociado al derecho al más alto nivel posible de

---

[345] ASAMBLEA GENERAL DE LAS NACIONES UNIDAS: *Doc. A/RES /64/292, El derecho humano al agua y el saneamiento*, de 28 de julio de 2010, punto 1.

[346] *Ibidem.*, punto 2.

[347] ASAMBLEA GENERAL DE LAS NACIONES UNIDAS: *Doc. A/ HRC/RES/15/9, Los derechos humanos y el acceso al agua potable y el saneamiento*, de 30 de septiembre de 2010, punto 3.

[348] ASAMBLEA GENERAL DE LAS NACIONES UNIDAS: *Doc. A/68/ 157, El derecho humano al agua potable y el saneamiento*, de 18 de diciembre de 2013.

salud física y mental, así como al derecho a la vida y la dignidad humana»,[349] reafirma por consenso el reconocimiento de que este derecho humano «es un componente esencial para el pleno disfrute de la vida y de la realización de todos los derechos humanos».[350]

Con posterioridad, la *Resolución 70/169, Los derechos humanos al agua potable y el saneamiento*,[351] además de considerar por primera vez como derechos separados el acceso al agua potable y el saneamiento, estrechamente relacionados entre sí, pero con características particulares que justifican su tratamiento por separado a fin de abordar problemas específicos en su realización, afirma en el primer párrafo que «los derechos humanos al agua potable y el saneamiento como componentes del derecho a un nivel de vida adecuado son esenciales para el pleno disfrute del derecho a la vida y de todos los derechos humanos», y reconoce en el siguiente párrafo que ambos derechos son componentes del derecho a un nivel de vida adecuado, y que toda persona, sin discriminación alguna, tiene derecho, tanto «a agua suficiente, salubre, aceptable, físicamente accesible y asequible para uso personal y doméstico» como, en lo que respecta al saneamiento, «al acceso, desde el punto de vista físico y económico, en todas las esferas de la vida, a un saneamiento que sea salubre, higiénico, seguro, social y culturalmente aceptable y que proporcione intimidad y garantice la dignidad».

La fundamentación jurídica del reconocimiento del derecho humano al agua en el Derecho internacional procede de la interpretación que efectuó el CESCR en 2002, en su *Observación General N.º 15, El derecho al agua*, sobre los artículos 11 y 12 del PIDESC. De la lectura

---

[349] Párrafo 15 del Preámbulo de la *Resolución 68/157*.
[350] Punto 1 de la *Resolución 68/157*.
[351] ASAMBLEA GENERAL DE LAS NACIONES UNIDAS: *Doc. A/RES/ 70/169, Los derechos humanos al agua potable y el saneamiento*, de 17 de diciembre de 2015.

de estos artículos se deduce que los preceptos que contiene no se refieren específicamente al derecho al agua, sino que tratan del derecho a un nivel o calidad de vida adecuada y del derecho a la salud, respectivamente. El derecho humano al agua deriva entonces del derecho a un nivel o calidad de vida adecuada y del derecho a la salud, siendo indispensable para asegurar condiciones humanas mínimas de existencia.

Sobre la base de esta fundamentación, el CESCR definió el derecho humano al agua como «el derecho de todos a disponer de agua suficiente, salubre, aceptable, accesible y asequible para el uso personal y doméstico. Un abastecimiento adecuado de agua salubre es necesario para evitar la muerte por deshidratación, para reducir el riesgo de las enfermedades relacionadas con el agua y para satisfacer las necesidades de consumo y cocina y las necesidades de higiene personal y doméstica».[352]

Siguiendo con la *Observación General N.º 15*, los Estados Parte del PIDESC tienen como principales obligaciones en relación con el derecho al agua, las siguientes: *i)* garantizar el acceso a la cantidad esencial mínima de agua que sea suficiente y apta para el uso personal y doméstico y prevenir las enfermedades; *ii)* asegurar el derecho de acceso al agua y las instalaciones y servicios de agua sobre una base no discriminatoria, en especial a los grupos vulnerables o marginados; *iii)* garantizar el acceso físico y una distribución equitativa a las instalaciones o servicios de agua que proporcionen un suministro suficiente y regular de agua salubre situadas a una distancia razonable del hogar y dotadas de un número suficiente de salidas de agua para evitar tiempos de espera prohibitivos; y *iv)* velar por que no se vea amenazada la seguridad personal cuando las personas tengan que acudir a obtener el agua.[353]

---

[352]   Párrafo 2 de la *Observación General N.º 15*.
[353]   Párrafo 37 de la *Observación General N.º 15*.

Es de significar que las interpretaciones y recomendaciones del CESCR no tienen un valor verdaderamente vinculante, sin que ello signifique que no posean efectos jurídicos pues, en caso contrario, los mecanismos de control creados específicamente en los respectivos tratados de derechos humanos carecerían de toda razón de ser[354] o, lo que es lo mismo, al reconocer el Derecho internacional que el CESCR es competente para formular dichas interpretaciones o recomendaciones, se puede colegir entonces que las Observaciones Generales gozan de un cierto valor jurídico que los Estados deben respetar de buena fe.[355]

Toda vez que el derecho al agua está considerado como un derecho humano por un número creciente de Estados, en especial de África y América Latina,[356] al igual que el CESCR así lo hace constar en su *Observación General N.º 15*, unido a la existencia de un cierto número de resoluciones, tanto del Consejo de Derechos Humanos como de la propia Asamblea General de las Naciones Unidas que muestran una constante ratificación y evolución de este derecho, nos encontramos ante un marco instrumental dotado de valor normativo conforme a lo expuesto por el Tribunal Internacional de Justicia en su *Opinión Consultiva sobre la legalidad de la amenaza o el empleo de armas nucleares*.[357]

---

[354] SALADO OSUNA, A.: «Estudio sobre el Comentario General Número 24 del Comité de Derechos Humanos», *Anuario de Derecho Internacional*, XIV, 1998, p. 626.

[355] VILLÁN DURÁN, C.: «Obligaciones derivadas del derecho a la alimentación en el derecho internacional», en CÁTEDRA DE ESTUDIOS SOBRE HAMBRE Y POBREZA: *Derecho a la Alimentación y Soberanía Alimentaria*, Universidad de Córdoba, 2008, p. 53.

[356] PINTO, M.; TORCHIA, N. y MARTIN, L.: *El Derecho Humano al Agua. Particularidades de su reconocimiento, evolución y ejercicio*, 2ª edición, Abeledo Perrot, Buenos Aires, 2011.

[357] En concreto, el párrafo 70 afirma lo siguiente: «La Corte observa que las resoluciones de la Asamblea General, aunque no son vinculantes, pueden a veces tener valor normativo. En ciertas circunstancias pueden proporcionar pruebas importantes para determinar la existencia de una norma o

En resumen, de todo lo anteriormente expuesto se deduce que los tratados internacionales de derechos humanos no han reconocido de forma explícita el acceso al agua como un derecho fundamental del individuo, aunque se considera que el mismo, implícitamente, está contenido en otros como el derecho a una vivienda adecuada, al disfrute del más alto nivel posible de salud, o al derecho a la educación; es decir, el derecho al agua es un derecho que forma parte del derecho a un nivel de vida adecuado.[358] Únicamente en determinados tratados internacionales que protegen de manera específica los derechos humanos de ciertos colectivos especialmente vulnerables se contempla el derecho humano al agua de manera concreta. De ello se infiere que no existe un derecho fundamental al agua de carácter autónomo en el plano internacional general derivado del PIDESC y demás tratados citados anteriormente. No obstante, ante el creciente número de Estados que están reconociendo en su normativa interna este derecho, se observa a nivel internacional la incipiente cristalización de una posible costumbre al respecto.

---

la aparición de una *opinio juris*. Para saber si una determinada resolución de la Asamblea General cumple ese recaudo, hay que examinar su contenido y las condiciones en que se aprobó; también hay que ver si existe una *opinio juris* en cuanto a su carácter normativo. Puede ocurrir asimismo que una serie de resoluciones muestre la evolución gradual de la *opinio juris* necesaria para el establecimiento de una nueva norma». *Vid.* TRIBUNAL INTERNACIONAL DE JUSTICIA: «Legality of the Use by a State of Nuclear Weapons in Armed Conflict, Advisory Opinion», *op. cit.* La traducción oficial al español se encuentra en: ASAMBLEA GENERAL DE LAS NACIONES UNIDAS: *Doc. A/51/218, Opinión consultiva de la Corte Internacional de Justicia sobre la legalidad de la amenaza o el empleo de armas nucleares, op. cit.*

[358] DURÁN LALAGUNA, P.: «Derechos humanos y Naciones Unidas. El caso del derecho a un adecuado nivel de vida», en VV.AA.: *Teoría de la justicia y derechos fundamentales. Estudios en homenaje al profesor Gregorio Peces-Barba*, Vol. III, Dykinson, S. L., 2008, p. 517.

1.b. *El derecho al agua en el ámbito regional*

En el ámbito regional, en África, de forma implícita, el derecho al agua se reconoce en la *Carta Africana de los Derechos del Hombre y de los Pueblos*,[359] de 1981, donde el artículo 16 proclama el derecho de toda persona a gozar del mejor estado de salud física y mental. La Comisión Africana de los Derechos del Hombre y de los Pueblos ha reconocido la conexión de este derecho con el acceso al agua potable en el *Asunto Free Legal Assistance Group and Others v. Zaire, Communications 25/89, 47/90, 56/91, 100/93*, de octubre de 1995, declarando en su Decisión relativa a estos asuntos acumulados que la incapacidad del Zaire para proporcionar servicios tan básicos como el agua potable, la electricidad y la escasez de medicamentos constituía una violación del artículo 16 de la *Carta*.[360]

La primera mención explícita al derecho al agua se produce en la *Convención africana para la conservación de la naturaleza y los recursos naturales*,[361] de 1968, cuyo artículo 5.1 establece que los Estados contratantes se esforzarán por garantizar a las poblaciones un abastecimiento suficiente y continuo de agua apropiada. Asimismo, la *Carta Africana de los*

---

[359] La *Carta Africana de los Derechos del Hombre y de los Pueblos (Carta de Banjul)* fue concluida en el marco de la Organización de la Unidad Africana, en Nairobi, el 27 de junio de 1981. *Vid.* NACIONES UNIDAS: *Treaty Series*, Vol. 1520, p. 217.

[360] Párrafo 47 de la Decisión. *Vid. Free Legal Assistance Group and Others v. Zaire, African Commission on Human and Peoples' Rights, Comm. N.° 25/89, 47/90, 56/91, 100/93 (1995)*. Disponible en: <https://www.escr-net.org/caselaw/2008/free-legal-assistance-group-and-others-v-zaire-comm-no-2589-4790-5691-10093> (última consulta: 24/04/2020).

[361] La *Convención africana para la conservación de la naturaleza y los recursos naturales* fue adoptada en el marco de la Organización de la Unidad Africana en Argel, el 15 de septiembre de 1968. *Vid.* UNIÓN AFRICANA: *OAU/AU Treaties, Conventions, Protocols & Charters: OAU Doc. CAB/LEG/24.1 (1968)*, disponible en: <http://au.int/en/treaties> (última consulta: 24/04/2020).

Derechos y el Bienestar del Niño,[362] de 1990, reconoce en su artículo 14 el derecho del niño a gozar del mejor estado de salud física, mental y espiritual posible, adoptando los Estados Parte las medidas necesarias y, entre otras, garantizando el suministro de alimentos nutritivos adecuados y de agua salubre.

A su vez, *la Carta de aguas del río Senegal*,[363] de 2002, firmada por Mali, Mauritania y Senegal, en el último párrafo del artículo 4 garantiza, en la distribución de las aguas, la observación del derecho humano fundamental al agua potable a las poblaciones ribereñas desde la perspectiva del desarrollo sostenible y, de manera similar, el *Protocolo a la Carta Africana de los Derechos del Hombre y de los Pueblos relativo a los* Derechos de la *Mujer en África*,[364] de 2003, dispone en su artículo 15 que los Estados deberán tomar las medidas necesarias para asegurar a las mujeres el acceso al agua potable limpia. En parecidos términos se expresa la *Carta del agua de la cuenca del lago Chad*, de 2012, cuyo artículo 72 afirma el derecho al agua y el saneamiento para la población de los Estados Parte,

---

[362] La *Carta Africana de los Derechos y el Bienestar del Niño* fue aprobada en el marco de la Organización de la Unidad Africana el 1 de julio de 1990. *Vid.* UNIÓN AFRICANA: *OAU/AU Treaties, Conventions, Protocols & Charters: OAU Doc. CAB/LEG/24.9/49 (1990)*, disponible en: <http://au.int/en/treaties> (última consulta: 24/04/2020).

[363] ORGANIZACIÓN PARA LA PUESTA EN VALOR DEL RÍO SENEGAL (OMVS): *Resolution N.º 005/CGEG du 28 mai 2002: Charte des eaux du fleuve Senegal.* Texto disponible en: <http://www.portail-omvs.org/sites/default/files/fichierspdf/charte_des_eaux_du_fleuve_senegal.pdf.> (última consulta: 24/04/2020).

[364] El *Protocolo sobre los Derechos de la Mujer en África* fue adoptado en el marco de la Organización de la Unidad Africana en Maputo, el 11 de julio de 2003. *Vid.* UNIÓN AFRICANA: *OAU/AU Treaties, Conventions, Protocols & Charters*, disponible en: <http://au.int/en/treaties> (última consulta: 24/04/2020).

añadiendo que se trata de un derecho humano fundamental, igualmente necesario para la dignidad humana.[365]

Por último, tanto el Preámbulo como el artículo 13.i del *Memorando de Entendimiento para el establecimiento de un mecanismo de consulta para la gestión integrada de los recursos hídricos de los Sistemas Acuíferos de Iullemeden y Taoudeni/Tanezrouft*, de 2014, contemplan de manera expresa el derecho de acceso al agua procedente de dichos sistemas acuíferos a las poblaciones ribereñas.

En el caso de Europa son muy escasos los problemas de acceso al agua potable, razón por la cual el reconocimiento del derecho al agua ha sido más tardío que en el continente africano. El primer instrumento que lo considera es la *Carta Social Europea*,[366] de 1961, donde el derecho al agua está contemplado de manera implícita en el artículo 11, dedicado al derecho a la protección de la salud; a ella seguiría la *Carta Europea de Recursos Hídricos*, de 2001, cuyo Principio 5 dispone que «todas las personas tienen derecho a disponer de agua en cantidad suficiente para satisfacer sus necesidades esenciales».[367]

---

[365]   La *Carta del agua de la cuenca del lago Chad*, fue adoptada en N'Djamena (Chad) el 30 de abril de 2012 por Camerún, Chad, Libia, Niger, Nigeria y República Centroafricana. Texto disponible en: <isponhttps://www.africanwaterfacility.org/fileadmin/uploads/awf/Projects/MULTIN-LAKECHAD-Water-Charter.pdf> (última consulta: 24/04/2020).

[366]   La *Carta Social Europea* fue adoptada por los Estados Miembros del Consejo de Europa en Turín, el 18 de octubre de 1961 (NACIONES UNIDAS: *Treaty Series*, Vol. 529, p. 89). Ha sido revisada el 3 de mayo de 1996 (NACIONES UNIDAS: *Treaty Series*, Vol. 2151, p. 277).

[367]   CONSEJO DE EUROPA: *Recomendación (2001) 14 del Comité de Ministros a los Estados Miembros sobre la Carta Europea de Recursos Hídricos*, de 17 de octubre de 2001. Texto disponible en la página Web del CONSEJO DE EUROPA: <http://www.coe.int/en/web/cm/adopted-texts> (última consulta: 24/04/2020).

En el marco convencional, el principal instrumento es el *Proto-colo sobre el agua y la salud al Convenio de 1992 sobre la protección y uso de los cursos de agua transfronterizos y los lagos internacionales*,[368] de 1999, cuyo artículo 4.2 establece como una de las obligaciones de los Estados Parte la de tomar las medidas necesarias para abastecer a la población de agua potable salubre y exenta de agentes y sustancias que constituyan un peligro potencial para la salud humana, así como del adecuado saneamiento. A su vez, el artículo 5 fija como uno de los principios y orientaciones el de asegurar a toda la población, y en especial a las personas desfavorecidas o que sufran exclusión social, un acceso al agua equitativo y adecuado desde el punto de vista cualitativo y cuantitativo, estableciendo como objetivos en el siguiente artículo el acceso generalizado al agua potable para todos y al saneamiento.

Al contrario que en África y Europa, en Asia no existe un sistema de protección de los derechos humanos, limitándose el reconocimiento del derecho al agua a declaraciones de carácter estrictamente político como la emitida con motivo de la celebración en diciembre de 2007 de la *Primera Cumbre del Agua Asia-Pacífico,* conocida como *Mensaje de Beppu,* en cuyo primer párrafo se reconoce el derecho humano al agua potable y al saneamiento básico como un derecho humano básico y un aspecto fundamental de la seguridad humana;[369] o la *Declaración de*

---

[368] El *Protocolo sobre el agua y la salud al Convenio de 1992 sobre la protección y uso de los cursos de agua transfronterizos y los lagos internacionales* fue concluido en Londres el 17 de junio de 1999, afectando a los Estados signatarios que forman parte de la Comisión Económica para Europa de las Naciones Unidas (CEPE), constituida por 56 Estados pertenecientes a América del Norte, Asia y Europa. Texto del Protocolo disponible en: <http://www.unece.org/fileadmin/DAM/env/documents/2000/wat/mp.wat.2000.1.e.pdf> (última consulta: 24/04/2020).

[369] El *Mensaje de Beppu,* fue adoptado por unanimidad por los representantes de los 36 países asistentes a la *Primera Cumbre del Agua Asia-Pacífico* celebrada en Beppu, Japón, los días 3 y 4 de diciembre de 2007. Texto disponible en la página Web del FORO DEL AGUA ASIA-PACÍFICO: <http://www.apwf.org> (última consulta: 24/04/2020).

Nueva Delhi, aprobada en la *Tercera Conferencia sobre Saneamiento del Asia Meridional* (SACOSAN III),[370] donde se reconoce como un derecho básico el acceso al agua potable y al saneamiento.

En lo que respecta al continente americano, el derecho al agua se encuentra reconocido implícitamente como derecho humano, en cuanto componente esencial de otros derechos humanos, en la *Declaración Americana de los Derechos y Deberes del Hombre de 1948*[371] donde, además de consagrar en su primer artículo el derecho a la vida, contempla en el artículo 11 el derecho a la preservación de la salud y al bienestar.

La Corte Interamericana de Derechos Humanos[372] ha resaltado la conexión existente entre el acceso al agua y el derecho a la salud y otros derechos, entre otros, en el *Caso Comunidad indígena Yakye Axa Vs. Paraguay*.[373] Asimismo, en el *Caso Comunidad indígena Xákmok Kásek*

---

[370] La *Tercera Conferencia sobre Saneamiento del Asia Meridional (SACOSAN III)* se celebró en Nueva Delhi los días 16 al 21 de noviembre de 2008, aprobando los representantes de los ocho Estados participantes una declaración final conocida como *Declaración de Nueva Delhi* Texto de la Declaración disponible en: <www.wateraid.org/~/media/Publications/delhi-declaration.pdf> (última consulta: 24/04/2020).

[371] La *Declaración Americana de los Derechos y Deberes del Hombre* fue aprobada el 2 de mayo de 1948 por la *Resolución XXX del Acta Final de la Novena Conferencia Internacional Americana* celebrada en Bogotá, Colombia. Texto disponible en: <http://www.oas.org/es/cidh/mandato/Basicos/declaracion.asp> (última consulta: 24/04/2020).

[372] La Corte Interamericana de Derechos del Hombre fue creada por la *Convención Americana sobre Derechos Humanos (Pacto de San José de Costa Rica)*, suscrita en el marco de la Organización de los Estados Americanos (OEA) en San José, Costa Rica, el 22 de noviembre de 1969. *Vid.* NACIONES UNIDAS: *Treaty Series*, Vol. 1144, p. 123.

[373] En concreto, el párrafo 167 de la Sentencia dispone lo siguiente: «Las afectaciones especiales del derecho a la salud, e íntimamente vinculadas con él, las del derecho a la alimentación y el acceso al agua limpia impactan de manera aguda el derecho a una existencia digna y las condiciones básicas

Vs. Paraguay, la Corte consideró el acceso al agua como un derecho al analizar el contenido del derecho a una vida digna desde la perspectiva del acceso y calidad del agua, determinando que el Estado no había suministrado a la Comunidad indígena agua en una cantidad suficiente y calidad adecuada para garantizar un abastecimiento para los mínimos requerimientos, lo cual los expone a riesgos y enfermedades.[374]

Al igual que ocurre con la DUDH, la Corte ha interpretado que la Declaración, en principio carente de valor jurídico, en lo pertinente y en relación con la *Carta de la Organización de los Estados Americanos* (OEA),[375] constituye una fuente de obligaciones internacionales para los Estados Miembros de la OEA.[376]

De manera explícita, el *Protocolo Adicional a la Convención Americana sobre Derechos Humanos en Materia de Derechos Económicos, Sociales y Culturales (Protocolo de San Salvador),*[377] de 1988, reconoce en su artículo

---

para el ejercicio de otros derechos humanos, como el derecho a la educación o el derecho a la identidad cultural. En el caso de los pueblos indígenas el acceso a sus tierras ancestrales y al uso y disfrute de los recursos naturales que en ellas se encuentran están directamente vinculados con la obtención de alimento y el acceso a agua limpia...». *Vid.* CORTE INTERAMERICANA DE DERECHOS HUMA-NOS: *Caso Comunidad indígena Yakye Axa Vs. Paraguay, Sentencia de 17 de junio de 2005.*

[374] CORTE INTERAMERICANA DE DERECHOS HUMANOS: *Caso Comunidad indígena Xákmok Kásek Vs. Paraguay, Sentencia de 24 de agosto de 2010,* párrs. 194 a 196.

[375] La *Carta de la Organización de los Estados Americanos* (OEA) fue suscrita el 30 de abril de 1948 en el marco de la Novena Conferencia Internacional Americana celebrada en Bogotá, Colombia, entrando en vigor el 13 de diciembre de 1951. *Vid.* NACIONES UNIDAS: *Treaty Series,* Vol. 119, p. 3.

[376] CORTE INTERAMERICANA DE DERECHOS HUMANOS: *Opinión Consultiva OC 10/89: Interpretación de la Declaración Americana de Derechos y Deberes del Hombre en el marco del art. 64 de la Convención Interamericana sobre Derechos Humanos,* de 14 de julio de 1989, párrs. 41-42.

[377] El *Protocolo Adicional a la Convención Americana sobre Derechos Humanos en Materia de Derechos Económicos, Sociales y Culturales (Protocolo de San Salvador),* fue

11 el derecho a un medio ambiente sano y a contar con servicios públicos básicos, lo que incluye el derecho humano de acceso al agua potable y el saneamiento. Igualmente, en la *Declaración de Principios de Santa Cruz de la Sierra*, efectuada con motivo de la *Cumbre de las Américas Sobre Desarrollo Sostenible*, de 1996, el punto 10.b hace alusión a la promoción del acceso equitativo y efectivo de abastecimiento de agua potable,[378] y su *Plan de Acción* contempla en la *Iniciativa I* reforzar los programas para aumentar el acceso al agua segura y potable.[379] Asimismo, la *Carta Social de las Américas*,[380] de 2012, considera en su artículo 20 el acceso al agua y a los servicios de saneamiento como derecho que debe ser satisfecho por los poderes públicos.

A su vez, la *Declaración Latinoamericana de Derechos Humanos*,[381] de 2009, en el Quinto Considerando del Preámbulo afirma que «el

---

adoptado en el seno de la Organización de los Estados Americanos (OEA) el 17 de noviembre de 1988. Texto disponible en: <http://www.oas.org/juridico/spanish/tratados/a-52.html> (última consulta: 25/04/2020).

[378] *Declaración de Principios de Santa Cruz de la Sierra*, efectuada con motivo de la *Cumbre de las Américas Sobre Desarrollo Sostenible*, celebrada en Santa Cruz de la Sierra (Bolivia), los días 7 y 8 de diciembre de 1996. Texto disponible en: <http://www.summit-americas.org/summit_sd/summit_sd_dec_sp.pdf> (última consulta: 25/04/2020).

[379] *Plan de Acción para el Desarrollo Sostenible de las Américas*, aprobado en la *Cumbre de las Américas Sobre Desarrollo Sostenible*. Texto disponible en: <http://www.summit-americas.org/summit_sd/summit_sd_poa_sp. pdf> (última consulta: 25/04/2020).

[380] La *Carta Social de las Américas* fue aprobada en el marco de la OEA el 4 de junio de 2012, en la segunda sesión plenaria, celebrada en Cochabamba, Bolivia. Texto disponible en: <https://www.oas.org/docs/publications/carta_social_de_las_americas.doc> (última consulta: 25/04/2020).

[381] La *Declaración Latinoamericana de Derechos Humanos* fue aprobada en la XXV Asamblea Ordinaria del Parlamento Latinoamericano en Panamá el 3 de diciembre de 2009. *Declaración AO/2009/30*. Texto disponible en: <http://www.parlatino.org/pdf/organos-principales/asamblea/declaraciones-resoluciones-actuales/pma-3-12-2009/declaraciones/declaracion8-latinoamericana-derechos-humanos.pdf> (última consulta: 25/04/2020).

derecho fundamental a la vida supone el derecho al agua y éste a su vez, supone el derecho intergeneracional de acceso al agua», y el punto 8 de la Declaración corrobora que el derecho al agua es un derecho humano fundamental, inherente a la vida y dignidad humanas, por lo que toda la población latinoamericana es titular del derecho fundamental de acceso seguro al agua en adecuada cantidad y calidad para todos.

De lo anterior se puede colegir que el derecho al agua en el continente americano no se encuentra reconocido como un derecho autónomo, aunque el Sistema Interamericano ha avanzado decididamente en la protección del acceso al agua como una garantía ineludible para la satisfacción de otros derechos, existiendo para la Corte Interamericana de Derechos Humanos la obligación de los Estados de garantizar el acceso al agua.[382]

A pesar de lo anteriormente expuesto, el reconocimiento del derecho al agua dista de ser un tema pacífico. Así, la inclusión del derecho al agua en las Constituciones de algunos países, en particular latinoamericanos, ha llevado a que algunas de ellas prohíban de manera expresa la privatización del agua y de la gestión de los servicios relacionados con ella. Ello tiene consecuencias en las respectivas legislaciones internas, toda vez que impide que se efectúen concesiones administrativas sobre derechos de agua y de gestión por empresas privadas, en especial sobre los servicios de agua potable y saneamiento. Esta es la principal razón para que muchos países no incluyan el derecho humano al agua en sus respectivas Constituciones.

Son los países en desarrollo, por tanto, quienes han incluido el derecho al agua en sus Constituciones, aunque se da la paradoja de que

---

[382] ORGANIZACIÓN DE LOS ESTADOS AMERICANOS (OEA): *Informe Anual 2015 de la Corte Interamericana de Derechos Humanos (CIDH). Capítulo IV.A: Acceso al agua en las Américas. Una aproximación al derecho humano al agua en el Sistema Interamericano*, OEA/Ser.L/V/II. *Doc. 48/15*, del 31 de diciembre de 2015, párr. 149.

también son los que en mayor medida carecen de los recursos económicos necesarios para asumir la responsabilidad de hacer realidad este derecho y, en consecuencia, los que presentan los niveles de eficacia más limitados para satisfacerlo, lo que se traduce en situaciones de presencia meramente simbólica del derecho al agua en sus normas, no rebasando el plano teórico de su implementación. A su vez, los países desarrollados, al contar con unos niveles de satisfacción del derecho al agua muy superior a los de otros continentes y regiones, en especial África y América Latina, no han modificado sus normas para incluir el derecho al agua en el plano interno, siendo además muy reacios a su reconocimiento expreso. Aun así, han mostrado un especial interés en la conceptualización del referido derecho.

2.   Factores que caracterizan el derecho al agua

Para el CESCR, tal y como lo expone en la *Observación General N.º 15*, el derecho al agua entraña tanto libertades como derechos. Las libertades son el derecho a mantener el acceso a un suministro de agua necesario para ejercer el derecho al agua y el derecho a no ser objeto de injerencias, como, por ejemplo, a no sufrir cortes arbitrarios del suministro o a la no contaminación de los recursos hídricos. En cambio, los derechos comprenden el derecho a un sistema de abastecimiento y gestión del agua que ofrezca a la población iguales oportunidades de disfrutar del derecho al agua.[383]

De la definición del derecho humano al agua efectuada por el Comité como «el derecho de todos a disponer de agua suficiente, salubre, aceptable, accesible y asequible para el uso personal y doméstico», se extraen los factores que lo caracterizan, y que se analizan a continuación.

---

[383]   Párrafo 10 de la *Observación General N.º 15*.

En lo que respecta a la disponibilidad, el abastecimiento de agua de cada persona debe ser continuo y suficiente para los usos personales y domésticos. Esos usos comprenden normalmente el consumo, el saneamiento, la colada, la preparación de alimentos y la higiene personal y doméstica. La cantidad de agua disponible para cada persona debería corresponder a las directrices de la Organización Mundial de la Salud (OMS).[384] También es posible que algunos individuos y grupos necesiten recursos de agua adicionales en razón de la salud, el clima y las condiciones de trabajo.

Asimismo, el agua necesaria para cada uso personal o doméstico debe ser salubre, es decir, dotada de una mínima calidad, y, por tanto, no ha de contener microorganismos o sustancias químicas o radiactivas que puedan constituir una amenaza para la salud de las personas. Además, el agua debería tener un color, olor y sabor aceptables para cada uso personal o doméstico.[385]

A su vez, el agua y sus instalaciones y servicios deben ser accesibles para todos, sin discriminación alguna. La accesibilidad presenta cuatro dimensiones superpuestas: *i) física*: el agua y sus instalaciones y servicios deben estar al alcance físico de todos los sectores de la población de tal manera que se pueda acceder a un suministro de agua suficiente, salubre y aceptable en cada hogar, institución educativa o lugar

---

[384] La OMS ha determinado que son suficientes de 50 a 100 litros diarios por persona para cubrir las necesidades básicas, estableciendo 20 litros de agua potable por persona como la cantidad mínima por debajo de la cual se entiende que no existe un abastecimiento de agua digno. *Vid.* HOWARD, G. and BARTRAM, J.: *Domestic Water Quantity, Service Level and Health*, OMS, 2003, p. 28.

[385] Párrafo 12 de la *Observación General N.º 15*. El Comité remite a los Estados Parte a la publicación OMS: *Guías para la calidad del agua potable*, segunda edición, Vols. 1 a 3, Ginebra, 1993, (*Nota:* la última actualización de las *Guías* corresponde a la cuarta edición, de 2018).

de trabajo o en sus cercanías inmediatas;[386] *ii*) *económica*: el agua y los servicios e instalaciones de agua deben estar al alcance de todos, debiendo ser asequibles los costes directos e indirectos asociados con el abastecimiento de agua, de tal manera que no comprometan ni pongan en peligro el ejercicio de otros derechos reconocidos en el Pacto;[387] *iii*) *no discriminatoria*: el agua y los servicios e instalaciones de agua deben ser accesibles a todos de hecho y de derecho, incluso a los sectores más vulnerables y marginados de la población, sin discriminación alguna; y *iv*) *acceso a la información*: la accesibilidad comprende el derecho de solicitar, recibir y difundir información sobre las cuestiones del agua.[388]

III.   EL AGUA Y EL DERECHO INTERNACIONAL DEL MEDIO AMBIENTE

A comienzos de la década de 1970 se hizo evidente la naciente preocupación de la comunidad internacional por la progresiva degradación del medio ambiente, del que forman parte los recursos hídricos. El incremento demográfico y de la tasa de urbanización, los efectos adversos atribuidos al cambio climático, los fertilizantes y plaguicidas utilizados en la agricultura, el escaso tratamiento de las aguas residuales, la mayor diversificación de los usos de los recursos hídricos y la construcción de grandes obras hidráulicas han provocado la sobreexplotación y contaminación de la mayor parte de los cursos de agua, contribuyendo de esta manera a degradar el medio ambiente, con el consiguiente perjuicio de su integridad.

---

[386]   *Vid.* igualmente la *Observación General N.º 4* (1991), párr. 8.b; la *Observación General N.º 13* (1999), párr. 6.a; y la *Observación General N.º 14* (2000), párrs. 8.a y 8.b. El hogar puede ser tanto una vivienda permanente o semipermanente como un lugar de alojamiento provisional.

[387]   Párrafo 12 de la *Observación General N.º 15*.

[388]   Párrafo 48 de la *Observación General N.º 15*.

La protección del medio ambiente ha sido objeto, desde entonces, de un buen número de Conferencias internacionales e, igualmente, de la correspondiente actividad convencional, aspectos que serán analizados a continuación, haciendo visible así la interdependencia existente entre las actividades humanas y la integridad del medio ambiente y, consecuentemente, hace necesario compatibilizar ambos aspectos. Toda vez que las preocupaciones medioambientales deben integrarse en la gestión y la regulación de los recursos hídricos, a este proceso de integración se ha empezado a denominar «enverdecimiento» o «ecologización» del Derecho de Aguas, entendido como «un esfuerzo teórico a la vez que práctico por implementar la armonía que debe existir entre la satisfacción de las necesidades hídricas y la protección del medio ambiente mediante la modificación del régimen jurídico que regula la gestión y la asignación de los recursos de agua dulce».[389]

1. Características del Derecho Internacional del Medio Ambiente

El medio ambiente comprende los recursos naturales tanto abióticos como bióticos, es decir, el aire, el agua, el suelo, la fauna y la flora, así como la interacción entre ellos, a los que cabe añadir los aspectos característicos del paisaje, según la definición efectuada por la Comisión de Derecho Internacional.[390] El Tribunal Internacional de Justicia, en su *Opinión Consultiva sobre la legalidad de la amenaza o el empleo de las armas nucleares*, de 8 de julio de 1996, reconoció que «el medio ambiente no es un concepto abstracto, sino que representa el espacio

---

[389] PNUMA (Programa de las Naciones Unidas para el Medio Ambiente): *El enverdecimiento del derecho de aguas: la gestión de los recursos hídricos para los seres humanos y el medio ambiente*, Nairobi, 2010, p. 27.

[390] ASAMBLEA GENERAL DE LAS NACIONES UNIDAS. COMISIÓN DE DERECHO INTERNACIONAL (CDI): *Informe preliminar sobre la protección del medio ambiente en relación con los conflictos armados. Presentado por Marie G. Jacobsson, Relatora Especial*, 66º periodo de sesiones, Ginebra, 5 de mayo a 6 de junio y 7 de julio a 8 de agosto de 2014. *Doc. A/CN.4/674*, párr. 86.

viviente, la calidad de vida y la salud misma de los seres humanos, en particular de las generaciones venideras».[391]

Como resultado de la interacción del ser humano con la naturaleza, en el medio ambiente se integran los efectos de las diferentes actividades humanas. Asimismo, el medio ambiente natural forma una unidad a escala universal en la que los recursos naturales están interrelacionados, proporcionando a la biosfera el equilibrio necesario para que subsistan y se desarrollen las distintas formas de vida. La alteración tanto cualitativa como cuantitativa de estos recursos naturales modifica el equilibrio ecológico y puede ocasionar graves daños a los seres vivos que se traduce en una disminución del bienestar de los seres humanos.

La ejecución de determinadas actividades humanas, en especial a partir de la segunda mitad del siglo XX, aplicando políticas económicas, sociales y culturales que ignoraban el impacto medioambiental de la explotación abusiva de los recursos naturales hasta niveles difícilmente sostenibles, han producido graves alteraciones del equilibrio ecológico que se han materializado en daños tanto al medio ambiente como a las personas, en muchas ocasiones con carácter transfronterizo. Otro tanto cabe decir de la utilización de determinadas sustancias y tecnologías potencialmente dañinas que deterioraban el medio ambiente al generar residuos y un grado de contaminación por encima del nivel de capacidad de absorción del medio ambiente para hacerlos inocuos. Asimismo, el cambio climático, la destrucción de la capa de

---

[391] ASAMBLEA GENERAL DE LAS NACIONES UNIDAS: *Doc. A/51/ 218, Opinión consultiva de la Corte Internacional de Justicia sobre la legalidad de la amenaza o el empleo de armas nucleares, op. cit.*, párr. 29.

ozono, la lluvia ácida, el efecto invernadero, la pérdida de la biodiversidad, la deforestación y el incremento de la desertificación, son efectos
atribuidos a la contaminación producida por la actividad humana.[392]

En el ámbito de los recursos hídricos, numerosos cursos de
agua transfronterizos se encuentran sobreexplotados o contaminados
a consecuencia del aumento de la presión demográfica y la diversificación de los usos de sus aguas. Un ejemplo significativamente preocupante lo constituye el caso del mar de Aral, situado entre Kazajistán y
Uzbekistán, en Asia central, que era el cuarto lago más grande del
mundo en la década de 1960, y ha visto reducida drásticamente su superficie en la actualidad a menos de la décima parte de su tamaño original a consecuencia de los trasvases de agua para el cultivo de algodón
realizados por la antigua Unión Soviética de los ríos Amu Daria y Sir
Daria que en él confluyen, llegando a quedar dividido en 1990 en dos
cuerpos de agua: el Mar de Aral Norte y el Mar de Aral Sur; además,
los vertidos de residuos de fertilizantes y pesticidas han provocado un
alto índice de salinización y contaminación, destruyendo su industria
pesquera.[393] Otro caso de especial gravedad lo constituye el lago Victoria, el más grande de África, gravemente amenazado por los impactos
medioambientales ocasionados por la contaminación química y de residuos, la sobreexplotación de la pesca, la plaga de especies invasoras,
la proliferación de algas que asfixian la flora y la fauna, y la reducción
del volumen de sus aguas.[394]

---

[392]   TYAGI, S.; GARG, N. and PAUDEL, R.: «Environmental Degradation:
Causes and Consequences», *European Researcher*, Vol. 81, N.º 8-2, 2014, pp.
1492-1496.
[393]   MICKLIN, P.: «The Aral Sea Disaster», *The Annual Review of Earth and
Planetary Sciences*, Vol. 35, 2007, pp. 47-72.
[394]   *Vid.* COMISIÓN DE LA CUENCA DEL LAGO VICTORIA:
<https://www.lvbcom.org/> (última consulta: 03/05/2020).

El incremento de la preocupación del ser humano por la creciente degradación del medio ambiente que afecta a su bienestar motivó que el Derecho se ocupara de manera específica de su protección, surgiendo así el Derecho Internacional del Medio Ambiente, al que cabe definir como el sector de las normas del ordenamiento jurídico internacional que tiene por objeto la protección del medio ambiente, es decir, proteger y preservar la biosfera y sus ecosistemas del deterioro y los desequilibrios causados por la actividad humana. Como principales características son de destacar su orientación preventiva y el carácter funcional con una finalidad eminentemente protectora, así como su multidimensionalidad, integrada por diferentes elementos de carácter ecológico, económico y político.[395]

Normalmente, los tratados medioambientales concluidos tienen carácter sectorial, al ser adoptados para tratar de resolver las cuestiones medioambientales más urgentes en el momento en que se concluyen. Suelen tener un formato dual, compuesto por el articulado, que establece las obligaciones de las Partes, y los anexos, que contienen disposiciones de carácter científico y técnico. Asimismo, por su complejidad y dificultad de implementación, y al requerir una aplicación continuada desde su entrada en vigor, tienden a la institucionalización, siendo entonces necesario establecer mecanismos institucionales de seguimiento que supervisen su cumplimiento y los avances y dificultades encontradas durante su ejecución.

Otra característica significativa es la gran importancia que han adquirido en este sector del ordenamiento jurídico internacional las llamadas normas *soft law* (resoluciones, declaraciones, programas, estrategias, actas finales de Conferencias internacionales, informes de grupos de expertos, etc.), tratándose de un recurso que permite proyectar principios y criterios jurídicos medioambientales no vinculantes, aunque

---

[395]   JUSTE RUIZ, J.: *Derecho Internacional del Medio Ambiente*. Ed. Mc Graw-Hill, Madrid, 1999. p. 44.

marcan la dirección a seguir en el futuro por las normas, ya sean nacionales o internacionales.[396]

2. El agua como elemento integrante del medio ambiente

El agua es un componente más del medio ambiente, por lo que las normas medioambientales son aplicables y exigibles a los recursos hídricos tanto a nivel internacional como nacional y local. El Derecho Internacional del Medio Ambiente contribuye, por tanto, a la protección y gestión eficiente de los recursos hídricos, cuyos principios y normas se han incorporado a un buen número de tratados sobre recursos hídricos transfronterizos.

Son numerosos los ejemplos de interrelación del agua con el medio ambiente que resaltan la labor que el Derecho Internacional del Medio Ambiente desempeña en la protección de los recursos hídricos. Uno de ellos lo constituyen las modificaciones a gran escala efectuadas en los cursos de agua. Hasta finales del siglo XIX, los ríos fluían libremente desde su nacimiento hasta su desembocadura, siendo la única preocupación evitar cualquier tipo de obra que dificultase la navegación fluvial. Posteriormente, la construcción de presas y de canales de regadío ha facilitado el control del caudal de los cursos de agua y su aprovechamiento para el abastecimiento de poblaciones, para la generación de electricidad y el incremento de la superficie de tierras dedicadas a la agricultura, todo ello a costa de perpetrar cambios físicos en el ciclo hidrológico que causan daños irreparables a los ecosistemas fluviales.

Como ejemplo, la presa de Asuán en el Nilo, construida para controlar las crecidas del río y producir energía hidroeléctrica, ha supuesto la desaparición de especies animales que efectuaban migraciones a lo largo del río, los sedimentos del río van rellenando el embalse y reduciendo paulatinamente su capacidad de almacenamiento, y los

---

[396] *Idem.*

agricultores se han visto obligados a utilizar grandes cantidades de fertilizantes como sustituto de los nutrientes que ya no aportan las inundaciones y los sedimentos que antes arrastraba el río, con la consiguiente contaminación de las aguas y la erosión y salinización del delta del río. A ello cabe añadir los efectos en la población causados por la grandes presas, que inundan una gran extensión de tierras y obligan a emigrar a las poblaciones de los valles que quedarán sumergidos con su construcción; así, en el caso de la mayor presa del mundo, la presa de las Tres Gargantas, situada en el curso del río Yangtsé en China, ha llevado a más de un millón de personas a tener que abandonar sus hogares y ser reubicadas en otras regiones.[397]

Otro aspecto que merece ser destacado es el gran impacto que causa la contaminación en los recursos hídricos. La mala calidad del agua causada por la contaminación conduce a la degradación de los ecosistemas y la pérdida de biodiversidad, a la vez que afecta a la salud de las personas, pues son muchas las enfermedades transmitidas por el agua que tienen su origen en el consumo de agua dulce contaminada por microorganismos y sustancias químicas procedentes de deposiciones humanas y de animales, y de productos utilizados en la industria, la agricultura y la ganadería que causan anualmente cientos de miles de fallecimientos. Un porcentaje importante de la contaminación tiene su origen en las aguas residuales sin tratar procedentes de las zonas urbanas. Al final, las aguas contaminadas de los cursos de agua van a parar a los mares y océanos, contribuyendo igualmente a su contaminación, siendo especialmente significativa en el Mediterráneo y en el Báltico.

Asimismo, la biodiversidad, que depende totalmente de la calidad de las aguas, también se ve afectada por la introducción de especies exóticas en ríos y lagos que provocan la extinción de especies animales

---

[397]   NEGRE, M. I.: «La presa de Tres Gargantas: una obra monumental», *Observatorio de la Economía y la Sociedad de China*, N.º 2, marzo 2007. Disponible en: <http://www.eumed.net/rev/china/02/min02b.htm> (última consulta: 03/05/2020).

autóctonas y, en el caso de especies vegetales, causan plagas de muy difícil erradicación, con lo que provocan alteraciones en los ecosistemas acuáticos.

Las deforestaciones de importantes superficies de terreno efectuadas para ser dedicadas a la agricultura inciden negativamente en el ciclo hidrológico, pues al privar de un cierto grado de humedad a esa zona dificultan la formación de nubes y posteriores lluvias que, cuando se producen, escurren en la superficie erosionando el suelo y, por tanto, disminuyendo su filtración y el caudal de recarga de los acuíferos. Asimismo, los ecosistemas hídricos resultan afectados de manera importante por el cambio climático, al que se le atribuyen lluvias intensas que provocan graves inundaciones y cada vez más frecuentes periodos de sequías, y al que se debe sumar el calentamiento global, cuyos efectos negativos son patentes sobre los glaciares.[398]

Todo lo anterior son ejemplos del impacto perjudicial que producen las diversas actividades humanas sobre los elementos que componen el medio ambiente, por lo que ha sido necesario convocar una serie de Conferencias internacionales que diseñaran medidas y recomendaciones tendentes a minimizar los efectos negativos del progreso sobre la biosfera, lo que ha dado lugar al nacimiento del Derecho Internacional del Medio Ambiente, cuyos principios y normas han sido

---

[398] Según el Grupo Intergubernamental de Expertos sobre el Cambio Climático (IPCC, por sus siglas en inglés), los registros de observaciones y las proyecciones climáticas aportan abundante evidencia de que los recursos de agua dulce son vulnerables y pueden resultar gravemente afectados por el cambio climático, con muy diversas consecuencias para las sociedades humanas y los ecosistemas. *Vid.* BATES, B. C.; KUNDZEWICZ, Z. W.; WU, S. y PALUTIKOF, J. P. (Eds.): *El Cambio Climático y el Agua. Documento Técnico VI del Grupo Intergubernamental de Expertos sobre el Cambio Climático*, IPCC, Ginebra, 2008, p. 3.

acogidos por numerosos tratados, entre otros, los que regulan los recursos hídricos.

3. Antecedentes del Derecho Internacional del Medio Ambiente en el campo de los recursos hídricos

Las primeras normas de protección medioambiental referidas a los recursos hídricos se encuentran en algunos tratados de finales del siglo XIX y comienzos del siglo XX tendentes a preservar la industria pesquera de los cursos de agua. Así, el *Convenio entre el Gran Ducado de Luxemburgo y Prusia sobre la reglamentación relativa a la pesca en las aguas limítrofes,*[399] de 1892, prohíbe en su artículo 2 que las empresas agrícolas e industriales arrojen o viertan en las aguas sustancias de tal naturaleza y en cantidades tales que resulten perjudiciales para los peces o perjudiquen los derechos de pesca de otros.

A mediados del siglo XX los efectos de la contaminación ya eran evidentes en muchos cursos de agua, cuya degradación motivó la conclusión de acuerdos que contenían normas de protección y preservación contra la contaminación. Así, la *Convención relativa a la pesca en las aguas del Danubio,* de 1958, dispone la elaboración y aplicación por los Estados Parte de medidas para prevenir la contaminación en dicho río ocasionada por las aguas residuales no tratadas y de residuos industriales perjudiciales para la fauna acuática.[400]

---

[399] El *Convenio entre el Gran Ducado de Luxemburgo y Prusia sobre la reglamentación relativa a la pesca en las aguas limítrofes* fue concluido en Luxemburgo el 5 de noviembre de 1892. *Vid.* NACIONES UNIDAS: *Anuario de la Comisión de Derecho Internacional 1974*, Vol. II (2ª parte), p. 137.

[400] Artículo 7 de la *Convención relativa a la pesca en las aguas del Danubio,* concluida entre Rumania, Bulgaria, Yugoslavia y la Unión Soviética en Bucarest el 29 de enero de 1958. *Vid.* NACIONES UNIDAS: *Treaty Series*, Vol. 339, p. 23.

Lo anterior constituye únicamente un ejemplo más, aunque Europa no ha sido la excepción en la conclusión de este tipo de tratados. Así, en África, la *Convención relativa al estatuto del río Senegal*, de 1972, dispone en el artículo 4 la necesaria aprobación previa por los Estados Parte de todo proyecto que pueda modificar sustancialmente las características del régimen del río, sus condiciones de navegabilidad o de aprovechamiento agrícola o industrial, el estado sanitario de las aguas o las características biológicas de su flora y fauna.

En el continente asiático, el *Tratado relativo al uso de las aguas del Indo*, de 1960, contempla en su artículo 4 impedir, en la medida de lo posible, la contaminación indebida de las aguas, así como efectuar el tratamiento previo de las aguas residuales y desechos industriales antes de su acceso a los ríos.[401]

En América Latina, el *Tratado de límites entre Argentina y Uruguay en el río Uruguay*, de 1961, establece en su artículo 70 la adopción de un estatuto de uso del río que contendrá, entre otras disposiciones, las referidas a la conservación de los recursos vivos y para evitar la contaminación de las aguas,[402] adoptándose el *Estatuto del río Uruguay* en 1975, en el que se crea la *Comisión Administradora del Río Uruguay* (CARU) encargada, entre otras funciones, de dictar normas reglamentarias sobre conservación y preservación de los recursos vivos y prevención de la contaminación.[403]

---

[401] *Tratado relativo al uso de las aguas del Indo*, firmado por India y Pakistán en Karachi el 19 de septiembre de 1960. *Vid.* NACIONES UNIDAS: *Treaty Series*, Vol. 419, p. 125.

[402] Artículo 70, párrafos e) y f), respectivamente, del *Tratado de límites entre Argentina y Uruguay en el río Uruguay*, firmado en Montevideo el 7 de abril de 1961. *Vid.* NACIONES UNIDAS: *Treaty Series*, Vol. 635, p. 91.

[403] Artículo 56, párrafos a.2. y a.4., respectivamente, del *Estatuto del río Uruguay*. *Vid.* NACIONES UNIDAS: *Treaty Series*, Vol. 1295, p. 331.

Los ejemplos de tratados expuestos constituyen los antecedentes del Derecho Internacional del Medio Ambiente en el campo de los recursos hídricos. En general, todos los tratados e instituciones de esa época relacionados con la protección del medio ambiente se desarrollaban de manera autónoma y, por tanto, carentes de la más mínima coordinación, lo que impedía desarrollar una estrategia coherente de protección del medio ambiente a escala mundial.

4. El agua en las Conferencias internacionales medioambientales

Las Conferencias internacionales medioambientales realizadas hasta la fecha con la finalidad de proteger y preservar el medio ambiente han sido unas más efectivas que otras debido a su carácter de instrumentos políticos que, consecuentemente, no crean obligaciones jurídicas, a lo que cabe unir los divergentes y, en muchas ocasiones, intereses opuestos, fundamentalmente económicos, de los Estados participantes en dichas Conferencias.

A ello se añade, en algunos casos, la ausencia o ineficacia de instrumentos de puesta en práctica y seguimiento de las decisiones adoptadas, ocasionando que los resultados obtenidos sean muy diferentes de unas Conferencias a otras. Aun así, todas ellas han constituido un aldabonazo en la conciencia de la comunidad internacional que ha permitido visualizar la importante degradación a la que se encuentran sometidos los ecosistemas y la necesidad de definir y aplicar medidas para su protección y preservación.

4.a. *De la Conferencia de las Naciones Unidas sobre el Medio Humano de 1972 a la Conferencia de las Naciones Unidas sobre el Medio Ambiente y el Desarrollo de 1992*

1) ANTECEDENTES

El primer instrumento en el que se muestra la preocupación existente por gestionar de manera más eficaz y eficiente el agua tanto en cantidad como en calidad y, en especial, la lucha contra la contaminación de las aguas continentales, es de carácter regional: la *Carta Europea del Agua*,[404] elaborada en el seno del Consejo de Europa en 1967 y proclamada solemnemente en 1968, supone el primer esfuerzo por adoptar medidas colectivas a nivel europeo relacionadas con los problemas de los recursos hídricos. En la Carta se reconoce la necesidad de formular políticas de desarrollo a largo plazo que tengan en cuenta la evolución de los patrones de oferta y demanda del agua, diseñen medidas para alcanzar una mayor eficiencia en su uso, y contemplen sus implicaciones sociales y medioambientales, tanto a corto como a largo plazo.

A finales de la década de 1960, la protección del medio ambiente materializada en acciones políticas concretas a nivel internacional fue tomando consistencia gracias a la presión ejercida por la opinión pública de los países desarrollados. Así, en septiembre de 1968, la UNESCO organizó en su sede en París la *Conferencia sobre la conservación y el uso racional de los recursos de la biosfera* que reunió a expertos y repre-

---

[404] El texto de la *Carta del Agua* fue aprobado por la Asamblea Consultiva del Consejo de Europa el 28 de abril de 1967 [*Recomendación 493 (1967)*] y por el Comité de Ministros el 26 de mayo de 1967 [*Resolución (67) 10*]. Como tal *Carta Europea del Agua* fue proclamada solemnemente en Estrasburgo el 6 de mayo de 1968, tratándose de una declaración de 12 principios para una correcta gestión del agua. *Vid.* CONSEJO DE EUROPA: <https://www.coe.int/> (última consulta: 05/05/2020).

sentantes de todos los países preocupados por la progresiva degradación de los recursos naturales. Entre las conclusiones obtenidas en dicha Conferencia destaca la necesidad de lograr un uso racional de los recursos de la biosfera compatible con su conservación, de tal manera que hagan posible un desarrollo de carácter sostenible, surgiendo así el *Programa Hombre y Biosfera (Programa MaB)*, uno de cuyos proyectos consistía en establecer una red mundial coordinada de nuevas áreas protegidas que serían designadas como «Reservas de la Biosfera».

En julio de 1968, el Consejo Económico y Social de las Naciones Unidas (ECOSOC) propuso a la Asamblea General de las Naciones Unidas la convocatoria de una Conferencia global sobre el medio ambiente justificada en la necesidad urgente de intensificar los esfuerzos tanto en el plano nacional como en el internacional para limitar y, de ser posible, eliminar el deterioro del medio humano. La Asamblea General hizo suya la recomendación del ECOSOC, decidiendo realizar dicha Conferencia en Suecia en junio de 1972.[405]

2) LA CONFERENCIA DE LAS NACIONES UNIDAS SOBRE EL MEDIO HUMANO DE 1972

La *Conferencia de las Naciones Unidas sobre el Medio Humano*,[406] celebrada en Estocolmo del 5 al 16 de junio de 1972, fue la pionera de las Conferencias de Naciones Unidas sobre cuestiones medioambientales, siendo el hito que consolidó el hasta entonces emergente Derecho Internacional del Medio Ambiente. En sus debates quedaron patentes las posiciones diferenciadas que mantenían, por un lado, los Estados industrializados, con una visión proteccionista respecto al medio ambiente y, por otro lado, los Estados en vías de desarrollo, que defendían

---

[405] ASAMBLEA GENERAL DE LAS NACIONES UNIDAS: *Resolución 2581 (XXIV)*, de 15 de diciembre de 1969.

[406] NACIONES UNIDAS: *Doc. A/CONF.48/14/Rev. 1, Informe de la Conferencia de las Naciones Unidas sobre el Medio Humano, Estocolmo, 5 a 16 de junio de 1972*, Nueva York, 1973.

su derecho al desarrollo y a la soberanía sobre sus recursos naturales. Los principales resultados de esta Conferencia fueron la *Declaración sobre el Medio Humano*, el *Plan de Acción para el Medio Humano* y la posterior creación del Programa de las Naciones Unidas para el Medio Ambiente (PNUMA).[407]

Toda vez que el agua no fue objeto de una especial atención durante la Conferencia, se incluyó una referencia a la misma en el Principio 2 de la *Declaración sobre el Medio Humano*,[408] afirmando que los recursos naturales, entre los que se incluye el agua, deben preservarse en beneficio de las generaciones presentes y futuras mediante una cuidadosa planificación u ordenación. Dicha Declaración, considerada como «la verdadera Carta Magna del ecologismo internacional»,[409] se compone de veintiséis Principios, destacando la inclusión del concepto de «sostenibilidad»[410] en el Principio 1, al disponer que el hombre tiene la

---

[407] Una vez finalizada la *Conferencia de Estocolmo de 1972*, la Asamblea General de las Naciones Unidas prosiguió el debate en torno a los retos que planteaba el medio ambiente, aprobando el 15 de diciembre la *Resolución 2997 (XXVII), Disposiciones institucionales y financieras para la cooperación internacional en lo relativo al medio ambiente*, por la que se creaba el Programa de las Naciones Unidas para el Medio Ambiente (PNUMA) con el propósito de promover la cooperación internacional en dicho sector, evaluar las condiciones medioambientales a escala mundial, proporcionar asistencia técnica y financiera e integrar las cuestiones ambientales en las políticas y programas sociales y económicos del sistema de las Naciones Unidas, lo que incluye programas específicos referidos a los recursos hídricos.

[408] SALMAN M. A.: «From Marrakech through the Hague to Kyoto: Has the Global Debate on Water Reached a Dead End?», *Water International*, Vol. 28, N.º 4, 2003, p. 492.

[409] MARIÑO MENÉNDEZ, F. M.: «La protección internacional del medio ambiente (I): Régimen general», en DÍEZ DE VELASCO VALLEJO, M.: *Instituciones de Derecho Internacional Público, op. cit.,* p. 781.

[410] El término «sostenibilidad» ya se venía empleando desde la década de 1960 en el área de los bosques y las pesquerías en referencia a la gestión de los recursos naturales renovables.

solemne obligación de proteger y mejorar el medio ambiente para las generaciones presentes y futuras.

El *Plan de Acción para el Medio Humano* aprobado en la Conferencia contiene 109 Recomendaciones referidas al medio humano y los recursos naturales. Las Recomendaciones 51 a 55 están dedicadas específicamente a los recursos hídricos, contemplando la posibilidad de establecer comisiones internacionales de cuencas hidrográficas u otro mecanismo adecuado para la colaboración entre los Estados interesados cuando se trate de recursos hidráulicos comunes a más de una jurisdicción (Recomendación 51); encomendando al Secretario General que tomase las medidas necesarias para hacer que los órganos adecuados de las Naciones Unidas apoyasen la acción gubernamental en materia de ordenación de dichos recursos cuando fuese necesario (Recomendación 52); facilitando a través del sistema de las Naciones Unidas a los Gobiernos que lo soliciten asistencia técnica y financiera para las distintas funciones de ordenación de estos recursos (Recomendación 53); estableciendo una lista de expertos que podrían ayudar a los Gobiernos que lo solicitasen a prever y evaluar los efectos ambientales de los principales proyectos de aprovechamiento de los recursos (Recomendación 54); y llevando a cabo un programa exploratorio para evaluar los efectos reales y potenciales de la ordenación de los recursos hidráulicos sobre el medio oceánico, definiendo las condiciones y estimando los costes de un amplio Programa de Acción (Recomendación 55).

La *Conferencia de Estocolmo* es considerada la iniciadora del movimiento internacional de carácter mundial sobre la protección y preservación del medio ambiente humano al materializar las primeras medidas de carácter internacional sobre la protección medioambiental, cimentar la consideración del medio ambiente en las políticas gubernamentales, hasta entonces prácticamente inexistente, e impulsar la movilización social sobre temas medioambientales.

241

3) LA CONFERENCIA DE LAS NACIONES UNIDAS SOBRE EL AGUA DE 1977

Con posterioridad a la *Conferencia de Estocolmo*, se celebró del 14 al 25 de marzo de 1977 en Mar del Plata, Argentina, la *Conferencia de las Naciones Unidas sobre el Agua*, siendo la primera y única Conferencia internacional de carácter intergubernamental dedicada íntegramente a los recursos hídricos, centrándose en los problemas y alternativas existentes para que todas las personas tuvieran un acceso adecuado al agua potable y el saneamiento en el contexto de un incontenible crecimiento demográfico, para lo que se procedió a examinar la situación general de los recursos hídricos desde la consideración de que el agua, además de constituir un bien para ser usado, necesita igualmente ser protegido y administrado de manera eficiente.

Desde este enfoque se aprobó el *Plan de Acción de Mar del Plata*, compuesto por un conjunto de normas sobre la gestión del agua agrupadas en una serie de Recomendaciones y Resoluciones.[411] Un grupo de Recomendaciones tratan sobre el medio ambiente, la salud y la lucha contra la contaminación, a las que cabe añadir las relacionadas con la evaluación de los recursos hídricos, la eficiencia en la utilización del agua, las políticas, planificación y ordenación de los recursos hídricos, los riesgos naturales, la información pública, y la cooperación regional e internacional.

Asimismo, las Resoluciones abarcaron una amplia diversidad de temas relacionados con los recursos hídricos respecto a su evaluación, el abastecimiento doméstico de agua, la utilización del agua en la agricultura, la investigación y desarrollo de tecnologías industriales, la función del agua en la lucha contra la desertificación, la cooperación técnica entre países en desarrollo, las comisiones de cuenca fluviales,

---

[411] NACIONES UNIDAS: *Doc. E/CONF. 70/29, Informe de la Conferencia de las Naciones Unidas sobre el Agua*, Mar del Plata, 14 al 25 de marzo de 1977, Nueva York, 1977.

los arreglos institucionales para la cooperación internacional, los arreglos financieros para tal cooperación y las políticas sobre los recursos hídricos en los territorios ocupados. Además, se dedicó una Resolución aparte a la cuestión de la zona del canal de Panamá.

De forma resumida en lo que respecta a los recursos hídricos transfronterizos, el *Plan de Acción* recomendaba la toma en consideración del derecho de cada Estado ribereño a su utilización equitativa y la cooperación en el establecimiento de programas, mecanismos e instituciones necesarios para su desarrollo coordinado, incluyendo la creación de comisiones conjuntas. Dicho Plan, muy ambicioso en su contenido al tratar un número importante de temas relevantes respecto a la gestión de los recursos hídricos, careció de continuidad institucional por parte de Naciones Unidas, que no efectuó un seguimiento de su puesta en práctica, y solo fue aplicado por los países de forma unilateral, dentro de sus posibilidades, en la medida en que favoreciera sus intereses.[412]

Entre los aspectos positivos de la Conferencia destaca la generación de una gran cantidad de información y de ampliación de conocimientos durante el proceso preparatorio de la misma en relación con la gestión del agua. Así, por primera vez, muchos países en vías de desarrollo elaboraron informes nacionales detallados sobre la disponibilidad del agua, tanto de superficie como subterránea, de patrones sobre demandas y usos, de su planificación y prácticas de gestión, e implementaron procesos de evaluación de la disponibilidad y distribución de sus recursos hídricos.

---

[412] DEL CASTILLO LABORDE, L.: «Los Foros del Agua: De Mar del Plata a Estambul 1977-2009», Consejo Argentino para las Relaciones Internacionales (CARI), *Documentos de Trabajo, N.º 86*, 2ª reimpresión corregida, 2009, p. 11.

4) ACTIVIDADES POSTERIORES A LA CONFEREN-
CIA DE LAS NACIONES UNIDAS SOBRE EL AGUA
DE 1977

Uno de los logros de la *Conferencia de las Naciones Unidas sobre el Agua de 1977* se materializó en 1980 en la importancia otorgada por Naciones Unidas al agua, cristalizando en la declaración del decenio 1981-1990 como *Decenio Internacional del Agua Potable y el Saneamiento Ambiental*,[413] con el objetivo de que, a finales de 1990, todas las personas dispusieran de un abastecimiento adecuado de agua y de medios satisfactorios de saneamiento para la eliminación de desechos humanos y residuos. Fue un objetivo tan ambicioso que no llegó a alcanzarse, aunque ya se sabía de antemano que sería prácticamente imposible conseguirlo, pero sí se logró un segundo objetivo, consistente en dar a conocer a la opinión pública mundial el mensaje de que millones de personas carecían de acceso al agua potable y el saneamiento, y que la cooperación técnica y financiera con los países menos desarrollados resultaban esenciales para mejorar esta situación, totalmente inaceptable.

Para dar continuidad al *Decenio Internacional del Agua Potable y el Saneamiento Ambiental* se celebró en Nueva Delhi, del 10 al 14 de septiembre de 1990, la *Consulta mundial sobre el agua potable y el saneamiento para los años noventa*, organizada por el Programa de las Naciones Unidas para el Desarrollo (PNUD), donde se identificaron los retos del agua para la década de 1990 consistentes en el incremento demográfico, especialmente notable en los países en desarrollo, el deficiente estado de las infraestructuras de regulación y distribución en estos países, y la contaminación y sobreexplotación de los recursos hídricos. También

---

[413] ASAMBLEA GENERAL DE LAS NACIONES UNIDAS: *Doc. A/RES/ 35/18, Proclamación del Decenio Internacional de Agua Potable y del Saneamiento Ambiental*, de 10 de noviembre de 1980.

se aprobó la *Declaración de Nueva Delhi*[414] que, tras reconocer que el suministro de agua potable y el saneamiento ambiental son vitales para proteger el medio ambiente, mejorar la salud y mitigar la pobreza, efectuó un llamamiento a todas las naciones para que adoptaran medidas concertadas con objeto de que la población pueda satisfacer dichas necesidades humanas básicas, recomendando cuatro *Principios Rectores*, el primero de los cuales propone la protección del medio ambiente y la salvaguardia de la salud mediante la gestión integrada de los recursos hídricos y del saneamiento.

El siguiente hito corresponde a la *Conferencia Internacional sobre Agua y Medio Ambiente*, celebrada en Dublín del 26 al 31 de enero de 1992. Al tratarse de una Conferencia de expertos y no de representantes gubernamentales, esta circunstancia fue determinante en la exigua influencia práctica que tuvieron sus recomendaciones. En la sesión de clausura se aprobó la *Declaración de Dublín sobre Agua y el Desarrollo Sostenible*,[415] que contiene cuatro *Principios Rectores*,[416] estrechamente relacionados con los de la *Declaración de Nueva Delhi*, donde se reconoce al agua en sus múltiples usos como un bien económico. Además de los *Principios Rectores*, la Declaración adoptó un *Programa de Acción* y un conjunto

---

[414] El texto de la *Declaración de Nueva Delhi* se encuentra disponible en la página Web de la UNESCO: <http://webworld.unesco.org/water/wwap/mile stones/index_es.shtml> (última consulta: 05/05/2020).

[415] Texto disponible en la página Web de la OMM: <http://www.wmo.int/ pages/prog/hwrp/documents/espanol/icwedecs.html#p4> (última consulta: 05/05/2020).

[416] Los Principios Rectores son los siguientes: 1) El agua dulce es un recurso finito y vulnerable, esencial para sostener la vida, el desarrollo y el medio ambiente; 2) El aprovechamiento y la gestión del agua deben inspirarse en un planteamiento basado en la participación de los usuarios, los planificadores y los responsables de las decisiones a todos los niveles; 3) La mujer desempeña un papel fundamental en el abastecimiento, la gestión y la protección del agua; y 4) El agua tiene un valor económico en todos los diversos usos competitivos a los que se destina y debería reconocérsele como un bien económico. *Idem.*

de *Medidas de Seguimiento* que serían tenidas en cuenta unos meses más tarde en la *Cumbre de la Tierra de 1992*.

Las principales novedades introducidas por esta Conferencia estaban relacionadas con un enfoque totalmente diferente de la gestión de los sistemas de recursos hídricos sobre la base de una participación que incluyera también a las comunidades rurales; del reconocimiento del papel fundamental que desempeña la mujer en el abastecimiento, gestión y protección del agua; y del reconocimiento explícito del valor económico del agua en todos sus usos, con la consiguiente exigencia de la recuperación de costes, que sirvieron como coartada a los procesos de privatización de los servicios de abastecimiento de agua y saneamiento en el ámbito urbano que se desencadenaron en esa década propiciados por el Banco Mundial, el Fondo Monetario Internacional y los Bancos Regionales de Desarrollo.

5) LA CONFERENCIA DE LAS NACIONES UNIDAS SOBRE EL MEDIO AMBIENTE Y EL DESARROLLO DE 1992

En 1989, la Asamblea General de las Naciones Unidas, ante el continuo deterioro del medio ambiente causado por modalidades insostenibles de la producción y el consumo, especialmente en los países industrializados, que podrían conducir a una catástrofe ecológica mundial, consideró que era importante adoptar medidas decisivas, urgentes y de alcance universal para proteger el equilibrio ecológico de la Tierra, por lo que, tras efectuar su convocatoria, tuvo lugar en Río de Janeiro, del 3 al 14 de junio de 1992, la *Conferencia de las Naciones Unidas sobre el Medio Ambiente y el Desarrollo (Cumbre de la Tierra de 1992)*, a la que asistieron representantes gubernamentales de la mayoría de los países del mundo, de organismos internacionales y agencias de desarrollo, y de un sinfín de organizaciones no gubernamentales.

246

En la Conferencia se aprobaron dos Declaraciones: la *Declaración de Principios del Desarrollo Forestal Sostenible*, y la *Declaración de Río sobre Medio Ambiente y Desarrollo*,[417] que contiene veintisiete Principios en los que se contemplan las diferentes dimensiones y metas del desarrollo sostenible, a la par que afirma la protección del medio ambiente como parte integrante del proceso de desarrollo, elementos ambos interdependientes e inseparables. Para evitar que los Principios quedasen en una simple declaración de intenciones sin efectos prácticos, como ya había sucedido en las anteriores Conferencias, se aprobó un *Plan de Acción* denominado *Programa 21* o *Agenda 21* centrado en aquellas actividades que protegieran y renovaran los recursos medioambientales de los que dependían el crecimiento y el desarrollo.

La *Agenda 21* dedica específicamente el Capítulo 18 a las medidas a adoptar para la aplicación de criterios integrados para el aprovechamiento, ordenación y uso de los recursos hídricos en el contexto de la protección de su calidad y del suministro de dichos recursos, proponiendo siete áreas temáticas sobre las cuales los países deberían adoptar programas concretos: 1) ordenación y aprovechamiento integrados de los recursos hídricos; 2) evaluación de los recursos hídricos; 3) protección de los recursos hídricos, la calidad del agua y los ecosistemas acuáticos; 4) abastecimiento de agua potable y saneamiento; 5) el agua y el desarrollo urbano sostenible; 6) el agua para la producción sostenible de alimentos y el desarrollo rural sostenibles; y 7) repercusiones del cambio climático en los recursos hídricos.

Asimismo, durante la Conferencia se adoptaron y abrieron a la firma dos instrumentos con carácter jurídicamente vinculante: la *Convención Marco sobre el cambio climático* y el *Convenio sobre la diversidad biológica*,

---

[417] ASAMBLEA GENERAL DE LAS NACIONES UNIDAS: *Doc. A/CONF.151/26, Informe de la Conferencia de las Naciones Unidas sobre el Medio Ambiente y el Desarrollo, Río de Janeiro, 3 a 14 de junio de 1992*, Nueva York, 1992.

y se establecieron las bases sobre la que se materializaría posteriormente la *Convención de las Naciones Unidas de lucha contra la desertificación en los países afectados por sequía grave o desertificación, en particular en África.*

Por último, es de señalar el reconocimiento efectuado no solo de la crisis del medio ambiente en sus múltiples dimensiones sino, igualmente, de sus consecuencias sobre los sistemas económicos y sociales de cada país, por lo que las diferencias existentes entre los países desarrollados y en vías de desarrollo y sus posibles soluciones únicamente era factible encontrarlas desde una perspectiva realista a largo plazo sobre la base de la adopción de medidas coordinadas fruto de la cooperación internacional. Todo ello desde la consideración de la protección del medio ambiente como parte integrante del desarrollo sostenible, en un adecuado equilibrio entre ambos.[418]

4.b.   *De la Conferencia Ministerial sobre la provisión de Agua Potable y Saneamiento Ambiental a la Cumbre de las Naciones Unidas para la aprobación de la Agenda para el Desarrollo después de 2015*

1) DE LA CONFERENCIA MINISTERIAL SOBRE LA PROVISIÓN DE AGUA POTABLE Y SANEAMIENTO AMBIENTAL DE 1994 A LA CONFERENCIA INTERNACIONAL SOBRE EL AGUA DULCE DE 2001

En marzo de 1994, organizada por el Gobierno de Holanda, se celebró en Noordwijk la *Conferencia Ministerial sobre la provisión de Agua Potable y Saneamiento Ambiental* con el objetivo de propiciar la implementación del Capítulo 18 de la *Agenda 21*, aprobada en la *Cumbre de la Tierra de 1992*, a la vez que se adoptó un *Programa de Acción,* que se demostró

---

[418]   SANDS, P.; PEEL, J.; FABRA, A. and MACKENZIE, R.: *Principles of international environmental law. Third edition*, Cambridge University Press, Cambridge, 2012, p. 42.

intrascendente, en el que se recomendaba asignar una mayor prioridad a los programas destinados a proveer de sistemas básicos de saneamiento tanto a las zonas urbanas como a las rurales.

En la *Declaración Ministerial* que se aprobó al final de la Conferencia, denominada *Declaración Ministerial de La Haya sobre la Seguridad del Agua en el Siglo XXI*[419] se definen los principales desafíos a los que se enfrenta la comunidad internacional para lograr la seguridad hídrica. La Declaración reconoce, por una parte, la crisis del agua que afecta a numerosos países motivada por el rápido incremento demográfico y la contaminación de los recursos hídricos; y, por otra parte, que el acceso al agua y el saneamiento son necesidades básicas que deben satisfacerse, aunque en un horizonte a largo plazo.[420]

Tras la *Conferencia Ministerial de 1994*, tuvo lugar del 19 al 21 de marzo de 1998 en la sede de la UNESCO, en París, convocada por el Gobierno de Francia, la *Conferencia Internacional sobre Agua y Desarrollo Sostenible* en un intento de reunir a todos los actores involucrados en la política de los recursos hídricos a nivel nacional con la finalidad de pro-

---

[419] *Declaración Ministerial de La Haya sobre la Seguridad del Agua en el Siglo XXI.* Texto de la Declaración disponible en: <http://www.world watercouncil.org/fileadmin/world_water_council/documents/world_water_forum _2/The_Hague_Declaration.pdf> (última consulta: 08/05/2020/).

[420] Los desafíos definidos en la Declaración son los siguientes: *i*) satisfacer las necesidades básicas, reconociendo que el acceso a agua salubre y suficiente son fundamentales para la salud y el bienestar; *ii*) aumentar la seguridad hídrica; *iii*) proteger los ecosistemas a través del manejo sostenible de los recursos hídricos; *iv)* compartir los recursos hídricos promoviendo la cooperación pacífica por medio de un manejo sostenible; *v*) proporcionar seguridad en caso de inundaciones, sequías, contaminación y otros riesgos relacionados con el agua; *vi*) manejar el agua en tal forma que refleje sus valores económicos, sociales, ambientales y culturales para todos sus usos, y evaluar los servicios hídricos para reflejar el costo de su provisión; y *vii*) gobernar sabiamente el agua.

gresar en su conocimiento y utilización mediante una gestión sostenible, desarrollar nuevas capacidades institucionales y preparar estrategias nacionales basadas en una adecuada financiación. El resultado de la Conferencia se materializó en la adopción de la *Declaración de París*, donde se efectuaron referencias a la recuperación de costes y a la participación privada en la provisión de servicios de abastecimiento de agua, y en la elaboración del *Programa de Acciones Prioritarias* en los campos del conocimiento de los recursos hídricos y de los usos para una gestión sostenible, del desarrollo de las capacidades institucionales y humanas, y de las estrategias para una gestión sostenible del agua e identificación de los medios de financiación apropiados.[421]

En los albores del nuevo milenio se celebró en la sede de Naciones Unidas en Nueva York, del 6 al 8 de septiembre de 2000, la *Cumbre del Milenio*,[422] donde los Jefes de Estado y de Gobierno convinieron en establecer una serie de objetivos denominados Objetivos de Desarrollo del Milenio (ODM) y metas evaluables, con plazos definidos. Entre los ODM definidos cabe mencionar la erradicación de la pobreza extrema y el hambre, lograr la enseñanza primaria universal, promover la igualdad entre los sexos y el empoderamiento de la mujer, reducir la mortalidad de los niños, mejorar la salud materna, garantizar la sostenibilidad del medio ambiente y fomentar una alianza mundial para el desarrollo.

En lo que respecta a la sostenibilidad del medio ambiente, basándose en el punto 19 de la *Declaración del Milenio*,[423] se estableció la

---

[421] CEPAL: *Recomendaciones de las reuniones internacionales sobre el agua: de Mar del Plata a París. Doc. LC/R. 1865*, de 30 de octubre de 1998, pp. 77 y 78.

[422] ASAMBLEA GENERAL DE LAS NACIONES UNIDAS: *Resolución 55/2, Declaración del Milenio*, de 8 de septiembre de 2000.

[423] El punto 19 de la *Declaración del Milenio* dispone lo siguiente: «Reducir a la mitad, para el año 2015, el porcentaje de habitantes del planeta cuyos ingresos sean inferiores a un dólar por día y el de las personas que padezcan hambre; igualmente, para esa misma fecha, reducir a la mitad el porcentaje

Meta 7.C, consistente en reducir a la mitad, para 2015, la proporción de personas sin acceso sostenible al agua potable y a servicios básicos de saneamiento. En esta Declaración, los Estados Miembros de las Naciones Unidas se comprometían, por tanto, a paralizar la explotación no sostenible de los recursos hídricos a través del desarrollo de estrategias de gestión del agua, tanto a nivel local como nacional y regional, que promuevan un acceso equitativo y sostenible al agua potable y a servicios básicos de saneamiento.

Un año más tarde, organizada por el Gobierno de Alemania en colaboración con Naciones Unidas, se celebró en Bonn, del 3 al 7 de diciembre de 2001, la *Conferencia Internacional sobre el Agua Dulce*, en la que participaron los ministros de 46 países con responsabilidades en los asuntos relativos al agua, el medio ambiente y el desarrollo para evaluar los avances logrados en la aplicación del *Programa 21* y acordar las recomendaciones a presentar en la *Cumbre Mundial sobre Desarrollo Sostenible* que se celebraría en Johannesburgo en 2002.

La *Declaración Ministerial*[424] acordada en la Conferencia expresó que el principal reto para lograr un desarrollo equitativo y sostenible consistía en combatir la pobreza, en la inteligencia de que deben ser tenidas en cuenta las dimensiones sociales, medioambientales y económicas del agua y sus múltiples usos para que el desarrollo sea sostenible, por lo que la ordenación del agua exige un enfoque integrado. A su vez, la Declaración contiene unas *Recomendaciones de Acción*, apoyadas en los Objetivos de Desarrollo del Milenio, que inciden sobre una actuación prioritaria en la gobernanza, la movilización de recursos financieros, el mayor compromiso de la comunidad internacional para ayudar a los países en desarrollo, el fortalecimiento de la capacidad y transferencia

---

de personas que carezcan de acceso a agua potable o que no puedan costearlo».

[424] Texto disponible en la página Web de la UNESCO: <http://webworld. unesco.org/water/wwap/milestones/indexes.shtml> (última consulta: 08/05/2020).

de tecnología, y el enfoque participativo en la ordenación de los recursos hídricos.

2) LA CUMBRE MUNDIAL DE DESARROLLO SOSTENIBLE DE JOHANNESBURGO DE 2002

En cumplimiento de la *Resolución 55/199* de la Asamblea General de las Naciones Unidas,[425] del 26 de agosto al 4 de septiembre de 2002 se celebró en Johannesburgo, Sudáfrica, la *Cumbre Mundial de Desarrollo Sostenible (Río + 10)*.

Su finalidad consistía en examinar los progresos logrados en la aplicación de los resultados en el tiempo transcurrido desde la *Cumbre de la Tierra de 1992*, determinar las esferas en las que era necesario redoblar los esfuerzos para ejecutar el *Programa 21* y demás resultados de dicha Cumbre, y adoptar, si se considerase necesario, nuevas herramientas de gestión.[426] En lo referente al agua, la Cumbre no aportó análisis ni temas novedosos con respecto a las anteriores Conferencias, con la excepción de la incorporación a los Objetivos de Desarrollo del Milenio del acceso a servicios básicos de saneamiento y del llamamiento efectuado para que todos los países adoptaran la gestión integrada de los recursos hídricos antes de finalizar el año 2005.

En la Cumbre volvieron a evidenciarse las posiciones opuestas en las prioridades defendidas por los países industrializados y los países en desarrollo, es decir, entre el Norte y el Sur. El Norte industrializado dejó patente desde el primer instante que no asumiría ningún nuevo

---

[425] ASAMBLEA GENERAL DE LAS NACIONES UNIDAS: *Resolución 55/19, Examen decenal de los progresos logrados en la aplicación de los resultados de la Conferencia de las Naciones Unidas sobre el Medio Ambiente y el Desarrollo*, de 20 de diciembre de 2000.

[426] NACIONES UNIDAS: *Doc. A/CONF.199/20, Informe de la Cumbre Mundial sobre el Desarrollo Sostenible, Johannesburgo (Sudáfrica), 26 de agosto a 4 de septiembre de 2002*, Nueva York, 2002.

compromiso, traspasando la responsabilidad de enfrentar todos estos problemas a los países del Sur. A su vez, el Sur en desarrollo reclamaba la apertura de los mercados y el fin del proteccionismo, la entrega de nuevos recursos, la eliminación de los subsidios agrícolas y una solución integral al problema de su deuda externa. En lo que respecta a los recursos hídricos, a diferencia de lo que ocurría en la *Agenda 21* de la *Cumbre de la Tierra de 1992*, no gozaron aquí de un tratamiento específico, toda vez que el *Plan de Aplicación* se refería a ellos de forma transversal.

Tras la celebración de la *Cumbre Mundial de Desarrollo Sostenible de Johannesburgo de 2002*, la Asamblea General de las Naciones Unidas constató que, a pesar del transcurso de varias décadas de Conferencias internacionales, los progresos reales producidos en la gestión de los recursos naturales, incluida el agua, tanto a nivel nacional como internacional, habían sido muy escasos. Por ello, y con la finalidad de promover las actividades necesarias para lograr el cumplimiento de los compromisos adquiridos en materia de agua, estableció en diciembre de 2003 el *Decenio Internacional para la Acción, «El Agua, fuente de vida»,* *2005-2015*[427] con los objetivos de ocuparse más a fondo de las cuestiones relativas al agua en todos los niveles; de la ejecución de los programas y proyectos que asegurasen la participación de la mujer en las medidas de desarrollo relacionadas con el agua; y de promover la cooperación en todos los niveles para ayudar a alcanzar los objetivos relativos al agua acordados en las anteriores Conferencias internacionales.

A pesar de las buenas intenciones expresadas, el principal problema de este Decenio, al igual que ocurrió con el anterior *Decenio Internacional del Agua Potable y el Saneamiento Ambiental 1981-1990*, radicó en que su planificación carecía de fuentes de financiación específicas para su implementación, por lo que los resultados obtenidos no han

---

[427] ASAMBLEA GENERAL DE LAS NACIONES UNIDAS: *Resolución 58/ 217, Decenio Internacional para la Acción, «El Agua, fuente de vida», 2005-2015,* de 23 de diciembre de 2003.

sido todo lo satisfactorios que cabía esperar. Así, en lo que respecta al Objetivo de Desarrollo del Milenio referido a la reducción a la mitad para el año 2015 de las personas sin acceso sostenible al agua potable y a servicios básicos de saneamiento, no se ha alcanzado la meta, aunque se han conseguido progresos significativos.

3) LA CONFERENCIA DE LAS NACIONES UNIDAS SOBRE EL MEDIO AMBIENTE Y DESARROLLO DE 2012

Veinte años después de la histórica *Cumbre de la Tierra de 1992* celebrada en Río de Janeiro tuvo lugar en esa misma ciudad, del 20 al 22 de junio de 2012, la *Conferencia de las Naciones Unidas sobre Medio Ambiente y Desarrollo (Río+20)*,[428] convocada con el objetivo de determinar la forma en que se puede reducir la pobreza, fomentar la equidad social y garantizar la protección del medio ambiente, girando las discusiones en torno a dos temas principales: cómo construir una economía ciertamente ecológica (economía verde) para reducir significativamente la pobreza en un entorno de desarrollo sostenible; y cómo mejorar la coordinación internacional (marco institucional) para conseguir un desarrollo realmente sostenible.

El resultado de la Conferencia se materializó en el documento *El futuro que queremos*,[429] donde se reconoce que, en los veinte años transcurridos desde *Río 1992*, los avances habían sido desiguales, incluso en lo que respecta al desarrollo sostenible y la erradicación de la pobreza. Por tanto, se consideraba necesario avanzar en la aplicación de los compromisos anteriores y acelerar las medidas encaminadas a la eliminación de las diferencias entre países desarrollados y en vías de

---

[428]   NACIONES UNIDAS: *Doc. A/CONF.216/16, Informe de la Conferencia de las Naciones Unidas sobre el Desarrollo Sostenible, Río de Janeiro (Brasil), 20 a 22 de junio de 2012*, Nueva York, 2012.

[429]   ASAMBLEA GENERAL DE LAS NACIONES UNIDAS: *Resolución 66/288, El futuro que queremos*, de 27 de julio de 2012.

desarrollo, así como crear y aprovechar las oportunidades de lograr el desarrollo sostenible mediante el crecimiento económico y la diversificación, el desarrollo social y la protección del medio ambiente.

Asimismo, la necesidad de definir una nueva agenda de desarrollo para después de 2015 llevó a establecer un Grupo de Trabajo para desarrollar un conjunto de Objetivos de Desarrollo Sostenible, interrelacionados, basados en los Objetivos de Desarrollo del Milenio, que incluyeran nuevas esferas como el cambio climático, la desigualdad económica, la innovación, el consumo sostenible y la paz y la justicia, entre otras prioridades. En lo referente al agua, se reconoce la importancia de integrar los recursos hídricos en el desarrollo sostenible.

4) LA CUMBRE DE LAS NACIONES UNIDAS PARA LA APROBACIÓN DE LA AGENDA PARA EL DESARROLLO DESPUÉS DE 2015

La última Conferencia medioambiental celebrada hasta el año 2020 corresponde a la *Cumbre de las Naciones Unidas para la aprobación de la Agenda para el Desarrollo después de 2015*, celebrada en Nueva York del 25 al 27 de septiembre de 2015, donde se aprobó por consenso el documento *Transformar nuestro mundo: la Agenda 2030 para el Desarrollo Sostenible*,[430] en el que se reconoce que el desarrollo social y económico depende de la gestión sostenible de los recursos naturales de nuestro planeta, siendo la erradicación de la pobreza el mayor desafío actual, y mientras no se logre, no podrá haber un desarrollo verdaderamente sostenible.

La *Agenda 2030* expresa en el punto 33 la firme decisión de la comunidad internacional de preservar y utilizar sosteniblemente, entre otros, los recursos de agua dulce, así como de «hacer frente a la escasez

---

[430] ASAMBLEA GENERAL DE LAS NACIONES UNIDAS: *Resolución 70/1, Transformar nuestro mundo: la Agenda 2030 para el Desarrollo Sostenible*, de 25 de septiembre de 2015.

de agua y su contaminación, fortalecer la cooperación sobre la desertificación, las tormentas de arena, la degradación de las tierras y la sequía y promover la resiliencia y la reducción del riesgo de desastres».

La *Agenda 2030* es la primera agenda de desarrollo en cuya negociación sobre los Objetivos de Desarrollo Sostenible (ODS) participaron conjuntamente los 193 Estados Miembros de Naciones Unidas y la sociedad civil, además de otras partes interesadas, siendo válida para todos ellos durante los próximos 15 años. En ella se plantean 17 ODS con 169 metas de carácter integrado e indivisible, de alcance mundial y de aplicación universal, que tienen en cuenta las diferentes realidades, capacidades y niveles de desarrollo de cada país y respetan sus políticas y prioridades nacionales.[431] Dichos Objetivos conforman una agenda de sostenibilidad más amplia que se propone erradicar la pobreza en la quincena que transcurre del 2016 al 2030 y promover una prosperidad económica compartida, el desarrollo social y la protección medioambiental para todos los países.

En la formulación de los ODS, además de establecerse metas concretas a alcanzar, también se van sumando las perspectivas que definen la noción de desarrollo sostenible, lo que contribuye a consolidar su carácter de valor fundamental de la sociedad internacional y,

---

[431] Una de las diferencias más acusadas entre los Objetivos de Desarrollo del Milenio y los Objetivos de Desarrollo Sostenible consiste en la plena integración en estos últimos de la dimensión medioambiental, la energía y la sostenibilidad, contempladas de manera directa en seis de los diecisiete Objetivos, con metas adicionales de sostenibilidad en otros tres. *Vid.* SANAHUJA, J. A.: «Paz, Seguridad y Gobernanza: El ODS 16 y la Agenda 2030 de Desarrollo Sostenible», en FERNÁNDEZ LIESA, C. R. Y DÍAZ BARRADO, C. (Dirs.): *Objetivos de Desarrollo Sostenible y Derechos Humanos: Paz, Justicia e Instituciones Sólidas / Derechos Humanos y Empresas*, Instituto de Estudios Internacionales y Europeos Francisco de Vitoria, Colección Electrónica, N.º 9, 2018, p. 35.

muy probablemente, llevará a su consideración de principio esencial del orden internacional.[432]

Igualmente, la *Agenda 2030* pretende hacer realidad los derechos humanos de todas las personas y alcanzar la igualdad entre los géneros y el empoderamiento de todas las mujeres y niñas. En concreto, el ODS 6 persigue garantizar, de aquí al 2030, la disponibilidad y la gestión sostenible del agua y el saneamiento para todos.

En esta línea, y con la finalidad de promover las actividades necesarias que coadyuven al cumplimiento de los compromisos adquiridos en materia de agua, la Asamblea General de las Naciones Unidas aprobó el 21 de diciembre de 2016 la *Resolución 71/222*, por la que se instituía el *Decenio Internacional para la Acción «Agua y Desarrollo Sostenible» 2018-2028* con el objetivo de hacer mayor hincapié en el desarrollo sostenible y la ordenación integrada de los recursos hídricos para lograr los objetivos sociales, económicos y ambientales.

La *Agenda 2030* reconoce que será imposible lograr los Objetivos y Metas sin una Alianza Mundial[433] revitalizada y mejorada y sin

---

[432]   DÍAZ BARRADO, C. M.: «Los objetivos de desarrollo sostenible: un principio de naturaleza incierta y varias dimensiones fragmentadas», *Anuario Español de Derecho Internacional*, Vol. 32, 2016, p. 16.

[433]   La presente Agenda, incluidos los ODS, puede cumplirse en el marco de una *Alianza Mundial para el Desarrollo Sostenible* revitalizada, con el apoyo de las políticas y medidas concretas indicadas en la *Agenda de Acción de Addis Abeba*, que es parte integral de la *Agenda 2030 para el Desarrollo Sostenible*. La *Agenda de Acción de Addis Abeba* sirve de apoyo, complemento y contexto para las metas relativas a los medios de implementación de la *Agenda 2030*. En ella se abordan los siguientes ámbitos: recursos nacionales públicos; actividad financiera y comercial privada nacional e internacional; cooperación internacional para el desarrollo; el comercio internacional como motor del desarrollo; la deuda y la sostenibilidad de la deuda; tratamiento de las cuestiones sistémicas; ciencia, tecnología, innovación y creación de capacidad; y datos, vigilancia y seguimiento. *Vid.* ASAMBLEA GENERAL

unos medios de implementación que sean igualmente ambiciosos. La Alianza Mundial revitalizada facilitará una intensa participación mundial para respaldar el cumplimiento de todos los Objetivos y Metas, aglutinando a los Gobiernos, la sociedad civil, el sector privado, el sistema de las Naciones Unidas y otras instancias, y movilizando todos los recursos disponibles.[434] En los Objetivos y Metas de la Agenda se indican los medios necesarios para hacerlos realidad.

Asimismo, para dar seguimiento a la implementación de la Agenda, el ECOSOC ha creado el Foro Político de Alto Nivel (FPAN), en sustitución de la Comisión de Desarrollo Sostenible, que se reúne cada año a nivel ministerial bajo el ECOSOC, y cada cuatro años a nivel de Jefes de Estado en el seno de la Asamblea General de las Naciones Unidas.

Además de las Conferencias internacionales anteriormente mencionadas, el agua, dado su carácter multidimensional, también ha sido objeto de otras Conferencias internacionales, aunque de manera tangencial,[435] así como de los *Foros Mundiales del Agua*, organizados conjuntamente por el Consejo Mundial del Agua[436] y el Gobierno del país

---

DE LAS NACIONES UNIDAS: *Resolución 70/1, Transformar nuestro mundo: la Agenda 2030 para el Desarrollo Sostenible*, *op. cit.*, párr. 62.

[434] *Ibidem.*, párr. 60.

[435] *Conferencia Internacional sobre la Población y el Desarrollo* (Bucarest, 1974); *Conferencia Mundial de la Alimentación* (Roma, 1974); *Conferencia de las Naciones Unidas sobre la Desertificación* (Nairobi, 1977); *Primera Conferencia de las Naciones Unidas sobre los Asentamientos Humanos «Hábitat I»* (Vancouver, 1976); *Cumbre Mundial en favor de la Infancia* (Nueva York, 1990); *Conferencia Internacional de las Naciones Unidas sobre Población y Desarrollo* (El Cairo, 1994); *Cuarta Conferencia Mundial de las Naciones Unidas sobre la Mujer* (Beijing, 1995); *Cumbre Mundial sobre Desarrollo Social* (Copenhague, 1995); *Cumbre Mundial sobre la Alimentación* (Roma, 1996); *Segunda Conferencia de las Naciones Unidas sobre los Asentamientos Humanos «Hábitat II»* (Estambul, 1996).

[436] El Consejo Mundial del Agua (WWC, por sus siglas en inglés) fue creado en 1996 con el objetivo de dar respuesta al incremento de la preocupación

que lo acoge en cada edición trienal a partir de 1997, y las *Cumbres del Agua de Budapest*, realizadas a partir de 2013 con carácter trienal.[437]

De todas estas Conferencias internacionales reseñadas y relacionadas directa o indirectamente con el agua se puede extraer la conclusión de que han supuesto una progresiva toma de conciencia sobre la necesidad de mejorar la gestión y el aprovechamiento de los recursos hídricos en relación con las nuevas demandas sociales y medioambientales. De todas maneras, no cabe vincular de forma directa el resultado de estas con las decisiones adoptadas por los Gobiernos para la mejora de la gestión del agua, aunque sin obviar por ello la importante influencia que ejercen, junto con la activa participación de organizaciones no gubernamentales y de la sociedad civil en su conjunto, sobre las decisiones políticas que toman los países, en especial declaraciones políticas de intenciones.

5.   La protección del agua en los tratados medioambientales multilaterales y su incidencia sobre los recursos hídricos

5.a.   *La Convención sobre el derecho de los usos de los cursos de agua internacionales para fines distintos de la navegación (Convención de Nueva York de 1997)*

Aunque la *Convención de Nueva York de 1997* pertenece al Derecho de los Cursos de Agua Internacionales, también constituye un tra-

---

de la comunidad internacional respecto a la crisis global del agua, gozando de estatuto consultivo especial en el ECOSOC y la UNESCO.

[437]   Las *Cumbres del Agua de Budapest*, organizadas por el Gobierno de Hungría en cooperación con el Consejo Mundial del Agua, constituyen un foro de alto nivel con el objetivo de hacer balance de los distintos desarrollos, dentro y fuera del sistema de las Naciones Unidas, en la preparación de los objetivos relacionados con el agua para la agenda del desarrollo post Río+20.

tado medioambiental multilateral en el sentido de que su Parte IV (artículos 20 al 26) regula la protección, preservación y gestión de los cursos de agua internacionales, que son recursos naturales. Así, el artículo 20 establece la protección y preservación de los ecosistemas de los cursos de agua internacionales por los Estados ribereños, tanto de forma individual como, cuando proceda, conjuntamente, con lo que se incluye a los suelos de la cuenca de drenaje del curso de agua en cuestión en dicha protección y preservación entendida como su utilización sin causar daños al curso de agua ocasionados, por ejemplo, por el empleo de fertilizantes y pesticidas en la agricultura que, finalmente, la escorrentía los lleva al curso de agua, incrementando la contaminación del mismo.

A su vez, el artículo 21 está dedicado a la prevención, reducción y control de la contaminación de estos cursos de agua, entendiendo por tal «toda alteración nociva de la composición o calidad de las aguas de un curso de agua internacional que sea resultado directo o indirecto de un comportamiento humano». Además, prohíbe la introducción de especies extrañas o nuevas que puedan tener efectos nocivos para el ecosistema del curso de agua de resultas de los cuales otros Estados del curso de agua sufran daños (artículo 22), al igual que establece la protección y preservación del medio marino, incluidos los estuarios (artículo 23).

Asimismo, la Convención dispone en su artículo 24 que los Estados ribereños deberán entablar, a petición de cualquiera de ellos, consultas sobre la ordenación de un curso de agua internacional, lo cual podrá incluir la creación de un órgano mixto de ordenación, es decir, de una comisión internacional para la gestión y administración del curso de agua. Igualmente, instaura el deber de cooperación para atender las necesidades u oportunidades de regulación del caudal de las aguas (artículo 25), y determina que se hará todo lo posible por mantener y proteger las instalaciones y demás obras relacionas con un curso de agua internacional (artículo 26).

Para finalizar, en la Parte V de la Convención (condiciones perjudiciales y situaciones de emergencia), los artículos 27 y 28 regulan la notificación y ejecución coordinada de medidas apropiadas en los casos de emergencias ocasionadas por causas naturales como crecidas, deshielos, intrusión de agua salada, erosión, sequía, etc., o por el comportamiento humano, como los accidentes industriales.

5.b. *Actividad convencional de ámbito universal*

Existe un importante número de tratados medioambientales con diversas denominaciones (tratados, acuerdos, convenios, convenciones, etc.) que contienen aspectos que contribuyen de una manera específica a la protección de los cursos de agua transfronterizos. Entre ellos los hay que protegen el uso racional y la conservación de determinados cuerpos de agua especialmente proclives a su degradación, como es el caso de los humedales (*Convención relativa a los humedales de importancia internacional especialmente como hábitat de aves acuáticas*); su valor natural y estético (*Convención sobre la protección del patrimonio mundial cultural y natural*);[438] o su biodiversidad (*Convenio sobre la diversidad biológica*). Otros tratados, en cambio, se centran en la definición de medidas a adoptar que sirvan para proteger los recursos hídricos de los impactos negativos atribuidos tanto al fenómeno del cambio climático como los producidos por determinadas actividades humanas, como es el caso de la *Convención de lucha contra la desertificación*, de la *Convención Marco de las Naciones Unidas sobre el cambio climático*, y de diversos tratados de protección contra la contaminación.[439]

---

[438] La *Convención sobre la protección del patrimonio mundial cultural y natural* fue adoptada por la Conferencia General de la UNESCO el 16 de noviembre de 1972, contemplando la protección de los recursos hídricos en su doble vertiente de valor natural y, a la vez, estético. *Vid.* NACIONES UNIDAS: *Treaty Series,* Vol. 1037, p. 151.

[439] *Convenio sobre contaminantes orgánicos persistentes,* aprobado en Estocolmo el 22 de mayo de 2001 (NACIONES UNIDAS: *Treaty Series,* Vol. 2256, p. 119);

6. Jurisprudencia relacionada con aspectos medio-ambientales de los cursos de agua transfronterizos

Las actividades humanas causan un impacto negativo en la integridad del medio ambiente, provocando que algunas de las controversias surgidas en torno a los daños medioambientales ocasionados a los cursos de agua transfronterizos lleguen al Tribunal Internacional de Justicia. Se analizan someramente a continuación tres casos presentados ante el Tribunal Internacional de Justicia, como son el *Proyecto Gabcíkovo-Nagymaros (Hungría/Eslovaquia)*, el relativo a las *Plantas de celulosa sobre el río Uruguay (Argentina/Uruguay)*, y la *Construcción de una carretera por Costa Rica a lo largo del río San Juan (Nicaragua/Costa Rica)*.

En el *Asunto relativo al Proyecto Gabcíkovo-Nagymaros (Hungría/Eslovaquia)*,[440] Hungría y Checoslovaquia firmaron en 1977 el *Acuerdo relativo a la asistencia mutua en la construcción del sistema de esclusas Gabcíkovo-Nagymaros*,[441] proyecto de inversión conjunta de ambos países destinada a la producción de energía hidroeléctrica, la mejora de la navegación en el tramo Bratislava-Budapest del Danubio y la protección contra las inundaciones de las riberas, con el compromiso explícito de garantizar

---

Convención de Basilea sobre el control de los movimientos transfronterizos de los desechos peligrosos y su eliminación, adoptada en dicha ciudad el 22 de marzo de 1989 (NACIONES UNIDAS: *Treaty Series*, Vol. 1673, p. 57); y *Convenio de Rotterdam sobre el procedimiento de consentimiento fundamentado previo aplicable a ciertos plaguicidas y productos químicos peligrosos objeto de comercio internacional*, concluido en dicha ciudad el 10 de septiembre de 1998 (NACIONES UNIDAS: *Treaty Series*, Vol. 2244, p. 337).

[440] TRIBUNAL INTERNACIONAL DE JUSTICIA: «Variante C», Gabcíkovo-Nagymaros Project (Hungary/Slovakia), Judgment», *I. C. J. Reports 1997*.

[441] El *Acuerdo relativo a la asistencia mutua en la construcción del sistema de esclusas Gabcíkovo-Nagymaros* fue concluido por Hungría y Checoslovaquia (Eslovaquia, a partir del 1 de enero de 1993) en Budapest el 16 de septiembre de 1977. *Vid.* NACIONES UNIDAS: *Treaty Series, Vol. 1724*, p. 120.

que la calidad del agua del Danubio no se vería mermada como consecuencia del Proyecto y que se cumplieran las obligaciones de protección medioambiental vinculadas a la construcción y el funcionamiento del sistema de esclusas.

Dadas las intensas críticas que el Proyecto generó en Hungría por sus previsibles efectos adversos sobre el medio ambiente, Hungría decidió en el mes de mayo de 1989 suspender las obras en Nagymaros, abandonándolos definitivamente el 27 de octubre, alegando un estado de necesidad ecológico. Ante esta situación, Checoslovaquia propuso una solución denominada «Variante C», que implicaba el cambio del curso de agua de forma unilateral dentro de su territorio por parte de este país con la construcción de un dique para el desvío de las aguas con destino a la presa de Gabcíkovo, comenzando las obras en noviembre de 1991. Ante la falta de acuerdo, Hungría comunicó que daba por terminado el *Tratado de Asistencia Mutua* a partir del 25 de mayo de 1992 y, por su parte, Checoslovaquia puso en funcionamiento la «Variante C» cinco meses después, decidiendo ambos países el 7 de abril de 1993 someter la controversia al Tribunal Internacional de Justicia.

En su Sentencia del 25 de septiembre de 1997, el Tribunal determinó que Hungría no tenía derecho a suspender y posteriormente abandonar su parte de las obras del Proyecto, toda vez que los peligros expuestos por Hungría, sin prejuzgar su posible gravedad, no estaban suficientemente determinados en 1989 ni eran inminentes, disponiendo este país de medios para responder a esos peligros percibidos sin tener que proceder a la suspensión ni al abandono de los trabajos que se le habían encomendado. Y por otra parte, consideró que Eslovaquia (sucesora de Checoslovaquia en el asunto) tenía derecho a comenzar, en noviembre de 1991, la preparación de una solución provisional alternativa (la denominada «Variante C»), pero no a aplicar esa solución en octubre de 1992 en calidad de medida unilateral.[442]

El Tribunal precisó que el impacto y las repercusiones del Proyecto en el medio ambiente constituían una cuestión clave, por lo que debían ser tenidas en cuenta las normas vigentes para así evaluar los riesgos ambientales, siendo igualmente consciente de que en la esfera de la protección del medio ambiente son necesarias la vigilancia y la prevención, habida cuenta del carácter frecuentemente irreversible de los daños causados al medio ambiente y de las limitaciones inherentes al propio mecanismo de reparación de ese tipo de daños. Asimismo, señaló que se habían establecido nuevas normas y principios medioambientales en un gran número de instrumentos durante los dos últimos decenios favorecido por las nuevas perspectivas que ofrece la ciencia y a una creciente toma de conciencia de los riesgos que representan las actividades humanas para el medio ambiente. A su vez, el Tribunal determinó que el concepto de desarrollo sostenible traducía muy bien la necesidad de conciliar el desarrollo económico y la protección del medio ambiente.[443]

La contribución de la Sentencia a la función y aplicación de las normas del Derecho Internacional del Medio Ambiente en dicha controversia fue muy escasa. El Tribunal no se pronunció sobre el estatuto jurídico de los principios invocados, pudiendo justificarse esa prudencia en relación con el concepto de desarrollo sostenible, de contenido y naturaleza discutible, aunque resulta de más difícil explicación respecto de los principios de evaluación del impacto ambiental, de prevención y de precaución, sobre todo cuando la doctrina y la práctica internacional avalan el alto grado de aceptación y de reconocimiento

---

[442] TRIBUNAL INTERNACIONAL DE JUSTICIA: «Gabcíkovo-Nagymaros Project (Hungary/Slovakia), Judgment», *I. C. J. Reports 1997*, párr. 155, p. 79.

[443] *Ibidem.*, párr. 140, pp. 74 y 75.

que tales principios tienen en la actualidad como un medio razonablemente eficaz para la protección internacional del medio ambiente.[444]

Tras el caso del *Proyecto Gabcíkovo-Nagymaros*, el 20 de abril de 2010 el Tribunal emitió su Sentencia en la *Causa relativa a las plantas de celulosa en el río Uruguay (Argentina/Uruguay)*.[445] La controversia presentaba además un interés particular porque planteaba el conflicto derivado de las exigencias del desarrollo de un país en el ejercicio de su soberanía económica con los derechos de protección de la salud humana y medioambiental, que podrían resultar afectados ante los riesgos de daños transfronterizos ocasionados por las actividades industriales.[446]

El asunto afectaba al río Uruguay, que conforma la frontera a lo largo de 495 km entre Argentina y Uruguay, utilizado en este caso para el desarrollo de una actividad industrial consistente en la construcción por Uruguay de dos fábricas de celulosa en la ribera de dicho río, tratándose de un ámbito en el que las reglas aplicables no gozan todavía de una total certidumbre.[447] No obstante, el Tribunal contaba en este

---

[444] RODRIGO HERNÁNDEZ, A. J.: «La aportación del Asunto *Gabcíkovo-Nagymaros* al Derecho Internacional del medio ambiente», *Anuario de Derecho Internacional*, XIV, 1998, p. 798.

[445] TRIBUNAL INTERNACIONAL DE JUSTICIA: «Pulp Mills on the River Uruguay (Argentina v. Uruguay), Judgment», *I.C.J. Reports 2010,* p. 14.

[446] JUSTE RUIZ, J. y BOU FRANCH, V.: «El caso de las plantas de celulosa sobre el Río Uruguay: Sentencia de la Corte Internacional de Justicia de 20 de abril 2010», *Revista Electrónica de Estudios Internacionales,* N.º 21, 2011, p. 1.

[447] Así como existe una regulación muy completa de la navegación, no ocurre lo mismo con los demás usos de los cursos de agua transfronterizos, donde existe una falta de certeza total de las reglas generales que les son aplicables. *Vid.* CASTILLO DAUDÍ, M.: «La aportación de los tribunales internacionales al Derecho de los cursos de agua internacionales», en BOU FRANCH, V. (Coord.): *Nuevas controversias internacionales y nuevos mecanismos de solución: teoría y práctica,* Ed. Tirant lo Blanch, Valencia, 2005, pp. 385-423.

caso con un referente jurídico preciso que configura el marco normativo y jurisdiccional del asunto: el *Estatuto del río Uruguay*.

El Tribunal, en la Sentencia, hace mención a su jurisprudencia sobre el principio de prevención como regla consuetudinaria que tiene su origen en la diligencia debida del Estado sobre su territorio como la obligación que tienen los Estados de no permitir que su territorio sea utilizado para llevar a cabo actos contrarios a los derechos de otros Estados,[448] para lo cual deberá utilizar todos los medios a su alcance a fin de evitar que las actividades que se desarrollen en su territorio, o sobre cualquier espacio relevante de su jurisdicción, no causen un daño sensible al medio ambiente de otro Estado, estableciendo el Tribunal que dicha obligación forma parte del *corpus* del Derecho internacional relativo al medio ambiente.[449] Asimismo, dispone que, en su obligación de preservar el medio acuático, las Partes tienen el deber de proteger la flora y la fauna del río, y que las normas y medidas que tienen que adoptar conforme al artículo 41 del *Estatuto del río Uruguay* deberían reflejar igualmente sus compromisos internacionales en materia de protección de la biodiversidad y de los habitantes, así como otros estándares sobre la calidad del agua y descargas de efluentes.[450]

En la Sentencia, el Tribunal dictaminó que Uruguay, al no informar a la Comisión Administradora del Río Uruguay de las obras proyectadas antes del otorgamiento de las autorizaciones ambientales previas para cada una de las plantas, había incumplido las obligaciones de procedimiento que le incumben en virtud de los artículos 7 a 12 del

---

[448]   TRIBUNAL INTERNACIONAL DE JUSTICIA: «Corfu Channel (United Kingdom v. Albania), Merits, Judgment», *I. C. J. Reports 1949*, p. 22.

[449]   TRIBUNAL INTERNACIONAL DE JUSTICIA: «Legality of the Threat or Use of Nuclear Weapons, Advisory Opinion», *1. C. J. Reports 1996*, párr. 29, pp. 241-242.

[450]   TRIBUNAL INTERNACIONAL DE JUSTICIA: «Pulp Mills on the River Uruguay (Argentina v. Uruguay), Judgment», *I .C. J. Reports 2010*, párr. 262, p. 100.

Estatuto, constituyendo para el Tribunal una satisfacción adecuada la constatación de esa violación.[451] En lo que respecta a los posibles efectos perjudiciales de dichas actividades industriales en la calidad de las aguas del río traducido en un daño transfronterizo significativo para Argentina, el Tribunal estimó que no existían pruebas concluyentes que demostrasen que Uruguay no hubiera actuado con el grado requerido de debida diligencia, ni que las descargas de efluentes procedentes de la planta de celulosa finalmente construida hubieran tenido efectos nocivos o hayan causado daños a los recursos vivos o a la calidad del agua o al equilibrio ecológico del río desde que comenzó a operar dicha planta en noviembre de 2007.[452]

La principal contribución de la Sentencia consistió en la institución del carácter universal de la obligación de proceder a una evaluación previa de impacto ambiental para toda actividad industrial que pueda tener un efecto perjudicial importante en un marco transfronterizo, en particular, sobre un recurso compartido.[453] No obstante, conviene matizar que el Derecho internacional general no especifica su alcance y contenido, por lo que corresponde a cada Estado determinar en su legislación interna, o en el proceso de autorización del proyecto, el contenido específico de dicha evaluación requerido en cada caso concreto, teniendo en cuenta su naturaleza y magnitud y su posible impacto perjudicial sobre el medio ambiente. Igualmente, el Tribunal estimó que la evaluación del impacto ambiental debe ser realizada antes de la ejecución del proyecto, continuando con una vigilancia permanente de sus efectos sobre el medio ambiente durante toda la vida del proyecto.[454]

---

[451]   *Ibidem.*, párr. 282, p. 106.
[452]   *Ibidem.*, párr. 265, p. 101.
[453]   *Ibidem.*, párrs. 204 y 205, pp. 82-84.
[454]   *Ibidem.*, párr. 205, pp. 83-84.

Por último, en el *Asunto relativo a la construcción de una carretera en Costa Rica a lo largo del río San Juan*,[455] Costa Rica inició en el mes de diciembre de 2010 las obras para la construcción de la *Carretera 1856 Juan Rafael Mora Porras*, conocida como *Ruta 1856*, discurriendo dos tercios de la misma en las inmediaciones del río San Juan, fronterizo entre Costa Rica y Nicaragua. El 22 de diciembre de 2011, Nicaragua presentó una demanda ante el Tribunal Internacional de Justicia contra Costa Rica alegando que la construcción de la carretera, por el aporte al río San Juan de parte de los sedimentos generados, comportaba importantes daños medioambientales transfronterizos.

En su Sentencia del 16 de diciembre de 2015, el Tribunal recordó que la obligación de efectuar una evaluación previa del impacto sobre el medio ambiente para toda actividad industrial que pueda tener un efecto transfronterizo perjudicial importante forma parte del Derecho internacional general, y añadió en este caso que la obligación de efectuar dicha evaluación previa se extiende de manera general a toda actividad proyectada susceptible de tener un impacto adverso importante en un marco transfronterizo. Si la evaluación confirma la existencia de un riesgo de daño transfronterizo, el Estado de origen, conforme a su obligación de diligencia debida, debe informar y consultar de buena fe al Estado susceptible de verse afectado a los efectos de definir las medidas apropiadas para prevenir o reducir tal riesgo.[456] La Sentencia concluye dictaminando que Nicaragua no ha conseguido probar que la construcción de la carretera haya causado un daño transfronterizo significativo.[457]

---

[455] TRIBUNAL INTERNACIONAL DE JUSTICIA: «Certain Activities Carried Out by Nicaragua in the Border Area (Costa Rica v. Nicaragua) and Construction of a Road in Costa Rica along the San Juan River (Nicaragua v. Costa Rica), Judgment», *I. C. J. Reports 2015*, p. 665.

[456] *Ibidem.*, párr. 104, pp. 706-707.

[457] *Ibidem.*, párr. 217, p. 737.

IV. EL AGUA EN EL DERECHO INTERNACIONAL ECONÓMICO

El agua posee distintos valores, comenzando por los de carácter social y cultural, a los que se han añadido posteriormente los de naturaleza económica y medioambiental. El valor económico del agua resulta ciertamente controvertido. Por una parte, al tratarse de un recurso finito y vital para la humanidad, cada vez más escaso y contaminado y, por tanto, agotable, sin que quepa su sustitución por ningún otro bien público, para un sector de la doctrina, minoritario, podría entrar en la consideración de «bien común de la humanidad» que no debería mercantilizarse.[458] En el lado opuesto, la *Declaración de Dublín sobre el Agua y el Desarrollo Sostenible* dispone en el Principio 4 que el agua tiene un valor económico en todos sus diversos usos y debería reconocérsele como un bien económico.[459]

La posición intermedia, con la que nos mostramos de acuerdo, la expresa la anteriormente mencionada *Observación General N.º 15, El derecho al agua*, al disponer en el párrafo 11 que el agua debe tratarse como un bien social y cultural, y no fundamentalmente como un bien económico; es decir, la consideración del agua como un bien social y cultural resulta compatible con su caracterización como bien económico.

---

[458] Sobre esta consideración del agua como «bien común de la humanidad», *Vid.* GORDILLO, J. L. (Coord.): *La protección de los bienes comunes de la humanidad. Un desafío para la política y el derecho del siglo XXI*, Ed. Trotta, Madrid, 2001; y SOBRINO HEREDIA, J. M.: «Desarrollo sostenible, calentamiento global y recursos vitales para la humanidad», *Anuario da Facultade de Dereito da Universidade da Coruña, N.º 12*, 2008, pp. 883-904.

[459] Texto de la Declaración disponible en la página Web de la OMM: <http://www.wmo.int/pages/prog/hwrp/documents/espanol/icwedecs.html#p4> (última consulta: 11/05/2020).

El agua, por tanto, posee una dimensión económica, por lo que se analizará a continuación su consideración en ciertos casos como mercancía, y también como servicio, en el Derecho Internacional Económico. A ello cabe añadir un somero análisis del agua en los tratados bilaterales de inversión, al igual que una breve descripción sobre el comercio indirecto del agua a través del agua virtual.

1.   Dimensión económica del agua

Desde comienzos de la década de 1990, la tendencia en las relaciones internacionales ha sido la toma en consideración del agua como un bien económico, tal y como se manifiesta en el anteriormente mencionado Principio 4 de la *Declaración de Dublín sobre el Agua y el Desarrollo Sostenible de 1992*. En la misma línea, en el *Programa 21*, adoptado en la *Cumbre de la Tierra de 1992*, el Capítulo 18 también se refiere a la diversidad de valores del agua, considerándola un recurso natural y un bien social y económico, dándose prioridad a la satisfacción de las necesidades básicas y a la protección de los ecosistemas y, una vez satisfechas estas, los usuarios del agua tienen que pagar unas tarifas adecuadas.[460]

En la estela de la *Declaración de Dublín*, la *Declaración de París*, aprobada durante la *Conferencia Internacional sobre Agua y Desarrollo Sostenible de 1998*, reafirma que el agua posee dimensiones sociales, económicas y ambientales interdependientes y complementarias, recomendando la recuperación progresiva de los costes directos e indirectos de los servicios, salvaguardando a los usuarios de bajos ingresos. Todo ello desde la perspectiva de que el usuario debe pagar los servicios recibidos en un contexto que facilite la participación del sector privado en la financiación de proyectos relativos al agua y al saneamiento, habida cuenta de la situación específica de cada país y región.

---

[460]   Apartado 18.8 del *Programa 21*.

Por otra parte, la *Observación General N.º 15, El derecho al agua* del CESCR considera en el párrafo 11 que el agua «debe tratarse como un bien social y cultural, y no fundamentalmente como un bien económico», señalando en el siguiente párrafo como una de las características de este derecho la de su accesibilidad económica, en el sentido de que «el agua y los servicios e instalaciones de agua deben estar al alcance de todos. Los costos y cargos directos e indirectos asociados con el abastecimiento de agua deben ser asequibles y no deben comprometer ni poner en peligro el ejercicio de otros derechos reconocidos en el Pacto». Como última referencia, dentro del Objetivo de Desarrollo Sostenible N.º 6, la primera Meta fijada consiste en lograr el acceso universal y equitativo al agua potable a un precio asequible para todos.

A tenor de lo anteriormente expuesto, no cabe ninguna duda de que el agua, en todos sus usos, es un bien económico a la par que un bien social y cultural, y elemento imprescindible de la biodiversidad. Como derecho humano de acceso al agua potable y el saneamiento, el Estado tiene la obligación de hacerlo efectivo para toda la población, necesitando para ello disponer de un sistema de gobernanza eficaz y eficiente en el establecimiento y operación de los servicios de abastecimiento de agua y de saneamiento, así como de la infraestructura relacionada con los mismos.

2. El agua en el comercio internacional

2.a. *La calificación del agua*

El agua es un recurso natural que, tratándose de cursos de agua transfronterizos, su utilización basada en una distribución equitativa y razonable está regulada por el Derecho de los Cursos de Agua Internacionales, tal y como se ha establecido en el Capítulo 2, creándose derechos y obligaciones entre los Estados en orden al uso, protección y conservación de dichas aguas.

Al ser el agua un recurso natural esencial, imprescindible para la existencia de la vida en este planeta y que, por tanto, debe ser protegido, su estatuto legal deberá reflejar su utilidad como bien público. Así lo expresa la *Observación General N.º 15* en su Introducción: «El agua es un recurso natural limitado y un bien público fundamental para la vida y la salud». Por tanto, el agua debe ser percibida como un bien público definido desde el punto de vista jurídico como aquel que pertenece o es provisto por el Estado a través de organismos que forman parte del sector público.

Los bienes públicos poseen dos características definitorias que los distinguen de los bienes privados: la no exclusividad y la no rivalidad. La no exclusividad significa que, una vez que el bien ha sido producido, sus beneficios están al alcance de todos, incluyendo a aquellos que no contribuyeron a proveer dicho bien, que no pueden ser excluidos de su consumo; y la no rivalidad entraña que el consumo de una determinada cantidad de dicho bien por parte de un individuo o agente no reduce la oferta disponible para otros y no se genera ningún coste por la cantidad adicional que consume otra persona.[461]

Si un bien posee ambas características, se denomina *bien público puro*, definido como aquel que está disponible para todos y cuyo uso por una persona no impide que pueda ser utilizado por otras. Si carece de una de ellas, se califica como *bien público impuro*, como es el caso del agua dulce, considerada como un bien público no exclusivo (nadie puede ser excluido o privado de sus beneficios) que puede ser objeto de rivalidad en función de si la explotación por una persona afecta al consumo por otra.[462]

Los recursos hídricos, es decir, el agua dulce, puede tener un valor de uso directo tanto público, por el que no se paga precio alguno,

---

[461]   SANDLER, T.: «Bienes públicos y cooperación regional para el desarrollo: una nueva mirada», *Revista Integración & Comercio*, N.º 36, 2013, p.17.
[462]   *Idem.*

como es el caso de la utilización de las aguas de un embalse para actividades recreativas, como de uso privado, que sí tienen un precio, como es el consumo doméstico, agrícola e industrial. Asimismo, la industria del agua embotellada y de refrescos constituye una actividad económica muy importante desarrollada en buena parte a través del comercio internacional mediante la exportación/importación de dichos productos, al igual que se producen transferencias transnacionales de agua dulce mediante trasvases por medio de canales o tuberías, o bien se transporta en grandes cantidades por medio de contenedores, camiones y buques cisterna.

El régimen jurídico de las transferencias de agua puede tener una base convencional o bien contractual *ad hoc*, distinguiéndose cuatro tipos diferentes: *i)* tratados entre Estados, normalmente para transferencias de recursos hídricos a gran escala (por ejemplo, los tratados concluidos desde la década de 1980 entre Lesoto y Sudáfrica); *ii)* contratos entre Gobiernos (como ejemplo, los cerrados en la década de 1970 entre Malasia y Singapur); *iii)* contratos entre Gobiernos y una parte privada extranjera (por ejemplo, los efectuados en 2001 entre Bolivia y varias empresas chilenas); y *iv)* contratos entre partes privadas extranjeras, consecuencia de la creciente demanda existente de agua mineral embotellada.[463]

Igualmente, la privatización de servicios relacionados con el agua y la liberalización del comercio han favorecido la creación de mercados para comercializar los recursos hídricos a través del comercio internacional, por lo que se está produciendo un fenómeno de «mercantilización» del agua, entendido como el proceso de conversión del agua, sujeta anteriormente a una amplia variedad de normas sociales

---

[463] BROWN WEISS, E.: «Water Transfers and International Trade Law», in BROWN WEISS, E.; BOISSON DE CHAZOURNES, L. and BERNASCONI-OSTERWALDER, N. (Eds.): *Fresh Water and International Economic Law*, Oxford University Press, Oxford, 2005, pp. 74-76.

externas al mercado, en un bien o servicio sometido a las reglas del mercado.[464]

La condición del agua como bien público fundamental para la vida y la salud, y como bien privado económico que circula a través del comercio internacional, son factores que obligan a efectuar una adecuada calificación del estatuto del agua, que puede ser caracterizada como recurso natural, como mercancía o como servicio.

Como recurso natural le es aplicable, exclusivamente, el Derecho de los Cursos de Agua Internacionales, no siendo por tanto pertinentes las normas del Derecho mercantil al no ser un producto, tal y como lo expresaron los Gobiernos de Canadá, Estados Unidos y México en su *Declaración Conjunta de 1993* en relación con la aplicación al agua del *Tratado de Libre Comercio de América del Norte*[465] (TLCAN), donde reconocieron de manera explícita que el agua en su estado natural en los diferentes tipos de cursos de agua y cuencas hidrográficas no es un bien o producto y, por tanto, no se comercializa, por lo que únicamente queda cubierta por las disposiciones del TLCAN la que ha sido objeto de comercio.[466]

---

[464] GLEICK, P. H.; WOLF, G.; CHALECKI, E. L. and REYES, R.: *The New Economy of Water: The Risks and Benefits of Globalization and Privatization of Fresh Water*, Pacific Institute, Oakland (California), 2002, p. 3.

[465] El *Tratado de Libre Comercio de América del Norte* (TLCAN), adoptado el 17 de diciembre de 1992 y vigente desde el 1 de enero de 1994, es un acuerdo de amplio alcance que establece las reglas que rigen el comercio y las inversiones entre Canadá, Estados Unidos y México. Texto disponible en: <https://www.nafta-sec-alena.org/Inicio/Textos-juridicos/Tratado-de-Libre-Comercio-de-Am%C3%A9rica-del-Norte> (última consulta: 14/05/2020).

[466] CIADI: *Caso CIADI N.° ARB (AF) 05/1 Arbitraje entre Bayview Irrigation District y Otros Demandantes c. los Estados Unidos Mexicanos Demandado/Parte, de 23 de junio de 2006*, párr. 53. Disponible en: <https://www.gob.

En los otros dos casos, el agua caracterizada como mercancía o como servicio, se aplica, además de las normas locales, nacionales y regionales,[467] el Derecho Internacional Económico. El agua como mercancía y como servicio está sometida a lo dispuesto, si existe, en el correspondiente Tratado de Libre Comercio y, en su defecto, o subsidiariamente, a las reglas del *Acuerdo General sobre Aranceles Aduaneros y Comercio*[468] (GATT, por sus siglas en inglés), si está caracterizada como mercancía; y a las del *Acuerdo General sobre el Comercio de Servicios*[469] (GATS, por sus siglas en inglés), si se trata de servicios, aunque en ellos no se determina de manera explícita si el agua está sujeta a los regímenes del comercio internacional, por lo que se ha hecho necesario aplicar criterios analíticos como el grado de intervención humana y la atribución de un precio para concretar si nos encontramos ante un bien o producto y, por tanto, susceptible de tráfico comercial en el seno de la Organización Mundial del Comercio (OMC).[470]

---

mx/cms/uploads/attachment/file/1701/claim_mem_esp_Bayview. pdf> (última consulta: 14/05/2020).

[467] Como ejemplo, en España, el *Real Decreto 1798/2010*, de 30 de diciembre (BOE N.º 16, del 19 de enero de 2011) regula la explotación y comercialización de aguas minerales naturales y aguas de manantial envasadas para consumo humano, en consonancia con el *Reglamento (CE) N.º 852/2004 del Parlamento Europeo y del Consejo, de 29 de abril de 2004, relativo a la higiene de los productos alimenticios* (DOUE N.º 139, del 30 de abril de 2004). Asimismo, en el ámbito supranacional existen igualmente normas al respecto como, por ejemplo, la *Directiva 2009/54/CE del Parlamento Europeo y del Consejo, de 18 de junio de 2009, sobre explotación y comercialización de aguas minerales naturales* (DOUE n.º 164, del 26 de junio de 2009).

[468] Texto del GATT disponible en la página Web de la OMC: <https://www.wto.org/spanish/docs_s/legal_s/legal_s.htm> (última consulta: 14/05/2020).

[469] Texto del GATS disponible en la página Web de la OMC.

[470] Ninguno de los acuerdos multilaterales sobre el comercio de mercancías de la OMC regula específicamente el comercio de los recursos naturales, entre los que se incluyen los recursos hídricos.

2.b.   *El agua como mercancía*

La consideración del agua dulce como mercancía y, por tanto, sometida a las reglas del GATT, resulta controvertida. Ya se ha señalado anteriormente que el agua en su estado natural, es decir, fluyendo a través de ríos, lagos, humedales y acuíferos, al no tratarse de un producto, no tiene la consideración de mercancía, por lo que no es objeto de actividades comerciales, siéndole únicamente aplicable el Derecho de los Cursos de Agua Internacionales.

Conforme a la definición establecida por el Tribunal de Justicia de las Comunidades Europeas en su Sentencia de 10 de diciembre de 1968 sobre el *Asunto 7/68 Comisión de las Comunidades Europeas/Italia*, se entiende por mercancías los productos que pueden valorarse en dinero y que, como tales, pueden ser objeto de transacciones comerciales.[471] Asimismo, el GATT dispone en su artículo XVII que la palabra «mercancías» solo se aplica a los productos en el sentido que se da a esta palabra en la práctica comercial corriente y no debe interpretarse como aplicable a la compraventa de servicios. Por «producto» se entiende generalmente todo aquello que se produce como resultado de un proceso natural o bien mediante la intervención humana.

Por otra parte, para comprobar si se está ante un producto, se suele utilizar como referencia el denominado Sistema Armonizado de Designación y Codificación de Mercancías,[472] generalmente designado como Sistema Armonizado (SA), consistente en una clasificación de los productos elaborada por la Organización Mundial de Aduanas

---

[471] TRIBUNAL DE JUSTICIA DE LA UNIÓN EUROPEA: *Asunto 7/68 Comisión de las Comunidades Europeas/Italia, Sentencia de10 de diciembre de 1968*, p. 237.

[472] OMA: *HS Nomenclature 2017 edition*. Texto disponible en la página Web de la OMA: <http://www.wcoomd.org/en/topics/nomenclature/instrument-and-tools/hs-nomenclature-2017-edition/hs-nomenclature-2017-edition.aspx> (última consulta: 15/05/2020).

(OMA) que los Estados Miembros de la Organización Mundial del Comercio emplean para fijar sus listas de tarifas.

Respecto al agua como producto, aparece recogida en el Capítulo 22, otorgando dicha categoría a las aguas, incluidas las aguas minerales naturales o artificiales y aguas gaseosas, con o sin adición de azúcar u otros edulcorantes o aromatizantes y demás bebidas no alcohólicas, así como el hielo y la nieve.

De lo anterior se deduce que se aplican las normas del comercio internacional a la exportación/importación de agua embotellada en sus distintas variantes, gaseosas, refrescos y bebidas no alcohólicas, a lo que cabe añadir el hielo y la nieve. Al no reseñar ninguna especificación respecto al hielo y la nieve, su consideración como productos debe considerarse relacionada únicamente con su producción industrial. Dado que el Capítulo 22 se refiere exclusivamente a las bebidas, en principio el agua solamente tendrá la consideración de producto cuando esté destinada al consumo de las personas, por lo que las transferencias de agua destinadas a fines agrícolas o industriales no tendrían la consideración de producto al no estar incluidas en el Sistema Armonizado.

El concepto de producto incluye, como ya se ha expuesto anteriormente, el cumplimiento de dos criterios: un cierto grado de intervención humana y la atribución de un precio. Conforme a dichos criterios, para que un bien sea considerado como producto es necesario que sea transformado por la intervención humana y se le asigne un precio.[473] El agua embotellada comprende ambos criterios: los procesos de extracción, tratamiento y embotellado transforman el agua en una mercancía por la que el consumidor paga un precio. Si se aplican estos

---

[473]   COSSI, M.: «Water services at the WTO», in BROWN WEISS, E.; BOISSON DE CHAZOURNES, L. and BERNASCONI-OSTERWAL-DER, N. (Eds.): *Fresh Water and International Economic Law*, Oxford University Press, Oxford, 2005, p. 117.

mismos criterios a las bebidas no alcohólicas y al hielo y nieve producidos industrialmente, todos ellos alcanzan la categoría de producto y, por tanto, son susceptibles de tráfico comercial, razón por la cual aparecen recogidos todos ellos como producto en el Capítulo 20 del Sistema Armonizado.

Respecto a otros usos del agua, en el caso de las transferencias de recursos hídricos con un objeto específico, aunque se asigne un precio, es más difícil demostrar que se realiza una transformación del agua por la intervención humana, por lo que no se cumplirían los dos criterios que categorizan al agua como producto y, en consonancia, el tratamiento del agua sería como recurso natural y no como producto mercantil.[474] Si se trata de transferencias de agua a gran escala, normalmente a través de canales o tuberías, se estaría ante una categorización del agua como recurso natural cuya gestión no puede ser objeto de las normas del comercio internacional.

Cuando se trata de transferencias de agua a granel en cantidades importantes, aunque no a gran escala, realizadas por medio de canales o tuberías, o transportadas en camiones, contenedores o buques cisterna, como se están efectuando, por ejemplo, entre Malasia y Singapur, Lesoto y África del Sur, Estados Unidos y Canadá, Turquía y Chipre,[475] donde pueden intervenir actores estatales y no estatales, la categorización del agua como recurso natural o como mercancía no está tan clara, determinándose en cada caso concreto si es aplicable el Derecho de los Cursos de Agua Internacionales o el Derecho Internacional Económico cuando únicamente intervienen los Estados. Si en las transferencias de agua participan actores privados extranjeros, no

---

[474] BROWN WEISS, E.: «Water Transfers and International Trade Law», *op. cit.,* pp. 61-89.

[475] MARTIN-NAGLE, R.: «Bulk Waters Transfers», *World Water Congress, 28 May 2015.* Disponible en: <http://www.iwra.org/congress/resource/1645_Eckstein_PS154001_Kilsyth_Thurs.pdf> (última consulta: 17/05/2020).

cabe la más mínima duda de que el agua es categorizada como mercancía, por lo que se trataría de una compraventa sometida a las normas del comercio internacional.

2.c. *La consideración del agua como servicio*

El comercio de servicios en la OMC está regulado por el *Acuerdo General sobre el Comercio de Servicios* (GATS), negociado en la *Ronda Uruguay* y vigente desde enero de 1995, cuyo objetivo principal lo constituye el fomento de la transparencia y la liberalización progresiva del comercio internacional de servicios entre los Estados Miembros de la OMC. No obstante, si existe un Tratado de Libre Comercio bilateral o multilateral que contemple el comercio de servicios, estos se regirán por las normas contenidas en el mismo y, subsidiariamente, por las del GATS.

Tanto en la Lista de Clasificación de los Servicios de la OMC como en la Clasificación Central Provisional del Producto (CPC Provisional) establecida por el ECOSOC, muy similar al Sistema Armonizado del GATT, no existe una categoría específica para los servicios relacionados con el agua, aunque la CPC Provisional contiene varias actividades relacionadas con la misma como, por ejemplo, las relacionadas con el vapor y agua caliente, hielo y nieve, agua natural, agua mineral embotellada, distribución de agua, servicios de distribución de agua, y recogida, tratamiento y eliminación de aguas residuales.[476]

Como ya se ha expuesto, el objetivo principal del GATS lo constituye la liberalización progresiva del comercio internacional de servicios. Dicha liberalización puede llevar a la privatización de servi-

---

[476] Grupos 173, 174, 180, 244, 692, 863 y 941, respectivamente. *Vid.* NACIONES UNIDAS. DEPARTAMENTO DE ASUNTOS ECONÓMICOS Y SOCIALES: <http://unstats.un.org/unsd/statcom/doc13/BG-CPC-Version21.pdf> (última consulta: 18/05/2020).

cios, entre otros, los considerados esenciales como en el caso del abastecimiento de agua. No obstante, el GATS no impone la privatización de ningún servicio, manteniendo la libertad de decisión de los Estados Miembros de la OMC sobre el modelo de servicio a adoptar entre las siguientes opciones: *i*) mantener el servicio como un monopolio, ya sea público o privado; *ii*) abrir el servicio a los proveedores competidores, aunque restringiendo el acceso a las empresas nacionales; *iii*) abrir el servicio a los proveedores nacionales y extranjeros, pero sin que se establezcan compromisos del GATS al respecto; y *iv*) asumir compromisos del GATS que abarquen el derecho de las empresas extranjeras a proporcionar el servicio, además de los proveedores nacionales.

2.d. *La privatización de la gestión del agua*

Los recursos hídricos, al ser esenciales para la vida de los seres que habitan este planeta, son, por tanto, peculiares, tratándose al mismo tiempo de bienes económicos, sociales, culturales y medioambientales que deben ser gestionados acorde a dicha característica. Sin embargo, la gestión del agua suele complicarse a causa de las tensiones derivadas de los posibles enfrentamientos entre los regímenes que, por un lado, favorecen la liberalización del comercio y la privatización de los servicios y, por otro lado, los de carácter nacional e internacional que rigen los recursos hídricos, la protección del medio ambiente y los derechos humanos, en concreto, el derecho humano de acceso al agua potable y el saneamiento,[477] sobre el que los Estados tienen la obligación de garantizar su sostenibilidad para las generaciones presentes y futuras, tal y como establece la *Observación General N.º 15* en el párrafo 35: «…Los acuerdos de liberalización del comercio no deben restringir

---

[477] Tanto el GATT como el GATS, los Tratados del Derecho Internacional de los Cursos de Agua Internacionales, los Tratados Medioambientales y los Tratados de Derechos Humanos, se encuentran todos ellos en el mismo nivel de igualdad de cumplimiento de las obligaciones dimanantes de los mismos, sin que exista relación alguna de prevalencia entre ellos.

ni menoscabar la capacidad de un país de garantizar el pleno ejercicio del derecho al agua».

La liberalización del comercio internacional de servicios preconizada por el GATS ha sido favorecida por el Banco Mundial y el Fondo Monetario Internacional, quienes normalmente imponen como condición necesaria para otorgar créditos a los países, en especial los que se encuentran en desarrollo, la liberalización y privatización de los sectores de actividad para los que se solicitan los créditos, dando prioridad a la inversión privada. Para estas instituciones internacionales, al igual que ocurre con las empresas transnacionales, el agua es un bien económico y, por tanto, susceptible de comercio, que puede ser vendido, comprado o intercambiado.

La gestión de los recursos hídricos, como servicio público que es,[478] la realiza directamente la Administración Pública, normalmente a nivel de municipio o de Gobierno infraestatal, efectuándose bien por la propia Administración, bien mediante la creación de entidades de Derecho público destinadas a dicho fin, o bien a través de una sociedad de Derecho privado cuyo capital sea, en su totalidad, de titularidad pública.

Los procesos de privatización, incluidos los relativos a los servicios de abastecimiento de agua y saneamiento, se iniciaron en la década de 1970, tal y como ocurrió, por ejemplo, en Chile. No obstante, es a comienzos de la década de 1990, con la pérdida generalizada de

---

[478] Todo Estado de Derecho tiene la obligación de dispensar servicios públicos destinados a satisfacer necesidades de carácter general, entre las que se encuentran las relacionadas con los recursos hídricos. Un servicio público es aquel que aspira a poner al alcance de todo individuo, al menor coste posible y en condiciones que garanticen su seguridad, el aprovechamiento de funciones satisfactorias para cualquier necesidad de carácter general. *Vid.* TAMAMES GÓMEZ, R. y AURÍN LOPERA, R.: *Gobernanza y gestión del agua: modelos público y privado*, Profit editorial, Barcelona, 2015, p. 115.

credibilidad en las instituciones públicas motivada por su incapacidad para satisfacer con la adecuada calidad necesidades básicas de la población, cuando se realizaron importantes reformas en el contexto del neoliberalismo imperante orientadas a reducir la actuación del Estado en el ámbito empresarial y de prestación de servicios. Dichas reformas fueron generalmente acompañadas de procesos de privatización y liberalización de los mercados y del comercio, como fue el caso del Reino Unido y, en especial, en ciertos países de África, Asia y América Latina.[479]

El argumento esgrimido por la corriente neoliberal fue que las empresas públicas son por naturaleza ineficientes, al contrario que el sector privado, careciendo el sector público de la necesaria capacidad financiera para realizar las inversiones requeridas para la expansión y el mantenimiento de la infraestructura, por lo que la solución a este problema pasa por la privatización, reemplazando las empresas al Estado en esa función, con la consiguiente reducción del déficit público y el fin del subsidio de estos servicios por parte del Estado. Además, también se aducía que la privatización sería el mejor método para extender los servicios de abastecimiento de agua potable y de saneamiento a la población carente de los mismos, en especial la población rural que no dispone de los suficientes recursos económicos, las comunidades indígenas y los habitantes de los asentamientos informales y marginales de

---

[479] Así, por ejemplo, en América Latina proliferaron en la década de 1990 los contratos de asociaciones público-privadas (APP), consistentes en contratos a largo plazo entre una parte privada y una entidad pública para la gestión de servicios públicos donde la parte privada asume la responsabilidad de la gestión y el consiguiente riesgo empresarial. Los contratos de APP constituyen una herramienta sumamente eficaz para fomentar la inversión y el proceso de desarrollo económico, integrando a las entidades públicas, las empresas y los organismos multilaterales de crédito. *Vid.* FRIGERIO, G. y GÓMEZ KORT, M.: «Asociaciones Público-Privadas en el Sector de Agua y Saneamiento en América Latina», BANCO INTERAMERICANO DE DESARROLLO, División de Agua y Saneamiento, *Nota Técnica N.º IDB-TN-1337*, 2018, p. 7.

las zonas periurbanas de las grandes urbes, coadyuvando así a la reducción de la desigualdad social.

La privatización en el sector de los recursos hídricos implica la transferencia total o parcial de los activos o bien de la gestión y operaciones desde los sistemas públicos a los operadores privados, existiendo varias formas de privatizar el agua, entre otras, las que van desde la transferencia de la responsabilidad de operar un sistema de abastecimiento de agua y de saneamiento o de tratamiento de aguas residuales, hasta una transferencia más completa de responsabilidades de propiedad y operación de dichos sistemas e, incluso, la venta de derechos de agua de propiedad pública a empresas privadas,[480] que constituyen un medio sumamente práctico para asignar recursos hídricos para una amplia variedad de usos.[481] Es de significar que el 7 de diciembre de 2020

---

[480] GLEICK, P.; WOLFF, G.; CHALECKI, E. and REYES, R.: *The New Economy of Water: Risks and Benefits of Globalization and Privatization of Fresh Water,* *op. cit.,* p.3. En los mercados de agua, el recurso hídrico se asigna a un precio determinado mediante el libre intercambio de algún tipo de título de propiedad (derecho, permiso, concesión, autorización, etc.) para usarla, siendo las interacciones entre los compradores y vendedores de estos títulos las que constituyen el mercado de agua. *Vid.* DONOSO, G.; JOURAVLEV, A.; PEÑA, H. y ZEGARRA, E.: «Mercados (de derechos) de agua: experiencias y propuestas en América del Sur», CEPAL, *Serie Recursos Naturales e Infraestructura,* N.º 80, Santiago de Chile, 2004, p. 9.

[481] Existen varias modalidades de transferencias de derechos de agua: *i) compraventa*: consiste en la transferencia con carácter permanente del título, que incluye todos los beneficios, costes, riesgos y obligaciones vinculados con el derecho, y suele ser la respuesta a las variaciones de largo plazo en las condiciones de demanda y oferta que incrementan el valor marginal del agua en algunos usos y lo disminuyen en otros, por lo que es la estructura de mercado preferida cuando el objetivo es satisfacer cambios de demanda permanentes. Las ventas son comunes en las transferencias intersectoriales, en que la agricultura de riego es el vendedor dominante y los usuarios urbanos los principales compradores; *ii) contrato de arrendamiento*: Supone la venta del recurso, pero no de los derechos, siendo la respuesta de mercado preferida a las variaciones de corto plazo de las condiciones de la oferta y

el agua ha comenzado a cotizar en el mercado de futuros de materias primas de Wall Street, en el índice Nasdaq Veles California Water (NQH2O).[482]

En los casos de privatización de la gestión del agua, la misma pasa a ser efectuada por operadores privados, generalmente, a través de un contrato de gestión de servicios públicos, consistente en que una Administración Pública encomienda a una persona, natural o jurídica, la gestión de un servicio cuya prestación ha sido asumida como de su propia competencia por dicha Administración, siempre y cuando ese servicio público tenga un contenido económico que lo haga susceptible de explotación por empresarios particulares. Normalmente, suele adoptar alguna de las siguientes modalidades: *i) concesión*, por la que el empresario gestiona el servicio a su propio riesgo y ventura; *ii) gestión interesada*, en cuya virtud la Administración y el empresario participan en los resultados de la explotación del servicio en la proporción que se

---

demanda desde la consideración de que estas operaciones constituyen un mercado del agua para entrega inmediata; y *iii) contrato de opción*: conocidos también como mercados del agua contingentes o interrumpibles, son un acuerdo de largo plazo para arrendar, y a veces vender, un derecho de agua cuando ocurre una determinada contingencia, casi siempre una sequía, y suelen emplearse para transferir agua de la agricultura de riego a los usuarios no agrícolas durante los periodos de estiaje. *Vid.* LEE, T. R. y JOURAVLEV, A. S.: «Los precios, la propiedad y los mercados en la asignación del agua», CEPAL, *Serie Medio Ambiente y Desarrollo,* N.º 6, 1998, pp. 16-18.

[482] Este índice se forma a partir de los precios de los derechos de agua en el mercado de futuros de las cinco zonas de California con mayor volumen de transacciones de este tipo. Aunque el índice se basa en precios de las principales cuencas fluviales de California, donde la escasez del agua ha aumentado, este valor podrá ser usado como referente para el resto del mundo en los mercados del agua. El precio del agua en California se ha duplicado en el último año según este indicador, y con su creciente escasez, la llegada al mercado de materias primas permitirá según los expertos una mejor gestión del riesgo futuro vinculado a este bien.

establezca en el contrato; y *iii*) *sociedad de economía mixta*, en la que participa la Administración, por sí o por medio de una entidad pública, en concurrencia con personas naturales o jurídicas.[483]

La privatización de la gestión del agua, al repercutir sobre el usuario todos los costes derivados de la captación, tratamiento y distribución del agua potable, así como del tratamiento de aguas residuales, a los que ha de añadirse el lógico margen de beneficios a obtener por la empresa privada que ha obtenido la concesión o licencia de explotación, supone un importante aumento de las tarifas del agua, en muchas ocasiones difícilmente asumible para las clases más desfavorecidas, lo que ha provocado multitud de conflictos.

Los partidarios de la privatización de la gestión del servicio de abastecimiento de agua y del saneamiento sostienen que el precio del agua debe incorporar todos los costes, fomentando así el ahorro y un uso más eficiente del agua, a la vez que el sector privado garantizaría la transparencia y rentabilidad, a lo que cabe unir una mayor capacidad de innovación.[484] Por contra, sus detractores argumentan que el aumento de tarifas perjudica a la población más desfavorecida y marginal, con lo que las empresas adjudicatarias de la concesión o licencia de explotación del servicio volcarían el mayor esfuerzo en las zonas en las que se obtienen mayores beneficios, es decir, las áreas urbanas más favorecidas, en detrimento de las zonas rurales y las áreas urbanas y periurbanas donde se asientan grupos de población marginales.[485]

Tras una década de privatización de los recursos hídricos, el consiguiente aumento de las tarifas se tradujo en un aumento de con-

---

[483] TAMAMES GÓMEZ, R. y AURÍN LOPERA, R.: *Gobernanza y gestión del agua: modelos público y privado, op. cit.*, pp. 119-125.
[484] MOVILLA PATEIRO, L.: *El derecho internacional del agua: los acuíferos transfronterizos,* Bosch editor, Vallirana (Barcelona), 2014, p. 157.
[485] *Idem.*

flictos sociales, tal y como ocurrió, por ejemplo, en la capital de Indonesia, Yakarta,[486] siendo Chile el país donde la privatización del agua ha tenido un mayor éxito.

Las experiencias obtenidas de los procesos de privatización realizados han llevado a la consideración mayoritaria de los recursos hídricos como bienes de dominio público, aunque persiste el régimen mixto de coexistencia de aguas públicas y privadas, como en Argentina, al igual que existen regímenes privatistas, tal y como ocurre en Chile,[487] dándose casos de países cuya legislación prohíbe la privatización del agua y de la gestión de los servicios relacionados con ella.[488]

---

[486] En el caso de Yakarta (Indonesia), la privatización de los servicios del agua comenzó en 1998. Sin embargo, transcurridos 15 años, los servicios del agua quedaban lejos de ser satisfactorios al ser la cobertura de servicios menor que la pactada y cuadruplicarse la tarifa del agua desde la privatización. El 24 de marzo de 2015 el Tribunal del Distrito Central de Yakarta anuló los contratos de privatización del agua alegando negligencia en el cumplimiento del derecho humano al agua para los residentes de Yakarta. *Vid.* INTERNACIONAL DE SERVICIOS PÚBLICOS: <http://www.world-psi.org/es/el-tribunal-de-yakarta-cancela-la-mayor-privatizacion-del-agua-del-mundo-tras-un-fracaso-de-18-anos> (última consulta: 25/05/2020).

[487] En Chile el régimen de los recursos hídricos es privatista, toda vez que fomenta la propiedad privada sobre el derecho de aprovechamiento de las aguas, tal y como estipula la *Constitución Política de Chile de 1980*, en el artículo 19, apdo. 24: «Los derechos de los particulares sobre las aguas, reconocidos o constituidos en conformidad a la ley, otorgarán a sus titulares la propiedad sobre ellos».

[488] Como ejemplo en América Latina: Bolivia, Ecuador, Nicaragua, Perú y Uruguay.

3. El agua en los tratados bilaterales de inversión

3.a. *Consideraciones generales*

Como se acaba de exponer, el agua posee una dimensión económica, siendo factible que en el desarrollo de actividades que requieren importantes inversiones de recursos financieros, como es el caso de las relacionadas con los recursos hídricos (por ejemplo, la construcción de un embalse, de un canal, de una central hidroeléctrica, o las concesiones de abastecimiento doméstico de agua y saneamiento cuando dicho sector haya sido privatizado), puedan participar personas físicas y jurídicas extranjeras, constituyendo una práctica habitual en los países en vías de desarrollo. La atracción de inversiones extranjeras constituye un instrumento clave para el desarrollo económico y la lucha contra la pobreza en los países menos desarrollados. Generalmente, toda inversión extranjera implica inversiones sustanciales al comienzo de un proyecto de inversión, recuperándose la inversión y obteniendo beneficios una vez transcurrido un elevado plazo de tiempo que no suele bajar de 30 años

El inversor, como cualquiera que se dedique al comercio internacional, asume los riesgos propios de la actividad económica o riesgos del mercado, tales como los inherentes a los cambios que puedan producirse en el mercado, la aparición de nuevos competidores y las modificaciones de los precios. Además, y ello constituye la principal característica del inversor extranjero, está sometido a riesgos de carácter político, ajenos al mercado, por actos potestativos del Estado receptor que afectan directamente a las inversiones, como las expropiaciones directas e indirectas y la nacionalización de sus propiedades, las alteraciones estatales en el marco regulatorio o en el tipo de cambios, los cambios en la regulación laboral o en la medioambiental, el control de precios, y las limitaciones a las transferencias monetarias, entre otros. A ello cabe añadir una mayor dificultad para demandar al Estado receptor en comparación con cualquier otra persona física o jurídica, al igual que se produce un incremento de los costes de transacción de resolución de conflictos, lo que incide en una necesaria protección específica del Estado sobre sus nacionales inversores en otros países.

Cuando se trata de desarrollar o promover la inversión extranjera, los intereses de los inversores son diferentes de los correspondientes a los Estados receptores. Para el inversor, la inversión es una forma de maximizar ganancias, expandir mercados, consolidar alianzas estratégicas o cualquier otra de índole empresarial, por lo que el interés del inversor se centra en lograr la máxima protección posible de sus inversiones. A su vez, para el Estado receptor la inversión es una manera de atraer recursos para financiar su desarrollo económico sobre la base del respeto a la soberanía nacional sobre los recursos naturales y la no injerencia en los asuntos internos del país. En ocasiones, la no coincidencia de los intereses de los inversores y de los Estados receptores ha dado lugar a la aparición de disputas, resueltas de diferentes maneras, tal y como se analizará a continuación.

3.b. *El Derecho Internacional de las Inversiones*

La protección de las inversiones extranjeras comienza a mediados del siglo XIX, cuando se introduce en los Tratados de Amistad, Comercio y Navegación la protección de la propiedad de los extranjeros bajo el Derecho del país receptor.[489] Así, si un Estado se apropiaba de las propiedades de un inversor extranjero, estaba obligado a realizar una compensación adecuada y rápida, por lo que no se consideraba

---

[489] Es el caso, por ejemplo, del *Tratado de amistad, comercio y extradición entre Estados Unidos y Suiza*, de 25 de noviembre de 1850, donde el artículo 5 protege específicamente las propiedades de los inversores de un Estado Parte en el territorio de la otra Parte. Texto disponible en: <https://www.loc.gov/law/help/us-treaties/bevans/b-ch-ust000011-0894.pdf.> (última consulta: 29/05/2020).

necesario en esa época la existencia de reglas específicas de protección de las inversiones extranjeras.

Ante las discrepancias existentes sobre el estándar mínimo que compone la costumbre internacional y el fracaso de los esfuerzos diplomáticos orientados a la conclusión de un acuerdo multilateral en relación con la protección de las inversiones extranjeras, es a comienzos de la década de 1960 cuando los países exportadores de capital inician la negociación de acuerdos bilaterales para la promoción y protección recíproca de las inversiones (APPRI), más conocidos como tratados bilaterales de inversión (TBI), siendo el primero de ellos el concluido en 1959 por Alemania y Pakistán, que entró en vigor en 1962.[490]

Surge así el Derecho Internacional de las Inversiones como el conjunto de reglas cuya finalidad consiste en proteger tanto la inversión como al inversor extranjero de las acciones hostiles de los Estados receptores de la inversión. Está conformado por los principios generales del Derecho internacional; por la costumbre internacional, limitada a principios genéricos como el deber de indemnizar cuando el Estado se apropia ilegalmente de una inversión; y por un considerable número de TBI, más de 3200 acumulados,[491] además de otros tratados de diverso tipo, en especial los Tratados de Amistad, Comercio y Navegación en vigor y aquellos Tratados de Libre Comercio, la mayoría, que contienen

---

[490]   El primer TBI fue concluido entre Alemania y Pakistán el 25 de noviembre de 1959, entrando en vigor el 28 de abril de 1962. Texto disponible en la *Base de Datos de Tratados Bilaterales de Inversión del Centro Internacional de Arreglo de Diferencias Relativas a Inversiones* (CIADI: <https://icsid.worldbank.org / sp/Pages/Resources/Bilateral-Investment-Treaties-Database.aspx> (última consulta: 29/05/2020).

[491]   A finales de 2019 se contabilizaban 3284 acuerdos internacionales de inversión (2895 TBI y 389 tratados con disposiciones sobre inversión), permaneciendo vigentes un total de 2654 acuerdos internacionales de inversión. *Vid.* UNCTAD: *Informe sobre las Inversiones en el Mundo 2020. La producción internacional después de la pandemia*, Ginebra, 2020, p. 22.

un Capítulo específico dedicado a la protección de las inversiones extranjeras como es el caso, por ejemplo, del *Tratado de Libre Comercio de América del Norte*.[492]

Los TBI son tratados concluidos entre dos Estados,[493] mayoritariamente entre un Estado desarrollado y otro en vías de desarrollo. En ellos se establece el marco legal que regula los flujos de inversión entre ambos Estados, siendo su principal objetivo dotar a los inversores extranjeros y sus inversiones de derechos y de un sistema específico de protección que establece una serie de principios que prohíben aquellas conductas que supongan una infracción de los estándares, como los de trato nacional, la cláusula de nación más favorecida, el principio de trato justo y equitativo, y la indemnización por expropiaciones.

Cuando se suscita una controversia, los TBI permiten al inversor demandar directamente al Estado receptor por cualquier situación catalogada de riesgo no comercial, es decir, de riesgo político, que afecte negativamente a sus inversiones ante los organismos previstos en el tratado que, en su mayoría, remiten al Centro Internacional de Arreglo de Diferencias Relativas a Inversiones (CIADI),[494] donde se

---

[492]   El *Tratado de Libre Comercio de América del Norte* dedica el Capítulo XI a las inversiones extranjeras y la solución de controversias entre un Estado Parte y un inversor de otra Parte. Texto del Tratado disponible en: <https:// www.nafta-sec-alena.org/Inicio/Textos-del-Acuerdo/Tratado-de-Libre-Comercio-de-Am%C3%A9rica-del-Norte> (última consulta: 29/05/ 2020).

[493]   Por definición, los TBI son tratados bilaterales concluidos entre dos Estados, aunque, como excepción, existe un TBI de carácter trilateral, firmado el 13 de mayo de 2012 por China, Japón y Corea del Sur. *Vid.* UNCTAD: <http://investmentpolicyhub.unctad.org/IIA> (última consulta: 29/05/ 2020).

[494]   El *Convenio sobre arreglo de diferencias relativas a inversiones entre Estados y nacionales de otros Estados*, suscrito en Washington el 18 de marzo de 1965, crea el Centro Internacional de Arreglo de Diferencias Relativas a Inversiones (CIADI), órgano perteneciente al Grupo del Banco Mundial, del que son

contemplan como mecanismos de resolución de controversias la conciliación y el arbitraje. No obstante, existen otros mecanismos para la resolución de controversias sobre inversiones planteadas a través de arbitrajes *ad hoc* con el consentimiento de las Partes, como los correspondientes a la Comisión de las Naciones Unidas para el Derecho Mercantil Internacional (CNUDMI), a la Corte Internacional de Arbitraje de la Cámara de Comercio Internacional (ICC, por sus siglas en inglés),[495] a la Corte de Arbitraje Internacional de Londres (LCIA, por sus siglas en inglés), y al Instituto de Arbitraje de la Cámara de Comercio de Estocolmo. Igualmente, el Organismo Multilateral de Garantía de Inversiones (MIGA, por sus siglas en inglés), perteneciente al Grupo del Banco Mundial, ofrece garantías mediante seguros contra riesgos políticos y el incumplimiento de obligaciones financieras a inversores y prestamistas.[496]

Hasta finales de 2019 se contabilizaban 1023 controversias conocidas, siendo Argentina el país más demandado ante el CIADI por

---

Estados Miembros 150 Estados tras el abandono de Bolivia, Ecuador y Venezuela, arguyendo que la tendencia del CIADI de fallar mayoritariamente a favor de los inversores les perjudicaba. Texto del Convenio disponible en: <http://icsidfiles.world bank.org/icsid/ICSID/StaticFiles/basicdoc-spa/partA.htm> (última consulta: 29/05/2020).

[495] Los servicios para la solución de controversias ofrecidos por la Cámara de Comercio Internacional (ICC) incluyen igualmente la mediación, cuyos acuerdos de resolución son contractualmente vinculantes. *Vid.* página Web de la CÁMARA DE COMERCIO INTERNACIONAL (ICC): <http://www.iccspain.org/arbitraje/> (última consulta: 29/05/2020).

[496] El Organismo Multilateral de Garantía de Inversiones (MIGA, por sus siglas en inglés) cubre los siguientes riesgos políticos: i) inconvertibilidad de moneda y restricciones a la transferencia; ii) expropiación; iii) guerra, terrorismo y disturbios civiles; y iv) incumplimiento de contrato. Igualmente, cubre la mejora del crédito por incumplimiento de obligaciones financieras. *Vid.* página Web del ORGANISMO MULTILATERAL DE GARANTÍA DE INVERSIONES (MIGA): <https://www.miga.org/documents/IGG_spanish_final.pdf> (última consulta: 29/05/2020).

los inversores (62), seguida por España (52) y Venezuela (51).[497] En lo que respecta a las disputas sobre inversiones relacionadas con el agua, presentan formas muy variadas, alguna motivada por un cambio legislativo medioambiental que afecta negativamente a la inversión, como es el caso *Commerce Group and San Sebastián Gold Mines v. El Salvador*,[498] donde se anuló una concesión minera al modificarse la legislación medioambiental con el consiguiente endurecimiento de las normas sobre la contaminación del agua, provocando la demanda del inversor por pérdida de ingresos. En otros casos, suponen fuertes inversiones de recursos financieros que requieren el acceso a gran escala de recursos hídricos, como es el caso de los proyectos de construcción de canales y de plantas de energía hidroeléctrica, o bien la construcción de infraestructuras para las redes de abastecimiento de agua potable y saneamiento.

Del total de controversias producidas, dieciséis de ellas están relacionadas con contratos de concesión de servicios de abastecimiento de agua potable y saneamiento, así como tres en la construcción de presas y otras tantas en la construcción de plantas de energía hidroeléctrica, a lo que cabe añadir dos controversias sobre proyectos de construcción de canales y una sobre proyectos de explotación de manantiales de agua mineral.[499]

---

[497] Se desglosan de la siguiente manera: 674 concluidas, 343 pendientes y 6 desconocidas, toda vez que los laudos arbitrales tienen carácter confidencial, por lo que se desconoce con exactitud el número de controversias presentadas ante los organismos encargados de resolver las disputas. *Vid.* UNCTAD: Base de datos de casos por países: <https://investmentpolicy. unctad.org/investment-dispute-settlement> (última consulta: 29/05/ 2020).

[498] ICSID: *Commerce Group Corp. and San Sebastian Gold Mines, Inc. v. Republic of El Salvador (ICSID Case No. ARB/09/17). Award*, March 14, 2011.

[499] ICSID: <https://icsid.worldbank.org/sp/Pages/cases/searchcases. aspx> (última consulta: 30/05/2020).

3.c. *Los tratados bilaterales de inversión y el derecho humano al agua*

Entre los diferentes tipos de tratados existentes los TBI son, probablemente, los que pueden generar una mayor cantidad de vulneraciones de derechos económicos, sociales y culturales, toda vez que están diseñados con el único propósito de proteger las inversiones y a los inversores extranjeros. Los TBI consideran el agua como una simple materia prima o como un servicio, por lo que, normalmente, cuando surgen conflictos de inversión relacionados con el agua, no tienen en cuenta ninguna consideración referida a los derechos humanos.

A lo largo de las diferentes controversias entre inversores y Estados receptores, los laudos emitidos contemplan el régimen de protección de las inversiones y del inversor como un espacio estanco en relación con los derechos humanos. Esta situación se ha dado en varias controversias suscitadas ante el CIADI, como en el *Caso Compañía del Desarrollo de Santa Elena c. Costa Rica*,[500] cuyo laudo dictaminó que las expropiaciones legítimas de propiedades de inversores extranjeros por razones de protección medioambiental no afecta ni a la naturaleza ni a la medida de la compensación con que se les debe indemnizar, por lo que la fuente internacional de la obligación de proteger el medio ambiente no supone ninguna diferencia, manteniéndose la obligación de pagar una indemnización al inversor cuando la propiedad es expropiada, incluso con fines medioambientales, ya sean nacionales o internacionales.[501]

Cuando un Estado ha concertado un TBI sobre una concesión del servicio de abastecimiento de agua potable y saneamiento, no por ello está exento de cumplir sus obligaciones en materia del derecho humano de acceso al agua y el saneamiento. Así, se producen situaciones

---

[500] ICSID: *Compañia del Desarrollo de Santa Elena S.A. v. Republic of Costa Rica (ICSID Case No. ARB/96/1) Final Award,* February 17, 2000.

[501] Párrafos 71 y 72 del laudo.

en las que los Estados se encuentran ante la imposibilidad de cumplir de manera simultánea los tratados internacionales de derechos humanos y los TBI, como ocurre con los relacionados con las concesiones de servicios de agua potable y saneamiento y el derecho humano de acceso al agua.

Los Estados, ante subidas desproporcionadas de las tarifas por parte de las empresas inversoras u otras actuaciones calificadas de abusivas, han pretendido garantizar a sus ciudadanos el acceso a dichos servicios a un precio asequible, provocando la interposición de la correspondiente demanda al Estado por parte del inversor, generalmente ante el CIADI, cuyos tribunales arbitrales emiten los laudos basándose en las normas contenidas en el concreto TBI objeto de la controversia, sin tomar en consideración los principios del Derecho Internacional de los Derechos Humanos. Ello ha supuesto en muchos casos el reconocimiento del perjuicio causado a los inversores extranjeros y la imposición de condenas económicamente cuantiosas a los Estados, sin que se reconozca en ningún caso concreto el derecho humano al agua.

Ante estas situaciones resulta conveniente recordar la *Observación General N.º 15, El derecho al agua,* del CESCR, en cuyo párrafo 35 se establece que los Estados Parte deberán velar por que en los acuerdos internacionales se preste la debida atención al derecho al agua, y que los acuerdos de liberalización del comercio no deben restringir ni menoscabar la capacidad de un país de garantizar el pleno ejercicio del derecho al agua.

Al sustanciarse una controversia, el tribunal arbitral no indaga si se han cometido violaciones de derechos humanos, sino que se limita a determinar si se ha violado la protección de una inversión o de un inversor en un concreto TBI, decidiendo en función de los hechos pertinentes y de las declaraciones del Derecho aplicable invocado por las Partes, por lo que la única manera de introducir en la controversia la protección de los derechos humanos y, en particular, el derecho humano al agua, es a través de las alegaciones de las Partes, así como mediante escritos *Amicus curiae* presentados por terceras personas en los que se efectúen referencias expresas a ese derecho humano.[502]

No obstante, en las controversias más recientes sustanciadas ante el CIADI, los tribunales arbitrales comienzan a tomar en consideración la protección de los derechos humanos. A ello cabe añadir la aprobación en 2011 por el Consejo de Derechos Humanos de Naciones Unidas de la *Resolución 17/4, Los derechos humanos y las empresas transnacionales y otras empresas*,[503] donde se establecen los *Principios Rectores de Naciones Unidas sobre Empresas y Derechos Humanos*,[504] que incluyen el deber de los Estados de proteger contra las violaciones de los derechos humanos cometidas en su territorio o jurisdicción por terceros, incluidas las empresas, y la consiguiente responsabilidad de las empresas de respetar los derechos humanos. Basándose en dichos Principios Rectores, la Organización para la Cooperación y el Desarrollo Económicos

---

[502] Por *Amicus curiae* se entiende cualquier persona o entidad que no es Parte formalmente de un litigio, pero que estima que la decisión de esa controversia afectará sus intereses, para lo cual presenta un escrito al Tribunal en defensa de alguno de los litigantes e, igualmente, puede ser alguien ajeno a los intereses en disputa, pero que cuenta con conocimiento o experiencia que puede ayudar al Tribunal a decidir el caso. El CIADI, tras la reforma de 2006 de las *Reglas de Arbitraje*, los admite expresamente en su Regla 37.

[503] ASAMBLEA GENERAL DE LAS NACIONES UNIDAS. CONSEJO DE DERECHOS HUMANOS: *Resolución 17/4, Los derechos humanos y las empresas transnacionales y otras empresas*, de 16 de junio de 2011.

[504] Los *Principios Rectores sobre las empresas y los derechos humanos: puesta en práctica del marco de las Naciones Unidas para «proteger, respetar y remediar»* figuran en el Anexo al documento del Consejo de Derechos Humanos *A/HRC/17/31, Informe del Representante Especial del Secretario General para la cuestión de los derechos humanos y las empresas transnacionales y otras empresas, John Ruggie*, del 21 de marzo de 2011.

(OCDE) modificó en 2011 sus *Líneas Directrices de la OCDE para Empresas Multinacionales*,[505] incluyendo un Capítulo dedicado a la protección de los derechos humanos.

Así, en los TBI más recientes resulta frecuente la mención expresa a la consecución de los objetivos pretendidos en el tratado sin disminuir las medidas generales relativas a la vida, la salud y la protección del medio ambiente,[506] o bien como excepciones derogatorias de las normas de protección de las inversiones, siendo común en estos tratados la inclusión de un artículo que estipule que ninguna disposición del mismo podrá interpretarse en el sentido de impedir que una Parte adopte o mantenga las medidas necesarias para proteger la vida, la salud humana o la protección medioambiental, así como la conservación de los recursos naturales, y aquellas que se consideren necesarias para garantizar el cumplimiento de las leyes y demás normas que no sean incompatibles con las disposiciones de ese tratado.[507] La utilización creciente de la técnica de las excepciones favorecerá la protección

---

[505]   Las Directrices forman parte de la *Declaración de la OCDE sobre Inversión Internacional y Empresas Multinacionales*, cuyos restantes elementos se refieren al tratamiento nacional, a las obligaciones contradictorias impuestas a las empresas y a los incentivos y desincentivos a la inversión internacional. *Vid.* OCDE: *Líneas Directrices de la OCDE para Empresas Multinacionales, Revisión 2011*, OCDE, 2013, p. 15. Disponible en: <https://www.oecd.org/daf/inv/mne/MNEguidelinesESPANOL.pdf> (última consulta: 30/05/2020).

[506]   Como ejemplos, el TBI concluido por Israel y Japón el 1 de febrero de 2017 lo contempla en su Preámbulo, mientras que el TBI firmado por Marruecos y Nigeria el 3 de diciembre de 2016 lo incluye en su artículo 15, al igual que lo hace en su artículo 15 el TBI adoptado por Canadá y Mongolia el 8 de septiembre de 2016, y el TBI concluido por Hong Kong y Chile el 18 de noviembre de 2016 en su artículo 18. *Vid* UNCTAD: <http://investmentpolicyhub.unctad.org/IIA/MostRecentTreaties#iiaInnerMenu> (última consulta: 30/05/2020).

[507]   Tal es el caso de los TBI mencionados en la Nota anterior. En concreto, está contemplado en el artículo 15 del TBI entre Israel y Japón de 2017; el

de los derechos humanos en los TBI y, en particular, del derecho humano al agua. Así, los países han comenzado a dotarse del correspondiente *Plan Nacional de Acción sobre Empresas y Derechos Humanos* (PNA) que, aunque no resuelven todos los problemas relacionados con las empresas y los derechos humanos, constituyen una guía para garantizar la coherencia política y evitar retrocesos regulatorios.

4. El comercio indirecto del agua: el agua virtual

El agua virtual se puede definir como el volumen total de agua que se necesita para obtener un producto durante todo el proceso de fabricación, siendo acumulativa, pues al agua consumida por productos primarios debe añadirse la utilizada en los productos secundarios que utilicen los primeros para su producción.[508] Así, por ejemplo, para producir un kilo de carne de vacuno se necesitan 15 415 litros, repartidos entre los litros consumidos directamente por el animal y los utilizados para producir el forraje y los piensos con que se alimenta dicho animal.[509]

---

artículo 18 del TBI entre Hong Kong y Chile de 2016; y el artículo 17 del TBI entre Canadá y Mongolia de 2016.

[508] El concepto fue creado por JOHN ANTHONY ALLAN en el curso de un estudio que estaba realizando sobre la escasez de agua en los países de Oriente Medio y la posibilidad de su importación como solución a la misma. Estos países recurrían a la importación de productos intensivos en consumo de agua, en especial agroalimentarios, para crear un flujo virtual de agua que contribuyera a aliviar la presión ejercida sobre los escasos recursos hídricos existentes a nivel nacional. Tal era el caso de Israel y Jordania, que adecuaron sus políticas comerciales al fomento de la importación de productos intensivos en consumo de agua, en especial productos agrícolas, y la exportación de productos de una elevada productividad hídrica, es decir, aquellos con una gran rentabilidad por unidad de agua consumida en la producción.

[509] WATER FOOTPRINT NETWORK: <https://waterfootprint.org/en/> (última consulta: 07/06/2020).

297

La cuantificación en detalle del agua virtual que contiene un producto puede enfocarse tanto desde el punto de vista del productor como del consumidor. Desde la perspectiva del productor, el agua que se utiliza en la elaboración de un producto depende del lugar y momento en que se produjo, así como de la eficiencia empleada en el uso del agua. Ello lleva a tener muy presente que, por ejemplo, si se decide producir un kilo de cereales en un país árido, se requerirá un volumen de agua tres o cuatro veces superior al que se necesita para producir ese mismo kilo en un país húmedo, por lo que la lógica hace ver que un país con escasos recursos hídricos ahorrará agua si importa productos con una alta eficiencia y productividad por metro cúbico de agua empleada. Desde la óptica del consumidor, el agua virtual se cuantifica como el volumen de agua que se hubiera empleado para elaborar un producto en el lugar donde se va a consumir, lo que responde a la pregunta de cuánta agua ahorra un país al importar un producto determinado.[510]

El crecimiento demográfico trae consigo una mayor demanda de bienes, en especial de alimentos, que hace imprescindible incrementar la superficie de tierras dedicadas a la agricultura, lo que se traduce igualmente en una mayor demanda de agua. Este vínculo entre la producción de alimentos y el acceso a las tierras y al agua ha puesto de manifiesto la creciente competencia por la tierra y el agua ocasionada por la adquisición de grandes extensiones de tierras cultivables en países en desarrollo por inversores tanto públicos como privados.[511] En los países áridos y semiáridos resulta mucho más económico importar agua virtual que construir infraestructuras para el trasvase de agua a

[510] PARADA PUIG, G.: «El agua virtual: conceptos e implicaciones», *ORINOQUIA,* Vol. 16, N.º 1, Meta (Colombia), 2012, p. 72.
[511] SOJAMO, S.; KEULERTZ, M.; WARNER, J. and ALLAN, J. A.: «Virtual water hegemony: the role of agribusiness in global water governance», *International water,* Vol.37, N.º 2, 2012, p.177.

granel por medio de canales o tuberías desde otras regiones o de su transporte por medio de contenedores o cisternas.[512]

Desde un punto de vista tanto económico como de seguridad hídrica, un país debería producir lo que le es ventajoso e importar aquellos bienes de elevado coste de agua virtual, especialmente en aquellas regiones caracterizadas por su escasez o estrés hídrico, si la situación económica lo permite.

Vinculado al concepto de agua virtual, aparece en el año 2002 el concepto de «huella hídrica», entendida como un indicador del uso directo e indirecto del agua dulce de un consumidor o productor[513] que muestra los volúmenes de consumo de agua por clase de fuente,[514] tanto geográfica como temporalmente. Es, por tanto, un indicador medioambiental que define el volumen total de agua dulce utilizado para producir los bienes y servicios que habitualmente consumimos,[515] por

---

[512] Los principales países exportadores netos de agua virtual son países del continente americano (Estados Unidos, Canadá, Brasil y Argentina) y del sur y este de Asia (India, Pakistán, Indonesia y Tailandia). Los principales países importadores de agua virtual son países de África del Norte, Oriente Medio, Europa, Japón y Corea del Sur.

[513] HOEKSTRA, A. Y. *et al. The Water Footprint Assessment Manual*, Earthscan, London, 2011, p. 2.

[514] La huella hídrica comprende tres clases diferentes de agua: 1) *Agua azul:* la que se encuentra en los cuerpos de agua superficial (ríos, lagos, embalses, humedales, etc.) y subterráneos; 2) *Agua verde:* el agua de lluvia almacenada en el suelo como humedad, en especial, el uso de agua de lluvia ocupada durante el flujo de la evapotranspiración del suelo que se utiliza en agricultura y producción forestal; y 3) *Agua gris:* toda el agua contaminada durante un proceso, aunque esta no es un indicador de la cantidad de agua contaminada, sino de la cantidad de agua dulce necesaria para asimilar la carga de contaminantes dadas las concentraciones naturales conocidas de estos y los estándares locales de calidad del agua vigentes.

[515] Sirva como ejemplo el algodón: para obtener 1 kg de tela de algodón se requieren, aproximadamente, 11 000 litros de agua. Si tenemos una franela que pesa 250 gramos, esta ha costado 2700 litros de agua. Del total de este

lo que puede tratarse de la huella hídrica de un producto, de una persona (midiendo el nivel de consumo de bienes y servicios), de una empresa, de una actividad específica, de una zona geográfica concreta o de un país. Por tanto, la huella hídrica de un país, industria o persona se define como el volumen total de agua que se utiliza para la producción de los servicios y productos consumidos anualmente por los habitantes de dicho país, industria o persona.

La huella hídrica es un indicador multidimensional más amplio que el concepto de agua virtual, pues no solo se refiere al volumen de agua contenido en cada producto, sino a las distintas modalidades de agua empleada. Pretende, por tanto, mostrar al consumidor el impacto de sus patrones de consumo de agua dulce.[516] No obstante, la *Norma UNE-EN ISO 14046:2016 Gestión ambiental. Huella de agua. Principios, requisitos y directrices*[517] constituye un enfoque más completo que el de la huella hídrica y permite la adopción de conclusiones más fundamentadas.

---

volumen de agua, el 45 % es agua de riego consumida (evaporada) por la planta de algodón, el 41 % es agua de lluvia evaporada del suelo de la plantación de algodón durante el periodo de crecimiento de la planta, y el 14 % restante es el agua requerida para disolver los efluentes contaminados que resultan del uso de fertilizantes en la plantación de algodón y del uso de productos químicos en la industria textil. *Vid.* PARADA PUIG, G.: «El agua virtual: conceptos e implicaciones», *op. cit.*, p. 74.

[516] Como ejemplo, se necesitan alrededor de 21 000 litros de agua para producir 1 kg de café tostado, requiriéndose 7 gr de café para una taza, con el resultado de 140 litros de agua por taza. Tomar té en lugar de café ahorraría 110 litros de agua por taza (hacen falta 30 litros de agua para producir una taza de té de 250 ml). *Ibidem.*, pp. 73-74.

[517] La *Norma UNE-EN ISO 14046:2016Gestión ambiental. Huella de agua. Principios, requisitos y directrices*, de 27 de abril de 2016, se encuentra disponible en la página Web de la ASOCIACIÓN ESPAÑOLA DE NORMALIZACIÓN (UNE): <https://www.une.org> (última consulta: 30/05/2020).

PARTE II: LOS DESAFÍOS

DE LOS RECURSOS HÍDRICOS

CAPÍTULO 5

LA GESTIÓN INTEGRADA DE LOS RECURSOS HÍDRICOS COMO SOLUCIÓN A LA DISMINUCIÓN DE SU DISPONIBILIDAD

I. SITUACIÓN DE LOS RECURSOS HÍDRICOS A NIVEL MUNDIAL

1. Disponibilidad de recursos hídricos

El agua es un recurso que se renueva a través de su movimiento continuo entre la hidrosfera, la atmósfera, el suelo (agua superficial y subterránea) y los organismos vivos, en lo que se denomina *ciclo hidrológico*. Pero no toda el agua existente en el planeta es apta para su consumo, toda vez que el 97,5 % es agua salada.[518] El 2,5 % restante (unos 35 millones de km³), es agua dulce, la única que puede ser consumida por las personas bajo la forma de agua potable sin riesgo alguno para la salud. No obstante, el agua dulce en forma sólida presente en el Ártico, en Groenlandia y en la Antártida resulta inaccesible, por lo que no tiene la consideración de recursos hídricos. La *Tabla 5-1* que se expone

---

[518] El 96,5 % de toda el agua del planeta lo constituye el agua salada de los mares y océanos. Igualmente, existen lagos y acuíferos de agua salada que conforman el 1 % restante.

a continuación detalla la distribución global estimada de agua dulce en la Tierra.

DISTRIBUCIÓN GLOBAL DE AGUA DULCE ESTIMADA EN LA TIERRA		
Fuente de agua	**Volumen de agua (millones de km³)**	**Porcentaje de agua dulce**
Glaciares, capas de hielo y nieves perennes	24,064	68,7
Agua subterránea dulce	10,53	30,1
Humedad del suelo	0,0165	0,05
Hielo en el suelo y gelisuelo (permafrost)	0,3	0,86
Lagos de agua dulce	0,091	0,26
Atmósfera	0,0129	0,04
Embalses	0,0114	0,03
Ríos	0,0021	0,006
Agua biológica	0,0011	0,003
TOTAL Agua dulce: 35		
Fuente: GLEICK, P. H.: «Water resources», in SCHNEIDER, S. H. (Ed.): *Encyclopedia of Climate and Weather*, Oxford University Press, New York, Vol. 2, 1996, pp. 817-823.		

Tabla 5-1: Distribución global de agua dulce estimada en la Tierra

Algo más de dos tercios del agua dulce se encuentra en estado sólido en los glaciares, capas de hielo y nieves perennes, y casi un tercio en la forma de agua líquida, en gran medida como aguas subterráneas (30,1 %) y, a menor escala, como aguas superficiales que conforman los ríos, lagos, embalses[519] y humedales (0,3 %). A su vez, el agua también está presente en la atmósfera en forma de vapor de agua (0,04 %).

De los datos contenidos en la *Tabla 5-1* cabe deducir lo siguiente: *i*) los glaciares continentales poseen una gran importancia para la satisfacción de las necesidades hídricas debido al enorme volumen de agua dulce que contienen; *ii*) el agua dulce subterránea representa el 96 % del agua dulce no congelada de la Tierra, traduciéndose en una importante disponibilidad de recursos hídricos, en especial en aquellas zonas donde escasean las aguas superficiales; y *iii*) las aguas superficiales (lagos, embalses, ríos y humedales) aunque únicamente suponen el 0,3 % del agua dulce del planeta, representan el 80 % de las aguas dulces renovables anualmente, de ahí su importancia.

A pesar de producirse ciclos anuales de mayores y menores precipitaciones, se considera que se mantiene una magnitud prácticamente constante de agua dulce dentro de cada una de las cuencas hidrográficas existentes. El promedio anual de precipitación sobre el conjunto de los continentes se cifra en, aproximadamente, 110 000 km³, de los cuales casi dos tercios se evaporan a la atmósfera y el resto, unos 43 000 km³, fluye a los ríos, lagos y humedales, o bien se infiltra en el suelo terminando en los acuíferos.[520] Este volumen de agua recibe la

---

[519] Los embalses se construyen para atender necesidades diversas como, por ejemplo, control del flujo hídrico y reducción del impacto negativo de las inundaciones, abastecimiento doméstico, regadío, generación de energía hidroeléctrica, acuicultura, navegación, minería y ocio. En abril de 2020 se contabilizaban 58 713 presas con una altura mínima de 15 metros o, en su defecto, con una altura mínima de 5 metros y capacidad de embalse superior a 30 hm³. China es el país con mayor número de presas (23 841), seguida de Estados Unidos (9263). A su vez, España cuenta con 1064 presas. *Vid.* COMISIÓN INTERNACIONAL DE GRANDES PRESAS (ICOLD): <https://www.icold-cigb.org/GB/worl_dregister/general_synthesis.asp> (última consulta: 04/06/2020).

[520] FAO: <http://www.fao.org/3/I9253EN/i9253en.pdf> (última consulta: 03/06/2020).

denominación de *recursos hídricos renovables*,[521] que constituyen la principal fuente de agua dulce disponible para atender las necesidades de los 7800 millones de personas que habitan el planeta.[522] Brasil es el país que cuenta con el mayor volumen de recursos hídricos renovables (5661 km³/año), y Kuwait el que menos, al carecer de recursos hídricos generados internamente.[523] Asimismo, es de destacar que tan solo siete países (Brasil, Rusia, Canadá, Estados Unidos, China, Colombia e Indonesia) concentran la mitad de los recursos hídricos renovables de la Tierra.

La media mundial de precipitaciones es de 814 mm/año,[524] oscilando entre los 3240 mm de Colombia y los 18 mm de Egipto, siendo

---

[521] En cada país, los *recursos hídricos renovables totales* están constituidos por la suma de las medias a largo plazo de los valores anuales de los *recursos hídricos renovables internos*, procedentes de las precipitaciones y de la fusión de la nieve y el hielo, es decir, del caudal de los ríos y de la recarga de los acuíferos, y los *recursos hídricos renovables externos*, formados por aquellos que no se han generado en el propio país, lo que incluye los caudales que vienen de países situados aguas arriba y una parte del agua de los lagos y ríos transfronterizos, debiendo tener en cuenta el volumen del caudal reservado a través de tratados o acuerdos formales e informales por los países situados aguas arriba (caudal de entrada) y aguas abajo (caudal de salida), y las posibles extracciones de agua que tengan lugar en los países situados aguas arriba.

[522] La población mundial el 1 de julio de 2021 ascendía a 7837 millones de personas. El 60 % de la población mundial vive en Asia (4636 millones), el 17 % en África (1372 millones), el 10 % en Europa (740 millones), el 8 % en América Latina y el Caribe (653 millones), el 4.5 % en América del Norte (374 millones), y el 0,5 % restante en Oceanía (42 millones). China (1444 millones), seguido de la India (1393 millones), son los países con mayor población (*Vid.* NACIONES UNIDAS: <https://www.un.org/es/sections/issues-depth/population/index.html>; última consulta: 03/09/2021).

[523] FAO-AQUASTAT: <http://www.fao.org/aquastat/es/> (última consulta: 03/06/2020).

[524] Ello supone una disponibilidad mundial per cápita de 16 000 litros al día (5800 m³ al año), totalmente diferente en cada continente: África (9500

en España de 636 mm;[525] es decir, la distribución de los recursos hídricos es totalmente irregular, tanto entre continentes como entre países y en el interior de los mismos. Así, América acumula el 45 % del agua dulce disponible, Europa y Asia el 44 %, África el 10,5 %, y en Oceanía se sitúa el 0,5 % restante. Como dato significativo, América del Sur es una región privilegiada por el agua al disponer del 40 % de los recursos hídricos renovables del planeta para satisfacer las necesidades de 433 millones de habitantes que suponen el 5,6 % de la población mundial, por lo que posee una elevada disponibilidad de agua dulce per cápita.[526]

Dada la irregular distribución del agua dulce en el planeta, en las regiones áridas y semiáridas, donde escasean los cursos de agua de superficie, lo normal es recurrir a la utilización de las aguas subterráneas para atender a sus necesidades hídricas. A nivel mundial, 2500 millones

---

por persona al día), América (55 000), Asia (7500) y Oceanía (81 000), así como entre países, oscilando entre los 1400 m³ de agua per cápita al día en Islandia y los 16 litros de Kuwait. *Vid.* FAO: <http://www.fao.org/3/I9253EN/i9253en.pdf> (última consulta: 03/06/2020).

[525] FAO-AQUASTAT. Es de significar la constatación de la tendencia a una menor pluviosidad en España, toda vez que la media anual en el periodo 1940/41 al 2005/06 fue de 667 mm/año, según el Ministerio de Agricultura, Pesca y Alimentación: <https://sig.mapama.gob.es/Docs/PDFServiciosProd2/RECHID_Precipitacion.pdf> (última consulta: 03/06/2020).

[526] FAO-AQUASTAT: <http://www.fao.org/aquastat/es/> (última consulta: 03/06/2020). En América del Sur se encuentra la mayor cuenca hidrográfica del mundo, donde el Amazonas descarga cerca del 20 % del agua dulce que transportan todos los ríos del planeta al mar (12 000 a 16 000 km³/año). *Vid.* PNUMA (Programa de las Naciones Unidas para el Medio Ambiente): *Perspectivas del Medio Ambiente: América Latina y El Caribe. GEO ALC 3*, Panamá City, 2010, p. 108.

de personas, es decir, un tercio de la población mundial, dependen exclusivamente del agua subterránea para satisfacer sus necesidades básicas diarias de agua.[527]

La asimétrica distribución de los recursos hídricos lleva a la consideración tanto de regiones, subregiones y países caracterizados por su particular abundancia como de aquellos otras en que predomina su escasez. Incluso, se dan casos en que aun existiendo abundancia de agua, una parte significativa de la misma no es accesible, o bien su extracción, almacenamiento y distribución resulta muy costosa en términos económicos, o bien su suministro se efectúa de manera irregular, no segura o inequitativa. Por tanto, la escasez de agua tiene tres dimensiones: *i) física,* cuando la oferta disponible de recursos hídricos con una calidad aceptable es incapaz de satisfacer la demanda existente, es decir, se produce desabastecimiento de agua física; *ii) económica,* cuando se carece de la necesaria financiación destinada a la infraestructura hidráulica, o bien existen limitaciones técnicas que impiden transportar las aguas de superficie y subterráneas, de tal manera que, aun existiendo recursos hídricos en abundancia, tal y como ocurre en buena parte del África subsahariana y del sudeste asiático, la infraestructura existente no permite satisfacer la demanda de agua para todos los usos y usuarios; y *iii) institucional,* cuando las instituciones específicas con responsabilidades en la gestión de los recursos hídricos y la legislación existente son incapaces de proveer al usuario de un abastecimiento de agua regular, adecuado, seguro y equitativo.

La escasez física de agua puede definirse como la insuficiencia de recursos hídricos para satisfacer la demanda originada, principalmente, por el consumo humano doméstico, la agricultura, los usos industriales y la producción de energía, incluyendo el mantenimiento de

---

[527] WWAP (World Water Assessment Programme): *The United Nations World Water Development Report 2015: Water for a Sustainable World, op. cit.,* p. 13.

los caudales ecológicos.[528] Los hidrólogos miden la escasez de agua a través de la relación agua/población, considerando que existe una situación de escasez física de agua cuando el suministro anual por persona es inferior a los 1000 m³ (2700 litros/día), siendo la escasez calificada como «absoluta» si la tasa es inferior a 500 m³ (1400 litros/día). Si el suministro anual oscila entre los 1000 m³ y los 1700 m³, entonces se considera que la zona está sometida a sobrecarga o, lo que es lo mismo, a estrés hídrico,[529] cuyo nivel también puede definirse como la extracción de agua dulce en proporción a los recursos hídricos disponibles, es decir, es la razón entre el total de agua dulce extraída por los principales sectores de uso y el total de recursos hídricos renovables, una vez deducidas las necesidades de mantenimiento de caudales ecológicos, en el entendimiento de que un país o región está sometido a estrés hídrico si alcanza o supera el nivel del 25 %.[530] Como resulta lógico, si un país tiene un nivel superior al 100 %, ello significa que, además de utilizar todos los recursos hídricos renovables impidiendo su recarga, también se hace uso de los no renovables, es decir, de acuíferos confinados que, al no reponer el agua extraída, puede provocar su desecación.

---

[528] Conforme a la *Declaración de Brisbane*, adoptada en la *Conferencia Internacional de Caudales Ecológicos* celebrada en Brisbane, Australia, del 3 al 6 de septiembre de 2007, los caudales ecológicos o medioambientales son los flujos de agua, el momento de aplicación y la calidad del agua precisos para mantener los ecosistemas de agua dulce y de los estuarios, así como los medios de subsistencia y bienestar de las personas que dependen de tales ecosistemas. Texto de la Declaración disponible en: <https://icid.org/brisbane_decl_sp.pdf> (última consulta: 03/06/2020).

[529] FAO: <http://www.fao.org/3/I9253EN/i9253en.pdf> (última consulta: 03/06/2020).

[530] Por debajo del 25 % se considera que no existe estrés hídrico. A partir del 25 % los niveles de estrés hídrico son los siguientes: bajo (25-50 %), medio (50-75 %); alto (75-100 %), y crítico (>100 %). *Vid.* FAO/ONU-AGUA: *Progress on Level of Water Stress. Global status and acceleration needs for SDG Indicator 6.4.2*, Rome, 2021, p. 11.

El promedio de estrés hídrico mundial va en aumento, siendo en el 2020 del 18 %, aunque existen diferencias significativas tanto entre las distintas regiones como entre países de una misma región e, incluso, entre zonas húmedas y secas de un mismo país.[531] Así, por ejemplo, Oceanía (3 %), África subsahariana (6 %), América Latina y el Caribe (7 %), Europa (8 %) y América del Norte (21 %) no presentan estrés hídrico, mientras que en África del Norte el estrés hídrico es crítico (109 %), y en subregiones como la península arábiga alcanza prácticamente el 1000 %.[532] Aunque la mayoría de los países no presentan escasez de agua, es de mencionar que 34 países sufren un estrés hídrico que oscila entre el 25 % y el 70 %, y 25 países se sitúan con estrés grave por encima del 70 %, de estos últimos, en 16 países la cifra es superior al 100 %, siendo de destacar los casos de Emiratos Árabes Unidos y Kuwait, con un estrés hídrico superior al 1000 %, en los que la demanda de agua se cubre en gran medida mediante la técnica de desalinización del agua del mar.[533] Expresado de otra manera, el 10 % de la población mundial vive en países con un estrés hídrico alto o crítico, y si no se mitiga, se traducirá en el desplazamiento de millones de personas.[534]

En lo que respecta a los recursos hídricos no convencionales, entendidos como subproducto de procesos específicos o bien como resultado de tecnologías especializadas para recolectar o acceder al agua, no cabe desconocer la importancia que tiene la técnica de desalinización para convertir aguas salobres y el agua del mar en agua dulce,[535] existiendo más de 17 000 plantas desalinizadoras distribuidas

---

[531] *Ibidem.*, p. 17.

[532] *Ibidem.*, p. 18.

[533] El mayor nivel es estrés hídrico corresponde a Kuwait (3850 %), seguido de Emiratos Árabes Unidos (1667 %). *Ibidem.*, pp. 50 y 53.

[534] *Ibidem.*, p. 33.

[535] El agua dulce obtenida directamente por desalinización tiene un pH ácido (pH <7) y un bajo contenido de carbonatos, lo que la convierte en un producto corrosivo, por lo que se requiere su acondicionamiento con carbonato de calcio para lograr un valor del pH no inferior a 7 (disolución

en 174 países que producen 107 hm³ de agua dulce al día para atender las necesidades hídricas de 300 millones de personas, destacando por su capacidad de producción Arabia Saudita, Estados Unidos, Emiratos Árabes Unidos, España e Israel.[536] En el caso concreto de España, se producen alrededor de 5 hm³ al día de agua desalada para abastecimiento doméstico, agrícola y uso industrial, destacando por su volumen de producción las plantas instaladas en las islas Canarias y en el arco mediterráneo, donde se encuentra la planta desalinizadora de Torrevieja (Alicante), la mayor de Europa, con una producción de 240 000 m³/día, la mitad destinada al abastecimiento doméstico y la otra mitad para uso agrícola.[537]

Igualmente, también es posible la obtención de agua dulce mediante el tratamiento de las aguas residuales domésticas y agrícolas, así como extrayendo aguas subterráneas confinadas en formaciones geológicas profundas y, a menor escala, existen las siguientes posibilidades: *i)* transporte físico de agua en forma de icebergs; *ii)* captación a microescala de agua de lluvia donde de otra manera se evapora; *iii)* captura

---

neutra), siendo normal que sea ligeramente superior a 7 (disolución alcalina). Adicionalmente, si así lo establecen las normas sanitarias municipales, se agregan fluoruro de sodio e hipoclorito para convertirla en agua potable.

[536] La principal planta desalinizadora del mundo se encuentra en Arabia Saudita (Ras Al-Khair), con una capacidad de producción de un hectómetro cúbico de agua dulce al día. *Vid.* ASOCIACIÓN INTERNACIONAL DE DESALINIZACIÓN (IDA): <https://idadesal.org/> (última consulta: 04/06/2020).

[537] A finales de 2019 España contaba con un total de 765 plantas desalinizadoras instaladas con producciones superiores a los 100 m³/día. De ellas, 360 son desalinizadoras de agua de mar, y 405 de aguas salobres. *Vid.* ASOCIACIÓN ESPAÑOLA DE DESALACIÓN Y REUTILIZACIÓN (AEDyR): <https://www.aedyr.com/es/cifras-desalacion-espana> (última consulta: 04/06/2020).

de agua procedente de la niebla empleando mallas para su recolección;[538] y *iv)* por condensación del vapor de agua presente en la atmósfera con el apoyo de una instalación frigorífica, estas dos últimas especialmente interesantes en zonas áridas.[539]

El consumo global de los recursos hídricos mantiene un crecimiento sostenido en torno al 0,5 % anual.[540] Las proyecciones efectuadas por los distintos organismos económicos internacionales y, en especial, de los relacionados con la gestión del agua, coinciden en corroborar dicho crecimiento como consecuencia del aumento de la población, del desarrollo económico y de la evolución a patrones de consumo cambiantes que implican un mayor consumo de recursos hídricos.

El aumento de la población, estimado en el 1,1 % anual, supone que los 7800 millones de habitantes existentes en 2020, con un porcentaje promedio de población urbana del 56 % que incluye regiones con unos mayores niveles, como es el caso de Australia y Nueva

---

[538] El sistema de captación de agua de niebla consta de una malla que atrapa las gotas de agua de la niebla que en su parte inferior posee una canaleta que recoge el agua, enviándola al estanque de almacenamiento. Los primeros sistemas se instalaron a finales de la década de 1950 en el desierto de Atacama, Chile, empleándose en regiones desérticas con presencia de niebla, tal y como ocurre en el desierto de Néguev en Israel, y en países como, entre otros, Bolivia, Ecuador, Guatemala, Nepal y Perú. El sistema de recolección de agua de niebla más importante se encuentra en el Monte Boutmezguida, Aït Baamrane, Marruecos.

[539] Los generadores, según su capacidad de producción, permiten obtener desde 75 hasta 5000 litros de agua al día, siempre y cuando la humedad relativa del aire no sea inferior al 17 %. *Vid.* AQUAER: <http://aquaer. com/es/> (última consulta: 04/06/2020).

[540] En el periodo 2000-2010 el aumento en la extracción de agua fue del 0,5 %. *Vid.* FAO-AQUASTAT: <http://www.fao.org/aquastat/es/over view/methodologywater-use> (última consulta: 04/06/2020).

Zelanda (86 %) y América Latina y el Caribe (81 %),[541] se transforma-
rán en el año 2030 en 8650 millones, dándose los mayores incrementos
en África y Asia. Ello implica un importante aumento de la demanda
de agua, tanto de manera directa para uso doméstico como indirectamente a través de la creciente demanda de bienes y servicios, muchos
de ellos de un consumo intensivo de agua, como es el caso de los alimentos y la energía eléctrica.

A su vez, el desarrollo económico supone una mayor presión
sobre los recursos hídricos conforme aumenta el nivel de ingresos. El
crecimiento económico viene acompañado de un incremento de la demanda de alimentos per cápita y de un mayor consumo de bienes ma-
nufacturados, de energía eléctrica y de servicios, lo que representa un
aumento de la demanda de agua. Asimismo, la diversificación de la
dieta se traduce en un aumento del consumo de carne y productos lác-
teos, cuya producción comporta una cantidad de agua mayor que en el
caso de tratarse de una dieta apoyada en cultivos básicos (cereales, oleaginosas, leguminosas y tubérculos).[542] De lo anterior se deduce que la
demanda mundial de recursos hídricos seguirá creciendo significativamente durante las próximas décadas.

En resumen, la mayoría de los países cuentan con recursos hídricos en cantidad suficiente, aunque su distribución suele ser irregular.
El aumento de la demanda de agua ocasionada por el crecimiento demográfico, en especial el urbano, y la expansión de la actividad industrial, unido a los efectos atribuidos al cambio climático, la sobreexplotación agrícola y ganadera y la intensa deforestación que se produce en

---

[541]   OMS/UNICEF: *Progress on household drinking water, sanitation and hygiene
         2000-2020: Five years into the SDGs, op. cit.* p. 158.
[542]   WWAP (World Water Assessment Programme): *Informe de las Naciones Uni-
         das sobre el Desarrollo de los Recursos Hídricos en el Mundo 2016: Agua y Empleo,*
         UNESCO, París, 2016, p. 22.

ciertos países, son los principales factores que inciden en la disminución de su disponibilidad per cápita.

2.   Calidad del agua

Además de contar con recursos hídricos disponibles en una cierta cantidad, igualmente, debe tratarse de agua dulce segura. El agua es fuente de vida, aunque en muchas ocasiones también se convierte en el vector de transmisión de enfermedades y de una importante tasa de mortalidad, en especial de la infantil, en los países menos desarrollados. Así, no toda el agua dulce disponible resulta apta para el consumo humano, pues únicamente el agua potable es la única que pueden utilizar las personas tanto para beber como en la preparación de los alimentos y la higiene personal y doméstica sin riesgo alguno para la salud y, por ende, debe tratarse de agua dulce libre de contaminación o, lo que es lo mismo, carente de microorganismos o sustancias químicas o radiactivas que puedan constituir una amenaza para la salud de las personas.[543] De igual manera, el agua utilizada en la agricultura y en los procesos industriales no debe superar ciertos niveles de contaminación, ya sea patógena, orgánica o salina. La contaminación, en lo que

---

[543]   La *Directiva 2000/60/CE del Parlamento Europeo y del Consejo, de 23 de octubre de 2000, por la que se establece un marco comunitario de actuación en el ámbito de la política de aguas* (DOCE 327, de 22 de diciembre de 2000) define la contaminación en el artículo 2 como «la introducción directa o indirecta, como consecuencia de la actividad humana, de sustancias o calor en la atmósfera, el agua o el suelo, que puedan ser perjudiciales para la salud humana o para la calidad de los ecosistemas acuáticos, o de los ecosistemas terrestres que dependen directamente de ecosistemas acuáticos, y que causen daños a los bienes materiales o deterioren o dificulten el disfrute y otros usos legítimos del medio ambiente». La OMS es la encargada de establecer normas sobre la seguridad del agua potable, incluidos los procedimientos mínimos y los valores de referencia específicos, y cómo se deben aplicar (*Vid.* OMS: *Guías para la calidad del agua de consumo humano: cuarta edición que incorpora la primera adenda*, Ginebra, 2018).

supone falta de calidad del agua, reduce la cantidad disponible de recursos hídricos, revistiendo una particular gravedad la de las aguas subterráneas, más difícil de revertir.

Aunque puede provenir de fuentes naturales, como es el caso de los sedimentos o de las cenizas resultantes de los incendios forestales que las precipitaciones y, en especial las inundaciones, transportan a los diferentes cursos de agua, son las diferentes actividades humanas (causas antrópicas) las que provocan la mayor parte de la contaminación existente, tanto en países en desarrollo como en los industrializados, y en particular las relacionadas con el crecimiento demográfico, la intensificación y expansión de la agricultura, la industrialización y la concentración urbana, y el aumento de conexiones de alcantarillado a los cursos de agua con un escaso o nulo tratamiento de las aguas residuales. Así, la lluvia ácida,[544] las aguas residuales domésticas no sometidas a tratamiento, los fertilizantes, plaguicidas, hormonas y antibióticos utilizados en la agricultura y cuyos restos pasan al suelo, los vertidos líquidos ganaderos y los residuos industriales, incluidos los metales pesados utilizados en la minería, contaminan los cursos de agua, impidiendo el consumo humano si se rebasan determinados niveles, en cuyo caso sería necesario su tratamiento, con el consiguiente coste económico que puede llegar a ser prohibitivo, fomentando así la escasez económica del agua.[545]

---

[544] Los ácidos se forman cuando ciertos gases atmosféricos, principalmente dióxido de carbono, dióxido de azufre y óxidos de nitrógeno, entran en contacto con el agua en la atmósfera o en el suelo y se convierten químicamente en sustancias ácidas.

[545] En concreto, la contaminación se ha agravado en la mayor parte de los ríos de África, América Latina y Asia debido al incremento de los vertidos de aguas residuales no tratadas y a las prácticas no sostenibles de uso del suelo que acrecientan la erosión y conducen a un aumento de las cargas de agroquímicos y sedimentos.

La calidad del agua ha mejorado notablemente en muchos países desarrollados. En cambio, en los países en vías de desarrollo la tendencia es al aumento de la contaminación. De los datos disponible en 2020 sobre un total de 96 países, el 40 % de los ríos y el 10 % de los lagos y acuíferos gozan de una muy buena calidad ambiental.[546] Dada la escasez de datos sobre la calidad del agua en África, América Latina y Asia,[547] las estimaciones efectuadas consideran que la contaminación hídrica ha empeorado en la mayoría de los ríos desde la década de 1990.[548] Así, se reconoce que la contaminación patógena severa[549] afecta a casi un tercio de todos los tramos de sus ríos, con el consiguiente riesgo para la salud de las personas, habiendo aumentado en

---

[546]   PNUMA: *Progress on ambient water quality. Tracking SDG 6 series: global indicator 6.3.2 updates and acceleration needs*, Nairobi, 2021, p. 24.

[547]   No es posible realizar evaluaciones completas de la calidad mundial del agua debido a la baja calidad de la cobertura de recolección datos de la calidad del agua de aguas superficiales en GEMStat, la única Base de Datos Mundial sobre la Calidad del Agua Dulce existente. Según GEMStat, en Europa y Estados Unidos la densidad de estaciones de registro de datos oscila entre 1,5 y 4 estaciones por cada 10 000 km^2 de superficie de cuenca hidrográfica, siendo en África de 0,02, de 0,3 en América Latina, y de 0,08 en Asia. *Vid.* PNUMA (Programa de las Naciones Unidas para el Medio Ambiente): *A Snapshot of the World's Water Quality: Towards a global assessment*, Nairobi, 2016, pp. LIV-LV.

[548]   *Ibidem.*, p. LI.

[549]   Existen diferentes clases de patógenos en las masas de agua, tales como protozoos, parásitos, bacterias y virus que pueden causar enfermedades e, incluso, fallecimientos. El indicador más comúnmente utilizado para medir la cantidad de patógenos es la bacteria coliforme fecal, asociada a las deposiciones humanas y de animales. La mayor fuente de contaminación patógena en África son los residuos domésticos sin alcantarillado, en América Latina son las aguas residuales domésticas de alcantarillas, y en Asia son las aguas residuales domésticas de alcantarillas seguidas de cerca por los residuos domésticos sin alcantarillado. Se considera que existe contaminación patógena severa cuando se alcanzan las 1000 unidades de concentración fecal de bacterias por cada 100 mililitros de agua. *Ibidem.*, p. 17.

dos tercios en todos los ríos en el periodo 1990-2010;[550] la contaminación orgánica severa[551] aqueja a un séptimo de los tramos, con la evidente preocupación para el estado de la pesca y, por ende, para la seguridad alimentaria y la subsistencia, habiendo aumentado en dos tercios en el periodo 1990-2000;[552] y, por último, la contaminación salina severa y moderada[553] afecta a cerca de la décima parte de los tramos fluviales, influyendo negativamente en la utilización del agua, en especial para el regadío y la industria, incrementándose en casi un tercio en todos los ríos entre 1990 y 2010.[554]

En el caso específico de los principales lagos, resultan significativas las cargas antrópicas de nutrientes, en especial de fósforo, que pueden causar o agravar la eutrofización en estas masas de agua. Las

---

[550]   *Ibidem.*, p. 18.

[551]   La contaminación orgánica se produce cuando un exceso de materia biodegradable procedente, en especial, de las aguas residuales domésticas e industriales, entra en contacto con el agua, descomponiéndose mediante bacterias y otros microorganismos que consumen el oxígeno disuelto en el agua, agotándolo, que afecta negativamente a la fauna acuática. Asimismo, el exceso de nutrientes procedente de las aguas residuales domésticas y agrícolas estimulan el crecimiento de algas que producen la eutrofización del curso de agua. La mayor fuente de contaminación orgánica en América Latina son las aguas residuales de alcantarillas, y en África y Asia es la agricultura de regadío. Existe contaminación orgánica severa cuando se alcanzan 8 mg/l de concentraciones de demanda biológica de oxígeno. *Ibidem.*, p. 32.

[552]   *Ibidem.*, p. 30.

[553]   La contaminación salina se produce cuando la concentración de sales y otras sustancias disueltas en los cursos de agua es lo suficientemente alta como para interferir en el uso de esas aguas. Se mide por unidades de miligramos por litro (mg/l) de sólidos disueltos totales. La mayor fuente antrópica de contaminación salina en América Latina es la industria, y en África y Asia la agricultura de regadío. Dicha contaminación se denomina como severa si supera las 2000 unidades, calificándose de moderada si oscila entre 450 y 2000 unidades. *Ibidem.*, p. 37.

[554]   *Ibidem.*, p. 38.

tendencias de estas cargas son diferentes en las diversas partes del mundo, aunque se encuentran en fase de disminución en América del Norte y Europa como consecuencia de la ejecución de medidas efectivas de reducción del fósforo, por ejemplo, en los detergentes, y al elevado porcentaje de tratamiento al que se someten las aguas residuales.[555]

La insuficiencia de datos precisos sobre la contaminación de las aguas superficiales resulta especialmente significativa en el caso de las aguas subterráneas, agravándose por el mayor nivel de conocimientos técnicos necesarios para la recogida, evaluación y correcta interpretación de los datos aportados, por lo que se carece de una perspectiva general sobre su calidad. Los acuíferos requieren de una específica protección contra la vertidos contaminantes, siendo más difícil de revertir su contaminación que en el caso de las aguas superficiales, pues su recuperación puede tardar decenios e incluso cientos de años.

Aunque la contaminación del agua es grave y se está agudizando en África, América Latina y Asia, la mayoría de sus ríos todavía se encuentran en buenas condiciones, de tal manera que entre la mitad y dos tercios de todos los tramos fluviales presentan un nivel bajo de contaminación patógena, y lo mismo sucede en el caso de la contaminación orgánica en más de tres cuartos de los ríos, al igual que en casi

---

[555] *Ibidem.*, p. 45. En 23 de los 25 principales lagos del mundo el 50 % del fósforo presente es de origen antrópico. Las fuentes más importantes de fósforo antrópico en los lagos de África son los residuos de la ganadería, en América Latina los residuos de ganadería y fertilizantes inorgánicos, en América del Norte los fertilizantes inorgánicos, y en Asia y Europa las aguas residuales domésticas, los residuos de la ganadería y los fertilizantes inorgánicos. *Ibidem.*, p. 44.

el noventa por ciento en lo que respecta a la contaminación salina. Existen, por tanto, excelentes oportunidades para detener la contaminación y restablecer la calidad de los ríos contaminados.[556]

3. Incidencia del cambio climático en la variabilidad de los recursos hídricos

El clima es una descripción estadística a largo plazo síntesis de las condiciones meteorológicas que se dan en un lugar y periodo de tiempo determinados tras analizar los elementos meteorológicos que lo conforman (temperatura, presión atmosférica, precipitación, humedad y viento) en términos tanto de los valores medios como de su variabilidad durante determinados periodos de tiempo que pueden llegar a ser desde decenios hasta miles o millones de años, siendo en la actualidad de 30 años, tal y como establece la Organización Meteorológica Mundial.

Cuando el análisis estadístico identifica cambios en el valor medio o bien en la variabilidad de los elementos del clima y estos persisten durante periodos de tiempo de 30 años o superiores, entonces se puede hablar con propiedad de cambio climático, definido en el artículo 1 de la *Convención Marco de las Naciones Unidas sobre el cambio climático* (CMNUCC) como «cambio de clima atribuido directa o indirectamente a la actividad humana que altera la composición de la atmósfera global y que se suma a la variabilidad natural del clima observada durante periodos de tiempo comparables». Por tanto, el cambio climático es la variación significativa del clima global de la Tierra en periodos de 30 años o superiores que se produce en los valores medios de un elemento meteorológico, en especial de la temperatura o la cantidad de precipi-

---

[556] *Ibidem.*, p. LV.

tación, abarcando tanto aquellas causas naturales que producen variabilidad climática como las actividades humanas que alteran la composición atmosférica global (causas antrópicas).

Entre las causas naturales que producen variabilidad climática cabe citar las erupciones volcánicas, el impacto de grandes meteoritos y otros factores geológicos, como es el caso de la deriva continental, en que el movimiento de las placas tectónicas altera la posición de los continentes y ocasiona variaciones climáticas entre ellos. Asimismo, la radiación solar que llega a la atmósfera experimenta alteraciones ocasionadas tanto por los cambios en las emisiones de calor y energía del Sol siguiendo ciclos solares naturales de 11 años como de factores astronómicos, como son los cambios en la inclinación del eje de rotación terrestre respecto del plano de la eclíptica, con ciclos de 41 000 años; la excentricidad de la órbita terrestre, que oscila cada 100 000 años; y la precesión o giro de peonza del eje terrestre respecto a la eclíptica, con periodos de 23 000 años.

A su vez, las actividades humanas, en especial a partir de la Revolución Industrial, donde la utilización tanto de combustibles fósiles (carbón, petróleo y gas natural) en la industria y el transporte como de componentes químicos en la agricultura y la industria, a lo que cabe añadir la imparable deforestación que se produce en ciertas regiones consideradas como «pulmones del planeta», tal y como ocurre en América del Sur y África subsahariana, la proliferación de la ganadería intensiva, el crecimiento demográfico y la urbanización, y los cambios en los usos del suelo, todo ello ha supuesto la emisión de un considerable volumen de gases de efecto invernadero[557] que han alterado la composición natural de la atmósfera, traducido en un calentamiento global

---

[557] Los gases de efecto invernadero son aquellos que dejan pasar la radiación del sol, pero que absorben las radiaciones infrarrojas devueltas por la superficie terrestre, a las que impiden escapar hacia el espacio. De toda la energía radiante que llega a la Tierra procedente del sol, el 30 % es reflejada al espacio (albedo), el 50 % es absorbida por la superficie y el 20 % restante

entendido como el incremento gradual del promedio de la temperatura global de la superficie de la Tierra.

El cambio climático comprende el calentamiento global, pero se refiere a una gama más amplia de cambios que se están produciendo en el planeta y que, entre otros, incluyen el aumento gradual de la temperatura de la superficie terrestre; el calentamiento de los mares y océanos y su acidificación; la reducción de los glaciares de montaña y de las capas de hielo en la Antártida y Groenlandia y del hielo marino del Ártico; el aumento del nivel del mar; la proliferación de eventos extremos, con el incremento de periodos de lluvias torrenciales y de pertinaces sequías; y la contaminación y acidificación de los cursos de agua causada por el aumento de carácter antrópico de los gases de efecto invernadero presentes en la atmósfera. Estos cambios afectan de manera particular a un porcentaje significativo de la población mundial en lo que se refiere a la disponibilidad de agua potable, a la producción de alimentos y al aumento en los índices de mortalidad debido a las inundaciones, sequías y olas de calor.

---

lo es por la atmósfera donde, al impedir que escape al espacio, provoca un aumento de la temperatura conocida como efecto invernadero (sin el efecto invernadero la temperatura promedio en la superficie sería aproximadamente de 18 °C bajo cero, y la vida en el planeta no sería posible). Los dos gases más abundantes en la atmósfera, nitrógeno y oxígeno, carecen de efecto invernadero, siendo el vapor de agua el gas de efecto invernadero más abundante, y el dióxido de carbono el segundo, seguido del metano y el ozono. Los otros restantes gases de efecto invernadero presentes en la atmósfera, aunque en menor concentración, son los óxidos nitroso y nítrico, monóxido de carbono y halocarburos, que producen igualmente calentamiento. Asimismo, otros contaminantes de origen tanto natural como antrópico, como los compuestos de azufre (SO_2 y SH_2), partículas de sal marina, polvo fino, y partículas de carbón (carbonilla), forman aerosoles que contribuyen directamente al aumento de la reflexión de la radiación solar, provocando una disminución del calentamiento.

La temperatura media global de la Tierra ha sufrido importantes cambios a lo largo de su historia, dándose periodos cálidos y glaciaciones ocasionadas tanto por las oscilaciones de las radiaciones solares recibidas como de los diferentes procesos geológicos terrestres, fluctuando en ciclos de cientos de miles de años antes del comienzo de la Edad Antigua. En una época más cercana, adentrados ya en la Edad Media y coincidiendo con un máximo de actividad solar, los paleoclimatólogos calificaron el intervalo más caluroso de esa época en Europa occidental como *Óptimo Climático Medieval* o *Periodo Cálido Medieval*, que tuvo lugar entre los años 1000 y 1200, aproximadamente, caracterizado por veranos cálidos y secos e inviernos suaves, con un aumento medio de la temperatura de 1° a 2 °C, siendo prácticamente iguales que las producidas en el periodo 1901-1970.[558] Posteriormente, entre 1550 y 1850 tuvo lugar en el hemisferio norte un periodo denominado *Pequeña Edad de Hielo*, achacado a una menor actividad solar y al incremento de las erupciones volcánicas, caracterizado por periodos de intensas lluvias que alternaban con otros de sequías.[559] A partir de 1850 se eleva la temperatura en el hemisferio norte, alcanzando de nuevo la correspondiente al *Óptimo Climático Medieval*, manteniéndose prácticamente constante hasta mediados del siglo XX.

En la época actual, la Tierra ha salido de la última era glaciar, encontrándose en lo que bien podría denominarse periodo interglaciar, donde el clima se muestra más estable, con tendencia a un mayor calentamiento de manera natural. Desde comienzos de la década de 1950 hasta 2020, la temperatura media global ha aumentado alrededor de

---

[558] BRADLEY, R. S.; HUGHES, M. K. and DIAZ, H. F.: «Climate in Medieval Time», *Science*, Vol. 302, 2003, p. 404.

[559] Este periodo se caracterizó por una disminución de la temperatura global en América del Norte, Asia y Europa, con una rápida expansión de los glaciares, en especial en Alaska, los Alpes, Irlanda y Noruega. *Vid.* NASA (National Aeronautics and Space Administration). EARTH OBSERVATORY: *Glossary:* <https://earthobservatory.nasa.gov/glossary/l/n> (última consulta: 04/06/2020).

1 °C,[560] y dado que la actividad de las radiaciones solares no ha sufrido incrementos significativos en ese periodo, cabría achacar a las actividades humanas de un significativo porcentaje de la elevación de dicha temperatura[561] como consecuencia del aumento en la atmósfera de los gases de efecto invernadero.

Como aspecto significativo cabe mencionar la *Vigesimoprimera Sesión de la Conferencia de las Partes de la Convención Marco de Naciones Unidas sobre el cambio climático* (COP 21), celebrada en París del 30 de noviembre al 12 de diciembre de 2015, que finalizó con la adopción del *Acuerdo de París*, que establece el marco global de lucha contra el cambio climático a partir de 2020 y donde se promueve la transición hacia una economía baja en emisiones y resiliente al cambio climático. Dicho Acuerdo tiene como objetivo fundamental evitar que el incremento de la temperatura media global supere los 2 °C respecto a los niveles preindustriales y

---

[560]   OMM: *Declaración de la OMM sobre el estado del clima mundial en 2019*, OMM-N.º 1248, Ginebra, 2020, p. 6. La temperatura media mundial de 2020 fue de 14,9 °C, alrededor de 1,2 ± 0,1 °C por encima del valor de referencia de 1850-1900, que se utiliza como estimación de los niveles preindustriales. Desde que existen registros a partir de 1880, la década 2011-2020 ha sido la más cálida del planeta. En concreto, los años 2016 y 2020 han sido los más cálidos, seguidos de 2019. *Vid.* OMM: <https://public.wmo.int/es/media/comunicados-de-prensa/el-20 20-es-uno-de-los-tres-a%C3%B1os-m%C3%A1s-c%C3%A1lidos-registrados> (última consulta: 21/02/2021).

[561]   La cantidad de energía solar que recibe la Tierra ha seguido el ciclo solar natural de 11 años de pequeños ascensos y descensos, sin un incremento neto desde la década de 1950. Desde 1950 a 2020 la temperatura global ha aumentado 1 °C, y toda vez que las mediciones por satélite efectuadas por la NASA a partir de 1978 muestran una ligera disminución de la irradiación solar, unido a indicadores indirectos como la cantidad de carbono existente en los anillos de crecimiento de los árboles, llevan a la conclusión de que es extremadamente improbable que el Sol haya influido en más del 10 % en la tendencia al calentamiento global observado a partir de 1970. *Vid.* NASA: <https://climate.nasa.gov/causas/> (última consulta: 04/06/2020).

busca, además, promover esfuerzos adicionales que hagan posible que el calentamiento global no supere los 1,5 °C.[562]

Las proyecciones efectuadas por los científicos, en especial el Grupo Intergubernamental de Expertos sobre el Cambio Climático (IPCC, por sus siglas en inglés), indican que el cambio climático continuará produciéndose durante este siglo, con lo que las temperaturas seguirán aumentando, siendo probable que para finales del siglo XXI se superen los 1,5° y 2 °C respecto al periodo 1850-1900, a menos que se reduzcan considerablemente las emisiones de gases de efecto invernadero que se produzcan en las próximas décadas.[563] El incremento del calentamiento global se traducirá en el aumento de la frecuencia e intensidad de olas de calor extremas, tanto terrestres como marinas; precipitaciones más intensas y mayores periodos de sequías en algunas regiones; ciclones tropicales más intensos; y una sensible disminución de la capa de hielo en el Ártico, de la nieve de los glaciares y del permafrost.[564]

El calentamiento global tiene un efecto perceptible en el ciclo hidrológico a través del cambio en los patrones de precipitación. El cambio climático aparece en nuestros días como una amenaza a la que se le atribuye un impacto importante sobre los recursos hídricos materializado en una mayor variabilidad espacial y temporal de los eventos hidrometeorológicos. Dicha variabilidad se manifiesta en catastróficas inundaciones, más intensas y frecuentes, con la disminución del tiempo

---

[562] Artículo 2 del *Acuerdo de París. Vid.* NACIONES UNIDAS: *Treaty Series:* <https://treaties.un.org/doc/Publication/UNTS/No%20Volume/541 13/Part/I-54113-0800000280458f37.pdf> (última consulta: 05/06/2020).

[563] IPCC (Grupo Intergubernamental de Expertos sobre el Cambio Climático): *Climate Change 2021: The Physical Science Basis. Contribution of Working Group I to the Sixth Assessment Report of the Intergovernmental Panel on Climate Change,* IPCC, 2021, p. SPM-17. Disponible en la página Web del IPCC: <https://archive.ipcc.ch/> (última consulta: 03/09/2021).

[564] *Ibidem.,* p. SPM-19.

de concentración de la escorrentía y la reducción de la infiltración con la consiguiente pérdida de recursos hídricos y un mayor contenido de contaminantes que fluyen a los cursos de agua, y pertinaces sequías, también cada vez más frecuentes, que afectan a la disponibilidad de agua y, por tanto, a los diferentes usos, que trascienden a la sociedad en su conjunto.

Alrededor del 90 % de todos los desastres naturales están relacionados con el agua. Durante el periodo 2009-2019, las inundaciones afectaron a cerca de 103 millones de personas, incluyendo el fallecimiento de 55 000 de ellas, habiéndose incrementado en casi un 50 % el número de eventos relacionados con las lluvias extremas y las inundaciones desde la anterior década,[565] mostrando así la incapacidad de la infraestructura hídrica para amortiguar sus efectos. Este desafío puede ser resuelto, al menos en parte, a través de acciones complementarias que pasan por la gestión de las aguas pluviales, la creación de zanjas de infiltración y de sistemas naturales que posibiliten la disminución de la velocidad de la escorrentía, y la utilización de lagunas de retención y tanques de tormentas,[566] así como de determinadas acciones de ordenación urbanística, entre otras, la prohibición de construir en zonas potencialmente peligrosas en caso de inundaciones.

---

[565]   WWAP (World Water Assessment Programme): *The United Nations World Water Development Report 2021: Valuing Water,* UNESCO, Paris, 2021, p. 15.

[566]   Los tanques de tormentas son unos enormes depósitos subterráneos creados para almacenar las primeras aguas de lluvia que, además, son las más contaminantes al arrastrar toda la suciedad acumulada en las calles y en el asfalto, con lo que evitan que las depuradoras sobrepasen su caudal máximo y tengan que verter el excedente, sin tratar, a los cauces receptores. En días de precipitaciones intensas, el agua se filtra a través de las alcantarillas, pero debido a su enorme volumen, no puede ser depurada inmediatamente. Por este motivo, estas aguas esperan en los tanques de tormentas hasta que deja de llover. Es entonces cuando se conducen gradualmente a las estaciones de depuración. Con ello, no solo se evita la contaminación de los ríos, sino que, además, se impiden posibles inundaciones y daños

La sequía, a nivel mundial, puede considerarse como la mayor amenaza que representa el cambio climático. Desde una perspectiva medioambiental y socioeconómica, las consecuencias de la sequía pueden ser notorias al producirse importantes alteraciones en los ecosistemas hídricos que se materializan en la disminución de la productividad agrícola y el consiguiente aumento de los precios de los alimentos, que puede provocar inseguridad y hambre y, por tanto, desembocar en migraciones masivas. Las sequías perjudicaron durante el periodo 2009-2019 a 100 millones de personas, incluyendo el fallecimiento de 2000 de ellas.[567] No obstante, el número de personas fallecidas por desastres relacionados con el clima ha disminuido en las últimas décadas como consecuencia de puesta en marcha de sistemas de alerta temprana mejorados y del aumento de la capacidad de gestión de los desastres.[568]

Es de significar que en la *Tercera Conferencia Mundial de las Naciones Unidas sobre la reducción del riesgo de desastres,* celebrada del 14 al 18 de marzo de 2015 en Sendai, Miyagi (Japón), se aprobó el *Marco de Sendai para la reducción del riesgo de desastres 2015-2030,* que pretende reducir considerablemente para el 2030 la mortalidad mundial, el porcentaje de personas afectadas, las pérdidas económicas y daños en las infraestructuras ocasionados por los desastres, a lo que cabe añadir el incremento del número de países que cuenten con estrategias de reducción del riesgo de desastres, la mejora de la cooperación internacional en dicho

---

ambientales. Los dos tanques de tormentas más grandes del planeta se encuentran en Madrid (tanques de Arroyofresno y Butarque), con una capacidad de 400 000 m³ cada uno. *Vid.* CANAL DE ISABEL II (MADRID): <https://www.canaldeisabelsegunda.es/-/tanques-de-tormentas-protectores-de-los-rios> (última consulta: 05/06/2020).

[567] WWAP (World Water Assessment Programme): *The United Nations World Water Development Report 2021: Valuing Water, op. cit.,* p. 15.

[568] WWAP (World Water Assessment Programme): *Informe Mundial de las Naciones Unidas sobre el Desarrollo de los Recursos Hídricos 2019: No dejar a nadie atrás,* UNESCO, París, 2019, pp. 17-18.

ámbito, y el aumento de la disponibilidad de los sistemas de alerta temprana.[569]

La imprescindible adaptación al cambio climático requiere que la gestión del agua contemple tanto la inclusión de los recursos hídricos en las políticas nacionales e infraestatales de adaptación y mitigación del cambio climático como la evaluación a nivel local de las necesidades de adaptación de la infraestructura hídrica basada en los sistemas de información existentes sobre la disponibilidad de recursos hídricos en cantidad, calidad y oportunidad, sus usos y usuarios.

II.   USOS DEL AGUA

1.   Consideraciones generales

El ser humano necesita ingerir agua para su propia supervivencia, haciéndolo tanto de manera directa al beber[570] como indirectamente a través de los alimentos consumidos como es el caso, por ejemplo, del pescado y la carne, donde el agua que contienen supone la mitad de su peso, aproximadamente. Asimismo, el agua es igualmente indispensable para el saneamiento y la higiene personal y doméstica,

---

[569]   ASAMBLEA GENERAL DE LAS NACIONES UNIDAS: *Resolución 69/283, Marco de Sendai para la reducción del riesgo de desastres 2015-2030*, aprobada el 3 de junio de 2015, párrafo 18.

[570]   La cantidad de agua que una persona necesita beber es variable, dependiendo de múltiples factores como, entre otros, según se trate de un adulto o bien de un niño, del peso de la persona, si se reside en un país cálido o frío y de la concreta estación meteorológica, así como de la actividad física desarrollada.

siendo en España el consumo per cápita de agua para uso doméstico de 136 litros/día.[571]

A su vez, todos los productos necesarios para la alimentación de las personas requieren de una cierta cantidad de agua, tanto para su cultivo (productos agrícolas) como para su cría (ganadería, productos avícolas, etc.). Así, como ejemplos, se necesitan 13 litros para recolectar un tomate y 2497 litros para un kilo de arroz, 5988 litros de agua para obtener un kilo de carne de cerdo, y 15 415 litros en el caso de un kilo de carne de vacuno.[572] De igual manera, todos los procesos industriales requieren de una cierta cantidad de agua en la elaboración de los distintos productos, como es el caso de un microchip (130 litros), unas zapatillas de deporte (4400 litros), o un teléfono móvil (12 000 litros). Siguiendo el ejemplo del párrafo anterior, donde el consumo de agua per cápita en España para uso doméstico es de 136 litros/día (50 m³/año), el total de productos adquiridos por una persona en un año, tanto agrícolas como industriales, ha necesitado un consumo total anual de 2445 m³ de agua (6700 litros/día), lo que da una idea más precisa de las necesidades hídricas de las personas, en este caso concreto, en España.[573]

Las necesidades hídricas humanas, por tanto, se reparten en tres principales *usos consuntivos,* como son el doméstico, el agrícola y el industrial, a los que caben añadir los *usos no consuntivos* de agua para atender otras actividades humanas, como la navegación fluvial, la generación de energía hidroeléctrica y la pesca continental y acuicultura,

---

[571] INSTITUTO NACIONAL DE ESTADÍSTICA DE ESPAÑA (INE): <https://www.ine.es/prodyser/espa_cifras/2019/8/> (última consulta: 07/06/2020).

[572] WATER FOOTPRINT NETWORK: <https://waterfootprint.org/en/> (última consulta: 07/06/2020).

[573] *Idem.*

a los que cabe añadir la utilización del agua con fines de ocio y ecológicos.

En el *ciclo hidrológico*, los recursos hídricos renovables suponen alrededor de 42 920 km³/año. De esta cifra, 3856 km³ se extraen de los ríos, lagos, embalses y acuíferos para consumo humano: el 12 % se destina al uso doméstico (incluye, además, la utilizada en cualquier otra actividad cuyo suministro se efectúe a través de la red de abastecimiento público del agua); el 69 % se emplea para el riego en la agricultura, incluyendo en este sector la utilizada en las actividades ganaderas y en la acuicultura; y el 19 % restante se destina a las actividades industriales, tal y como se recoge en la *Tabla 5-2* que se expone a continuación.

EXTRACCIÓN DE AGUA POR SECTORES DE USO CONSUNTIVO				
	URBANO %	AGRÍCOLA %	INDUSTRIAL %	VOLUMEN km³/año
ÁFRICA	13	82	5	215
AMÉRICA	15	51	34	790
ASIA	9	81	10	2451
EUROPA	22	21	57	374
OCEANÍA	25	60	15	26
MUNDO	**12**	**69**	**19**	**3856**
Fuente: FAO-AQUASTAT: <http://www.fao org/aquastat/es/overview/methodology/water-use> (última consulta: 07/06/2020).				

Tabla 5-2: Extracción de agua por los principales sectores de uso consuntivo

De la inspección de dicha *Tabla* se deduce que el porcentaje de agua destinado a las actividades industriales es mayor en los países más desarrollados, mientras que en los países menos desarrollados la agricultura representa con mucha diferencia el mayor volumen de agua extraído. No obstante, estos porcentajes difieren de manera sensible entre los países, en función del mayor o menor volumen de agua extraído y de las específicas características hídricas, climatológicas, económicas y sociales de cada uno de ellos, siendo en España el porcentaje de uso del 16 % para el abastecimiento doméstico, del 65 % para las actividades agrícolas y ganaderas, y del 19 % en la industria.[574] Se estima que alrededor de la mitad de todas las extracciones de agua regresan de nuevo a los ríos y las aguas subterráneas (caudal de retorno).

El uso del agua ha venido incrementándose anualmente en todo el mundo alrededor del 0,5 % como consecuencia de su creciente demanda en los países en desarrollo y las economías emergentes motivada por el crecimiento demográfico, unos mayores índices de desarrollo socioeconómico y de patrones de consumo cambiantes. Dicho incremento se traduce en un aumento en la demanda de los usos doméstico e industrial, toda vez que la agricultura se dirige hacia un uso más eficiente de los recursos hídricos, aunque seguirá siendo el sector con el mayor volumen de extracción y consumo de agua a nivel mundial.

---

[574] FAO-AQUASTAT: <http://www.fao.org/nr/water/aquastat/data/query/results.html> (última consulta: 07/06/2020).

2. Usos consuntivos del agua

2.a. *Uso doméstico del agua*

1) ABASTECIMIENTO DE AGUA POTABLE

Al ser el agua un elemento esencial para la vida, todas las personas necesitan disponer de un abastecimiento que sea suficiente, salubre, aceptable, accesible y asequible, tanto para beber como para preparar los alimentos y para la higiene personal y doméstica. Además de contar con recursos hídricos disponibles en una cierta cantidad y accesibles, debe tratarse de agua dulce segura, es decir, no contaminada, y que tenga un color, olor y sabor aceptables para su consumo. Asimismo, desde el punto de vista económico, debe estar al alcance de todos, de tal manera que los costes directos e indirectos asociados con el abastecimiento de agua sean asequibles, en especial para la población más desfavorecida.

El agua dulce bruta, una vez captada procedente tanto de las aguas superficiales (ríos, lagos, embalses, canales) como de los acuíferos (pozos y manantiales) necesita ser potabilizada en la correspondiente planta mediante un conjunto de tratamientos[575] que permiten que el agua sea apta para el consumo humano y pueda beberse con

---

[575] Según la calidad del agua dulce bruta se precisan diversos procesos para conseguir que el agua sea potable. Los más importantes que se llevan a cabo en las plantas potabilizadoras, son los siguientes: *i) coagulación y floculación; ii) decantación; iii) filtración;* y *iv) desinfección.* La desinfección es la fase más importante, ya que garantiza la eliminación de los microorganismos presentes en el agua que pueden causar gran número de enfermedades, existiendo diversos métodos físicos (calor) y químicos (cloro, ozono, sales metálicas) para desinfectar el agua, siendo la cloración el método más utilizado. Con frecuencia se realiza una precloración, antes de la decantación, que sirve para oxidar la materia orgánica presente en el agua y disminuir su concentración. Posteriormente se realiza una postcloración que garantice la desinfección y la presencia de cloro en la red de distribución.

garantía de calidad; posteriormente, el agua ya potabilizada se almacena en depósitos protegidos, desde donde se distribuye a través de la red de abastecimiento y suministro de agua para su consumo (agua del grifo). Asimismo, existe un consumo creciente de agua embotellada o envasada.[576] Aunque tanto el agua del grifo como la embotellada son salubres, se observa un consumo creciente del agua embotellada motivado por tener un mejor sabor y por la creencia generalizada de considerarse más sana.[577] Contrariamente a lo que pueda pensarse, el agua del grifo posee una mayor garantía de salubridad al pasar más controles sanitarios que el agua embotellada.

---

[576]   El agua embotellada comprende tres categorías: *i*) *aguas minerales naturales*: son aguas de origen subterráneo, protegidas contra los riesgos de contaminación, bacteriológicamente sanas y con una composición constante en minerales y otros componentes; *ii*) *aguas de manantial*: son aguas potables de origen subterráneo que emergen espontáneamente en la superficie de la tierra o se captan mediante labores practicadas al efecto, manteniendo las características naturales de pureza que permiten su consumo y previa aplicación de los mínimos tratamientos físicos requeridos para la separación de elementos materiales inestables; y *iii*) *aguas preparadas*: son aquellas que han sido sometidas a los tratamientos fisicoquímicos necesarios para que cumplan los mismos requisitos sanitarios que se exige al agua potable de consumo público, existiendo dos tipos: (1) *aguas potables preparadas*: aquellas que procedan de un manantial o captación y hayan sido sometidas a tratamiento para que sean potables; y (2) *aguas de abastecimiento público preparadas*: en el supuesto de tener dicha procedencia (agua del grifo).

[577]   Según la Asociación Nacional de Empresas de Aguas de Bebida Envasadas (ANEABE), el consumo per cápita de agua envasada en España en el año 2018 fue de 134 litros al año, con una producción de 6312 millones de litros, correspondiendo el 97,52 % a aguas minerales naturales, mientras que las aguas de manantial representaron el 1,68 %, y el resto a las aguas potables preparadas. *Vid.* ANEABE: <http://www. aneabe.com/el_agua _mineral/cifras-del-sector/> (última consulta: 07/06/2020).

En lo que respecta a los Objetivos de Desarrollo Sostenible, el ODS 6 persigue garantizar, de aquí al 2030, la disponibilidad y la gestión sostenible del agua y el saneamiento para todos. En concreto, la Meta 6.1 pretende lograr el acceso universal y equitativo al agua potable a un precio asequible para todos.

La accesibilidad al agua potable comprende diferentes niveles que, de menos a más, van desde la toma de agua para consumo directo procedente de ríos, lagos, embalses, estanques, arroyos y canales (*aguas de superficie*), o bien de un pozo o manantial no protegido (*servicio no mejorado*), carentes de garantía de una mínima calidad y que pueden provocar enfermedades, hasta las *fuentes mejoradas de agua*, que son aquellas que, por la naturaleza de su diseño y construcción, presentan el potencial de proporcionar agua para consumo con garantías de calidad como es el agua que circula por tuberías (hogares con agua del grifo en la vivienda, patio o parcela, y fuentes públicas) y suministros no canalizados (perforaciones, pozos y manantiales entubados o protegidos, agua de lluvia y agua envasada o bien a granel distribuida por camiones cisterna).[578]

En el caso de las fuentes mejoradas de agua, la población que las utiliza puede subdividirse a su vez en tres grupos: *i*) *servicio de agua potable gestionado de manera segura*: se utiliza una fuente mejorada ubicada en la vivienda, patio o local, libre de contaminación y disponible cuando se necesite (como mínimo, 12 horas al día, o bien 4 días a la semana); *ii*) *servicio básico de agua potable*: cuando la fuente de agua mejorada no cumple ninguno de los anteriores criterios, pero el viaje de ida y vuelta para recolectar agua no sobrepasa los 30 minutos; y *iii*) *servicio limitado*: cuando la recolección de agua de una fuente mejorada excede de los 30 minutos.[579]

---

[578]   OMS/UNICEF: *Progresos en materia de agua potable, saneamiento e higiene: informe de actualización de 2017 y línea de base de los ODS*, Ginebra, 2017, p. 8.

[579]   *Idem.*

De los datos disponibles correspondientes al año 2020, alrededor de 5800 millones de personas (74 % de la población mundial) utilizan servicios de abastecimiento de agua gestionados de manera segura y, adicionalmente, 1200 millones (16 %) disponen de servicios básicos. Situados en un nivel inferior, 282 millones (4 %) emplean servicios de acceso limitado, 367 millones (5 %) consumen agua procedente de fuentes no mejoradas, y 122 millones (2 %) todavía continúan utilizando aguas de superficie, la mitad de ellos en el África subsahariana.[580] Asimismo, es de significar que ocho de cada diez personas que carecen de acceso a servicios básicos viven en zonas rurales, la mitad de ellos en los países menos desarrollados.[581] Persisten acusadas desigualdades geográficas, económicas y socioculturales, no solo entre las zonas rurales y las urbanas, sino también dentro de las ciudades, donde las personas que viven en asentamientos informales tienen por lo general un menor acceso a fuentes mejoradas de abastecimiento de agua potable. En el caso concreto de España, más del 99 % de la población utiliza servicios de abastecimiento de agua gestionados de manera segura.[582]

El servicio de abastecimiento de agua, al tener la consideración de derecho humano, debe proporcionarse a todas las personas sin importar el coste del mismo ni la capacidad de pago, de tal manera que la desconexión del servicio por impago como consecuencia de la carencia de recursos económicos puede constituir una violación de los derechos humanos. Los costes directos e indirectos asociados con el abastecimiento de agua deben ser asequibles y no deben comprometer ni poner en peligro el ejercicio de otros derechos humanos.

Desde el año 2000 se han realizado importantes esfuerzos, aunque insuficientes, encaminados a conseguir que toda la población mundial pueda lograr el acceso a servicios de agua potable gestionados de

---

[580]   OMS/UNICEF: *Progress on household drinking water, sanitation and hygiene 2000-2020: Five years into the SDGs, op. cit.*, p. 29.

[581]   *Ibidem.*, p. 8.

[582]   *Ibidem.*, p. 122.

manera segura antes de finalizar el año 2030. A lo anterior cabe añadir los efectos económicos negativos ocasionados por la pandemia del coronavirus COVID-19 iniciada a comienzos del 2020, y que dificultará aún más que se alcancen los ODS en el plazo de tiempo fijado.

2)   SANEAMIENTO E HIGIENE

El acceso a las instalaciones higiénicas de saneamiento resulta esencial para la salud pública. Como ya se expuso en el anterior Capítulo, la Asamblea General de las Naciones Unidas ha reconocido como un derecho humano, entre otras en la *Resolución 70/169, Los derechos humanos al agua potable y el saneamiento*, tanto el acceso al agua potable como el acceso al saneamiento, entendido este último como acceso físico y económico a un saneamiento que sea salubre, higiénico, seguro, social y culturalmente aceptable y que proporcione intimidad y garantice la dignidad.[583] De manera más concreta, el logro del acceso universal a servicios de saneamiento adecuados y equitativos para todas las personas constituye la Meta 6.2 del ODS 6.[584]

La accesibilidad al saneamiento comprende diferentes niveles que, de menos a más, van desde aquellas personas que practican la defecación al aire libre o bien utilizan letrinas de fosa simple sin losa o plataforma, letrinas colgantes o letrinas de cubo (*instalaciones de saneamiento no mejoradas*), carentes de garantía de una mínima calidad que pueden provocar enfermedades, hasta las *instalaciones de saneamiento mejoradas*, que son aquellas que han sido diseñadas para separar higiénicamente los excrementos del contacto humano, empleando tanto tecnologías de saneamiento húmedo (letrinas o inodoros con sifón y con

---

[583]   Punto 2 de la Resolución.

[584]   Meta 6.2: «De aquí a 2030, lograr el acceso a servicios de saneamiento e higiene adecuados y equitativos para todas las personas y poner fin a la defecación al aire libre, prestando especial atención a las necesidades de las mujeres y las niñas y las personas en situaciones de vulnerabilidad».

arrastre de agua que se conectan al alcantarillado, fosas sépticas o letrinas de pozo) como tecnologías de saneamiento seco (letrinas mejoradas de pozo ventilado, letrinas de pozo con plataforma, letrinas de compostaje).[585]

En el caso de las instalaciones de saneamiento mejoradas, la población que las utiliza puede subdividirse a su vez en tres grupos: *i) servicio de saneamiento gestionado de manera segura*: se utilizan instalaciones de saneamiento no compartidas con otros hogares donde los excrementos producidos son tratados y eliminados *in situ*, o bien *ex situ*, donde se almacenan temporalmente y después son transportados y tratados en una instalación externa, o se transportan por medio de la red de alcantarillado con aguas residuales para ser tratadas posteriormente en una instalación externa; *ii) servicio básico de saneamiento*: cuando los excrementos no son tratados de manera segura; y *iii) servicio limitado de saneamiento*: cuando se utilizan instalaciones mejoradas que se comparten con otros hogares.[586]

Las instalaciones de saneamiento deben ser culturalmente aceptables y apropiadas, sensibles a requisitos de género, ciclo vital y privacidad. A dicho efecto, deberán ser tenidos en cuenta los específicos valores culturales en lo que respecta a su diseño y condiciones de uso, por lo que la mayoría de las culturas contemplan la aceptabilidad como instalaciones separadas para hombres y mujeres en espacios públicos y de niños y niñas en las escuelas.[587]

---

[585]   OMS/UNICEF: *Progresos en materia de agua potable, saneamiento e higiene: informe de actualización de 2017 y línea de base de los ODS, op. cit.*, p. 8.

[586]   *Idem.*

[587]   Asimismo, las instalaciones deben permitir prácticas de higiene culturalmente aceptables, tales como el lavado de manos y la limpieza anal y genital, y los inodoros para mujeres y niñas deben tener en consideración el manejo de la higiene menstrual, en particular con respecto a garantizar la

De los datos disponibles correspondientes al año 2020, alrededor de 4200 millones de personas (54 % de la población mundial) utilizan servicios gestionados de forma segura y, adicionalmente, 1900 millones (24 %) emplean al menos servicios básicos. Situados a un menor nivel, 580 millones (7 %) usan servicios limitados, 616 millones (8 %) utilizan instalaciones no mejoradas y 494 millones (6 %) todavía continúan practicando la defecación al aire libre.[588] Como dato significativo, dos tercios de las personas que carecen de servicios básicos viven en zonas rurales, casi la mitad de ellos en el África subsahariana.[589] En el caso concreto de España, más del 99 % de la población utiliza instalaciones de saneamiento gestionadas de manera segura.[590]

Desde el año 2000 se han realizado importantes progresos, aunque insuficientes, encaminados a conseguir que toda la población mundial pueda lograr el acceso al saneamiento antes de finalizar el año 2030, tratándose de un objetivo sumamente ambicioso y, por tanto, inalcanzable en las actuales circunstancias de recesión económica.

En lo que respecta a la higiene, su referencia explícita en la Meta 6.2 de lograr antes de finales del 2030 el acceso universal a servicios adecuados y equitativos de higiene constituye una muestra de la importancia que se le otorga a la higiene y de sus estrechos vínculos con el saneamiento. La higiene incluye variados comportamientos, entre los que cabe destacar el lavado de manos, la higiene menstrual y el

---

privacidad y la seguridad. *Vid.* WWAP (World Water Assessment Programme): *Informe Mundial de las Naciones Unidas sobre el Desarrollo de los Recursos Hídricos 2019: No dejar a nadie atrás, op. cit.,* p. 42.

588 OMS/UNICEF: *Progress on household drinking water, sanitation and hygiene 2000-2020: Five years into the SDGs, op. cit.* p. 49.

589 *Ibidem.*, p. 9.

590 *Ibidem.*, p. 142.

lavado de los alimentos, siendo considerado entre todos ellos como prioritario el lavado de manos con agua y jabón.[591]

Los hogares que disponen de una instalación de lavado de manos con agua y jabón disponibles en la vivienda se clasifican como poseedores de *instalaciones básicas*. Los hogares que tienen una instalación de lavado de manos, pero carecen de agua o jabón, se clasifican como que disponen de *instalaciones limitadas*,[592] diferenciándose de los hogares que carecen de ningún tipo de instalación (*sin instalación*).

En el año 2020, alrededor de 5500 millones de personas (71 % de la población mundial) contaban con instalaciones básicas para lavarse las manos con agua y jabón disponibles en el hogar. El 29 % restante (2300 millones de personas) carecían de servicios básicos, incluidos 670 millones (9 %) que no poseían de ningún tipo de instalación.[593]

Por otra parte, el agua utilizada para uso doméstico genera residuos líquidos conocidos como aguas residuales domésticas, normalmente contaminadas con sustancias orgánicas e inorgánicas, a la que suelen unirse durante la evacuación de las mismas las procedentes de la lluvia, de otras aguas superficiales y subterráneas y, en ocasiones, de

---

[591] Las instalaciones de lavado de manos pueden consistir en un fregadero o lavabo con agua del grifo, aunque también pueden incluir otros elementos que contienen, transportan o regulan el flujo de agua como es el caso, entre otros, de los cubos con grifos, los lavaderos caseros y los lavabos portátiles. Asimismo, tienen la consideración de jabón tanto las pastillas de jabón como el jabón líquido, el detergente en polvo y el agua jabonosa.

[592] En algunas culturas, la ceniza, la tierra, la arena u otros materiales se utilizan como agentes de lavado de manos, pero son menos eficaces que el jabón y, por tanto, se consideran como *instalaciones limitadas* de lavado de manos.

[593] OMS/UNICEF: *Progress on household drinking water, sanitation and hygiene 2000-2020: Five years into the SDGs, op. cit.*, p. 10.

338

residuos líquidos industriales. Las aguas residuales pueden ser sometidas a saneamiento,[594] o bien pueden evacuarse directamente al medio
natural, con el peligro de su utilización indebida para el consumo humano y la consiguiente transmisión de enfermedades.

Las aguas residuales se configuran como un componente crítico del ciclo del agua que deben ser tenidas en cuenta a lo largo de

---

[594] El saneamiento comprende los servicios de alcantarillado y depuración.
Consisten, de forma resumida, en la retirada de las aguas residuales de los
hogares, industrias y cualquier instalación donde se produzcan, su transporte mediante el sistema de alcantarillado hasta llegar a los colectores in-
terceptores, que canalizan la entrega a las estaciones depuradoras de aguas
residuales (EDAR), donde se trata el agua residual para reintroducirla, ya
depurada, en los cauces naturales en condiciones ambientalmente sostenibles. De forma genérica, la depuración de las aguas residuales efectuadas
en las EDAR comprende las siguientes fases: *i)* *pretratamiento*: sirve para
eliminar los residuos de mayor tamaño a través del desbaste, el desarenado
y el desengrasado; *ii)* *tratamiento primario*: consistente en dejar reposar el
agua en tanques decantadores, en cuya superficie se acumulan los residuos
flotantes, mientras que en el fondo se quedarán los más pesados, principalmente los fangos. En esta etapa puede emplearse un tratamiento físico-
químico que actúe como floculante, favoreciendo la unión de las partículas
y su retirada; *iii)* *tratamiento secundario*: el agua pasa a grandes balsas con
bacterias que eliminan la materia orgánica, tanto la disuelta como en suspensión. En este proceso se utiliza un reactor biológico para aportar el
oxígeno necesario para que las bacterias puedan descomponer la materia
orgánica del agua, que pasa después a otro decantador para retirar los lodos
que permanecen en el líquido; y *iv)* *tratamiento terciario*: son tratamientos
destinados a mejorar o afinar las características del agua con la finalidad de
reutilizarlas. El proceso consiste en higienizar (eliminar microorganismos)
y adecuar el agua para un determinado uso. Existe una amplia variedad de
tratamientos terciarios, como filtración a través de carbón activado, aplicación de cloro o sometimiento del líquido a rayos ultravioleta, dependiendo del uso o la legislación vigente en cada país sobre las características
del vertido. Cabe mencionar la posibilidad de aprovechar el biogás generado en el procesamiento de los fangos, así como la reutilización del agua
depurada para usos como la agricultura o la recarga de acuíferos.

339

todo el ciclo de gestión del agua. Es decir, el ciclo del agua, que comienza con la captación de agua dulce bruta, seguida de su tratamiento para convertirla en agua potable y posterior distribución para su utilización en los diferentes usos domésticos, prosigue con su recolección y posterior depuración para su reutilización, retornando finalmente al medio ambiente, desde donde se inicia de nuevo el ciclo. Las aguas residuales ya depuradas se pueden utilizar, dependiendo del nivel de depuración efectuado, tanto como agua potable para consumo como en otros usos de agua no potable. La reutilización como agua potable indirecta resulta cada vez más frecuente, vertiéndose las aguas residuales depuradas en los cursos de agua superficiales y subterráneos (agua dulce bruta), donde son nuevamente sometidas a tratamiento y se transforman en agua potable (agua del grifo).

Singapur constituye el ejemplo más característico, donde en los meses más secos las aguas residuales depuradas se mezclan con la existente en embalses que recogen el agua de lluvia para su posterior tratamiento y utilización como agua potable.[595] Entre los usos como agua no potable de las aguas residuales ya tratadas cabe mencionar su utilización para el riego en la agricultura y de espacios urbanos y campos de golf, así como en la acuicultura y la industria, en usos ornamentales

---

[595] La Agencia Nacional del Agua de Singapur PUB (Public Utilities Board) puso en marcha el año 2002 una estrategia de reutilización del agua denominada NEWater, donde las aguas residuales son sometidas a un triple proceso de microfiltración, ósmosis inversa y desinfección por rayos ultravioleta. El agua tratada obtenida cubre el 40 % de las necesidades hídricas de Singapur, utilizándose como agua potable indirecta mezclada en los embalses que captan el agua de lluvia en los meses más secos, al igual que para usos no potables, en especial en la industria, el enfriamiento de sistemas de refrigeración y la limpieza de locales industriales y comerciales. *Vid.* PUBLIC UTILITIES BOARD (PUB). SINGAPORE´S NATIONAL WATER AGENCY: <https://www.pub.gov.sg/watersupply/fournationaltaps/newater> (última consulta: 08/06/2020).

y de ocio (fuentes y estanques públicos), refrigeración en procesos industriales, etc.[596] Asimismo, los lodos resultantes (arenas, fangos y grasas) se aprovechan como fertilizantes en la agricultura, tal y como ya se está realizando, por ejemplo, en las biofactorías Gran Santiago (Santiago de Chile) y Sur de Granada (España), así como en la generación de energías renovables y biocombustibles (biofactoría Gran Santiago), lo que permite a su vez alcanzar el autoabastecimiento energético.

Dentro del ODS 6, la Meta 6.3 tiene como objetivo para el 2030, entre otros aspectos, reducir a la mitad la proporción de aguas residuales sin tratamiento y aumentar considerablemente el reciclado y la reutilización sin riesgos a nivel mundial.

En los países más desarrollados la motivación por efectuar tratamientos más completos de aguas residuales tiene su origen en la necesidad de contar con una fuente alternativa de agua con la que afrontar la escasez hídrica, así como del deseo de mantener la calidad del medio ambiente. No obstante, el vertido de aguas residuales sin tratar continúa siendo una práctica habitual en los países en desarrollo al no contar con la infraestructura, las capacidades técnicas e institucionales y la financiación necesaria para revertir dicha situación.

De los datos disponibles en 2020, a nivel global el 56 % de las aguas residuales domésticas fueron sometidas a tratamiento de manera segura, es decir, recibieron un tratamiento terciario destinado a mejorar

---

[596] A nivel mundial, las aguas residuales sometidas a tratamiento se reutilizan en los siguientes porcentajes: riego agrícola (32 %), riego de jardinería (20 %), industria (19,3 %), usos urbanos no potables (8,3 %), mejoras ambientales (8 %), reutilización potable indirecta (2,3 %), recarga de aguas subterráneas (2,1 %), y otros usos (1,5 %). *Vid.* WWAP (World Water Assessment Programme): *Informe Mundial de las Naciones Unidas sobre el Desarrollo de los Recursos Hídricos 2017. Aguas residuales: El recurso desaprovechado,* UNESCO, París, 2017, p. 128.

o afinar las características del agua tratada para posibilitar su reutilización.[597] No se dispone de datos relativos a las aguas residuales industriales sometidas a tratamiento. En el caso concreto de España, a finales del año 2018 el 99,3 % del total de las aglomeraciones españolas de 2000 habitantes y superiores cumplían con los requisitos de recogida de las aguas residuales, el 85,2 % de la carga contaminante total era objeto de un tratamiento secundario de depuración, y el 73 % de la carga que llega a zonas sensibles se sometía a un tratamiento terciario más riguroso.[598]

En resumen, la *Agenda 2030 para el Desarrollo Sostenible* reconoce como un fin en sí mismo el acceso al agua potable, el saneamiento efectivo y una higiene adecuada, pero también como factores que impulsan el progreso de muchos de los ODS, entre otros, los relacionados con la salud, la nutrición, la igualdad de género y la educación. Desde comienzos del siglo XXI se han efectuado importantes progresos al respecto de tal manera que miles de millones de personas han conseguido acceder a servicios básicos de agua, saneamiento e higiene. Ello se traduce de manera directa en una menor tasa de enfermedades y mortalidad, en especial infantil, lo que supone mayores oportunidades de progreso y de una vida mejor. No obstante, y a pesar de estos éxitos, el progreso ha sido desigual, mayor en el acceso al agua potable que en el

---

[597] Tanto en Asia central como meridional se efectúa un menor tratamiento de manera segura de las aguas residuales domésticas (25 %), seguidas por el África subsahariana (28 %) y América Latina y el Caribe (41 %); y al contrario, América del Norte y Europa presentan los mayores niveles (80 %), seguidas de Australia y Nueva Zelanda (79 %). *Vid.* OMS/UN-HABITAT: *Progress on wastewater treatment – Global status and acceleration needs for SDG indicator 6.3.1,* Geneva, 2021, p. 39.

[598] GOBIERNO DE ESPAÑA. MINISTERIO PARA LA TRANSICIÓN ECOLÓGICA Y EL RETO DEMOGRÁFICO: <https://www.miteco.gob.es/es/prensa/ultimas-noticias/el-tribunal-de-justicia-de-la-ue-multa-a-espa%C3%B1a-por-incumplir-la-directiva-de-saneamiento-y-depuraci%C3%B3n-de-aguas-residuales/tcm:30-479802> (última consulta: 08/06/2020).

saneamiento, al igual que entre países e, incluso, en el interior de los mismos, entre zonas urbanas y rurales. Se precisa realizar un importante esfuerzo para atender las necesidades de abastecimiento de agua y de saneamiento e higiene y poder alcanzar así el nivel de «gestión de manera segura» que garantice el cumplimiento del ODS 6, en especial de las poblaciones más desfavorecidas como es el caso de los habitantes de las zonas rurales, de la población indígena y de los barrios marginales de las ciudades.

2.b.   *El agua en la agricultura*

La superficie total mundial de tierras es de 130 millones de km², de las que el 12 % (16 millones de km²) se dedica al cultivo agrícola.[599] La superficie neta cultivada del mundo ha experimentado un incremento del 12 % entre 1960 y 2010, en su mayor parte a costa de la deforestación de los bosques[600] y, en menor medida, de las zonas de pastizales y humedales. En dicho periodo se ha duplicado la superficie equipada con sistemas de regadío que, a finales de 2019, ascendía a 3,3 millones de km², es decir, el 20 % de la superficie total cultivada, con el consiguiente aumento del consumo de recursos hídricos, en especial

---

[599]   FAO: *El estado de los recursos de tierras y aguas del mundo para la alimentación y la agricultura. La gestión de los sistemas en situación de riesgo*, Mundi Prensa, Madrid, 2012, p. 23.

[600]   Se estima que la agricultura es la responsable del 80 % de la deforestación en todo el mundo. La agricultura comercial, en especial la producción de soja y de caña de azúcar para obtener biocombustibles, es el motor más importante de la deforestación en América Latina, representando alrededor de dos tercios del área total deforestada. En el caso de África y de Asia tropical y subtropical, la agricultura de subsistencia representa una mayor proporción de deforestación que la agricultura comercial. *Vid.* FAO: *The future of food and agriculture – Trends and challenges*, Rome, 2017, p. 34.

de aguas subterráneas, al ser más fácil y barata su extracción por la introducción de la tecnología de pozos entubados y por los bajos precios de la energía eléctrica utilizada, generalmente subvencionada.[601]

La conversión de la agricultura de secano en agricultura de regadío se materializa en el aumento del rendimiento general de los cultivos entre un 100 % y un 400 %, y en la posibilidad de cultivar productos típicos de climas húmedos en zonas áridas y semiáridas, así como la de producir aquellos que poseen un mayor valor económico. Optar por el regadío supone contar con la disponibilidad de agua en cantidad y calidad suficiente en la zona a irrigar y en el momento apropiado, lo cual exige contar con la necesaria infraestructura, energía y mano de obra. Además, uno de los efectos asociados consiste en que el riego deja sales en el suelo procedentes tanto del agua como de los fertilizantes empleados, por lo que en muchas ocasiones se hará necesario incrementar la cantidad de agua empleada en la irrigación para lavar el exceso de sales del suelo y contrarrestar así su salinización, aspecto que en muchos lugares lo ejecutan de manera natural las aguas pluviales.

El mayor consumo global de agua en el mundo corresponde a la agricultura, que emplea el 69 % de los recursos hídricos mundiales extraídos, donde casi dos tercios proceden de las aguas superficiales y algo más de un tercio de las aguas subterráneas, siendo residual la utilización del agua procedente de las plantas desalinizadoras y las recicladas.[602] Los volúmenes de agua empleados en el riego varían en función

---

[601]   FAO-FAOSTAT: <http://www.fao.org/faostat/es/> (última consulta: 08/06/2020).

[602]   De manera más precisa, el 62 % de los recursos hídricos empleados en el regadío proceden de las aguas superficiales, y el 38 % restante provienen de los acuíferos. Asimismo, se utilizan de manera residual (1 %) recursos hídricos no convencionales tales como aguas recicladas y las desalinizadas (*Vid.* FAO: *El estado de los recursos de tierras y aguas del mundo para la alimentación y la agricultura. La gestión de los sistemas en situación de riesgo, op. cit.,* p. 44). En el caso concreto de España, el 75 % procede de aguas superficiales, el

del tipo de cultivo, la climatología local y, en especial, por la tecnología empleada.[603] Con carácter general, la técnica de riego más utilizada es el riego superficial por gravedad, seguida a considerable distancia del riego por aspersión y del riego localizado, que es el más tecnificado. La tendencia es la transformación del riego superficial en riego localizado debido a su gran ventaja como técnica eficiente, no solamente por el ahorro de agua, sino también por las posibilidades de automatización y de incremento de la calidad de vida del agricultor que lleva aparejadas, lo que supondrá un gran avance en la gestión de los recursos hídricos al conseguir importantes ahorros en el enorme volumen de agua que emplea la agricultura de regadío.

Actualmente, la superficie de regadío genera el 40 % de los alimentos producidos en todo el mundo. Asia es el continente que cuenta

---

23,1 % de aguas subterráneas, y el 1,9 % restante proviene de recursos hídricos no convencionales (*Vid.* INE: <https://www.ine.es/>; última consulta: 08/06/2020).

[603] Existen tres tecnologías de riego: de superficie o por gravedad, por aspersión, y por riego localizado. El riego de superficie o por gravedad comprende el riego por inundación, por sumersión, y por infiltración en surcos o fajas. El riego por aspersión comprende sistemas tanto estáticos como móviles. El riego localizado o microrriego comprende, según el caudal: el riego por goteo de bajo caudal utilizando goteros, tuberías goteadoras o tuberías exudantes, y el riego localizado de alto caudal a través de microaspersores y difusores; y según el tipo de emisor: el riego por goteo, por tuberías emisoras, y por microaspersión y microdifusión. Asimismo, otra técnica novedosa empleada a partir del siglo XXI, y que bien podría incluirse en el riego localizado, consiste en el empleo del acrilato de potasio, comercializado en polvo, que se hidrata con agua de lluvia (capacidad de absorción de agua de 500 veces su peso) y se transforma en un gel capaz de retener el agua durante 40 días, hidratando así las plantas sin tener que depender de posteriores lluvias o riegos, optimizando su desarrollo (información disponible en: <https://www.riego solido.com/acrilato-de-potasio-agua-solida>; última consulta: 08/06/2020).

con la mayor superficie mundial de regadío (71 %).[604] En el caso de España, la superficie de regadío es de 31 202 km², correspondiendo el mayor porcentaje de superficie al riego localizado (45 %), seguido por el riego por aspersión (28 %) y, en menor proporción, por el riego por gravedad (27 %), empleándose un total de 15 km³ de agua, destinando cerca del 40 % al riego por goteo, el 33 % al riego por gravedad, y el 27 % restante al riego por aspersión.[605]

A su vez, los efectos negativos atribuidos al cambio climático, en concreto el retroceso de la superficie de los glaciares y el incremento de los periodos de sequía y su duración, se traducen en una menor disponibilidad de agua para la agricultura, por lo que el ahorro de agua se hace imprescindible. A ello se une la necesidad de ahorrar energía eléctrica, ya que el cambio de sistema de riego por gravedad al riego por aspersión o al riego localizado conlleva el uso de electricidad, con el consiguiente aumento del consumo energético. Estos efectos negativos se pueden paliar en buena medida a través de la implantación de sistemas de riego inteligente[606] que permitan una utilización más eficiente

---

[604]   Resto de continentes: América (16 %), Europa (7 %), África (5 %) y Oceanía (1 %). *Vid.* FAO-FAOSTAT: <http://www.fao.org/faostat/es/#home> (última consulta: 08/06/2020).

[605]   INE: <https://www.ine.es/> (última consulta: 08/06/2020).

[606]   El riego inteligente consiste en la utilización de las tecnologías de la información y la comunicación (TIC) como un medio para efectuar una gestión óptima del riego. Las decisiones en el riego inteligente se sustentan en la adquisición y seguimiento de datos (datos climáticos, humedad del suelo, fertilización, consumos de agua, fertilizante y energía, imágenes, etc.) y su posterior procesamiento (modelización, simulación y predicción, finalizando con la representación de la información. Entre las TIC utilizadas para conseguir una programación óptima del riego son de mencionar las siguientes: *estaciones climáticas* (calculan las necesidades teóricas del cultivo); *sensores de humedad del suelo* (analizan el grado de humedad del suelo); *caudalímetros* (efectúan un seguimiento del caudal y volumen aplicado en el riego); *logger* (sistema de adquisición de datos al que se conectan todos los equipos, normalmente dotados de tecnología GPRS, de forma que cada equipo envía sus datos a la nube y el usuario puede consultarlos vía online

tanto del agua como de los fertilizantes y de la energía eléctrica empleada, aumentando así los niveles de producción con un menor consumo de recursos productivos (producir más con menos). En lo que respecta a la energía eléctrica, la utilización de energías renovables, en especial la energía solar fotovoltaica (riego solar), contribuye a reducir el impacto ambiental.

Al ritmo actual de crecimiento de la población mundial (85 millones de personas al año), se alcanzarán los 8650 millones de personas en el año 2030. Ello significa que la productividad agraria deberá incrementarse de manera significativa para garantizar la seguridad alimentaria,[607] lo que implica un notable incremento de la agricultura de regadío y, por consiguiente, de sus efectos negativos sobre el medio ambiente tales como la sobreexplotación de acuíferos, la contaminación de las masas de agua por los fertilizantes, plaguicidas, hormonas y antibióticos empleados, y la salinización de las tierras de cultivo, entre otros.

---

y en tiempo real desde cualquier dispositivo con conexión a Internet); *software de gestión del riego* (integra los diferentes equipos y realiza la gestión del riego); *sensores de temperatura* (miden la temperatura del aire), *sondas de succión* (controlan la solución nutritiva del suelo); y *drones* (auxilian en la toma de decisiones en el riego). Las TIC tienen como finalidad sincronizar la disponibilidad energética con las necesidades de riego.

[607] La seguridad alimentaria la define el *Diccionario del español jurídico* de la Real Academia Española (RAE) como «situación que existe cuando todas las personas tienen, en todo momento, acceso físico, social y económico a alimentos suficientes, inocuos y nutritivos que satisfacen sus necesidades energéticas diarias y preferencias alimentarias para llevar una vida activa y sana». No obstante, no debe olvidarse que la actividad agrícola está estrechamente relacionada con la ganadería, toda vez que el ganado contribuye a casi el 40 % de la producción agrícola total en los países desarrollados y el 20 % en los países en desarrollo. *Vid* FAO: <http://www.fao.org/animal-production/es/> (última consulta: 08/06/2020).

347

2.c. *El agua en la industria*

La industria es un motor esencial del crecimiento económico y, por tanto, elemento clave para el desarrollo económico y social. El agua se utiliza en prácticamente todos los sectores de la industria, tanto como materia prima (es el caso de la industria del agua mineral y de las bebidas) como para lavar, limpiar, calentar y refrigerar, generar vapor, transportar sustancias o partículas disueltas, actuar como disolvente, etc. El sector industrial supone un impacto sobre la disponibilidad del agua mucho menor que el correspondiente al sector agrícola, en torno al 19 % a nivel mundial, aunque con acusadas asimetrías entre los países desarrollados y los que se encuentran en vías de desarrollo al ser proporcional al nivel medio de ingresos. Es de significar que la producción industrial sigue una tendencia creciente aunque, como consecuencia de la transición energética ya iniciada y del aumento de la eficiencia en los procesos industriales, el volumen de recursos hídricos extraídos para uso industrial se ha estabilizado, tanto en los países desarrollados como en los que se encuentran en vías de desarrollo.

La presión ejercida por la utilización del agua en el sector industrial no se debe tanto a la cantidad de agua consumida en la propia producción como a los impactos derivados de los residuos líquidos no tratados y de su potencial contaminante, mucho más perjudicial que en el caso de los vertidos domésticos y agrícolas, revistiendo una particular importancia en las industrias con un uso intensivo de agua, tal y como ocurre en el sector manufacturero, en especial la papelera, química, agroalimentaria, textil, petrolera y automoción, así como en la minería. La contaminación industrial tiende a ser más concentrada y tóxica y, generalmente, más difícil de tratar que en el caso de los residuos domésticos. La elevada persistencia de estos contaminantes influye de manera notable en la existencia de cursos de agua con niveles de contaminación que se mantienen durante largos periodos de tiempo.

348

Dentro de la industria, la minería ha sido una de las actividades más contaminantes. La erosión provocada por la actividad minera efectuada en zonas montañosas y en las riberas de los ríos afecta negativamente a la biodiversidad. La utilización de ingentes cantidades de metales pesados en la extracción de minerales, en especial el mercurio, contribuye de manera importante a la contaminación de los sistemas acuáticos, afectando tanto a la población piscícola de los mismos como a las comunidades humanas que hacen uso de estas aguas y de sus recursos pesqueros.[608]

3. Usos no consuntivos del agua

Desde la más remota Antigüedad se han utilizado los cursos de agua navegables como vector que coadyuva al desarrollo y progreso de las distintas sociedades que se han ido sucediendo con el transcurso de los siglos, toda vez que los mismos permiten la comunicación y el comercio. El transporte fluvial se caracteriza por ser el más barato de todos los medios de transporte[609] y por ocasionar un reducido impacto ambiental. Como tal medio de transporte es ampliamente utilizado, en

---

[608]   Como ejemplo, se estima que, entre 1975 y 2002, la explotación de oro en la Amazonía brasileña produjo alrededor de 2000 toneladas de oro, lo cual dejó cerca de 3000 toneladas de mercurio en el medio ambiente de la región, de tal manera que entre el 5 % y el 30 % del mismo es liberado en las aguas. *Vid.* PNUMA (Programa de las Naciones Unidas para el Medio Ambiente): *Perspectivas del Medio Ambiente: América Latina y El Caribe. GEO ALC 3, op. cit.*, p. 68.

[609]   El transporte fluvial presenta las siguientes ventajas: 1) para transportar 1600 toneladas se requiere una sola barcaza, mientras que por ferrocarril se necesitarían 40 vagones de 40 t, y por carretera 80 camiones de 20 t; 2) con relación al flete y tomando como índice la unidad, el transporte fluvial sería 1, por ferrocarril 1,4, y por carretera 3,2; y 3) con relación al consumo de carburante, con un litro de gasoil se transporta una tonelada: por transporte fluvial se recorrerían 251 km, por ferrocarril 101 km, y por carretera 29 km. *Vid.* TERRAZAS, R.: *Hidrovías para el desarrollo y la integración suramericana*, CAF (Banco de Desarrollo de América Latina), Bogotá, 2016, p. 16.

especial en las cuencas de los grandes ríos como el Rin, Danubio, Nilo, Azul y Misisipi, encontrándose en auge, en especial en América del Sur, al contar con un importante número de ríos navegables que pueden transformarse en hidrovías.[610] Asimismo, son de mencionar, por su importancia para el comercio internacional, la existencia de los canales interoceánicos de Panamá y Suez. En el caso de España, Sevilla es el único puerto fluvial existente, al ser navegable el río Guadalquivir desde esta ciudad hasta su desembocadura en el océano Atlántico.

A su vez, en el último tercio del siglo XIX, con la aparición de la electricidad, la energía hidroeléctrica comenzó a utilizarse como una fuente más de generación de electricidad, siendo en 1882 cuando entró en funcionamiento la primera central hidroeléctrica, ubicada en el río Fox, en Appleton (Wisconsin, Estados Unidos).[611] En el año 2020, la

---

[610] La inmensa mayoría de los ríos navegables sudamericanos únicamente posibilitan el transporte en condiciones de buena visibilidad, es decir, de día, y solo durante los meses de mayor precipitación pluvial. La solución a este problema pasa por transformar los ríos navegables en hidrovías, es decir, en ríos navegables dotados de la adecuada señalización y de ayudas a la navegación que permitan la misma las 24 horas del día, en los que se efectúe un dragado sistemático que posibilite la navegación de barcazas de transporte, y dotados de la necesaria infraestructura de puertos fluviales con sus correspondientes instalaciones y vías de comunicación que enlacen con las zonas interiores de producción de alimentos y materias primas. En la actualidad existen varias hidrovías que presentan diferentes grados de desarrollo; unas de carácter nacional, como la hidrovía Tieté – Paraná, que atraviesa la región más industrializada de Brasil; y otras internacionales como, por ejemplo, la hidrovía Paraguay-Paraná, que discurre por los cinco países de la cuenca del Plata (Argentina, Bolivia, Brasil, Paraguay y Uruguay), la hidrovía del río Uruguay, la hidrovía Uruguay-Brasil (Laguna Merín – Laguna de los Patos), y la hidrovía del río Magdalena (la única que está ubicada al oeste de la cordillera de los Andes).

[611] ASOCIACIÓN INTERNACIONAL DE ENERGÍA HIDROELÉCTRICA (IHA): <https://www.hydropower.org/a-brief-history-of-hydro power> (última consulta: 09/06/2020).

capacidad total mundial instalada era de 1330 gigavatios,[612] destacando China como el mayor productor mundial de energía hidroeléctrica con 370 170 megavatios, donde se encuentra la mayor planta hidroeléctrica del mundo: la Presa de las Tres Gargantas, situada en el río Yangtsé (22 500 megavatios). El segundo productor mundial es Brasil, con una capacidad instalada de 109 271 megavatios.[613]

De todas las fuentes de energía renovables, la hidroelectricidad es la más importante.[614] Las plantas hidroeléctricas, a diferencia de otras fuentes de generación de energía eléctrica, permiten satisfacer la demanda de energía sin producir residuos ni emisiones de CO_2; sin embargo, uno de los mayores retos a los que se enfrenta la industria hidroeléctrica es la reducción del impacto ambiental. Los proyectos hidroeléctricos de gran envergadura pueden causar cambios medioambientales irreversibles en un área geográfica relativamente extensa. Los impactos más importantes son el resultado de la inundación de la tierra para formar el embalse y la alteración del caudal aguas abajo de la presa. Estos efectos ejercen impactos negativos directos en los suelos, la vegetación, la fauna, el clima, la navegación fluvial y la población humana que habitaba la zona a inundar, obligada a emigrar a otras zonas.

En lo que respecta al aprovechamiento de los recursos hidrobiológicos, la pesca continental y la acuicultura contribuyen de manera muy importante a la economía de muchos países del mundo en térmi-

---

[612]   IHA: *2021 Hydropower Status Report,* p. 46. Disponible en: <https://www.hydropower.org/publications/2021-hydropower-status-report> (última consulta: 03/09/2021).

[613]   *Ibidem.*, p. 26.

[614]   El 74,4 % de la energía eléctrica procede de los combustibles fósiles y de la energía nuclear, y el 25,6 % restante de las fuentes de energía renovables en los siguientes porcentajes: hidroeléctrica (15,9 %), eólica (4,6 %), biomasa (2,5 %), solar (2,1 %), y otras (0,5 %). *Vid.* IHA: *2019 Hydropower Status Report,* p. 15. Disponible en: <https://www.hydropower.org/publications/2019-hydropower-status-report> (última consulta: 09/06/2020).

nos de generación de empleo y suministro de alimentos. Esta aportación es especialmente significativa para la seguridad alimentaria y para los medios de subsistencia de las poblaciones ribereñas de ríos y lagos. En términos globales, en el año 2018 se obtuvieron 12 millones de toneladas de la pesca de captura continental y 51,3 millones de toneladas procedentes de la acuicultura continental, en especial carpas, tilapias y crustáceos de agua dulce.[615]

A los anteriores usos no consuntivos de agua cabe añadir la utilización de ríos, lagos, embalses y humedales con fines de ocio, como la pesca y la navegación deportiva, y turísticos, en auge. Además, en las últimas décadas se ha asumido como un nuevo uso del agua la protección de los ecosistemas hídricos y de su biodiversidad, lo que implica el desarrollo de estudios que permitan definir aquellos umbrales por debajo de los cuales se producen pérdidas irreversibles de la biodiversidad (caudales ecológicos). De manera más concreta en lo que se refiere a la conservación de los humedales, se han reconocido hasta mediados de 2021 a nivel mundial 2431 sitios RAMSAR,[616] siendo el del Río Negro en Brasil el de mayor extensión con 120 016 km².[617]

---

[615]   FAO: *El estado mundial de la pesca y la acuicultura 2020. La sostenibilidad en acción*, Roma, 2020, p. 26.

[616]   La *Convención relativa a los humedales de importancia internacional especialmente como hábitat de aves acuáticas*, o *Convención Ramsar*, es un tratado intergubernamental aprobado el 2 de febrero de 1971 en la ciudad iraní de Ramsar. Esta Convención integra, en un único documento, las bases sobre las que asentar y coordinar las principales directrices relacionadas con la conservación de los humedales de las distintas políticas sectoriales de cada Estado.

[617]   *Vid. La Lista de Humedales de Importancia Internacional*: <http://www.ramsar.org/sites/default/files/documents/library/sitelist.pdf> (última consulta: 03/09/2021).

III. LA GOBERNANZA DEL AGUA

El término «gobernanza», utilizado desde hace siglos como sinónimo de proceso o acción de gobernar, reaparece tras la crisis de la década de 1970 en un contexto caracterizado por las crisis financieras, los procesos de privatización y la puesta en práctica de reformas de corte liberal que se tradujeron en una apreciable pérdida de capacidad de los Gobiernos para dirigir de manera efectiva la sociedad. Una vez superada dicha crisis, los Estados y sus Gobiernos se encuentran inmersos en un entorno de privatización del sector público, de una mayor autonomía social y complejidad de la sociedad en la que, además, han aparecido nuevos actores en las relaciones internacionales, todo ello influido por el fenómeno de la globalización. Es en este marco en el que los Gobiernos se muestran incapaces de dirigir la sociedad cuando aparece para hacer frente a dichos desafíos la gobernanza como un proceso en el que son precisamente los actores que conforman la sociedad quienes definen la dirección social de la misma.

La gobernanza comprende el sistema de valores, políticas e instituciones a través de las cuales una sociedad administra sus asuntos económicos, sociales y políticos mediante interacciones tanto internas como externas entre el Estado, la sociedad civil y el sector privado.[618] Es, por tanto, el modo en que se articula una sociedad para la toma de decisiones y su implementación efectiva basada en el acuerdo y la acción recíproca.

La actual crisis del agua, entendida como la presión insostenible sobre los recursos hídricos, es consecuencia directa, principalmente, de su creciente demanda y contaminación y de la explosión demográfica. No obstante, la crisis hídrica no se debe tanto a una escasez

---

[618] PNUD (Programa de las Naciones Unidas para el Desarrollo): *Governance Indicators: A Users' Guide*, Bureau for Development Policy Democratic Governance Group, New York, 2004, p. 3.

física de agua como, sobre todo, a la ineficaz e ineficiente gobernanza del agua entendida como el conjunto de sistemas políticos, económicos, sociales y administrativos implementados para el desarrollo y gestión de los recursos hídricos, incluyendo la provisión de servicios de saneamiento en todos los niveles de la sociedad.[619]

La gobernanza del agua, por tanto, existe allí donde las organizaciones estatales encargadas de la gestión de los recursos hídricos establecen una política efectiva en la que participan todos los actores sociales y un marco jurídico apropiado para regular y gestionar el agua, de tal forma que responda a las necesidades económicas, sociales, políticas y medioambientales del Estado.[620] Ello supone contar tanto con la capacidad de diseñar políticas públicas adecuadas orientadas al desarrollo sostenible de los recursos hídricos y socialmente aceptadas como de su implementación de modo efectivo. Dichas capacidades se basan en la búsqueda de consensos, la implementación de sistemas de gestión coordinados y coherentes, y la administración eficaz y eficiente del sistema.[621]

Una buena gobernanza del agua es aquella donde la Autoridad reduce su protagonismo en favor de otros actores en aquellos ámbitos donde estos son más eficientes, aunque sin renunciar a un liderazgo que permita establecer reglas claras y precisas que faciliten la participación de otros actores y sectores en la gestión del agua. Para conseguirlo, se necesita, además de la necesaria institucionalización y del reconocimiento de los específicos contextos económicos y socioculturales de

---

[619] ROGERS, P. y HALL, A. W.: «Gobernabilidad Efectiva del Agua», GWP, *TEC. BACKGROUND PAPERS*, N.º 7, Estocolmo, 2006, p. 7.

[620] AGUILAR ROJAS, G. e IZA, A. (Eds.): «Gobernanza del agua en Mesoamérica: Dimensión Ambienta», UICN, *Serie de Política y Derecho Ambiental*, N.º 63, Gland (Suiza), 2009, p. xi.

[621] SOLANES, M. y JOURAVLEV, A.: «Integrando economía, legislación y administración en la gestión del agua y sus servicios en América Latina y el Caribe», CEPAL, *Serie Recursos Naturales e Infraestructura*, N.º 101, Santiago de Chile, 2005, p. 8.

cada país, la participación de todos los actores en las decisiones que se adopten.

Igualmente, una gobernanza efectiva supone la implicación en la misma, además del Gobierno nacional o federal, en función de la modalidad de organización política de cada país, de los Gobiernos infraestatales y locales que, con mayores c menores competencias sobre los recursos hídricos, suelen detentar mayores competencias en ámbitos como la ordenación territorial y la protección medioambiental, a lo que cabe añadir las aportaciones de otros sectores como los de la economía, la agricultura, la energía, etc., que condicionan directa o indirectamente la política hídrica.

Es de significar el papel desempeñado en este ámbito por la OCDE, con su *Iniciativa de Gobernanza del Agua de la OCDE*[622] (WGI, por sus siglas en inglés), activada en 2013, a lo que cabe añadir la aprobación en 2015 de los doce *Principios de Gobernanza del Agua de la OCDE*,[623] desarrollados bajo la premisa de que no existe una única solución universal para los desafíos del agua, sino más bien un conjunto de opciones basadas en la diversidad de los sistemas jurídicos, administrativos y organizativos por los que se rigen los países, tanto en sus relaciones internacionales con otros Estados como interiores. Estos principios consideran la gobernanza del agua como un medio para alcanzar un fin, y no un fin en sí mismo, a la par que reconocen que las

---

[622] La *Iniciativa de Gobernanza del Agua de la OCDE* (WGI) se creó el 27 y 28 de marzo del 2013 como una plataforma multiactores con más de 100 delegados de los sectores público, privado, y sin fines de lucro que se reúne cada seis meses en un Foro de Políticas. Desde entonces, la WGI ha dedicado importantes esfuerzos para asegurar la continuidad y acción colectiva a fin de elevar las respuestas de gobernanza a los desafíos del agua. *Vid.* OCDE: *Principios de gobernanza del agua de la OCDE*, 2015, p.5. Disponible en: <https://www.oecd.org/cfe/regional-policy/OECD-Principles-Water-spanish.pdf> (última consulta: 10/06/2020).

[623] *Ibidem.*, pp. 9-12.

políticas hídricas deben adaptarse a los diferentes recursos hídricos disponibles y a las particularidades territoriales y, por tanto, las respuestas de la gobernanza deben acomodarse a dichas circunstancias.

IV. LA GESTIÓN INTEGRADA DE LOS RECURSOS HÍDRICOS

1. Consideraciones generales

La población mundial en el año 1950 era de 2536 millones de personas, triplicándose hasta alcanzar los 7800 millones en 2020, y estimándose que en 2030 se llegará a los 8650 millones de personas; es decir, la población mundial se habrá incrementado en 850 millones en tan solo once años fruto de una menor tasa de mortalidad, una mejor higiene y asistencia sanitaria, y mayor calidad y esperanza de vida.

Al residir más de la mitad de la población mundial en las ciudades, con un 30 % viviendo en barrios marginales,[624] el incremento de la urbanización está causando importantes presiones sobre la disponibilidad de recursos hídricos, en especial en zonas áridas y semiáridas. Además, el crecimiento de los ingresos y el aumento del bienestar y del nivel de vida de una clase media emergente han llevado a un significativo aumento del uso del agua al incidir en un cambio de los patrones de consumo. Todo ello ha supuesto que en las últimas décadas la tasa de demanda de agua haya duplicado a la tasa de crecimiento demográfico.[625]

El significativo aumento de la población no solo repercute de manera directa en el consumo de agua para uso doméstico sino que,

---

[624] WWAP (World Water Assessment Programme): *The United Nations World Water Development Report 2015: Water for a sustainable World, op. cit.*, p. 11.

[625] *Idem.*

igualmente, supone una utilización aún mayor de recursos hídricos en la agricultura para alimentar dicha población, teniendo presente que la agricultura es el sector que mayor proporción de agua consume, siendo del 69 % a nivel mundial, y llegando hasta el 90 % en los países menos desarrollados.[626]

A su vez, la energía y el agua están íntimamente conectadas, pues todas las fuentes de energía, incluyendo la electricidad, necesitan del agua en sus procesos de producción. Asimismo, la energía es igualmente imprescindible para captar y conducir el agua dulce bruta a las plantas de potabilización, efectuar su tratamiento y llevarla hasta los lugares de su consumo, realizando posteriormente el tratamiento de las aguas residuales; igualmente, el concurso de la energía eléctrica resulta imprescindible para el riego de los cultivos por aspersión o por goteo, así como en los procesos de desalinización del agua. El crecimiento demográfico y el aumento de la actividad económica suponen un incremento del consumo de energía y, por tanto, de recursos hídricos. Tampoco se puede olvidar que el agua forma parte integral de muchos procesos industriales, por lo que la creciente actividad económica e industrial demanda el consumo de volúmenes cada vez mayores de recursos hídricos.

Un aspecto importante que debe ser tenido en cuenta consiste en la vinculación directa del agua con la pobreza, cuya reducción resulta posible a través de la ordenación de los recursos hídricos. Asimismo, el acceso al agua también está relacionado con el de la tierra, esencial para colectivos muy pobres o marginales y para las comunidades indígenas, que implica la posibilidad de disponer de los recursos hídricos que se encuentran tanto en la superficie como en el subsuelo. No obstante, no se suele tener en cuenta la interdependencia existente entre la tierra y el agua, gestionándose ambas de manera independiente.

---

[626]   *Idem.*

Dentro de los cursos de agua, los acuíferos, además de constituir una fuente barata de abastecimiento de agua, desempeñan una función esencial para el buen funcionamiento de los ecosistemas acuáticos. Alrededor de 2500 millones de personas en el mundo dependen exclusivamente de los acuíferos para satisfacer las necesidades básicas de agua, contabilizándose por cientos de millones los agricultores que dependen de las aguas subterráneas para asegurar sus cosechas, lo que ha llevado a la sobreexplotación de cerca del 20 % de los acuíferos, en muchos casos, aquejados de una contaminación difícil de erradicar.[627]

La disponibilidad de recursos hídricos se ve igualmente afectada por la contaminación. La disminución de la calidad del agua es una consecuencia directa de los efectos provocados en la misma por los fertilizantes y plaguicidas empleados en la agricultura, por las aguas residuales urbanas, la mayoría de ellas sin haber sido sometidas a tratamiento, y por los residuos procedentes de la actividad industrial y la minería. La contaminación en los recursos hídricos provoca la eutrofización de los ecosistemas de agua dulce y de los marinos costeros, con la consiguiente aparición de zonas muertas y la erosión de los hábitats naturales.

Asimismo, la competencia existente entre los distintos usos del agua, al igual que entre los usuarios, agrava el riesgo de que surjan conflictos locales y desigualdades en el acceso a los servicios públicos de abastecimiento de agua. Igualmente, la escasez hídrica y la gestión ineficaz e ineficiente de las estructuras existentes en los recursos hídricos compartidos constituyen la principal causa de conflictos entre Estados ribereños, siendo significativo que más de la mitad de las cuencas transfronterizas existentes carecen de marcos de gestión de cooperación hídrica, y menos del 20 % de las cuencas que cuentan con instituciones

---

[627] *Ibidem.*, p. 13.

dedicadas a la gestión del agua están reguladas por acuerdos multilaterales.[628]

La asimétrica distribución de los recursos hídricos lleva a la consideración tanto de regiones y subregiones caracterizadas por su particular abundancia como de aquellas otras en que predomina la escasez física de los recursos hídricos y, por tanto, resultan insuficientes para satisfacer la demanda originada por la agricultura, el consumo doméstico, los usos industriales y la producción de energía. Se estima que unos 700 millones de personas en el mundo podrían verse desplazadas por la intensa escasez de agua para 2030.[629] No obstante, la mayoría de los países cuentan con recursos hídricos en cantidad suficiente, aunque su distribución suele ser irregular, pero se contaminan, se despilfarran frecuentemente y se gestionan de manera no sostenible.

2.   La gestión integrada de los recursos hídricos

2.a.   *Generalidades*

Hasta finales del siglo XX la gestión de los recursos hídricos se ha venido realizando desde una perspectiva estrictamente sectorial, tratándose de forma independiente los aspectos relacionados con cada uno de los sectores (abastecimiento y saneamiento, agricultura, industria, energía, transporte, pesca y acuicultura, turismo, ocio, medio ambiente), careciendo las disponibilidades hídricas de un enfoque integrador y orientándose exclusivamente a los aspectos de la gestión de la oferta en lo referente a la cantidad, sin prestar demasiada atención a su calidad, en un ambiente de creciente contaminación del agua.

---

[628] *Ibidem.*, p. 126.

[629] ONU-AGUA: <https://www.unwater.org/water-facts/scarcity/> (última consulta: 10/06/2020).

En ese contexto, los Gobiernos actuaban sobre la oferta hídrica utilizando una o varias de las siguientes opciones: *i*) trasvasando agua desde las cuencas con excedentes a las cuencas deficitarias; *ii*) construyendo embalses; *iii*) captando agua de lluvia; *iv*) recargando acuíferos; *v*) utilizando la técnica de desalinización de agua del mar y salobres; *vi*) sometiendo a tratamiento las aguas residuales para su posterior empleo en la agricultura y la industria; y *vii*) importando agua virtual.

Las políticas desarrolladas por los Gobiernos en dicha época han sido en buena medida las responsables del estrés hídrico al incentivar el consumo de agua mediante subsidios diversos. Como ejemplo, los costes de extracción de agua subterránea dependen del precio de la electricidad consumida que, en muchos casos, es gratuita o está subvencionada, lo que unido al bajo precio del agua de riego, constituye una falta de incentivo para conservar el agua, traduciéndose en el despilfarro de un bien considerado finito. Si a ello se unen los subsidios concedidos por los Gobiernos a los productos de riego intensivo como es el caso, entre otros, de las semillas oleaginosas, la caña de azúcar, el trigo y el maíz, se estarán creando incentivos para la inversión económica, aunque a costa de la sobreexplotación de los recursos hídricos.

La lógica lleva a plantear que la gestión de los recursos hídricos debe desplazarse, en consecuencia, de la gestión de la oferta a la adaptación de la demanda al uso del agua, preservando la integridad del medio ambiente y teniendo en cuenta sus valores sociales y culturales. Ello requiere desarrollar estrategias nacionales basadas en un nivel de información muy preciso sobre los recursos hídricos y de implementación por parte de los Gobiernos nacionales y de las Administraciones Públicas infraestatales y locales de políticas de fijación de precios, de reducción de subsidios y de asignación de recursos que mantengan la demanda dentro de unos límites aceptables de sostenibilidad.

Lo anterior no debe ser entendido como un abandono brusco de la gestión de la oferta hídrica para centrarse exclusivamente en la gestión de la demanda, pues la oferta puede y debe mejorarse reduciendo las pérdidas de agua en las conducciones y, sobre todo, depurando las aguas residuales para su incorporación a la oferta de agua. A su vez, la regulación de la demanda hídrica puede efectuarse empleando una o varias de las siguientes técnicas: *i)* aumentando los cultivos que emplean sistemas eficientes de consumo de agua como, por ejemplo, el riego por goteo; *ii)* desviando el agua para usos de mayor valor agregado; y *iii)* utilizando la gestión integrada del agua.[630] De todas maneras, dichas técnicas quedarían incompletas si no se intenta igualmente la reducción de la demanda hídrica estableciendo cambios en los precios del agua y en las estructuras de adjudicación de licencias, concesiones y derechos de agua, incorporando mejoras tecnológicas y llevando a cabo campañas de sensibilización dirigidas a los diferentes sectores de usuarios.

En el caso de la utilización de sistemas eficientes de consumo de agua, el problema del riego por goteo es la distribución, toda vez que las nuevas tecnologías permiten reducir drásticamente el consumo de agua en la agricultura a costa de acceso a capital, conocimiento y una infraestructura más amplia, lo que únicamente sucede en los países desarrollados, siendo los agricultores pobres de áreas marginales los que tienen menos posibilidades de acceso a estos activos. No obstante, a pesar de las ventajas en relación con el aumento de la productividad y la reducción del consumo de agua que representa esta técnica, que coadyuva a disminuir la crisis hídrica, su principal inconveniente radica en el agravamiento de las desigualdades económicas y sociales que provoca.[631]

Cuando se utiliza como técnica el desvío de agua para usos de mayor valor agregado, lo que se pretende no es obtener más cultivos

---

630   PNUD (Programa de las Naciones Unidas para el Desarrollo): *Informe sobre Desarrollo Humano 2006. Más allá de la escasez: Poder, pobreza y la crisis mundial del agua,* Mundi-Prensa Libros, Madrid, 2006, pp. 152-153.
631   *Idem.,* pp. 152-153.

empleando menos agua (eficiencia), como es el caso del riego por goteo, sino obtener más dinero por metro cúbico de agua empleado (productividad). Ello ocurre, por ejemplo, con el agua que se utiliza en la producción de artículos industriales, y que se traduce en la obtención de mayores ingresos y en el incremento de puestos de trabajo que si se tratara de agua utilizada en el cultivo de productos agrícolas fuertemente subsidiados, con lo que las ventajas aparentan ser muy claras; sin embargo, en los países donde una buena parte de la población depende de la agricultura como medio de subsistencia y donde la producción de alimentos básicos representa una gran proporción del ingreso y del empleo para los hogares con ingresos bajos, el desvío del agua hacia la industria constituye una amenaza considerable para el desarrollo humano, toda vez que genera más riqueza a costa de la destrucción de los medios de subsistencia de los grupos humanos más vulnerables.[632]

La comunidad internacional, preocupada por la crisis global de los recursos hídricos, acordó que era necesario reformular la tradicional relación entre el agua y la sociedad basada en la gestión de la oferta para instrumentalizar una nueva cultura del agua que contemple un enfoque integral de todos los elementos interrelacionados y que actúe sobre la demanda para gestionar los recursos hídricos en un contexto de desarrollo sostenible. Ha sido esta necesidad la que ha impulsado la adopción a nivel mundial de la gestión integrada de los recursos hídricos, tal y como se expone a continuación.

2.b. *Hitos de la gestión integrada de los recursos hídricos*

El primer antecedente de la gestión integrada de los recursos hídricos (GIRH) lo constituye el establecimiento en 1933 de la *Autoridad del Valle de Tennessee* (TVA, por sus siglas en inglés), en Estados

---

632   *Ibidem.*, p. 153.

Unidos.[633] La TVA fue pionera en la gestión integrada de sectores relacionados con los recursos hídricos, entre otros, la salud pública, el abastecimiento de agua doméstico, la navegación, la energía hidroeléctrica, el control de la erosión y las inundaciones, y los usos recreativos. Como resultaba lógico en aquella época, no se contemplaba la protección medioambiental, ni los derechos y fijación de precios del agua, ni la integración institucional.[634]

Los siguientes antecedentes los constituyen las Conferencias medioambientales analizadas en el Capítulo 3. Así, la primera mención efectuada a la gestión integrada tuvo lugar en la *Declaración sobre el Medio Humano de la Conferencia de las Naciones Unidas sobre el Medio Humano de 1972*, cuyo Principio 13 contempla la adopción de un enfoque integrado y coordinado de la planificación del desarrollo de la ordenación racional de los recursos. El siguiente hito fue la *Conferencia de las Naciones Unidas sobre el Agua* (Mar del Plata, 1977), cuyo *Plan de Acción* efectúa una serie de recomendaciones sobre temas relevantes respecto a la gestión del agua, poniendo un especial énfasis en la administración integrada de tierras y aguas, en el desarrollo rápido del riego para minimizar el hambre, y en la integración del desarrollo de los recursos hídricos en la planificación nacional.

De manera más concreta, la GIRH y su planificación y gestión a nivel de cuenca hidrográfica surgió realmente en 1992 de los *Principios de Dublín*[635] establecidos en la *Declaración de Dublín sobre el Agua y el Desarrollo Sostenible*. Asimismo, en la *Agenda 21* aprobada en la *Conferencia de*

---

633 SHAH, T.: «Aumentando la seguridad hídrica: la clave para la implementación de los Objetivos de Desarrollo Sostenible», GWP, *TEC. BACKGROUND PAPERS*, N.º 22, Estocolmo, 2016, p. 14.
634 *Idem.*
635 Principio 2: «El desarrollo y gestión del recurso hídrico debe fundamentarse en una propuesta participativa, involucrando a usuarios, planificadores y tomadores de decisiones en todo nivel».

las Naciones Unidas sobre el Medio Ambiente y el Desarrollo (Cumbre de la Tierra de 1992), el Capítulo 18, dedicado al agua dulce, elaboró programas para las distintas áreas, entre otras, la correspondiente a la ordenación y aprovechamiento integrados de los recursos hídricos. Es de significar que en ambas Conferencias no se efectuó una definición precisa de la GIRH, ni tampoco se abordó la forma en que la misma debería ser implementada.

Más adelante, sobre la base de las recomendaciones aprobadas en la *Conferencia Internacional sobre el Agua Dulce* celebrada en Bonn en 2001, la *Cumbre Mundial de Desarrollo Sostenible de Johannesburgo de 2002* hizo un llamamiento a todos los países para que adoptasen la GIRH como el modelo a utilizar en el futuro. En concreto, el punto 26 del *Plan de Aplicación de las Decisiones de la Cumbre Mundial sobre el Desarrollo Sostenible* establece la elaboración de planes de gestión integrada y aprovechamiento eficiente de los recursos hídricos para el año 2005, prestando apoyo a los países en desarrollo.

Posteriormente, la Comisión sobre el Desarrollo Sostenible de Naciones Unidas reconoció en su 13° periodo de sesiones (2005) que no todos los países alcanzarían el objetivo de elaborar planes de ordenación integrada de los recursos hídricos para el año 2005. Por ello, exhortaba a los Gobiernos y al sistema de las Naciones Unidas a que acelerasen la prestación de asistencia técnica y financiera a los países para la elaboración de planes de ordenación integrada y aprovechamiento eficiente de los recursos hídricos que sean controlados por ellos mismos y se ajusten a sus necesidades específicas.[636]

El último jalón lo constituye la *Agenda 2030 para el Desarrollo Sostenible* adoptada en la *Cumbre de las Naciones Unidas para la aprobación de la Agenda para el Desarrollo después de 2015*, donde el ODS 6 (Garantizar

---

[636]   NACIONES UNIDAS. COMITÉ DE DESARROLLO SOSTENIBLE: *Informe sobre su 13° periodo de sesiones (30 de abril de 2004 y 11 a 22 de abril de 2005). Doc. E/CN.17/2005/12*, Nueva York, 2005, p. 9.

la disponibilidad y la gestión sostenible del agua y el saneamiento para todos) establece en la Meta 6.5: «De aquí a 2030, implementar la gestión integrada de los recursos hídricos a todos los niveles, incluso mediante la cooperación transfronteriza, según proceda».

De lo expuesto con anterioridad, y apreciando la sucesión cronológica de acontecimientos relevantes, se puede concluir sin la menor duda que la comunidad internacional ha manifestado un creciente interés desde finales del pasado siglo XX por impulsar la adopción de la GIRH. Ahora bien, no puede desconocerse que la misma se fragua sobre instrumentos de naturaleza política, lo que pone de relieve las dificultades que genera su implementación efectiva al rehuirse acordar una regulación convencional de alcance general.

2.c. *Contenido y características de la gestión integrada de los recursos hídricos*

Aunque existen diversas definiciones de la gestión integrada de los recursos hídricos, suele utilizarse como referencia más aceptada la adoptada por la Asociación Mundial del Agua (GWP, por sus siglas en inglés), que la entiende como «un proceso que promueve el desarrollo y gestión coordinados del agua, la tierra y otros recursos relacionados con el fin de maximizar el bienestar económico y social resultante de manera equitativa, sin comprometer la sostenibilidad de los ecosistemas vitales».[637]

En todas las definiciones de la GIRH están presentes tres criterios clave que tienen en cuenta las condiciones económicas, sociales

---

[637] AGARWAL, A. *et al.*: «Manejo integrado de recursos hídricos», GWP, *TAC. BACKGROUND PAPERS*, N.º 4, Estocolmo, 2000, p. 24.

y medioambientales: eficacia, equidad, y sostenibilidad.[638] Dichos criterios forman parte de los objetivos comunes a su implantación: *i*) asegurar que el agua escasa se usa con eficacia y para el mayor beneficio posible de un gran número de personas; *ii*) promover el acceso más equitativo a los recursos hídricos y los beneficios que se derivan del agua como medio para enfrentar la pobreza; y *iii*) lograr una utilización más sostenible de los recursos hídricos, incluyendo la conservación del medio ambiente.[639]

La gestión integrada significa que todos los diferentes usos de los recursos hídricos deben ser considerados en su conjunto de forma coordinada. Se trata de un proceso sistémico donde la asignación y control del uso del agua y las decisiones sobre su gestión en el marco de la cuenca como unidad espacial de planificación tienen en cuenta tanto los efectos de cada uno de los usos sobre los demás como los objetivos económicos, sociales y medioambientales en un contexto de desarrollo sostenible, además de fomentar la participación de los grupos de interés y de los usuarios, la transparencia y rendición de cuentas, y la gestión local económicamente rentable.

Por tanto, la GIRH debe ser entendida como distintas formas de integración, en concreto, en lo referente a: *i*) la gestión del agua en todos sus usos y usuarios con la finalidad de maximizar los beneficios y reducir los posibles conflictos que pudieran darse entre quienes dependen del agua y compiten por este recurso escaso y vulnerable; *ii*) la gestión de la cantidad con la calidad del agua y su ocurrencia temporal que tengan influencia en sus usos y usuarios; *iii*) la gestión de las diferentes fases del ciclo hidrológico como es el caso, por ejemplo, de la gestión conjunta de las aguas superficiales y subterráneas; *iv*) la gestión

---

[638] PNUD (Programa de las Naciones Unidas para el Desarrollo) / Cap-Net: *Habilidades de resolución de conflictos y negociación para la gestión integrada de los recursos hídricos. Manual de Capacitación*, Pretoria, 2008, p. 11.

[639] GUHL, E.: *Hacia una Gestión Integrada del Agua en la Región Andina*, Secretaría General de la Comunidad Andina, Bogotá, 2008, pp. 7-8.

a nivel de cuencas, acuíferos y sistemas hídricos interconectados; *v*) la gestión de la demanda y de la oferta de agua; *vi*) la gestión conjunta del agua, la tierra y otros recursos naturales y ecosistemas relacionados como, por ejemplo, los bosques; y *vii*) la gestión de los intereses económicos, socioculturales y medioambientales.[640]

Un aspecto relevante que debe ser tomado en consideración es el reconocimiento de la cuenca hidrográfica, ya sea de forma independiente o interconectada con otras, como la unidad territorial más adecuada para la GIRH. Dicho reconocimiento se inicia en la *Conferencia de las Naciones Unidas sobre el Agua* (Mar del Plata, 1977), donde se recomendó que los países consideraran como cuestión urgente e importante, el establecimiento y fortalecimiento de direcciones de cuencas fluviales con miras a lograr una planificación y ordenación de esas cuencas más eficientes e integradas respecto de todos los usos del agua.[641]

Asimismo, en la *Conferencia Internacional sobre Agua y Medio Ambiente* (Dublín, 1992) se recalcó que «la gestión eficaz establece una relación entre el uso del suelo y el aprovechamiento del agua en la totalidad de una cuenca hidrológica o un acuífero».[642] En parecidos términos

---

[640] HANTKE-DOMAS, M.: «Avances legislativos en gestión sostenible y descentralizada del agua en América Latina», CEPAL, *Colección Documentos de proyectos*, LC/W.446, Santiago de Chile, 2011, p. 12; y JOURAVLEV, A.: «Los municipios y la gestión de los recursos hídricos», CEPAL, *Serie Recursos Naturales e Infraestructura*, N.º 66, Santiago de Chile, 2003, p. 11.

[641] Recomendación 48. d) «Arreglos Institucionales» del *Plan de Acción*. *Vid.* NACIONES UNIDAS: *Doc. E/CONF. 70/29 Informe de la Conferencia de las Naciones Unidas sobre el Agua, Mar del Plata. 14 al 25 de marzo de 1977*, Nueva York, 1977.

[642] Tras definir el principio N.º 1 (El agua dulce es un recurso finito y vulnerable, esencial para sostener la vida, el desarrollo y el medio ambiente), la Declaración añade: «Dado que el agua es indispensable para la vida, la gestión eficaz de los recursos hídricos requiere un enfoque integrado que concilie el desarrollo económico y social y la protección de los ecosistemas

se ha expresado la *Agenda 21* de la *Conferencia de las Naciones Unidas sobre el Medio Ambiente y el Desarrollo (Cumbre de la Tierra de 1992)*, donde el Objetivo 18.9 del Capítulo 18 especifica que «la ordenación integrada de los recursos hídricos, incluida la integración de los aspectos relativos a las tierras y a las aguas, tendría que hacerse a nivel de cuenca o sub-cuenca de captación».[643] En la misma línea se ha manifestado la *Conferencia Internacional sobre el Agua Dulce* (Bonn, 2001), donde la Medida 4 (Distribuir apropiadamente el agua entre los distintos sectores que compiten por ella) contempla específicamente la importancia de las cuencas hidrográficas a tal efecto.[644]

De las distintas definiciones adoptadas y las recomendaciones efectuadas en las Conferencias medioambientales anteriormente mencionadas se puede colegir que la GIRH comprende las siguientes funciones básicas:[645]

---

naturales. La gestión eficaz establece una relación entre el uso del suelo y el aprovechamiento del agua en la totalidad de una cuenca hidrológica o un acuífero». Texto disponible en la página Web de la OMM: <http://www.wmo.int/pages/prog/hwrp/documents/espanol/icwedec s.html#p4> (última consulta: 11/06/2020).

[643] ASAMBLEA GENERAL DE LAS NACIONES UNIDAS: *Doc. A/ CONF.151/26, Informe de la Conferencia de las Naciones Unidas sobre el Medio Ambiente y el Desarrollo, Río de Janeiro, 3 a 14 de junio de 1992, op. cit.*

[644] Texto disponible en la página Web de la UNESCO: <http://webworld. unesco.org/water/wwap/milestones/index_es.shtml> (última consulta: 11/06/2020).

[645] PNUD (Programa de las Naciones Unidas para el Desarrollo) / Cap-Net: *Gestión Integrada de los Recursos Hídricos para Organizaciones de Cuencas Fluviales. Manual de Capacitación*, 2008, pp.12-13. Disponible en: <https://cap-net.org/wp-content/uploads/2020/03/iwrm-rbo-training-manual.pdf> (última consulta: 11/06/2020).

— *Asignación del agua:* asignar el agua de manera equitativa a los principales usuarios y usos del agua, manteniendo los niveles mínimos para los usos social y medioambiental.

— *Control de la contaminación:* gestionar la contaminación a través del principio «quien contamina, paga» y de incentivos adecuados para reducir los problemas más importantes de contaminación, de tal manera que se minimice el impacto medioambiental y social.

— *Control de los recursos hídricos y del uso del agua:* implementar sistemas de control efectivos que proporcionen información esencial para la gestión, e identificar y responder a las violaciones que se produzcan de las normas legislativas y administrativas.

— *Gestión de inundaciones y sequías:* prevenir, controlar y reparar los efectos adversos provocados por las inundaciones y sequías.

— *Gestión de la información:* proporcionar toda la información esencial que se considere necesaria para la toma de decisiones fundadas y transparentes en lo que respecta al desarrollo y la gestión sostenible de los recursos hídricos en la respectiva cuenca.

— *Planificación de las cuencas hidrográficas:* preparar y actualizar regularmente el Plan de Cuenca, incorporando los puntos de vista de los grupos de interés sobre las prioridades de desarrollo y gestión de la cuenca.

— *Gestión económica y financiera:* aplicar las herramientas económicas y financieras que se consideren necesarias para la inversión y la recuperación de costes, de tal manera que proporcionen el acceso equitativo y los beneficios sostenibles para la sociedad de los diferentes usos del agua.

— *Participación de los grupos de interés:* implementar la participación de los grupos de interés en la toma de decisiones a fin de preservar los intereses de la sociedad y del medio ambiente en lo que respecta al desarrollo y el uso de los recursos hídricos de la respectiva cuenca.

Estas funciones comprenden un marco general para la implementación de la GIRH en cualquier cuenca fluvial, ya sea nacional o transfronteriza. No obstante, no todas ellas gozan del mismo nivel de importancia en un determinado país, región o cuenca fluvial específica, siendo unas más relevantes que otras.

La forma en que se implemente la GIRH en los distintos casos debe tener en cuenta las particularidades hidrográficas, geográficas, económicas, sociales y culturales del territorio en la que se pretende aplicar y de la población de esa región. Para conseguirlo, son indispensables un profundo y específico conocimiento de todos los aspectos relacionados con la GIRH y la participación de todos los actores involucrados en la planificación y gestión del agua en un marco de gestión descentralizada. De esta manera, la ordenación integrada de los recursos hídricos requiere tener en cuenta una amplia variedad de elementos de carácter jurídico, político, administrativo, planes de gestión hídrica, participación ciudadana, etc., a los que cabe añadir los aspectos científicos, tecnológicos, económicos, sociales y culturales, tal y como se evidencia, por ejemplo, en el *Convenio de Albufeira,* de tan buenos resultados en la gestión internacional de los ríos ibéricos transfronterizos de España y Portugal.[646]

---

[646]   MORA ALISEDA, J. y MORA ALISEDA C.: «Gestión internacional de los recursos hídricos y las infraestructuras para minimizar efectos perjudiciales», en MORA ALISEDA, J. (Dir.): *Gestión de Recursos Hídricos en España y Portugal,* Aranzadi, Cizur Menor (Navarra), 2015, p. 603.

2.d. *Gestión integrada de las cuencas transfronterizas*

El agua no es un elemento estático, sino un recurso que fluye y, por tanto, no reconoce fronteras. Los ríos, lagos, acuíferos y humedales transfronterizos unen a pueblos separados por fronteras internacionales, algunas de las cuales siguen el curso de las vías fluviales, siendo estas aguas compartidas la base de la interdependencia del agua para millones de personas. A nivel mundial 153 países comparten ríos, lagos y acuíferos, existiendo 286 cuencas fluviales y 366 acuíferos transfronterizos donde vive prácticamente la mitad de la población mundial, lo que pone de manifiesto la profunda interdependencia existente entre el agua y la población.

Normalmente, el uso del agua por parte de un país implica efectos para otros países ribereños, pues la utilización de los recursos hídricos en un lugar determinado limita su disponibilidad en otro (por ejemplo, la detracción del agua río arriba para la agricultura supone una limitación para los agricultores y el medio ambiente aguas abajo), al igual que la contaminación producida en un país aguas arriba afecta a los demás países situados aguas abajo, y la construcción de embalses río arriba impide que los limos fertilizadores lleguen hasta su desembocadura. Así, el uso de los recursos hídricos aguas arriba determina las opciones de gestión del agua en la cuenca aguas abajo y define los escenarios de conflicto o de cooperación en torno a dichos recursos.

Cuando se trata de regular cursos de agua situados en cuencas transfronterizas, la única alternativa posible pasa por lograr un cierto grado de acuerdo entre los países involucrados para conseguir situaciones equilibradas en los aspectos relacionados con los diferentes usos del curso de agua. Son los Gobiernos quienes deciden si cooperan o no en la gestión de las aguas transfronterizas, dependiendo el grado de cooperación, normalmente, del mayor o menor beneficio que se espera obtener, y siempre que convenga a los intereses nacionales.

Los Estados que comparten una cuenca son conscientes de que son mayores los beneficios obtenidos a través de una gestión integrada de la cuenca transfronteriza que por medio de una gestión aislada. Además de los beneficios directos y la reducción de costes, la cooperación también genera otro tipo de beneficios importantes y que no son cuantificables directamente, como la integración regional o la distensión de las relaciones políticas entre los Estados ribereños.

El establecimiento de un órgano o institución es un elemento clave para promover la GIRH y, en el contexto de una cuenca transfronteriza, implementar los deberes y las facultades de los Estados Parte, en especial la utilización equitativa del agua y el deber de no causar daños. Generalmente, dichos organismos se establecen mediante un tratado concluido entre los Estados Parte de la cuenca, siendo normalmente competentes en materia de implantación de redes para la observación y el control permanente del curso de agua, de la coordinación de programas de investigación técnica y científica, y en el establecimiento de estándares armonizados de calidad para toda la cuenca o bien de una parte importante de ella.

En la gestión integrada de las cuencas hidrográficas transfronterizas coexisten las organizaciones del Gobierno en los distintos niveles de la Administración política con otras instituciones informales que hacen posible la participación de los distintos grupos de usuarios del agua. Así, los Estados establecen, por una parte, las instituciones encargadas de la gestión integrada de las cuencas transfronterizas, y por otra parte, de forma paralela y conforme a su Derecho interno, disponen las instituciones que consideren necesarias para la gestión integrada de la cuenca en la superficie situada en su propio territorio.

Prácticamente, más de la mitad de las 286 cuencas hidrográficas transfronterizas existentes en el planeta carecen de un tratado internacional que las regule y que establezca a tal efecto una institución específica, en cuyo caso la cooperación entre las instituciones nacionales de los distintos países ribereños se configura como un mecanismo necesario para garantizar la gestión integrada de la cuenca compartida.

2.e. *Avances realizados en la gestión integrada de los recursos hídricos*

En los años transcurridos desde la aparición de la GIRH en 1992, su importancia ha ido en aumento conforme se incrementaba año tras año la demanda de agua y, por tanto, la competencia por unos recursos hídricos cada vez más escasos y contaminados, a lo que cabe añadir el mayor conocimiento experimentado sobre el impacto ejercido por los recursos hídricos en el medio ambiente y el establecimiento de instituciones para negociar y coordinar la asignación del agua entre los distintos usos y usuarios.

Hasta la década de 1990, la gestión de los recursos hídricos se realizaba en torno a la oferta, con una especial influencia en la misma de la infraestructura hídrica y de las decisiones tomadas para resolver problemas relativos a los recursos hídricos que se efectuaban de arriba-abajo mediante una gestión institucional fragmentada. Por el contrario, la GIRH se basa en el control y gestión de la demanda, la participación de todos los actores involucrados y la gestión del agua como parte integral del desarrollo socioeconómico del país, con lo que se produce un cambio radical, desde la atención prestada como primera prioridad al desarrollo de una infraestructura hídrica integrada para maximizar beneficios socioeconómicos, a la gobernanza del agua y la protección del medio ambiente en un entorno de desarrollo sostenible.

Como ya se ha expuesto anteriormente, fue en la *Cumbre Mundial de Desarrollo Sostenible de Johannesburgo de 2002* donde se hizo un llamamiento a todos los países para que adoptasen la GIRH como el modelo a utilizar en el futuro. Posteriormente, la comunidad internacional

373

se comprometió en 2015 en el ODS 6 (Meta 6.5) a implementar la GIRH a todos los niveles antes de finalizar el año 2030.

En sus inicios, la GIRH carecía de una definición precisa, por lo que su puesta en práctica era sumamente compleja y dependía de las circunstancias particulares de cada país. Con la finalidad de ser más específicos y facilitar su implementación, el sistema de las Naciones Unidas y los organismos financieros internacionales diseñaron un paquete de medidas: el *Paquete de GIRH*, formado por un conjunto de instrumentos de política diseñados con la finalidad de preparar a los países para la gestión de la demanda de los recursos hídricos a través del fortalecimiento de la política, las medidas legislativas y la administración del agua, los tres pilares de la gobernanza del agua. No obstante, en muchos países en vías de desarrollo dicho paquete de medidas se considera una imposición de las corporaciones financieras internacionales, que condicionan la concesión de préstamos para programas y proyectos hídricos a la adopción de la GIRH.

Normalmente, el *Paquete de GIRH* comprende, como medidas más importantes, las siguientes: *i*) la aprobación de una *Política Hídrica Nacional* que declare el agua propiedad nacional y de la que se derive la promulgación de una *Ley Nacional del Agua* que establezca el marco legal para la implementación de la política hídrica; *ii*) la aceptación del principio del agua como un bien económico mediante la fijación de precios para los recursos hídricos y los servicios; *iii*) la adopción de la cuenca como la unidad de planificación y de gestión de los recursos hídricos, creando organizaciones de cuenca y tratando las aguas subterráneas y superficiales como parte de un mismo sistema; y *iv*) la creación de derechos de agua, preferentemente negociables, mediante la instauración de un sistema de registro de usuarios del agua y la emisión de permisos de extracción de agua.[647]

La GIRH proporciona un marco holístico para abordar diferentes demandas y presiones sobre los recursos hídricos, en todos los sectores y a diferentes escalas, con la pretensión de alcanzar su desarrollo, gestión y utilización de manera equitativa, eficiente y sostenible. Son sus principales componentes los siguientes: *i*) un entorno favorable de políticas, leyes y planes hídricos; *ii*) arreglos institucionales para la coordinación intersectorial y multinivel, con la participación de todos los actores involucrados en la gestión del agua; *iii*) instrumentos de gestión, tales como la recogida y evaluación de datos para la asignación del agua que facilite la toma de decisiones; y *iv*) financiación de la infraestructura hídrica y de los gastos corrientes de la gestión de los recursos hídricos.

De los datos disponibles en 2020 sobre el grado de implementación de la GIRH, a nivel global se sitúa en el nivel medio-alto, en su tramo inferior, donde tanto Australia y Nueva Zelanda como América del Norte y Europa han llevado a cabo un sustancial progreso, pudiendo calificarse de limitado el obtenido en América Latina y el Caribe, Oceanía, África subsahariana y Asia central y meridional, y de moderado en el resto de regiones.[648] De ello se deduce que, al ritmo actual

---

647 SHAH, T.: «Aumentando la seguridad hídrica: la clave para la implementación de los Objetivos de Desarrollo Sostenible», GWP, *TEC. BACKGROUND PAPERS*, N.º 22, Estocolmo, 2016, pp. 24-25.

648 Existen cuatro niveles de implementación de la GIRH: *Muy alto (91-100):* la gran mayoría de los elementos de la GIRH están completamente implementados, con objetivos logrados de manera constante, y los planes y programas se evalúan y revisan periódicamente; *Alto (71-90):* el plan de GIRH y los objetivos del programa se cumplen generalmente, y la cobertura geográfica y la participación de las partes interesadas es buena en general; *Medio-alto (51-70):* la capacidad para implementar los elementos de la GIRH es generalmente adecuada, y los elementos están siendo implementados en

de implementación de la GIRH, el 60 % de los países no lo conseguirán en la fecha prevista de finales del 2030, por lo que hace necesario duplicar la velocidad de progreso actual si se quiere alcanzar esta meta.[649]

De una manera más detallada en lo que respecta a los cuatro componentes de la GIRH, al menos la mitad de los países han alcanzado un nivel de implementación medio-alto o superior en lo referente tanto a las políticas, leyes y planes hídricos nacionales como a contar con organizaciones a nivel de las principales cuencas y con instrumentos de gestión, entendidos como aquellas herramientas y actividades que proporcionan la necesaria información que permita a los interesados la toma de decisiones racionales e informadas sobre la gestión del agua. Por último, el nivel de financiación a nivel mundial puede catalogarse de medio-bajo, careciendo la mayoría de los países de fondos suficientes para financiar las inversiones planificadas de GIRH a nivel estatal e infraestatal, por lo que si no se incrementan significativamente, no lograrán alcanzar, entre otras metas del ODS 6, la Meta 6.5.[650]

---

programas a largo plazo; *Medio-bajo (31-50):* los elementos de la GIRH están generalmente institucionalizados, y la implementación se encuentra en marcha; *Bajo (11-30):* la implementación de los elementos de la GIRH ha comenzado de manera general, pero con una aceptación limitada en todo el país y una participación potencialmente baja de los grupos de interés; y *Muy bajo (0-10):* el desarrollo de los elementos de la GIRH no ha comenzado, o bien se encuentra parado. *Vid.* PNUMA (Programa de las Naciones Unidas para el Medio Ambiente): *Progress on Integrated Water Resources Management. Tracking SDG 6 series: global indicator 6.5.1 updates and acceleration needs,* 2021, pp. 5 y 11. Disponible en: <https://wedocs.unep.org/bit stream/handle/20.500.11822/36690/PIW RS6.5.1.pdf> (última consulta: 14/09/2021).

[649] *Ibidem.,* p. 12.

[650] A nivel mundial, la financiación se sitúa en el nivel medio-bajo (46 %), con 58 países en el nivel medio-bajo o bajo. *Vid.* NACIONES UNIDAS. ONU-AGUA: <https://www.sdg6data.org/indicator/6.5.1> (última consulta: 16/09/2021).

La principal lección aprendida en estos años lleva a considerar que la implementación de la GIRH debe ser gradual, acorde con las circunstancias particulares da cada país, en especial de su grado de desarrollo económico y social, toda vez que las necesidades y las capacidades son diferentes en cada uno de ellos, debiendo incidir las intervenciones en cinco áreas clave: *i*) política, régimen jurídico y planes hídricos dirigidos al uso equitativo y sostenible de los recursos hídricos; *ii*) reforma institucional dirigida a evitar la gestión fragmentada del agua, incluir la participación del sector privado y de otros actores relacionados con los recursos hídricos, y fomentar la transparencia y la rendición de cuentas; *iii*) desarrollo de instrumentos de gestión que incluyan, entre otros aspectos, el establecimiento de un sistema de recogida de datos y de seguimiento y evaluación de la calidad del agua; *iv*) aumento de la financiación destinada a incrementar la gestión y la información de los recursos hídricos, priorizando las inversiones y, en particular, a través de la recuperación de costes; y *v*) gestión de impactos en los ecosistemas.

Como conclusión respecto a la adopción de la GIRH por la comunidad internacional es de significar la utilización de instrumentos de carácter exclusivamente político (*soft law*) donde los Estados se comprometen con la GIRH, y el impulso dado a la misma por parte de organizaciones como, entre otras, el Banco Mundial, la FAO, la OCDE, el Consejo Mundial del Agua y la Asociación Mundial del Agua mediante la elaboración de diversos documentos que han permitido un conocimiento más preciso de la GIRH y facilitado su puesta en práctica. Dichos documentos suponen un cierto componente de homogeneización, ello resulta evidente, pero sin un soporte normativo basado en el establecimiento de obligaciones, acompañado de la necesaria financiación, la GIRH no tendrá asegurada su éxito, en especial en los países menos desarrollados.

CAPÍTULO 6

LOS DESAFÍOS DE LOS RECURSOS HÍDRICOS

I. LA AGENDA 2030 PARA EL DESARROLLO SOSTENIBLE Y EL AGUA

El desarrollo sostenible, orientado a satisfacer las necesidades actuales sin merma alguna en lo que respecta a las generaciones futuras, presenta inmensos y variados desafíos. Así, miles de millones de personas viven en la pobreza y privados de una vida digna; las desigualdades aumentan, tanto entre países como en el interior de los mismos y entre géneros; existen enormes disparidades en cuanto a las oportunidades y la riqueza; el desempleo, en especial entre los jóvenes, cercena las posibilidades de un mínimo bienestar, y los riesgos mundiales para la salud, la escalada de los conflictos, el extremismo violento, el terrorismo y las consiguientes crisis humanitarias y desplazamientos forzados de la población amenazan con anular muchos de los avances en materia de desarrollo logrados en los últimos decenios.[651]

A los anteriores desafíos cabe añadir, directamente relacionados con el agua, el agotamiento de los recursos naturales y los efectos negativos derivados de la degradación del medio ambiente, incluidas la

---

[651] Punto 14 de la *Agenda 2030 para el Desarrollo Sostenible.*

contaminación, la desertificación, la sequía, la degradación de las tierras, la escasez de agua dulce y la pérdida de biodiversidad, que agrandan las dificultades a que se enfrenta la humanidad. Además, uno de los mayores retos de nuestra época lo constituye el cambio climático y los efectos adversos que se le atribuyen, con el consiguiente aumento de la frecuencia e intensidad de los desastres naturales, que reducen la capacidad de los países para alcanzar un desarrollo realmente sostenible.

Los progresos logrados para hacer frente a muchos problemas de desarrollo han sido significativos. Así, en el transcurso del presente siglo, cientos de millones de personas han salido de la pobreza extrema; el acceso a la educación infantil ha aumentado de manera considerable; la expansión de las tecnologías de la información y las comunicaciones y la interconexión mundial han incrementado la posibilidades de acelerar el progreso humano, superar la brecha digital y desarrollar las sociedades del conocimiento; y lo mismo ha sucedido con la innovación científica y tecnológica en ámbitos tan diversos como la medicina y la energía.[652]

La *Agenda 2030 para el Desarrollo Sostenible* reconoce que el desarrollo sostenible afronta en la actualidad importantes desafíos, comenzando por el inasumible porcentaje de personas en situación de pobreza extrema, en torno al 10 %, que carecen de bienes y servicios básicos y, por tanto, privados de una vida digna.[653] No obstante, la pobreza es multidimensional, abarcando tanto el aspecto monetario como el consumo, la educación y el acceso a servicios básicos (electricidad, agua potable y saneamiento), siendo más alta que cuando se mide teniendo en cuenta exclusivamente la pobreza monetaria. Aunque desde

---

[652]   Punto 15 de la *Agenda 2030 para el Desarrollo Sostenible*.

[653]   En el año 2015, cerca de 736 millones de personas, el 10 % de la población mundial, vivía con menos de 1,90 dólares al día, es decir, en condiciones de pobreza extrema. *Vid.* BANCO MUNDIAL: *Poverty and Shared Prosperity 2018: Piecing Together the Poverty Puzzle*, Washington DC, 2018, p. 1.

1998 la tasa de pobreza presenta una disminución continuada, la crisis originada por la pandemia del coronavirus COVID-19, al provocar una recesión económica y la caída del producto interior bruto (PIB), tendrá un fuerte impacto negativo que se traducirá en la reversión de los avances logrados en los años anteriores de reducción de la pobreza, lo que impedirá alcanzar el Objetivo de Desarrollo Sostenible 1, que tiene por objetivo poner fin a la pobreza extrema en 2030.[654]

Igualmente, expresa la firme decisión de la comunidad internacional de preservar y utilizar sosteniblemente, entre otros, los recursos de agua dulce, así como de hacer frente a la escasez de agua y su contaminación, fortalecer la cooperación sobre la desertificación, la degradación de las tierras y la sequía, y promover la resiliencia y la reducción del riesgo de desastres.[655] Esta decisión de la comunidad internacional se materializa en la definición de 17 Objetivos de Desarrollo Sostenible y 169 metas conexas de carácter integrado e indivisible, de alcance mundial y de aplicación universal, que tienen en cuenta las diferentes realidades, capacidades y niveles de desarrollo de cada país y respetan sus políticas y prioridades nacionales.[656] En concreto, el Objetivo de Desarrollo Sostenible 6 persigue garantizar la disponibilidad y la gestión sostenible del agua y el saneamiento para todos antes de que finalice el año 2030, materializado en una serie de metas a alcanzar, y que serán desarrolladas en el siguiente epígrafe.

---

[654] Vivir con menos de 3,20 dólares al día refleja las líneas de pobreza en los países de ingresos medio-bajos, mientras que 5,50 dólares al día representan el parámetro en los países de ingresos medio-altos. Si bien las tasas de pobreza extrema han disminuido considerablemente al caer del 36 % en 1990 al 10 % en 2015, la pobreza no extrema, con el 26,2 % de la población mundial viviendo con menos de 3,20 dólares al día y otro 46 % con menos de 5,50 dólares al día, evidencia la magnitud del desafío de erradicarla. *Ibidem.*, p. 7.

[655] Punto 33 de la *Agenda 2030 para el Desarrollo Sostenible*.

[656] Punto 55 de la *Agenda 2030 para el Desarrollo Sostenible*.

Además, al estar relacionada el agua con otros sectores como la alimentación, la energía y el medio ambiente, ello se traduce en su implicación en la mayoría de los ODS, siendo fundamental para el acceso a servicios básicos (ODS 1), la seguridad alimentaria (ODS 2), la salud y el bienestar (ODS 3), la seguridad energética (ODS 7), las ciudades sostenibles (ODS 11), el consumo y producción sostenibles (ODS 12), los impactos atribuidos al cambio climático (ODS 13), la biodiversidad terrestre (ODS 15), y para hacer frente a los conflictos relacionados con el agua (ODS 16). La consecuencia de esta integración del agua en buena parte de los ODS pone de manifiesto que la única vía para alcanzar el ODS 6 consiste en lograr igualmente esos otros ODS, y viceversa.

El desarrollo económico y social depende de la gestión sostenible de los recursos naturales, donde cada país presenta desafíos específicos en su búsqueda del desarrollo sostenible. En la *Agenda 2030* se indican los medios necesarios para implementar los ODS y las metas. Es de significar la importancia que tienen dentro de esos medios la movilización de recursos financieros adecuados, tanto públicos a nivel nacional e internacional, incluida la ayuda oficial al desarrollo, como provenientes del sector privado; la creación de capacidades y la transferencia de tecnologías a los países en desarrollo.

Al tratarse de unos objetivos y metas realmente ambiciosas, difícilmente se podrán alcanzar sin una Alianza Mundial revitalizada y mejorada y sin unos medios de implementación adecuados. Esta Alianza Mundial deberá facilitar una intensa participación mundial para respaldar el cumplimiento de todos los ODS y metas, aglutinando a los Gobiernos, la sociedad civil, el sector privado, el sistema de las Naciones Unidas y otras instancias, y movilizando todos los recursos disponibles.[657] Asimismo, la *Agenda 2030*, para tener éxito, deberá apoyarse

---

[657]	Punto 60 de la *Agenda 2030 para el Desarrollo Sostenible*.

en las políticas y medidas concretas indicadas en la *Agenda de Acción de Addis Abeba*, que forma parte integral de la *Agenda 2030*.[658]

II.   LOS DESAFÍOS DE LOS RECURSOS HÍDRICOS

Aunque cada país, en función de su nivel de desarrollo y de sus específicas particularidades políticas, económicas, sociales, culturales, hidrológicas, geográficas, etc., manifiesta un conjunto de desafíos característicos, a nivel global buena parte de ellos suelen ser comunes a todos los países, por lo que se exponen a continuación los principales desafíos a los que se encuentran sometidos los recursos hídricos, recogidos en las metas que se derivan del ODS 6, y las correspondientes propuestas de medidas que contribuirán a superarlos.

1.   Lograr el acceso universal y equitativo a los servicios de agua potable y saneamiento a un precio asequible para todos

Dentro del ODS 6, la Meta 6.1 tiene como finalidad lograr el acceso universal y equitativo a los servicios de agua potable y saneamiento a un precio asequible para todos antes de que finalice el año 2030. Conforme expresan los datos correspondientes al año 2020, el 74 % de la población mundial (5800 millones de personas) utilizan servicios de abastecimiento de agua gestionados de manera segura y, adicionalmente, 1200 millones (16 %) disponen de servicios básicos y,

---

[658]   La *Agenda de Acción de Addis Abeba* sirve de apoyo, complemento y contexto para las metas relativas a los medios de implementación de la *Agenda 2030*. En ella se abordan los siguientes ámbitos: recursos nacionales públicos; actividad financiera y comercial privada nacional e internacional; cooperación internacional para el desarrollo; el comercio internacional como motor del desarrollo; la deuda y la sostenibilidad de la deuda; tratamiento de las cuestiones sistémicas; ciencia, tecnología, innovación y creación de capacidad; y datos, vigilancia y seguimiento. *Vid.* Punto 62 de la *Agenda 2030 para el Desarrollo Sostenible*.

por tanto, el 10 % restante se encuentra en niveles inferiores de acceso, destacando entre ellos los 122 millones (2 %) que todavía continúan utilizando aguas de superficie, la mitad de ellos en el África subsahariana. Es de significar que ocho de cada diez personas que carecen de acceso a servicios básicos viven en zonas rurales, la mitad de ellos en los países menos desarrollados. Asimismo, las personas que viven en las ciudades en asentamientos informales, alrededor del 30 %, tienen por lo general un menor acceso a fuentes mejoradas de abastecimiento de agua potable.

A su vez, la Meta 6.2 pretende lograr el acceso a servicios de saneamiento e higiene adecuados y equitativos para todos antes de que concluya el año 2030, lo que también incluye poner fin a la defecación al aire libre, practicada en la actualidad por 494 millones de personas. Según los datos disponibles correspondientes al año 2020, el 54 % de la población mundial (4200 millones de personas) utilizaba servicios de saneamiento gestionados de forma segura y, adicionalmente, 1900 millones (24 %) emplean al menos servicios básicos. Es de significar que dos tercios de las personas que carecen de los servicios básicos viven en zonas rurales, casi la mitad de ellos en el África subsahariana.

En lo que respecta a la higiene, en el año 2020 únicamente el 71 % de la población mundial (5500 millones de personas) contaba con instalaciones básicas para lavarse las manos con agua y jabón disponibles en el hogar. El 29 % restante (2300 millones de personas) carecían de servicios básicos, incluidos 670 millones (9 %) que no poseían de ningún tipo de instalación.

El servicio de abastecimiento de agua y saneamiento, al tener la consideración de derecho humano, debe proporcionarse a todas las personas sin importar el coste del mismo ni la capacidad de pago. Se están realizando importantes esfuerzos, aunque insuficientes, encaminados a conseguir que toda la población mundial pueda lograr el acceso a servicios de agua potable y de saneamiento e higiene gestionados de manera segura antes de finalizar el año 2030. A lo anterior cabe añadir los efectos económicos negativos ocasionados por la pandemia del coronavirus COVID-19 iniciada a comienzos del 2020, y que dificultará aún más que se alcancen estas metas en el plazo de tiempo fijado.

Son muchos los países, en especial en África y América Latina, que han incorporado en sus marcos jurídicos un reconocimiento explícito al derecho humano de acceso al agua potable y el saneamiento, o bien se contempla a nivel de política hídrica. La adopción universal de este derecho requiere la ejecución prioritaria de dos acciones específicas: en primer lugar, el reconocimiento formal de este derecho humano en el ordenamiento jurídico interno de cada país, reconociéndolo y desarrollándolo a nivel legislativo y de políticas hídricas; y, en segundo lugar, su efectiva materialización traducida en el acceso a una cantidad de agua suficiente, salubre, aceptable, físicamente accesible y asequible para uso personal y doméstico, y contar con un saneamiento que sea salubre, higiénico, seguro, social y culturalmente aceptable y que proporcione intimidad y garantice la dignidad.

De todas maneras, aun contando con la voluntad política de los Gobiernos de conseguir el acceso universal al agua potable, al saneamiento y a instalaciones básicas de higiene, materializado en las correspondientes medidas legislativas y de políticas hídricas, además de la necesaria institucionalidad y de la participación efectiva de los sectores productivos y de la sociedad civil en su conjunto, de muy poco serviría si no se cuenta con la financiación necesaria destinada a tal fin, en especial en los países de bajos ingresos, donde la solidaridad internacional traducida en las distintas modalidades de ayuda oficial al desarrollo debe estar siempre presente. Como dato significativo, el 80 % de los países carecen de la financiación necesaria para cumplir sus objetivos nacionales de acceso al agua potable y el saneamiento e, igualmente, en la mitad de los países las tarifas de los hogares resultan insuficientes para recuperar los costes de operación y mantenimiento, lo que se tra-

385

duce en el mal estado de la red de abastecimiento de agua y saneamiento.[659] Se requiere, por tanto, efectuar un importante incremento en las inversiones en agua y saneamiento para poder financiar adecuadamente el ODS 6 y lograr así el acceso universal al agua potable, segura y asequible, y a un saneamiento e higiene adecuados.

Son de reseñar tres aspectos significativos para el acceso al agua potable y el saneamiento: el fenómeno de la urbanización, la población rural y los grupos de población más desfavorecidos. En el primer caso, el fenómeno de la urbanización, en auge, implica una mayor demanda de servicios de agua potable y saneamiento, así como una mayor competencia y la consiguiente aparición de conflictos entre el uso doméstico urbano del agua y otros usos, agravados en algunas regiones a causa de los efectos negativos atribuidos al cambio climático. Además, la urbanización implica la existencia de un porcentaje significativo de personas, alrededor del 30 %, que viven en asentamientos marginales informales en zonas urbanas y periurbanas, carentes de agua potable y saneamiento, donde se producen graves problemas sanitarios relacionados con la ausencia o acusada escasez de agua potable y el nulo tratamiento de las aguas residuales generadas.

El desafío pasa por modernizar los sistemas de prestación de servicios hídricos, adoptando soluciones integrales de gestión que comprendan acciones coordinadas que ofrezcan una atención completa en la dotación de viviendas y servicios de abastecimiento de agua, e incorporar los grupos de población marginales a zonas dotadas de viviendas dignas que cuenten precisamente con servicios básicos de electricidad, agua potable y saneamiento. Ello resulta más fácil de implementar en los países más avanzados en los procesos de urbanización, caracterizados por una mayor estabilidad demográfica, mientras que en el resto de los países la planificación de la ordenación urbana debe contener me-

---

[659] OMS: *National systems to support drinking-water, sanitation and hygiene: global status report 2019*, GLAAS, Geneva, 2019, p. 25.

didas que impidan una expansión desordenada de su urbanización habida cuenta de que el mayor porcentaje de crecimiento urbano suele producirse en zonas periurbanas de escasas posibilidades económicas.

En lo que respecta a la población rural, la tendencia demográfica es decreciente debido al incremento del éxodo a las zonas urbanas. Las zonas rurales tienen una cobertura de servicios de agua potable muy inferior a las zonas urbanas motivado en gran parte por la dispersión de la población en amplios territorios y por las características orográficas del terreno, que dificultan y encarecen en muchas ocasiones la construcción de redes hídricas, lo que supone un coste económico del establecimiento y mantenimiento de dichos servicios muy superior al de las zonas urbanas. El desafío por superar comprende la cobertura universal de los servicios de agua potable en calidad y cantidad adecuadas, acompañada además de los correspondientes instrumentos de sostenibilidad financiera y medioambiental.

En el caso de la población más desfavorecida, el principal obstáculo para acceder a servicios de agua potable lo constituye su escasa o nula capacidad de pago sin comprometer otras necesidades básicas familiares, siendo entonces la solución más frecuentemente empleada la concesión de subsidios a dicha población. En la mayoría de los países menos desarrollados los hogares carecen de un contador de consumo de agua, pagándose una determinada tarifa independientemente del consumo real efectuado, lo que favorece el despilfarro en el consumo de agua en un contexto en el que las tarifas no suelen cubrir el coste real del servicio de abastecimiento de agua debido a las frecuentes ineficiencias existentes en la gestión de los servicios.

Normalmente, el diseño de las estructuras tarifarias del agua pretende lograr los siguientes objetivos: *i) recuperación de costes*, que constituye el propósito principal de una tarifa, traducido en el establecimiento de un precio aplicable a los consumidores que genere unos ingresos iguales al coste financiero que ocasiona el suministro del servicio; *ii) eficiencia económica*, lo que requiere que los precios señalen a los consumidores, entre otros, los costes financieros, medioambientales y sociales que sus decisiones de uso del agua imponen al resto del sistema y a la economía, con lo que se crean incentivos que aseguran que para un determinado coste de abastecimiento de agua, los usuarios obtienen los mayores beneficios agregados posibles; *iii) equidad*, en el sentido de que se aplica la misma tarifa a clientes similares, y que aquellos que se encuentran en situaciones diferentes reciben distinto trato, es decir, las facturas de agua que pagan los usuarios son proporcionales a los costes que imponen al servicio público por su uso del servicio; y *iv) asequibilidad*, en el entendimiento de que al considerarse el servicio de abastecimiento de agua un derecho humano básico, debe proporcionarse a todas las personas sin importar el coste del servicio o la capacidad de pago del cliente.

El diseño de las estructuras tarifarias constituye todo un desafío al entrar en conflicto estos cuatro objetivos, siendo entonces inevitables las compensaciones. Por ejemplo, proporcionar el acceso al agua por debajo de su precio real con el fin de alcanzar el objetivo de asequibilidad entra en conflicto con los objetivos de recuperación de costes y de uso eficiente del agua. Asimismo, llevar el acceso al agua a poblaciones rurales suele tener un coste financiero mayor que en el caso de las ciudades, pero no sería equitativo que la recuperación de costes se trasladara íntegra a la tarifa del agua y la población rural, generalmente con un menor poder adquisitivo que la urbana, tuviera que pagar un precio más alto. La solución a este desafío consiste en establecer tarifas realistas en combinación con la concesión de subsidios a los más desfavorecidos, así como diseñar políticas de recuperación de costes que no deben sustituir, de ninguna manera, a las inversiones estatales relacionadas con el mantenimiento y extensión de la red de infraestructura.

2.   Mejorar la calidad del agua

La Meta 6.3 pretende mejorar la calidad del agua antes de finales del 2030 mediante la reducción de la contaminación, la eliminación de los vertidos y la minimización de las emisiones de productos químicos y materiales peligrosos, la reducción a la mitad del porcentaje de las aguas residuales no sometidas a tratamiento, y aumentando considerablemente el reciclado y la reutilización sin riesgos a nivel mundial. Por tanto, los progresos que se realicen en el cumplimiento de dicha Meta dependen en gran medida de los que se consigan en el acceso universal al saneamiento, en la reducción de la contaminación difusa procedente de la agricultura, en la mejora del tratamiento de las aguas residuales domésticas e industriales, y en el incremento de su reciclaje y reutilización.

La calidad del agua ha mejorado notablemente en muchos países desarrollados en comparación con los países en vías de desarrollo, donde la tendencia es al aumento de la contaminación, toda vez que el esfuerzo político y las inversiones financieras que efectúan priorizan el desarrollo económico sobre la protección del medio ambiente. La gestión de las aguas residuales y el saneamiento se consideran generalmente actividades onerosas y con un uso intensivo de capital que, normalmente, no pueden cubrir sus propios costes de operación y mantenimiento a medio y largo plazo, lo que se traduce en no considerar dicha gestión como prioridad política en muchas economías, tanto desarrolladas como en desarrollo.

A nivel mundial, el 40 % de los ríos y el 10 % de los lagos y acuíferos gozan de una muy buena calidad ambiental. Dada la escasez de datos sobre la calidad del agua en África, América Latina y Asia, las estimaciones efectuadas consideran que la contaminación patógena severa afecta a casi un tercio de todos los tramos de sus ríos; la contaminación orgánica severa aqueja a un séptimo de los tramos; y la contaminación salina severa y moderada afecta a cerca de la décima parte de

389

los tramos fluviales. No obstante, la mayoría de sus ríos todavía se encuentran en buenas condiciones, de tal manera que entre la mitad y dos tercios de todos los tramos fluviales presentan un nivel bajo de contaminación patógena, y lo mismo sucede en el caso de la contaminación orgánica en más de tres cuartos de los ríos, al igual que en casi la décima parte en lo que respecta a la contaminación salina.

En el caso concreto de los principales lagos, las tendencias siguen el mismo patrón que los ríos. A su vez, las aguas subterráneas requieren de una específica protección contra los vertidos contaminantes, pues su recuperación puede tardar decenios e incluso cientos de años, de lo que se deduce la importancia de implantar en los acuíferos programas efectivos de recogida y análisis de datos sobre su contaminación.

De los datos disponibles en 2020, a nivel global el 56 % de las aguas residuales domésticas fueron sometidas a tratamiento de manera segura, es decir, recibieron un tratamiento terciario destinado a mejorar o afinar las características del agua tratada para posibilitar su reutilización. Asimismo, los datos disponibles son todavía más insuficientes para efectuar estimaciones relativas al tratamiento de las aguas residuales industriales que se vierten en el alcantarillado o bien directamente en el medio ambiente, y lo mismo cabe decir respecto al reciclado y reutilización de las aguas residuales, prácticamente inexistente en los países menos desarrollados. La situación mundial en 2021, en plena recesión económica, indica que, al ritmo actual, no será fácil reducir a la mitad la proporción de aguas residuales sin tratamiento antes de finalizar el año 2030.

La contaminación de los recursos hídricos seguirá creciendo en las próximas décadas, revistiendo una particular gravedad la de las aguas subterráneas, más difícil de revertir. Si no se adoptan las adecuadas medidas para garantizar la seguridad hídrica en los próximos decenios reduciendo la contaminación del agua, los problemas de escasez hídrica se agravarán.

El desafío que plantea alcanzar la Meta 6.3 requiere la consideración de aspectos diversos, aunque interrelacionados. El primer aspecto a tener en cuenta es la información: sin la existencia de datos precisos y en la cantidad necesaria no será posible conocer cuál es el estado de las masas de agua, ni del nivel de tratamiento de las aguas residuales domésticas y de los permisos de vertidos industriales, ni de su reutilización. Las razones de la baja cobertura de recolección de datos son políticas, institucionales y técnicas. Se necesita, por tanto, disponer de una mayor y más precisa información al respecto que permita a los responsables de la toma de decisiones estar mejor informados sobre el grado de calidad de las masas de agua, las fuentes de contaminación y los niveles de tratamiento y reutilización de las aguas residuales para poder priorizar de una manera más efectiva las inversiones que puedan contribuir en mayor grado al logro de dicha Meta. En el caso concreto de la medición de la calidad de las masas de agua, la prioridad debe ser el aumento de las estaciones fijas y unidades móviles de registro de datos, en especial en aquellos ríos en los que se carece de datos o bien son insuficientes.

No obstante lo anterior, la falta o insuficiencia de datos no es el único ni el principal problema que impide combatir la contaminación del agua: la voluntad política se torna imprescindible para aprobar las adecuadas medidas legislativas y administrativas de control de la contaminación y vigilar su cumplimiento.

Es posible revertir la contaminación a través de un conjunto de opciones técnicas y de gestión apoyadas en una gobernanza que sea verdaderamente efectiva. Entre las opciones técnicas existentes, la primera de ellas consiste en prevenir la contaminación, eliminando aquellas fuentes que deterioran la calidad del agua. La siguiente opción supone efectuar el adecuado tratamiento de las aguas residuales, reduciendo sensiblemente la carga de contaminantes antes de que se incorporen a las aguas superficiales. Otras alternativas a tener en cuenta contemplan la reutilización de las aguas residuales tratadas en la agricultura, en ciertos procesos industriales, y en usos municipales como el baldeo de calles y el riego de jardines, todo ello sin olvidar aquellas acciones encaminadas a la restauración y protección de los ecosistemas acuáticos, tales como la reforestación de cuencas hidrológicas para reducir la erosión y acumulación de sedimentos en los cursos de agua, y la restauración de humedales para eliminar contaminantes procedentes, en especial, de los vertidos urbanos y agrícolas.

En lo que respecta a la gestión, los principales obstáculos existentes en los países menos desarrollados están relacionados con la fragmentación existente al confluir múltiples autoridades con responsabilidades diversas sobre el agua en cada cuenca hidrográfica, con la deficiente capacitación técnica, y con la escasa concienciación por parte de la población sobre las causas de la contaminación, aspecto que puede revertirse a través de campañas públicas de educación y sensibilización al respecto.

Asimismo, se han producido importantes avances tecnológicos en las últimas décadas que han llevado a modificar el objetivo principal de la gestión de aguas residuales, pasando de tratar y eliminar las aguas residuales a reutilizar, reciclar y recuperar recursos. Así, las nuevas plantas de tratamiento de aguas residuales producen recursos recuperados y agua de alta calidad para su reutilización en diferentes sectores, siendo autosuficientes en cuanto al consumo energético. A su vez, la falta de financiación es un impedimento importante tanto para la aplicación de las tecnologías actuales en los países en desarrollo como para la transición hacia nuevas tecnologías aplicadas a gran escala en los países desarrollados. El elevado coste de las nuevas tecnologías dificulta su aplicación generalizada, en especial en los países en desarrollo.

El bajo nivel de tratamiento de las aguas residuales en los países menos desarrollados constata la imperiosa necesidad de contar con tecnologías actualizadas al respecto, para lo que se requiere financiación, capacitación técnica e infraestructura, condiciones de las que carecen estos países. Por tanto, se necesita que los países desarrollados les transfieran las tecnologías adecuadas y asequibles, así como el correspondiente apoyo en materia de transferencia de conocimientos, intercambio de información y creación de capacidades. A ello cabe añadir la necesidad de dotarse de nuevas leyes y arreglos institucionales para adaptar y regular la utilización de aguas residuales en usos diversos que van desde el riego y el reciclaje de aguas industriales hasta la recarga de acuíferos, la mejora de los servicios de los ecosistemas acuáticos y la recuperación de subproductos de aguas residuales.

Para alcanzar la Meta 6.3 se requerirán inversiones significativas en nuevas infraestructuras y tecnologías apropiadas para incrementar el tratamiento y uso de las aguas residuales, siendo igualmente necesarias tanto para mejorar y mantener la infraestructura actual existente como para aumentar la capacidad en la gestión de los recursos hídricos y realizar un seguimiento efectivo del control de la calidad del agua. Lógicamente, los esfuerzos requeridos para alcanzar dicha Meta supondrán una mayor carga financiera para los países de ingresos bajos y medio-bajos, a la que no podrán llegar si no es mediante la cooperación internacional para el desarrollo.

3. Aumentar el uso eficiente de los recursos hídricos y asegurar la sostenibilidad de la extracción de agua dulce para hacer frente a su escasez

La Meta 6.4 acomete la escasez de agua desde la perspectiva de velar por que los recursos hídricos sean suficientes tanto para la población como para la economía y el medio ambiente mediante la mejora del uso eficiente del agua en todos los sectores socioeconómicos. De una manera más concreta, tiene por finalidad aumentar considerablemente el uso eficiente de los recursos hídricos en todos los sectores y asegurar la sostenibilidad de la extracción y el abastecimiento de agua dulce para hacer frente a la escasez de agua y reducir considerablemente el número de personas que sufren falta de agua, todo ello antes de que finalice el año 2030.

En lo que respecta a la primera parte de la Meta, aumentar la eficiencia en el uso del agua significa utilizar menos agua al realizar las distintas actividades económicas, en especial en los tres principales sectores (agricultura, industria y servicios). El indicador utilizado para medir dicha eficiencia (cambio en el uso eficiente de los recursos hídricos con el paso del tiempo) se define como el valor añadido a lo largo del tiempo por unidad de agua utilizada en un determinado sector económico principal, expresado en dólares/m^3.[660] A nivel nacional es la suma de las eficiencias en los tres principales sectores económicos ponderadas en función de la proporción de agua extraída por cada sector respecto de las extracciones totales. Se trata, por tanto, de un indicador económico que sirve para calcular hasta qué punto el crecimiento económico de un país depende de la explotación de sus recursos hídricos, aumentando cuando el valor añadido de un sector o del conjunto de la economía crece más que el uso del agua correspondiente.

El uso eficiente del agua depende en gran medida de la estructura económica de un país, del peso de los sectores que hacen un uso intensivo del agua, y de toda mejora o deterioro que se produzca al

---

[660] FAO/ONU-AGUA: *Progress on change in water-use efficiency. Global status and acceleration needs for SDG indicator 6.4.1*, Rome, 2021. p. 3. El valor añadido representa la riqueza generada en un sector económico durante un periodo de tiempo determinado, obteniéndose como diferencia entre el valor de la producción y el valor de los consumos intermedios utilizados, sin deducir el consumo del capital fijo (depreciación de los activos fabricados o el agotamiento o degradación de los recursos naturales).

respecto. El conocimiento por parte de los países de su nivel de eficiencia hídrica coadyuvará a formular políticas hídricas que incidan en aquellos sectores o cuencas hidrológicas con un uso menos eficiente del agua.

El nivel de eficiencia del uso del agua a nivel mundial es de, aproximadamente, 19 dólares/m³, aunque existen diferencias significativas, tanto entre regiones como entre países. Las eficiencias más bajas a escala regional se encuentran en Asia central y meridional (3 dólares/m³), y las más elevadas en Oceanía (66 dólares/m³) y Europa y América del Norte (53 dólares/m³).[661] A nivel de país, el nivel más bajo corresponde a Somalia con 0,2 dólares/m³, siendo el más alto el de Luxemburgo con 1014,9 dólares/m³.[662]

Tanto los países desarrollados como en desarrollo pueden y deben hacer más para incrementar la eficiencia en el uso del agua. El desafío por superar consiste en incrementar el valor añadido por unidad de agua extraída, en especial en los países menos desarrollados. Para lograrlo, se debe reducir la extracción de agua para la agricultura al ser el sector que más agua consume y, por tanto, presenta las mejores oportunidades de ahorro, incrementando la productividad hídrica mediante el empleo de técnicas de riego más eficientes. A lo anterior cabe añadir el desvío del agua para usos de un mayor valor agregado; un mayor empleo de aquellas tecnologías que reducen el uso del agua en todos los sectores; la utilización de la gestión integrada del agua; la reducción de las fugas de agua en todo tipo de redes de distribución agrí-

---

[661]   Resto de regiones: África subsahariana 7 dólares/m³, África del Norte y Asia occidental 8 dólares/m³, Asia oriental y sudoriental 15 dólares/m³, y América Latina y el Caribe 13 dólares/m³. *Ibidem.*, pp. 21-22.

[662]   *Ibidem.*, pp. 56 y 59. Las eficiencias más elevadas se sitúan en su mayor parte en países de Europa septentrional y occidental, al contar con un sector servicios prominente, responsable de más del 60 % del PIB, y un sector agrícola sumamente tecnificado.

cola y doméstica y de los procesos de refrigeración industrial y energética; la prevención y reducción de la contaminación de las masas de agua que garanticen su calidad; y el incremento del tratamiento de las aguas residuales de tal manera que permitan su reutilización.

La segunda parte de la Meta pretende asegurar la sostenibilidad de la extracción y el abastecimiento de agua dulce para hacer frente a la escasez de agua y reducir considerablemente el número de personas afectadas por la misma. El indicador utilizado para su evaluación lo es exclusivamente medioambiental, y efectúa un seguimiento de la disponibilidad física de los recursos hídricos midiendo el nivel de estrés hídrico.

El promedio de estrés hídrico mundial es del 18 %, aunque existen diferencias significativas tanto entre las distintas regiones como entre países de una misma región e, incluso, entre zonas húmedas y secas de un mismo país. Así, por ejemplo, Oceanía, África subsahariana, América Latina y el Caribe y Europa presentan un bajo nivel de estrés hídrico, mientras que en África del Norte es crítico, superando el 100 %, y en subregiones como la península arábiga alcanza prácticamente el 1000 %. Aunque la mayoría de los países no presentan escasez de agua, es de mencionar que 34 de ellos sufren un estrés hídrico de entre el 25 % y el 70 %, y 25 se sitúan con estrés grave por encima del 70 % que les obliga a utilizar fuentes no convencionales como el agua desalinizada y la reutilización de aguas residuales tratadas.

En el periodo 2000-2018 se ha producido un moderado incremento de la escasez de agua en la mayor parte de Asia, América Latina y el Caribe, África subsahariana y Oceanía, disminuyendo en Asia meridional, Europa y América del Norte.[663] El incremento del estrés hídrico es una consecuencia directa del aumento de la población, del

---

663 FAO/ONU-AGUA: *Progress on Level of Water Stress. Global status and acceleration needs for SDG Indicator 6.4.2, op. cit.*, p. 17.

desarrollo económico y de la evolución a patrones de consumo cambiantes que implican un mayor consumo de recursos hídricos.

Las aguas subterráneas revisten una especial atención. La sobreexplotación de los acuíferos debida a un excesivo número de permisos de extracción concedidos y la existencia de un elevado número de pozos ilegales que proliferan por la falta de vigilancia e incumplimiento de la legislación se ve agravada por las políticas de subsidios a las tarifas eléctricas en el sector agrícola, que propician el despilfarro del agua y el consiguiente agotamiento de los acuíferos. La contaminación de los acuíferos resulta más difícil de combatir que la de los cuerpos de agua superficiales, con lo que se dan innumerables casos de utilización de aguas subterráneas contaminadas que provocan importantes daños en la salud de las personas. Este desafío concreto puede ser resuelto en buena parte estableciendo un registro de permisos de explotación controlado periódicamente y erradicando los pozos ilegales, a la vez que se incentivan las técnicas de riego intensivo, con el consiguiente ahorro de agua, en detrimento de los subsidios al empleo de la electricidad para la extracción de agua en el sector agrícola.

A su vez, la agricultura, al ser el principal uso consumidor de agua que supone hasta el 90 % de las extracciones en los países áridos, ofrece las mayores oportunidades de ahorro de agua si se utilizan técnicas y prácticas sostenibles de gestión de los recursos hídricos como es el caso, por ejemplo, del empleo del riego por goteo y por aspersión en detrimento del riego superficial por gravedad, revistiendo igualmente una elevada importancia la reducción de fugas en las conducciones de regadío. Asimismo, se ahorran cantidades importantes de agua si se limitan los cultivos que requieren elevados consumos en regiones áridas y semiáridas, importándolos (importación de agua virtual).

El desafío al que se enfrenta la agricultura es el de asegurarse el uso sostenible del agua. Ello lleva aparejado la definición de políticas agrícolas realistas; el incremento de la productividad del agua en la agricultura, en especial mediante la innovación, esencial para disminuir la presión sobre los recursos hídricos, reducir la degradación ambiental y mejorar las condiciones de seguridad alimentaria; la introducción de mejoras en la eficiencia de las plantas para utilizar el agua; la ampliación y modernización de la infraestructura hídrica; la paulatina transformación del riego superficial en otras modalidades más eficientes; y el incremento en la utilización para la agricultura de las aguas residuales sometidas a tratamiento, o bien las no residuales de baja calidad.

En resumen, el desafío a superar para asegurar la sostenibilidad de la extracción de agua dulce haciendo frente a su escasez consiste en reducir el nivel de estrés hídrico efectuando el mejor uso posible de los recursos hídricos disponibles. Ello requiere diseñar y ejecutar políticas eficaces de gestión tanto de la oferta, incluyendo la producción de agua desalinizada y la reutilización de aguas residuales tratadas, como de la demanda de agua empleando la gestión integrada de los recursos hídricos, así como del incremento de la productividad y del uso eficiente del agua. Todo ello sin olvidar la satisfacción de las necesidades de los caudales ecológicos para preservar la salud y resiliencia de los ecosistemas acuáticos.

4.   Implementar la gestión integrada de los recursos hídricos

La gestión integrada de los recursos hídricos es un proceso que promueve el desarrollo y gestión coordinados del agua, la tierra y otros recursos relacionados con el fin de maximizar el bienestar económico y social resultante de manera equitativa, sin comprometer la sostenibilidad de los ecosistemas vitales. La Meta 6.5 pretende implementar la GIRH a todos los niveles (estatal, infraestatal, cuenca, acuífero, local y transfronterizo) antes de que concluya el año 2030, incluso mediante la cooperación transfronteriza, según proceda.

De los datos disponibles en 2020 sobre el grado de implementación de la GIRH, a nivel global se sitúa en el nivel medio-alto, en su tramo inferior, donde tanto Australia y Nueva Zelanda como América del Norte y Europa han llevado a cabo un sustancial progreso, pudiendo calificarse de limitado el obtenido en América Latina y el Caribe, Oceanía, África subsahariana y Asia central y meridional, y de moderado en el resto de regiones. De ello se deduce que, al ritmo actual de implementación de la GIRH, el 60 % de los países no lo conseguirán en la fecha prevista de finales del 2030, por lo que hace necesario duplicar la velocidad de progreso actual si se quiere alcanzar esta meta.

De una manera más detallada en lo que respecta a los cuatro componentes de la GIRH, al menos la mitad de los países han alcanzado un nivel de implementación medio-alto o superior en lo referente tanto a las políticas, leyes y planes hídricos nacionales como a contar con organizaciones a nivel de las principales cuencas y con instrumentos de gestión. Por último, el nivel de financiación a nivel mundial puede catalogarse de medio-bajo, careciendo la mayoría de los países de fondos suficientes para financiar las inversiones planificadas de GIRH a nivel estatal e infraestatal, por lo que si no se incrementan significativamente, no lograrán alcanzar, entre otras metas del ODS 6, la Meta 6.5.

El desafío por superar pasa por acelerar el ritmo de progreso en la implementación de la GIRH, en el entendimiento de que las acciones que se ejecuten para avanzar en la misma repercutirán muy probablemente en la gestión equitativa, eficiente y sostenible de los recursos hídricos. Los países disponen de una amplia variedad de medidas para poder avanzar en la implementación efectiva de la GIRH, aunque no existe una receta talla única aplicable por igual a todos los países dadas las particulares características de cada uno de ellos y de los diferentes niveles de implementación alcanzados y, por tanto, de necesidades muy específicas en cada uno de los principales elementos de la gestión integrada de los recursos hídricos.

En lo relacionado con la cooperación en materia de aguas transfronterizas, resulta esencial para garantizar la gestión sostenible de los recursos hídricos y alcanzar el ODS 6. La Meta 6.5 es la única que aborda explícitamente la cooperación transfronteriza y, por tanto, desempeña una función impulsora en múltiples ODS y metas. Puede producir numerosos beneficios en materia de protección de la salud humana, agricultura sostenible, suministro de energía renovable, protección de los ecosistemas, adaptación al clima, y seguridad.

En algunas regiones y cuencas se ha progresado considerablemente en la promoción de la cooperación en materia de aguas transfronterizas a través de tratados y arreglos operativos, destacando claramente Europa, América del Norte y el África subsahariana. Ello es debido, en buena parte, a la existencia de marcos jurídicos regionales.

De los datos disponibles en 2020 sobre 119 países de los 153 que comparten ríos, lagos y acuíferos, a nivel global el porcentaje de la superficie de las cuencas transfronterizas que cuentan con un tratado o arreglo operativo es del 58 %, de tal manera que en 24 países toda la superficie de sus cuencas transfronterizas se encuentra cubierta por un tratado o arreglo operativo; además, 8 países han alcanzado un nivel del 90 % o superior, y otros 14 países superan el 70 %. En el lado opuesto, al menos 15 países carecen de instrumentos de cooperación transfronteriza en materia de recursos hídricos. Únicamente, el África subsahariana, América del Norte y Europa se encuentran en condiciones de alcanzar esta Meta en el plazo previsto.[664]

---

[664] UNESCO/ONU-AGUA: *Progress on Transboundary Water Cooperation Global status of SDG indicator 6.5.2 and acceleration needs, op. cit.,* pp. 61-64. De una manera más detallada en lo que respecta a ríos y lagos transfronterizos, en

En lo que respecta a los acuíferos transfronterizos, existe un número significativamente reducido de tratados y arreglos sobre los mismos motivado por el escaso conocimiento existente por parte de los Estados ribereños sobre sus características físicas, a lo que cabe añadir el recelo que muestran los países en lo que respecta a la limitación de su soberanía sobre la porción del acuífero que se encuentra en su territorio. Únicamente en 23 países, en su mayoría europeos, toda la superficie correspondiente al acuífero transfronterizo está sujeta a tratados y arreglos operativos. Además, otros 12 países están situados por encima del nivel del 70 % y, en el extremo puesto, en 40 países no existe ninguna cooperación sobre acuíferos transfronterizos.[665]

El desafío por salvar lleva a considerar que se deben redoblar los esfuerzos para promover la cooperación, en especial en las principales cuencas transfronterizas que carecen de tratados y arreglos operativos. La cooperación en materia de acuíferos transfronterizos representa un desafío especial debido en buena parte al menor conocimiento hidrológico de los mismos.

Uno de los aspectos clave para reforzar la cooperación en este ámbito lo constituye la adhesión de los países que todavía no lo han efectuado a la *Convención sobre el derecho de los usos de los cursos de agua internacionales para fines distintos de la navegación* (*Convención de Nueva York de 1997*) y a la *Convención sobre la protección y utilización de cursos de agua transfronterizos y lagos internacionales* (*Convenio de Helsinki de 1992*), así como la toma en consideración del *Proyecto de artículos sobre el derecho de los acuíferos transfronterizos de la CDI* y de las *Disposiciones Modelo sobre Aguas Subterráneas Transfronterizas*, aprobadas por la Sexta Reunión de las Partes en el *Convenio de Helsinki de 1992*. Asimismo, son elementos fundamentales

---

40 países toda la superficie de sus cuencas transfronterizas está cubierta por un tratado o arreglo operativo, otros 14 países se encuentran en el nivel del 90 % o superior y, en el extremo opuesto, en 15 países no existe la más mínima cooperación transfronteriza.

665   *Idem.*

para superar este desafío el desarrollo de programas y proyectos dirigidos a la adquisición conjunta y el intercambio de datos, información, conocimientos y experiencias sobre las cuencas y acuíferos transfronterizos; el incremento de iniciativas destinadas al desarrollo de capacidades; y el aumento de la financiación asignada a la cooperación en materia de aguas transfronterizas, entre otros aspectos, contemplando la posibilidad de utilizar parte de la financiación disponible para la mitigación y adaptación al cambio climático, cuyos efectos repercuten de forma directa sobre los recursos hídricos.

5. Proteger y restablecer los ecosistemas relacionados con el agua

Los ecosistemas comprenden todos los seres vivos (vegetales, animales y microorganismos) situados en un área determinada, y sus interacciones dinámicas, tanto entre ellos como con los ambientes no vivos (atmósfera, suelo, agua, clima), constituyendo una unidad funcional donde cada uno de sus integrantes desempeña un papel concreto y contribuye a mantener el buen estado y la productividad del ecosistema. En lo concerniente a los ecosistemas hídricos, existen seis categorías, cinco de agua dulce (ríos, lagos, humedales, acuíferos, y masas de agua artificiales), y uno de aguas salobres (manglares).[666]

Los ecosistemas relacionados con el agua aportan importantes beneficios económicos, sociales y culturales para las sociedades en forma de servicios, como es el caso del suministro de agua potable para el abastecimiento doméstico y de su utilización en los demás sectores

---

[666] PNUMA (Programa de las Naciones Unidas para el Medio Ambiente): *Progress on freshwater ecosystems: tracking SDG 6 series – global indicator 6.6.1 updates and acceleration needs*, 2021, p. 2. Disponible en: <https://wedocs.unep.org/bitstream/handle/20.500.11822/36691/PFE6.6.1.pdf?sequence=3&isAllowed=y> (última consulta: 17/09/2021).

(agricultura y ganadería, industria y obtención de energía hidroeléctrica, transporte fluvial, ocio y turismo), así como de regulación del clima, del mantenimiento de la calidad del agua a partir del filtrado natural y la depuración de las aguas, de la amortiguación de las crecidas y control de la erosión, y de servicios auxiliares como el ciclo de los nutrientes, la producción primaria y la resiliencia de los ecosistemas. Al resultar indispensables para la salud y el bienestar humano, debe garantizarse el mantenimiento de los servicios que proporcionan los ecosistemas, razón por la cual deben protegerse y, en su caso, restaurar aquellos que sufran un importante deterioro.

La Meta 6.6 busca proteger y restablecer los ecosistemas relacionados con el agua, incluidos bosques, montañas, ríos, lagos, humedales y acuíferos, de tal manera que puedan seguir beneficiando a la sociedad deteniendo su degradación y destrucción, y recuperando los que se encuentren dañados. Los ecosistemas relacionados con el agua sirven de base para otros ODS, a la vez que dependen de ellos, en particular de los relativos a la producción de energía y alimentos, la diversidad biológica y los ecosistemas terrestres y marítimos. Por tanto, es necesario que se produzcan los adecuados avances en todos los ODS relacionados a fin de garantizar la protección y el restablecimiento de estos ecosistemas.

A pesar de los importantes beneficios que aportan los ecosistemas hídricos, se encuentran sometidos a presiones considerables para poder satisfacer las demandas de desarrollo socioeconómico a corto plazo, lo que se traduce en la correspondiente pérdida de calidad. De manera específica, los cambios en la explotación de los usos del suelo y la transición cada vez mayor de las masas de agua naturales a las artificiales suponen una grave amenaza. En el transcurso de los últimos 100 años se ha perdido algo más de la mitad de la extensión de los humedales naturales,[667] y hasta un tercio de los ríos ubicados en los países en desarrollo presentan una importante contaminación de origen patogénico y orgánico debida en buena parte a la falta de gestión de la escorrentía agrícola y de las aguas residuales.[668] A su vez, en la mayoría de las regiones han aumentado las masas de agua artificiales.[669] Aunque los embalses constituyen un abastecimiento de agua de manera permanente para muchas personas, la transición de un ecosistema natural a una masa de agua artificial puede provocar que los ecosistemas dejen de ser sostenibles, a lo que cabe añadir una mayor vulnerabilidad producida por los efectos perjudiciales atribuidos al cambio climático, con unos regímenes pluviométricos y de temperaturas más irregulares, traducido en el incremento de catastróficas inundaciones y de periodos más prolongados de sequías.

---

[667] Aunque no se dispone de datos suficientes para realizar una evaluación mundial precisa, se estima que, entre 1970 y 2015, las pérdidas de la extensión de los humedales han sido las siguientes: 42 % en África, 32 % en Asia, 59 % en América Latina y el Caribe, 17 % en América del Norte, 35 % en Europa, y el 12 % en Oceanía. *Vid.* PNUMA (Programa de las Naciones Unidas para el Medio Ambiente). ONU MEDIO AMBIENTE: *Progresos en los ecosistemas relacionados con el agua: prueba piloto de la metodología de monitoreo y primeras constataciones sobre el indicador 6.6.1 de los ODS*, 2018, p. 17. Disponible en: <https://www.unwater.org/publications/progress-on-water-related-eco systems-661/> (última consulta: 24/07/2020).

[668] *Ibidem.*, p. 16.

[669] La superficie de los embalses y arrozales están aumentando: 300 000 km^2 desde 1970 hasta 2014 para el cultivo de arroz, y 106 000 km^2 desde 1970 hasta 2010 para los embalses. La extensión espacial de las masas de agua abiertas también está cambiando: entre 1984 y 2015, las aguas de superficie permanentes desaparecieron en un área de casi 90 000 km^2, aunque se formaron nuevas masas de agua superficial permanentes con una extensión de 184 000 km^2. En todas las regiones continentales se observa un aumento neto del agua permanente, excepto en Oceanía, con una pérdida del 1 %. *Ibidem.*, p. 17.

El aumento de las presiones que ocasionan las actividades humanas sobre los ecosistemas de agua dulce, como es el caso de la extracción de recursos hídricos, la modificación de los caudales, la contaminación, la alteración en los hábitats, la fragmentación de los cursos de agua causada por las presas, la sobreexplotación de especies autóctonas y la introducción de especies invasoras, hace peligrar servicios esenciales de los ecosistemas como los ciclos de los nutrientes, el abastecimiento de agua, la producción primaria, la depuración de agua y el ocio. La importante disminución de la funcionalidad de estos ecosistemas influye negativamente en la seguridad hídrica.[670]

La protección y el restablecimiento de los ecosistemas hídricos comprende mecanismos diversos a distintas escalas que difieren entre regiones y países. Uno de dichos mecanismos lo constituyen las zonas protegidas, orientadas a la protección de ecosistemas en todo el mundo, y que contribuyen a la aplicación de diversas metas de los ODS. No obstante, las redes de zonas protegidas se han establecido para conservar los ecosistemas terrestres, por lo que no suelen estar diseñadas específicamente para la cobertura y la gestión de los ecosistemas relacionados con el agua. En el contexto del ODS 6, las zonas protegidas proporcionan más de un quinto de la escorrentía continental total.[671] Aunque la protección en el interior de dichas zonas es importante, aún lo es más en el exterior habida cuenta de que la mayoría de los ecosistemas de agua dulce se encuentran fuera de ellas. Es necesario, por tanto, efectuar una gestión sumamente cuidadosa de los ecosistemas en las zonas no protegidas para equilibrar su uso, protección y restablecimiento a fin de garantizar la sostenibilidad a largo plazo de todo el ecosistema en su conjunto.

---

[670] PNUMA (Programa de las Naciones Unidas para el Medio Ambiente). ONU MEDIO AMBIENTE: *Progresos en los ecosistemas relacionados con el agua: prueba piloto de la metodología de monitoreo y primeras constataciones sobre el indicador 6.6.1 de los ODS*, op. cit., p. 17.

[671] *Ibidem.*, p. 18.

Tomando por "cuencas fluviales protegidas" aquellas en las que, como mínimo, una cuarta parte de su extensión se encuentra bajo protección formalmente designada, del examen global de 8518 cuencas fluviales, en 1766 de ellas existen zonas protegidas, siendo significativo que 722 de estas últimas (40 %) han experimentado importantes cambios en las aguas de superficie debido generalmente a la intervención humana en los regímenes hidrológicos, lo que sugiere que la protección de estos ecosistemas es insuficiente y ampliamente inefectiva.[672]

Asimismo, la existencia de datos precisos sobre la extensión, cantidad y calidad de los distintos tipos de masas de agua que puedan existir en una cuenca hidrográfica permiten obtener una imagen integral de su estado y de los posibles cambios que se produzcan, posibilitando así la adopción de políticas que protejan y restablezcan estos ecosistemas. No obstante, la existencia de datos limitados sobre los ríos y la ausencia generalizada de los mismos en el caso de las aguas subterráneas dificulta la adopción de decisiones acertadas, tanto a nivel estatal como infraestatal.

La limitación de datos hídricos existente procede de varios factores. En unos casos, no existe voluntad política por parte del Gobierno para recolectar los datos. En otras ocasiones, se carece de capacidades tanto técnicas como institucionales para presentar estos datos, acompañadas normalmente de falta de financiación específica para la obtención de dicha información.

El desafío solamente podrá superarse si la mayoría de los países refuerzan los sistemas de recogida y evaluación de datos de sus ecosistemas de agua dulce, al mismo tiempo que los complementan con los datos disponibles a escala mundial y los obtenidos por medio de saté-

---

[672] PNUMA (Programa de las Naciones Unidas para el Medio Ambiente): *Progress on freshwater ecosystems: tracking SDG 6 series – global indicator 6.6.1 updates and acceleration needs, op. cit.,* p. 56.

lites, así como mediante el desarrollo de las capacidades técnicas, institucionales y financieras necesarias que proporcionen datos con la necesaria calidad. Igualmente, se deben emplear los datos para comprender mejor los valores y los beneficios de los servicios que estos ecosistemas prestan a la sociedad y a distintos sectores, evaluar mejor las consecuencias a largo plazo de los cambios en el uso del suelo, y dar prioridad a las iniciativas de protección y restablecimiento, en particular para las superficies de captación originales tales como los bosques y las cuencas hidrográficas consideradas esenciales.

6. Incrementar la cooperación internacional y el apoyo a los países en desarrollo en materia de recursos hídricos y la participación de las comunidades locales en su gestión

El inicio de la cooperación internacional en el ámbito económico coincidió con la aparición de nuevos Estados procedentes del proceso de descolonización iniciado tras la finalización de la Segunda Guerra Mundial, caracterizados por una problemática singular y, en especial, de un bajo nivel de desarrollo económico y social. En este contexto, tanto la Asamblea General como el Consejo Económico y Social de las Naciones Unidas se convirtieron en foros de presión sobre los países desarrollados a fin de que aportaran nuevas formas de ayuda, siendo en la década de 1960 cuando nacen los Bancos Regionales de Desarrollo y el Programa de Naciones Unidas para el Desarrollo, y comienza el establecimiento de relaciones bilaterales de cooperación. Igualmente, es en este marco cuando los países desarrollados se convierten en donantes de ayuda, agrupándose como tales en el seno de la OCDE, en la que se crea un órgano específico: el Comité de Ayuda al Desarrollo (CAD).

La cooperación internacional para el desarrollo comprende un amplio conjunto de actividades ejecutadas por los países desarrollados que, implicando alguna transferencia de recursos concesionales a los países menos desarrollados, tiene como finalidad principal la de ayudarles a revertir su grave situación económica y de bienestar, orientándose en la actualidad a la potenciación de actividades productivas en los propios países en vías de desarrollo. La finalidad última consiste en que dichos países sean capaces de lograr un crecimiento de carácter autónomo y sostenido, logrando así el impulso de los tejidos productivos y una mayor inserción de sus economías en el contexto de la globalización de las relaciones económicas y financieras a nivel mundial. Dentro de la cooperación internacional para el desarrollo cabe destacar la ayuda oficial al desarrollo (AOD), tratándose de contribuciones financieras de fuentes externas, ya sea de manera bilateral o multilateral, otorgadas por organismos gubernamentales donantes a todos los niveles destinadas a los países menos desarrollados.[673]

A su vez, la participación de las comunidades locales en la mejora de la gestión del agua y el saneamiento resulta crucial para garantizar soluciones sostenibles que permitan alcanzar los ODS adaptados de manera específica al contexto de cada una de dichas comunidades,

---

[673] Para ser considerada ayuda oficial al desarrollo, debe reunir los siguientes requisitos: *i*) que sean proporcionados por los Gobiernos nacionales, principales donantes, así como por los organismos internacionales dedicados a la cooperación para el desarrollo (Fondo Monetario Internacional, Grupo del Banco Mundial, Programa de las Naciones Unidas para el Desarrollo, Bancos Regionales de Desarrollo…), y los Gobiernos infraestatales y locales o por organismos dependientes de ellos en países con un alto grado de descentralización política y administrativa; *ii*) que cada transacción tenga como principal objetivo la promoción del desarrollo económico y el bienestar de los países en desarrollo; y *iii*) que sea de carácter concesional, lo que significa que sus condiciones financieras deben ser significativamente más blandas que las que rigen otras operaciones comerciales con dichos países, con un elemento mínimo de donación de entre el 10 % y el 45 % en el caso de los préstamos bilaterales, y del 10 % para los procedentes de instituciones multilaterales. *Vid.* OCDE: <https://www.oecd.org/dac/financing-sustainable-development/development-finance-standards/officialdevelopmentassistancedefinitionandcoverage.htm> (última consulta: 26/07/2020).

siendo reconocida dicha participación por la mayoría de los países como un elemento esencial para la sostenibilidad de las diferentes actividades relacionadas con el agua y el saneamiento. De manera concreta, su intervención en la planificación y gestión del sector resulta esencial para garantizar que puedan ser satisfechas las necesidades hídricas de los usuarios locales. Asimismo, es igualmente necesaria la participación de todas las partes interesadas para asegurar que las distintas soluciones técnicas y administrativas adoptadas se adapten al específico contexto local, favoreciendo así la sostenibilidad a largo plazo.

La comunidad internacional, entre los objetivos a alcanzar antes de finalizar 2030 establecidos en la *Agenda 2030*, pretende incrementar la cooperación internacional y el apoyo prestado a los países en desarrollo para la creación de capacidades en actividades y programas relativos al agua y el saneamiento, como los de captación de agua, desalinización, uso eficiente de los recursos hídricos, tratamiento de aguas residuales, reciclado y tecnologías de reutilización (Meta 6.a), así como apoyar y fortalecer la participación de las comunidades locales en la mejora de la gestión del agua y el saneamiento (Meta 6.b).

En lo que respecta a la Meta 6.a, la cantidad global de AOD destinada al agua y el saneamiento que forma parte de un plan de gastos coordinados por el Gobierno ha ido en aumento, triplicándose desde el año 2000 hasta alcanzar en el 2019 la cantidad de 9250 millones de dólares, de los cuales 3182 millones se emplearon en el África subsahariana.[674] No obstante, resulta muy probable que la situación creada por la pandemia COVID-19 impida un aumento significativo en los próximos años en la AOD dedicada específicamente al agua y el saneamiento. El desafío por superar debe centrarse en la reducción de las brechas de financiación existente en este sector que impiden el necesario progreso.

---

[674]   NACIONES UNIDAS. ONU-AGUA: <https://www.sdg6data.org/indicator/6.a.1> (última consulta: 14/09/2021).

Por otra parte, los datos existentes sobre la Meta 6.b resultan insuficientes para formular un diagnóstico global sobre la proporción de unidades administrativas locales que cuentan con políticas y procedimientos establecidos y operativos para la participación de las comunidades locales en la gestión del agua y el saneamiento. No obstante, se cuenta con los datos correspondientes a 115 países, en su mayor parte pertenecientes al África subsahariana, América, Asia oriental y sudoriental y Europa, de los que cabe concluir que tres cuartas partes de ellos cuentan con procedimientos establecidos en la legislación o en las políticas para la participación comunitaria en la gestión de los recursos hídricos, aunque su implementación se ve dificultada por la falta de recursos. Igualmente, algo más de la mitad de dichos países disponen de menos de la mitad de los recursos humanos y financieros necesarios para apoyar la participación comunitaria, lo que influye en la falta de efectividad de su implementación a nivel local.[675] El desafío consiste en que todos los países se doten de procedimientos regulados en leyes y políticas que garanticen la participación comunitaria en la gestión hídrica, y que sean realmente efectivos, por lo que resulta imprescindible incrementar los recursos humanos y financieros destinados a tal fin.

7. Conclusión general sobre los desafíos de los recursos hídricos

Resulta una quimera que los Objetivos de Desarrollo Sostenible se alcancen al 100 % antes de finalizar el año 2030, pues siempre habrá un mayor o menor porcentaje de incumplimiento. Como ejemplo, la pobreza no solamente afecta a los países menos desarrollados, existiendo igualmente en los países más industrializados, aunque en

---

[675] OMS: *National systems to support drinking-water, sanitation and hygiene: global status report 2019, op. cit.*, p. 83.

menor proporción. Si el nivel de pobreza extrema en el 2017 era del 9,2 %,[676] ya sería un verdadero éxito mundial rebajarlo al 3 %.

En el caso de los recursos hídricos, el agua no solamente resulta esencial para la salud sino, igualmente, para la reducción de la pobreza, la seguridad alimentaria, la paz y los derechos humanos y la sostenibilidad de los ecosistemas. Sin embargo, los países, unos en mayor medida que otros en función de sus niveles de desarrollo económico y características hidrológicas y geográficas, se enfrentan a desafíos cada vez más considerables relacionados con la escasez y contaminación del agua, con la creciente degradación de los ecosistemas hídricos, y con la cooperación en las cuencas hidrográficas transfronterizas. A ello se suma la inefectiva gobernanza del agua y la insuficiente financiación, que impiden a muchos países lograr los avances necesarios. Si no se incrementan de manera considerable los niveles de progreso actuales, no se alcanzarán las metas del ODS 6 para el año 2030.

El desafío consiste en acelerar el ritmo de progreso anual hasta alcanzar las distintas metas del ODS 6. Para ello, en primer lugar, se requiere una mayor voluntad política por parte de los Gobiernos para promover dicha aceleración. A continuación, se hace necesario establecer un diagnóstico preciso de la situación sustentado en datos precisos. Dicho diagnóstico debe conducir a la elaboración e implementación de una estrategia cuyo desarrollo debe materializarse en un conjunto de medidas legislativas y políticas aplicadas por las correspondientes instituciones, dotadas del correspondiente soporte financiero, y cuyo resultado final deseado será lograr el ODS 6. Por tanto, los elementos más relevantes para acelerar dicho progreso son los siguientes:

1) La firme y decidida voluntad política de los Gobiernos para alcanzar el ODS 6 antes de que finalice el año 2030. No basta

---

[676] BANCO MUNDIAL: *Poverty and Shared Prosperity 2020: Revearsals of Fortune*, Grupo Banco Mundial, Washington DC. 2020, p. 5.

con firmar y refrendar un determinado instrumento internacional, ya sea de carácter jurídico o político (únicamente los tratados crean obligaciones) para dar por supuesta dicha voluntad, toda vez que la misma debe manifestarse a continuación a través de un conjunto de disposiciones legislativas y administrativas internas fruto de las políticas y estrategias adoptadas que se materializan en la aprobación, ejecución y seguimiento de los correspondientes planes y programas.

2) La disponibilidad de datos precisos y el intercambio de información. Si no se dispone de datos fiables, difícilmente podrá establecerse un diagnóstico exacto de la realidad hídrica de un país o cuenca hidrográfica transfronteriza que permita la toma de decisiones acertadas. El intercambio de información resulta esencial para los procesos de toma de decisiones y la rendición de cuentas. En el caso de los cursos de agua transfronterizos, compartir información hídrica, además, favorece la cooperación internacional y genera un clima de confianza que contribuye a la paz y seguridad internacionales. Disponer de datos significa contar con los medios técnicos necesarios que los proporcionen y con recursos humanos cualificados que los evalúen y faciliten diagnósticos precisos.

3) La elaboración e implementación de una estrategia materializada en medidas políticas y legislativas complementadas con los adecuados planes y programas de desarrollo se convierte en un factor imprescindible para alcanzar las distintas metas del ODS 6.

4) La movilización y optimización de los necesario recursos financieros. De nada sirve disponer de los mejores programas y planes relacionados con los recursos hídricos si no se dispone de una adecuada financiación que permita: *i)* contar con

la infraestructura hídrica considerada imprescindible, incluyendo la adaptación y mitigación de los efectos adversos atribuidos al cambio climático; *ii*) facilitar el acceso de toda la población al agua potable, el saneamiento y servicios de higiene; *iii*) disponer de medios técnicos para la recogida de datos hídricos; *iv*) incrementar los recursos humanos relacionados con la gestión hídrica y su formación específica; *v*) establecer instituciones que favorezcan una eficaz y eficiente gestión integrada de los recursos hídricos; *vi*) educar y sensibilizar a la ciudadanía en el empleo sostenible del agua y la lucha contra la contaminación; y *vii*) desarrollar los programas y planes hídricos.

5) El desarrollo de capacidades y la innovación. En muchas ocasiones, a la escasez de recursos financieros se une la falta de las necesarias capacidades de las personas y las instituciones para alcanzar las metas del ODS 6, en cuyo caso se requiere el desarrollo de dichas capacidades, ya sea de manera exclusivamente interna o mediante la asistencia técnica internacional, tanto en los aspectos científico y técnico como en todos los ámbitos relacionados con los recursos hídricos. Asimismo, la innovación en materia de tecnologías emergentes y, en especial, las tecnologías de la información y la comunicación (TIC), constituyen un acelerador esencial. La difusión y puesta a disposición de otros países de estas innovaciones facilitarán el hallazgo de nuevas soluciones que contribuyan a alcanzar la metas del ODS 6.

6) La gobernanza del agua. En muchos países existe un defectuoso diseño institucional de la gobernanza del agua caracterizado por la fragmentación y superposición de responsabilidades, carencia de poderes claros, confusiones en los roles de los actores y ausencia de mecanismos de resolución de conflictos. El logro del ODS 6 requiere que las organizaciones estatales establezcan reglas claras y precisas que faciliten la participación

de los distintos actores y sectores en la gestión del agua, y donde las decisiones, consensuadas, establezcan una política efectiva en la que participen todos los actores y un marco jurídico adecuado para gestionar de manera integrada los recursos hídricos, de tal manera que las reformas institucionales que se realicen tengan en cuenta la sostenibilidad financiera, social y medioambiental en la gestión del agua.

BIBLIOGRAFÍA

1. **Libros y obras colectivas**

BARBERIS, J.: *Los recursos naturales compartidos entre Estados y el Derecho internacional*, Tecnos, Madrid, 1979.

BATES, B. C.; KUNDZEWICZ, Z. W.; WU, S. y PALUTIKOF, J. P. (Eds.): *El Cambio Climático y el Agua. Documento Técnico VI del Grupo Intergubernamental de Expertos sobre el Cambio Climático*, Secretaría del IPCC, Ginebra, 2008.

BIRNIE, P. and BOYLE, A. E.: *International Law and the Environment*, Clarendon Press, Oxford, 1992.

CALVO, C.: *Colección completa de los Tratados de todos los Estados de la América Latina, desde 1493 hasta nuestros días, Tomo Primero*, Librería de A. Durand, París, 1862.

CAMPBELL, A. C.: *GROTIUS, H.: On the Law of War and Peace, translated from the original Latin De Iure Belli ac Pacis*, Batoche Books, Kitchener, 2001.

CAPONERA, D. A.: *Principles of Water Law and Administration: National and International*, Balkema, Rotterdam, 1992.

DE ABREU Y BERTODANO, J. A.: *Colección de los tratados de paz de España. Reinado de Felipe IV, Parte V,* Antonio Marin, Juan de Zuñiga y la Viuda de Peralta, Madrid, 1750.

— *Colección de Tratados de Paz. Reinado de Felipe IV, Parte VII*, Antonio Marin y Juan de Zuñiga, Madrid, 1751.

DE MARTENS, G. F.: *Recueil des principaux Traités d´Alliance, de Paix, de Tréve, de Neutralité, de commerce, de limites, conclus par les Puissances de l´Europe depuis 1761 jusqu´à présent, Tome VIII,* Librairie de Dieterich, Gottingue, 1835.

DEL CANTILLO, A.: *Tratados, Convenios y Declaraciones de Paz y de Comercio que han hecho con las potencias extranjeras los monarcas españoles de la casa de Borbón. Desde el año de 1700 hasta el día.* Imprenta de Alegría y Charlain, Madrid, 1843.

DÍEZ DE VELASCO VALLEJO, M.: *Instituciones de Derecho Internacional Público,* Ed. Tecnos, 18ª ed., Madrid, 2013.

D'ORS PÉREZ-PEIX, A.: *Derecho Privado Romano*, 10ª edición revisada, EUNSA, Pamplona, 2004.

EMBID IRUJO, A.: *Diccionario de Derecho de Aguas,* Iustel, Madrid, 2007.

FERRADAS, P.: *La memoria es también porvenir. Historia mundial de los desastres*, Soluciones prácticas, Lima, 2015.

GLEICK, P. H.; WOLF, G.; CHALECKI, E. L. and REYES, R.: *The New Economy of Water: The Risks and Benefits of Globalization and Privatization of Fresh Water*, Pacific Institute, Oakland (California), 2002.

GOBIERNO DE ESPAÑA. MINISTERIO DE ASUNTOS EXTERIORES Y DE COOPERACIÓN (MAEC): *Acuerdos fronterizos con Portugal y Francia. Colección de recopilaciones. Volumen II (1659-2002)*, Madrid, 2006.

GORDILLO, J. L. (Coord.): *La protección de los bienes comunes de la humanidad. Un desafío para la política y el derecho del siglo XXI*, Ed. Trotta, Madrid, 2001.

GUHL, E.: *Hacia una Gestión Integrada del Agua en la Región Andina*, Secretaría General de la Comunidad Andina, Bogotá, 2008.

HENCKAERTS, J. M. y DOSWALD-BECK, L.: *El derecho internacional humanitario consuetudinario, Volumen I: Normas*, Traducción de SERRANO GARCÍA, M., Cambridge University Press, Cambridge, 2005.

HOEKSTRA, A. Y. *et al: The Water Footprint Assessment Manual*, Earthscan, London, 2011.

HOWARD, G. and BARTRAM, J.: *Domestic Water Quantity, Service Level and Health*, OMS, 2003.

JUSTE RUIZ, J.: *Derecho Internacional del Medio Ambiente*. Ed. Mc Graw-Hill, Madrid, 1999.

JUSTE RUIZ, J.; CASTILLO DAUDI, M. y BOU FRANCH, V.: *Lecciones de Derecho Internacional Público*. Ed. Tirant lo Blanch, 2ª ed, Valencia, 2011.

KLARE, M. T.: *Guerras por los recursos: El futuro escenario del conflicto global*, Ediciones Urano, Barcelona, 2003.

LÓPEZ MARTÍNEZ, M. (Dir.): *Enciclopedia de Paz y Conflictos*, Vol. I, Instituto de la Paz y los Conflictos, Editorial Universidad de Granada, Granada, 2004.

McCAFFREY, S.: *The Law of International Watercourses: non-navigational uses, second edition,* Oxford University Press, Oxford, 2007.

MOVILLA PATEIRO, L.: *El derecho internacional del agua: los acuíferos transfronterizos,* Bosch editor, Vallirana (Barcelona), 2014.

PINTO, M.; TORCHIA, N. y MARTIN, L.: *El Derecho Humano al Agua. Particularidades de su reconocimiento, evolución y ejercicio*, 2ª edición, Abeledo Perrot, Buenos Aires, 2011.

RAE (Real Academia Española): *Diccionario del español jurídico.*

REUTER, P.: *Instituciones Internacionales*, Editorial Bosch, Barcelona, 1959.

RIEU-CLARKE, A.; MOYNIHAN, R. and MAGSIG, B-O.: *UN. Watercourses Convention. Users´s Guide*, Centre for Water Law, Policy and Science, University of Dundee, Great Britain, 2012.

SADOFF, C.; GREIBER, T.; SMITH, M. y BERGKAMP, G. (Eds.): *Compartir. Gestionando el agua entre fronteras*, IUCN, Gland, Suiza, 2008.

SALMÓN, E.: *Introducción al Derecho Internacional Humanitario*, Pontificia Universidad Católica del Perú-CICR, Lima, 2004.

SÁNCHEZ, V. M. (Dir.): *Derecho internacional público,* 2ª ed., Huygens Editorial, Barcelona, 2010.

SANDS, P.; PEEL, J.; FABRA, A. and MACKENZIE, R.: *Principles of international environmental law. Third edition.* Cambridge University Press, Cambridge, 2012.

SWINARSKI, C.: *Introducción al Derecho Internacional Humanitario*, CICR-IIDH, San José-Costa Rica, 1984.

TAMAMES GÓMEZ, R. y AURÍN LOPERA, R.: *Gobernanza y gestión del agua: modelos público y privado*, Profit editorial, Barcelona, 2015.

TERRAZAS, R.: *Hidrovías para el desarrollo y la integración suramericana*, CAF (Banco de Desarrollo de América Latina), Bogotá, 2016.

TRIEPEL, H.: *Nouveau Recueil Général des Traités, Continuation du Grand Recueil de G. Fr. de MARTENS*, Troisiéme Série, Tome XI, 2ᵉ. ed, Librairie Theodor Weicher, Leipzig, 1922.

VERGARA BLANCO, A.: *Derecho De Aguas. Tomo I*, Editorial jurídica de Chile, Santiago de Chile, 1998.

2. Contribuciones en obras colectivas y artículos en publicaciones periódicas

AGARWAL, A. *et al.:* «Manejo integrado de recursos hídricos», GWP, *TAC. BACKGROUND PAPERS,* N.º 4, Estocolmo, 2000.

AGUILAR ROJAS, G. e IZA, A. (Eds.): «Gobernanza del agua en Mesoamérica: Dimensión Ambiental», UICN, *Serie de Política y Derecho Ambiental,* N.º 63, Gland (Suiza), 2009.

BOUTRUCHE, T.: «El estatuto del agua en el derecho internacional humanitario», *Revista Internacional de la Cruz Roja*, N.º 840, 2000, pp. 887-916.

419

BOUVIER, A.: «La protección del medio ambiente en período de conflicto armado», *Revista Internacional de la Cruz Roja*, N.º 108, 1991, pp. 603-616.

BRADLEY, R. S.; HUGHES, M. K. and DIAZ, H. F.: «Climate in Medieval Time», *Science*, Vol. 302, 2003, pp. 404-405.

BROWN WEISS, E.: «Water Transfers and International Trade Law», in BROWN WEISS, E.; BOISSON DE CHAZOURNES, L. and BERNASCONI-OSTERWALDER, N. (Eds.): *Fresh Water and International Economic Law*, Oxford University Press, Oxford, 2005, pp. 61-89.

BURCHI, S. and MECHLEM, K.: «Groundwater in international law. Compilation of treaties and other legal instruments», in FAO: *Legislative Study 86*, Rome, 2005.

CAPONERA, D. A.: «El régimen jurídico de los recursos hídricos internacionales», en FAO: *Estudio Legislativo N.º 23*, Roma, 1981.

CASTILLO DAUDÍ, M.: «La aportación de los tribunales internacionales al Derecho de los cursos de agua internacionales», en BOU FRANCH, V. (Coord.): *Nuevas controversias internacionales y nuevos mecanismos de solución: teoría y práctica*, Ed. Tirant lo Blanch, Valencia, 2005, pp. 385-419.

COSSI, M.: «Water services at the WTO», in BROWN WEISS, E.; BOISSON DE CHAZOURNES, L. and BERNASCONI-OSTERWALDER, N. (Eds.): *Fresh Water and International Economic Law*, Oxford University Press, Oxford, 2005, pp. 117-142.

DEL CASTILLO LABORDE, L.: «Los Foros del Agua: De Mar del Plata a Estambul 1977-2009», Consejo Argentino para las Relaciones Internacionales (CARI), *Documentos de Trabajo, N.º 86,* 2ª reimpresión corregida, 2009.

DÍAZ BARRADO, C. M.: «Los objetivos de desarrollo sostenible: un principio de naturaleza incierta y varias dimensiones fragmentadas», *Anuario Español de Derecho Internacional*, Vol. 32, 2016, pp. 9-48.

DONOSO, G.; JOURAVLEV, A.; PEÑA, H. y ZEGARRA, E.: «Mercados (de derechos) de agua: experiencias y propuestas en América del Sur», CEPAL, *Serie Recursos Naturales e Infraestructura*, N.º 80, Santiago de Chile, 2004.

DURÁN LALAGUNA, P.: «Derechos humanos y Naciones Unidas. El caso del derecho a un adecuado nivel de vida», en VV.AA.: *Teoría de la justicia y derechos fundamentales. Estudios en homenaje al profesor Gregorio Peces-Barba*, Vol. III, Dykinson, S. L., 2008, pp. 503-522.

ECKSTEIN, G. and ECKSTEIN, Y.: «A Hydrogeological Approach to Transboundary Ground Water Resources and International Law», *American University International Law Review*, Vol. 19 (2), 2003, pp. 201-258.

ESCOBAR HERNÁNDEZ, C.: «La protección internacional de los derechos humanos», en DÍEZ DE VELASCO VALLEJO, M.: *Instituciones de Derecho Internacional Público*, 18ª ed., Ed. Tecnos, Madrid, 2013, pp. 663-696.

FRANCO, G.: «Las leyes de Hammurabi», *Revista de Ciencias Sociales*, Universidad de Puerto Rico, Vol. VI, N.ᶜ 3, 1962, pp. 331-356.

FRENCH, D.: «Sustainable development», in FITZMAURICE, M.; ONG, D. M. and MERKOURIS, P. (Eds.): *Research Handbook on International Environmental Law*, Edward Elgar Publishing, Cheltenham, 2010, pp. 51-68.

FRIGERIO, G. y GÓMEZ KORT, M.: «Asociaciones Público-Privadas en el Sector de Agua y Saneamiento en América Latina», BANCO INTERAMERICANO DE DESARROLLO, División de Agua y Saneamiento, Nota *Técnica N.º IDB-TN-1337*, 2018.

GLEICK, P. H.: «Water resources», in SCHNEIDER, S. H. (Ed.): *Encyclopedia of Climate and Weather*, Oxford University Press, New York, Vol. 2, 1996, pp. 817-823.

—   «Water, War & Peace in the Middle East», *Environment*, Vol. 36, N.º 3, 1994, pp. 5-15 y 35-42.

HAFTENDORN, H.: «Water and International Conflict», *Third World Quarterly*, Vol. 21 (1), 2000, pp. 51-68.

HANTKE-DOMAS, M.: «Avances legislativos en gestión sostenible y descentralizada del agua en América Latina», CEPAL, *Colección Documentos de proyectos*, LC/W.446, Santiago de Chile, 2011.

HOMER-DIXON, T. F.: «The Myth of Global Water Wars», *Toronto Globe and Mail*, November 9, 1995. Disponible en: <https://homer dixon.com/the-myth-of-global-water-wars/> (última consulta: 12/ 06/2020).

JOURAVLEV, A.: «Los municipios y la gestión de los recursos hídricos», CEPAL, *Serie Recursos Naturales e Infraestructura*, N.º 66, Santiago de Chile, 2003.

JUSTE RUIZ, J. y BOU FRANCH, V.: «El caso de las plantas de celulosa sobre el Río Uruguay: Sentencia de la Corte Internacional de Justicia de 20 de abril 2010», *Revista Electrónica de Estudios Internacionales*, N.º 21, 2011, pp. 1-31.

KRAKER, A. M. J.: «Flooding in river mouths: human caused or natural events? Five centuries of flooding events in the SW Netherlands, 1500–2000», *Hydrology and Earth System Sciences*, Vol. 19, 2015, pp. 2673-2684.

LEE, T. R. y JOURAVLEV, A. S.: «Los precios, la propiedad y los mercados en la asignación del agua», CEPAL, *Serie Medio Ambiente y Desarrollo*, N.º 6, 1998.

MARIÑO MENÉNDEZ, F. M.: «La protección internacional del medio ambiente (I): Régimen general», en DÍEZ DE VELASCO VALLEJO, M.: *Instituciones de Derecho Internacional Público*, 18ª ed., Ed. Tecnos, Madrid, 2013, pp. 780-808.

MARTIN-NAGLE, R.: «Bulk Waters Transfers», *World Water Congress, 28 May 2015*. Disponible en: <http://www.iwra.org/congress/re source/1645_Eckstein_PS154001_Kilsyth _Thurs.pdf> (última consulta: 17/05/2020).

MICKLIN, P.: «The Aral Sea Disaster», *The Annual Review of Earth and Planetary Sciences*, Vol. 35, 2007, pp. 47-72.

MORA ALISEDA, J. y MORA ALISEDA C.: «Gestión internacional de los recursos hídricos y las infraestructuras para minimizar efectos perjudiciales», en MORA ALISEDA, J. (Dir.): *Gestión de Recursos Hídricos en España y Portugal*, Aranzadi, Cizur Menor (Navarra), 2015, pp. 595-612.

MUNK RAVNBORG, H. (Ed.): «Water and Conflict. Conflict Prevention and Mitigation in Water Resources Management», DIIS (Danish Institute for International Studies), *Report 2004:2*, Copenhagen, 2004.

NEGRE, M. I.: «La presa de Tres Gargantas: una obra monumental», *Observatorio de la Economía y la Sociedad de China*, N.° 2, marzo 2007. Disponible en: <http://www.eumed.net/rev/china/02/min02b.htm> (última consulta: 03/05/2020).

PARADA PUIG, G.: «El agua virtual: conceptos e implicaciones», *ORINOQUIA*, Vol. 16, N.° 1, Meta (Colombia), 2012, pp. 69-76.

PARDO SEGOVIA, F.: «Algunas aproximaciones al tema de la navegación fluvial internacional», *Revista Agenda Internacional*, Pontificia Universidad Católica del Perú, Vol. 5, N.° 11, 1998, pp. 167-184.

PEÑA, H.: «Desafíos de la seguridad hídrica en América Latina y el Caribe», CEPAL, *Serie Recursos Naturales e Infraestructura*, N.° 178, Santiago, 2016.

PEÑA RAMOS, J. A. y BARBEITO CUADRI, A. J.: «El agua dulce en la agenda de seguridad internacional de comienzos del siglo XX», INSTITUTO ESPAÑOL DE ESTUDIOS ESTRATÉGICOS (IEEE), *Documento de Opinión*, N.° 67, 2013, pp. 1-25.

QUEROL. M.: «Estudio sobre los convenios y acuerdos de cooperación entre los países de América Latina y el Caribe, en relación con sistemas hídricos y cuerpos de agua transfronterizos», CEPAL, *Serie Recursos Naturales e Infraestructura*, N.° 64, Santiago de Chile, 2003.

RODRIGO HERNÁNDEZ, A. J.: «La aportación del Asunto *Gabcíkovo-Nagymaros* al Derecho Internacional del medio ambiente», *Anuario de Derecho Internacional*, XIV, 1998, pp. 769-807.

RODRÍGUEZ BARRIGÓN, J. M.: «El acuífero guaraní: una regulación fundada sobre el principio de soberanía estatal», en MORA ALISEDA, J. (Dir.): *Gestión de recursos hídricos en España e Iberoamérica*, Aranzadi, Cizur Menor (Navarra), 2015, pp. 485-498.

ROGERS, P. y HALL, A. W.: «Gobernabilidad Efectiva del Agua», GWP, *TEC. BACKGROUND PAPERS,* N.º 7, Estocolmo, 2006.

RUIZ-FABRI, H.: «Règles coutumières générales et droit international fluvial», *Annuaire Français de Droit International,* Vol. XXXVI, 1990, pp. 818-842.

SALADO OSUNA, A.: «Estudio sobre el Comentario General Número 24 del Comité de Derechos Humanos», *Anuario de Derecho Internacional,* XIV, 1998, pp. 589-633.

SALINAS ALCEGA, S.: «El derecho al agua como derecho humano. Contenido normativo y obligaciones de los Estados», en EMBID IRUJO, A.: *El derecho al agua,* Aranzadi, Cizur Menor, Navarra, 2006, pp. 89-136.

—   «Derecho internacional de aguas», en EMBID IRUJO, A. (Dir.): *Diccionario de Derecho de Aguas,* Iustel, Madrid, 2007, pp. 598-631.

SALMAN M. A.: «From Marrakech through the Hague to Kyoto: Has the Global Debate on Water Reached a Dead End?», *Water International,* Vol. 28, N.º 4, 2003, pp. 491-500.

— «International Water Disputes: A New Breed of Claims, Claimants, and Settlement Institutions», *Water International,* Vol. 31 (1), 2006, pp. 2-11.

SANAHUJA, J. A.: «Paz, Seguridad y Gobernanza: El ODS 16 y la Agenda 2030 de Desarrollo Sostenible», en FERNÁNDEZ LIESA, C. R. Y DÍAZ BARRADO, C. (Dirs.): *Objetivos de Desarrollo Sostenible y Derechos Humanos: Paz, Justicia e Instituciones Sólidas / Derechos Humanos y Empresas,* Instituto de Estudios Internacionales y Europeos Francisco de Vitoria, Colección Electrónica, N.º 9, 2018, pp. 27-54.

SANDLER, T.: «Bienes públicos y cooperación regional para el desarrollo: una nueva mirada», *Revista Integración & Comercio*, N.º 36, 2013, pp. 15-28.

SAUSER-HALL, G.: «L´utilisation industrielle des fleuves internationaux», *Collected Courses of the Hague Academy of International Law*, Vol. 83, 1953.

SHAH, T.: «Aumentando la seguridad hídrica: la clave para la implementación de los Objetivos de Desarrollo Sostenible», GWP, *TEC. BACKGROUND PAPERS*, N.º 22, Estocolmo, 2016.

SOBRINO HEREDIA, J. M.: «Desarrollo sostenible, calentamiento global y recursos vitales para la humanidad», *Anuario da Facultade de Dereito da Universidade da Coruña, N.º 12*, 2008, pp. 883-904.

SOJAMO, S.; KEULERTZ, M.; WARNER, J. and ALLAN, J. A.: «Virtual water hegemony: the role of agribusiness in global water governance», *International water,* Vol.37, N.º 2, 2012, pp. 169-182.

SOLANES, M. y JOURAVLEV, A.: «Integrando economía, legislación y administración en la gestión del agua y sus servicios en América Latina y el Caribe», CEPAL, *Serie Recursos Naturales e Infraestructura*, N.º 101, Santiago de Chile, 2005.

TIGNINO, M.: «Water, international peace, and security», *Revista Internacional de la Cruz Roja*, N.º 879, 2010, pp. 647-674.

TYAGI, S.; GARG, N. and PAUDEL, R.: «Environmental Degradation: Causes and Consequences», *European Researcher*, Vol. 81, N.º 8-2, 2014, pp. 1491-1498.

VERGARA BLANCO, A.: «Configuración histórica y tendencias actuales del Derecho de Aguas en Hispanoamérica», en EMBID IRUJO, A. (Dir.): *Jornadas del Derecho del Agua*, Ed. Civitas, Madrid, 1998, pp. 233-266.

VILLÁN DURÁN, C.: «Obligaciones derivadas del derecho a la alimentación en el derecho internacional», en CÁTEDRA DE ESTUDIOS SOBRE HAMBRE Y POBREZA: *Derecho a la Alimentación y Soberanía Alimentaria,* Universidad de Córdoba, 2008, pp. 45-76.

VINOGRADOV, S.; WOUTERS, P. and JONES, P.: «Transforming Potential Conflict into Cooperation Potential: The Role of International Water Law», UNESCO. IHP-VI, *Technical Documents in Hydrology, PCCP Series*, N.º 2, Paris, 2001.

WOLF, A. T.: «Shared Waters: Conflict and Cooperation», *Annual Review of Environment and Resources*, N.º 32, 2007, pp. 241-269.

WOLF, A. T.; KRAMER, A.; CARIUS, A. y DABELKO, G. D.: «Gestionando conflictos por el agua y cooperación», en RENNER, M.; FRENCH, H. y ASSADOURIAN, E. (Dirs.): *La Situación del Mundo 2005: Redefiniendo la seguridad mundial. Informe Anual del Worldwatch Institute sobre el progreso hacia una sociedad sostenible*, Centro de Investigación para la Paz, Icaria, Barcelona, 2005, pp. 155-178.

WOUTERS, P.: «Derecho Internacional: facilitando la cooperación transfronteriza del agua», GWP. *TEC. BACKGROUND PAPERS*, N.º 17, Estocolmo, 2013.

WOUTERS, P. and TARLOCK, A. D.: «The third wave of normativity in global water law. The duty to cooperate in the peaceful management of the world´s water resources: an emerging obligation erga omnes?», *The Journal of Water Law*, Vol. 23, 2013, pp. 51-65.

ZAMMALI, A.: «Protección del agua en periodo de conflicto armado», *Revista Internacional de la Cruz Roja*, N.º 131, 1995, pp. 600-615.

ZEITOUN, M. and WARNER, J.: «Hydro-hegemony – a framework for analysis of transboundary water conflicts», *Water Policy*, N.º 8, 2006, pp. 435-460.

3. Monografías de organizaciones internacionales y organismos especializados

BANCO MUNDIAL: *Poverty and Shared Prosperity 2018: Piecing Together the Poverty Puzzle*, Washington DC, 2018.

— *Poverty and Shared Prosperity 2020: Revearsals of Fortune*, Grupo Banco Mundial, Washington DC, 2020.

CEPAL (Comisión Económica para América Latina y el Caribe): *Recomendaciones de las reuniones internacionales sobre el agua: de Mar del Plata a París. Doc. LC/R. 1865*, de 30 de octubre de 1998.

CEPE (Comisión Económica de las Naciones Unidas para Europa) / UNESCO (Organización de las Naciones Unidas para la Educación, la Ciencia y la Cultura): *Avances en la cooperación en materia de aguas transfronterizas 2018. Valores de referencia mundiales para el indicador 6.5.2 de los ODS.*, UNESCO, Ginebra, 2018.

FAO (Organización de las Naciones Unidas para la Alimentación y la Agricultura): *Estudio Legislativo N.º 15: Repertorio Sistemático por Cuenca de Convenios, Declaraciones, Textos Legislativos y Jurisprudencia relativos a los Recursos Hídricos Internacionales*, Roma, 1978.

— *The future of food and agriculture – Trends and challenges*, Rome, 2017.

— *El estado mundial de la pesca y la acuicultura 2020. La sostenibilidad en acción*, Roma, 2020.

FAO (Organización de las Naciones Unidas para la Alimentación y la Agricultura) / ONU (Organización de las Naciones Unidas)-AGUA: *Progress on change in water-use efficiency. Global status and acceleration needs for SDG indicator 6.4.1*, Rome, 2021.

— *Progress on Level of Water Stress. Global status and acceleration needs for SDG Indicator 6.4.2*, Rome, 2021.

IDI (Institut de Droit International): *Annuaire de l'Institut de Droit International*, Vol. 24, Pedone, Paris, 1911.

IPCC (Grupo Intergubernamental de Expertos sobre el Cambio Climático): *Climate Change 2021: The Physical Science Basis. Contribution of Working Group I to the Sixth Assessment Report of the Intergovernmental Panel on Climate Change*, IPCC, 2021. Disponible en la página Web del IPCC: <https://archive.ipcc.ch/> (última consulta: 03/09/2021).

NACIONES UNIDAS: *Objetivos de Desarrollo del Milenio. Informe de 2015*, Nueva York, 2015. Disponible en: <http://mdgs.un.org/unsd/mdg/Resources/Static/Products/Progress 2015/Spanish2015.pdf> (última consulta: 21/02/2020).

— *World Population Prospects: The 2017 Revision. Key Findings and Advance Tables, Working Paper No. ESA/P/WP/248*, Departamento de Asuntos Económicos y Sociales, División de Población, 2017.

NACIONES UNIDAS. DEPARTAMENTO DE ASUNTOS ECONÓMICOS Y SOCIALES, DIVISIÓN DE POBLACIÓN: *World Population Prospects: The 2017 Revision. Key Findings and Advance Tables, Working Paper No. ESA/P/WP/248*, 2017.

OCDE (Organización para la Cooperación y el Desarrollo Económicos): *Líneas Directrices de la OCDE para Empresas Multinacionales, Revisión 2011*, OCDE, 2013. Disponible en: <https://www.oecd. org/daf/inv /mne/MNEguidelinesESPANOL.pdf> (última consulta: 30/05/ 2020).

— *Principios de gobernanza del agua de la OCDE*, 2015. Disponible en: <https://www.oecd.org/cfe/regional-policy/OECD-Princi ples-Water-spanish.pdf> (última consulta: 10/06/2020).

OEA (Organización de los Estados Americanos): *Informe Anual 2015 de la Corte Interamericana de Derechos Humanos (CIDH). Capítulo IV.A: Acceso al agua en las Américas. Una aproximación al derecho humano al agua en el Sistema Interamericano*, OEA/Ser.L/V/II. *Doc. 48/15*, del 31 de diciembre de 2015.

OMM (Organización Meteorológica Mundial): *Declaración de la OMM sobre el estado del clima mundial en 2019*, OMM-N.º 1248, Ginebra, 2020.

OMM (Organización Meteorológica Mundial) / UNESCO (Organización de las Naciones Unidas para la Ciencia, la Educación y la Cultura): *Glosario Hidrológico Internacional*, Ginebra, 2012.

OMS (Organización Mundial de la Salud): *Guías para la calidad del agua de consumo humano: cuarta edición que incorpora la primera adenda*, Ginebra, 2018.

— *National systems to support drinking-water, sanitation and hygiene: global status report 2019*, GLAAS, Geneva, 2019.

OMS (Organización Mundial de la Salud) / UN-HABITAT: *Progress on wastewater treatment – Global status and acceleration needs for SDG indicator 6.3.1*, Geneva, 2021.

OMS (Organización Mundial de la Salud) / UNICEF (Fondo de las Naciones Unidas para la Infancia): *Progresos en materia de agua potable, saneamiento e higiene: informe de actualización de 2017 y línea de base de los ODS*, Ginebra, 2017.

— *Progress on household drinking water, sanitation and hygiene 2000-2020: Five years into the SDGs*, Geneva, 2021.

ONU-AGUA: *Water Security & The Global Water Agenda. A UN-Water Analytical Brief*, United Nations University, Hamilton, Ontario, 2013.

— *Informe de políticas de ONU-AGUA sobre el Cambio Climático y el Agua*, Ginebra, 2019. Disponible en: <https://www.unwater.org/publica tions/un-water-policy-brief-on-climate-change-and-water/> (última consulta: 12/06/2020).

PNUD (Programa de las Naciones Unidas para el Desarrollo): *Governance Indicators: A Users' Guide*, Bureau for Development Policy Democratic Governance Group, New York, 2004.

— *Informe sobre Desarrollo Humano 2006. Más allá de la escasez: Poder, pobreza y la crisis mundial del agua*, Mundi-Prensa Libros, Madrid, 2006.

PNUD (Programa de las Naciones Unidas para el Desarrollo) / Cap-Net: *Habilidades de resolución de conflictos y negociación para la gestión integrada de los recursos hídricos. Manual de Capacitación*, Pretoria, 2008.

— *Gestión Integrada de los Recursos Hídricos para Organizaciones de Cuencas Fluviales. Manual de Capacitación*, 2008. Disponible en: <https://cap-net.org/wp-content/uploads/2020/03/iwrm-rbo-training-manual.pdf> (última consulta: 11/06/2020).

431

PNUMA (Programa de las Naciones Unidas para el Medio Ambiente): *El enverdecimiento del derecho de aguas: la gestión de los recursos hídricos para los seres humanos y el medio ambiente*, Nairobi, 2010.

— *Perspectivas del Medio Ambiente: América Latina y El Caribe. GEO ALC 3*, Panamá City, 2010.

— *A Snapshot of the World's Water Quality: Towards a global assessment,* Nairobi, 2016.

— *Progress on ambient water quality. Tracking SDG 6 series: global indicator 6.3.2 updates and acceleration needs*, Nairobi, 2021.

— *Progress on Integrated Water Resources Management. Tracking SDG 6 series: global indicator 6.5.1 updates and acceleration needs,* 2021. Disponible en: <https://wedocs.unep.org/bitstream/handle/20.500.11822/36690/PIWRS6.5.1.pdf> (última consulta: 14/09/2021).

— *Progress on freshwater ecosystems: tracking SDG 6 series – global indicator 6.6.1 updates and acceleration needs*, 2021. Disponible en: <https://wedocs.unep.org/bitstream/handle/20.500.11822/36691/PFE6.6.1.pdf?sequence=3&isAllowed=y> (última consulta: 17/09/2021).

PNUMA (Programa de las Naciones Unidas para el Medio Ambiente). ONU MEDIO AMBIENTE: *Progresos en los ecosistemas relacionados con el agua: prueba piloto de la metodología de monitoreo y primeras constataciones sobre el indicador 6.6.1 de los ODS*, 2018. Disponible en: <https://www.un water.org/publications/progress-on-water-related-ecosystems-661/> (última consulta: 24/07/2020).

TRIBUNAL INTERNACIONAL DE JUSTICIA: *El Tribunal Permanente de Justicia Internacional 1922-2012,* 6ª edición, 2014.

UNCTAD (Conferencia de las Naciones Unidas sobre el Comercio y el Desarrollo): *Informe sobre las Inversiones en el Mundo 2020. La producción internacional después de la pandemia*, Ginebra, 2020.

UNESCO/ONU-AGUA: *Progress on Transboundary Water Cooperation Global status of SDG indicator 6.5.2 and acceleration needs*, UNESCO, Paris, 2021.

WORLD ECONOMIC FORUM: *Global Risks 2020. 15th Edition*, Geneva, 2020.

WWAP (Programa Mundial de Evaluación de los Recursos Hídricos de las Naciones Unidas): *The United Nations World Water Development Report 2015: Water for a Sustainable World*, UNESCO, Paris, 2015.

— *Informe de las Naciones Unidas sobre el Desarrollo de los Recursos Hídricos en el Mundo 2016: Agua y Empleo*. UNESCO, París, 2016.

— *Informe Mundial de las Naciones Unidas sobre el Desarrollo de los Recursos Hídricos 2017. Aguas residuales: El recurso desaprovechado*, UNESCO, París, 2017.

— *Informe Mundial de las Naciones Unidas sobre el Desarrollo de los Recursos Hídricos 2019: No dejar a nadie atrás*, UNESCO, París, 2017.

— *The United Nations World Water Development Report 2021: Valuing Water*, UNESCO, Paris, 2021.

4. Páginas Web de organismos referenciados

ADMINISTRACIÓN NACIONAL DE AERONÁUTICA Y EL ESPACIO (NASA): <https://www.lanasa.net> (última consulta: 04/06/2020).

ARCHIVO NACIONAL DE COSTA RICA: <http://www. archivo-nacional.go.cr> (última consulta: 16/02/2020).

ASOCIACIÓN DE DERECHO INTERNACIONAL (ILA): <http://www.ila-hq.org> (última consulta: 02/03/2020).

ASOCIACIÓN ESPAÑOLA DE DESALACIÓN Y REUTILIZACIÓN (AEDyR): <https://www.aedyr.com> (última consulta: 04/06/2020).

ASOCIACIÓN ESPAÑOLA DE NORMALIZACIÓN (UNE): <https://www.une.org> (última consulta: 30/05/2020).

ASOCIACIÓN INTERNACIONAL DE DESALINIZACIÓN (IDA): <https://idadesal.org> (última consulta: 04/06/2020).

ASOCIACIÓN INTERNACIONAL DE ENERGÍA HIDROELÉCTRICA (IHA): <https://www.hydropower.org> (última consulta: 09/06/2020).

ASOCIACIÓN NACIONAL DE EMPRESAS DE AGUAS DE BEBIDA ENVASADAS DE ESPAÑA (ANEABE): <http://www.aneabe.com> (última consulta: 07/06/2020).

BANCO MUNDIAL: <https://www.bancomundial.org/es> (última consulta: 12/09/2020).

BIBLIOTECA DIGITAL DANIEL COSÍO VILLEGAS: <https://biblioteca.colmex.mx> (última consulta: 10/03/2020).

BIBLIOTECA DIGITAL DE TRATADOS DE LA CANCILLERÍA ARGENTINA: <http://tratados.cancilleria.gob.ar> (última consulta: 13/06/2020).

CÁMARA DE COMERCIO INTERNACIONAL (ICC): <http://www.iccspain.org/arbitra je/> (última consulta: 29/05/2020).

CANAL DE ISABEL II (MADRID): <https://www.canaldeisabel segunda.es> (última consulta: 05/06/2020).

CENTRO INTERNACIONAL DE ARREGLO DE DIFEREN-CIAS RELATIVAS A INVERSIONES (CIADI): <https://icsid.worldbank.org/es> (última consulta: 30/05/2020).

CENTRO INTERNACIONAL DE EVALUACIÓN DE RECUR-SOS DE AGUAS SUBTERRÁNEAS (IGRAC): <https://www.un-igrac.org> (última consulta: 11/03/2020).

COMISIÓN CENTRAL PARA LA NAVEGACIÓN DEL RIN: <http://www.ccr-zkr.org> (última consulta: 28/02/2020).

COMISIÓN CONJUNTA INTERNACIONAL CANADÁ / ESTADOS UNIDOS (IJC): <http://www.ijc.org> (última consulta: 16/06/2020).

COMISIÓN DE LA CUENCA DEL LAGO VICTORIA: <https://www.lvbcom.org> (última consulta: 03/05/2020).

COMISIÓN ECONÓMICA DE LAS NACIONES UNIDAS PARA AMÉRICA LATINA Y EL CARIBE (CEPAL): <https://www.cepal.org/es> (última consulta: 13/06/2020).

COMISIÓN ECONÓMICA DE LAS NACIONES UNIDAS PARA EUROPA (CEPE): <https://unece.org> (última consulta: 24/04/2020).

COMISIÓN INTERNACIONAL DE GRANDES PRESAS (ICOLD): <https://www.icold-cigb.org> (última consulta: 04/06/2020).

COMISIÓN INTERNACIONAL DE LÍMITES Y AGUAS MÉXICO / ESTADOS UNIDOS (CILA): <https://cila.sre.gob.mx/cilanorte> (última consulta: 13/06/2020).

COMISIÓN INTERNACIONAL DEL ESCALDA (CIE): <https://www.isc-cie.org> (última consulta: 13/06/2020).

COMITÉ INTERNACIONAL DE LA CRUZ ROJA (CICR): <https://www.icrc.org/es> (última consulta: 16/04/2020).

COMUNIDAD PARA EL DESARROLLO DEL ÁFRICA AUSTRAL (SADC): <https://www.sadc.int> (última consulta: 13/06/2020).

CONFERENCIA DE LAS NACIONES UNIDAS SOBRE COMERCIO Y DESARROLLO (UNCTAD): <https://unctad.org> (última consulta: 29/05/2020).

CONSEJO DE EUROPA: <https://www.coe.int> (última consulta: 05/05/2020).

CORTE CENTROAMERICANA DE JUSTICIA: <http://portal.ccj.org.ni/ccj> (última consulta: 16/06/2020).

CORTE PERMANENTE DE ARBITRAJE (CPA): <https://pca-cpa.org> (última consulta: 16/06/2020).

FONDO DE POBLACIÓN DE LAS NACIONES UNIDAS (UNFPA): <https://www.unfpa. org> (última consulta: 03/06/2020).

FORO DEL AGUA ASIA-PACÍFICO: <http://www.apwf.org> (última consulta: 24/04/2020).

GOBIERNO DE COLOMBIA. MINISTERIO DE RELACIONES EXTERIORES. BIBLIOTECA VIRTUAL DE TRATADOS: <http://apw.cancilleria.gov.co/Tratados> (última consulta: 13/06/2020).

GOBIERNO DE PERÚ. MINISTERIO DE RELACIONES EXTERIORES. TRATADOS: <http://www.rree.gob.pe/SitePages/tratados.aspx> (última consulta: 13/06/2020).

GOBIERNO DE VENEZUELA. MINISTERIO DE RELACIONES EXTERIORES. BIBLIOTECA VIRTUAL DE TRATADOS: <http://mppre.gob.ve/archivos-biblioteca/> (última consulta: 16/02/2020).

GRUPO INTERGUBERNAMENTAL DE EXPERTOS SOBRE EL CAMBIO CLIMÁTICO (IPCC): <https://www.ipcc.ch> (última consulta: 05/06/2020).

INSTITUTO DE DERECHO INTERNACIONAL (IDI): <http://justitiaetpace.org> (última consulta: 19/02/2020).

INSTITUTO GEOLÓGICO Y MINERO DE ESPAÑA: <https://info.igme.es> (última consulta: 12/06/2020).

INSTITUTO NACIONAL DE ESTADÍSTICA DE ESPAÑA (INE): <https://www.ine.es> (última consulta: 08/06/2020).

ORGANISMO MULTILATERAL DE GARANTÍA DE INVERSIONES (MIGA): <https://www.miga.org/documents/IGG_spanish_final.pdf> (última consulta: 29/05/2020).

ORGANIZACIÓN DE LAS NACIONES UNIDAS (ONU): <https://www.un.org> (última consulta: 03/06/2020).

ORGANIZACIÓN DE LAS NACIONES UNIDAS. ONU-AGUA: <https://www.unwater. org> (última consulta: 16/09/2021).

ORGANIZACIÓN DE LAS NACIONES UNIDAS PARA LA ALIMENTACIÓN Y LA AGRICULTURA (FAO): <http://www.fao.org> (última consulta: 03/06/2020).

ORGANIZACIÓN DE LAS NACIONES UNIDAS PARA LA ALIMENTACIÓN Y LA AGRICULTURA (FAO)-AQUASTAT: <http://www.fao.org/aquastat/es> (última consulta: 03/06/2020).

ORGANIZACIÓN DE LAS NACIONES UNIDAS PARA LA ALIMENTACIÓN Y LA AGRICULTURA (FAO). FAOLEX: <http://www.fao.org/faolex/es> (última consulta: 12/06/2020).

ORGANIZACIÓN DE LAS NACIONES UNIDAS PARA LA ALIMENTACIÓN Y LA AGRICULTURA (FAO)-FAOSTAT: <http://www.fao.org/faostat/es> (última consulta: 08/06/2020).

ORGANIZACIÓN DE LAS NACIONES UNIDAS PARA LA EDUCACIÓN, LA CIENCIA Y LA CULTURA (UNESCO): <https://es.unesco.org/> (última consulta: 11/06/2020).

ORGANIZACIÓN DE LOS ESTADOS AMERICANOS (OEA): <http://www.oas.org> (última consulta: 25/04/2020).

ORGANIZACIÓN METEOROLÓGICA MUNDIAL (OMM): <https://public.wmo.int> (última consulta: 21/02/2021).

ORGANIZACIÓN MUNDIAL DE ADUANAS (OMA): <http://www.wcoomd.org> (última consulta: 15/05/2020).

ORGANIZACIÓN MUNDIAL DE LA SALUD (OMS): <https://www.who.int> (última consulta: 26/06/2021).

ORGANIZACIÓN MUNDIAL DEL COMERCIO (OMC): <https://www.wto.org> (última consulta: 14/05/2020).

ORGANIZACIÓN PARA LA COOPERACIÓN Y EL DESARROLLO ECONÓMICOS (OCDE): <https://www.oecd.org> (última consulta: 26/07/2020).

ORGANIZACIÓN PARA LA PUESTA EN VALOR DEL RÍO SENEGAL (OMVS): <http://www.omvs.org> (última consulta: 24/04/2020).

PACIFIC INSTITUTE: <https://pacinst.org> (última consulta: 12/06/2020).

PARLAMENTO DEL URUGUAY: <https://parlamento.gub.uy> (última consulta: 17/02/2020).

PARLAMENTO LATINOAMERICANO Y CARIBEÑO: <https://parlatino.org> (última consulta: 25/04/2020).

PROGRAMA DE LAS NACIONES UNIDAS PARA EL DESARROLLO (PNUD): <https://www1.undp.org> (última consulta: 11/06/2020).

PROGRAMA DE LAS NACIONES UNIDAS PARA EL MEDIO AMBIENTE (PNUMA): <https://www.unep.org/es> (última consulta: 24/07/2020).

PROGRAMA MUNDIAL DE EVALUACIÓN DE LOS RECURSOS HÍDRICOS DE LAS NACIONES UNIDAS (WWAP): <https://en.unesco.org/wwap> (última consulta: 30/05/2020).

TRIBUNAL INTERNACIONAL DE JUSTICIA (I. C. J.): <https://www.icj-cij.org> (última consulta: 12/06/2020).

UNIÓN AFRICANA (AU): <http://au.int> (última consulta: 24/04/2020).

UNIVERSIDAD DEL ESTADO DE OREGÓN: <https://oregonstate.edu> (última consulta: 12/06/2020).

URUGUAY. CÁMARA DE SENADORES: <https://legislativo.parlamento.gub.uy> (última consulta: 14/03/2020).